Ulisses liberto

FUNDAÇÃO EDITORA DA UNESP

Presidente do Conselho Curador
Mário Sérgio Vasconcelos

Diretor-Presidente
José Castilho Marques Neto

Editor-Executivo
Jézio Hernani Bomfim Gutierre

Conselho Editorial Acadêmico
Alberto Tsuyoshi Ikeda
Áureo Busetto
Célia Aparecida Ferreira Tolentino
Eda Maria Góes
Elisabete Maniglia
Elisabeth Criscuolo Urbinati
Ildeberto Muniz de Almeida
Maria de Lourdes Ortiz Gandini Baldan
Nilson Ghirardello
Vicente Pleitez

Editores-Assistentes
Anderson Nobara
Fabiana Mioto
Jorge Pereira Filho

Jon Elster

Ulisses liberto
Estudos sobre racionalidade, pré-compromisso e restrições

Tradução
Cláudia Sant'Ana Martins

editora
unesp

Published by the press Syndicate of the University of Cambridge

© Jon Elster 2000

First Published 2000

Título original em inglês Ulysses Unbound.

© 2008 da tradução brasileira:

Fundação Editora da Unesp (FEU)
Praça da Sé, 108
01001-900 – São Paulo – SP
Tel.: (0xx11) 3242-7171
Fax: (0xx11) 3242-7172
www.editoraunesp.com.br
www.livrariaunesp.com.br
feu@editora.unesp.br

CIP – Brasil. Catalogação na fonte
Sindicato Nacional dos Editores de Livros, RJ

E44u

Elster, Jon, 1940-

Ulisses liberto: estudos sobre racionalidade, pré-compromisso e restrições/Jon Elster; tradução Cláudia Sant'Ana Martins. – São Paulo: Editora Unesp, 2009.

Tradução de: Ulysses unbound: studies in rationality, precommitement, and constraints
Inclui bibliografia
ISBN 978-85-7139-889-4

1. Racionalismo – Aspectos psicológicos. 2. Raciocínio. 3. Irracionalismo (Filosofia). 4. Psicologia – Filosofia. 5. Ciência – Filosofia. 6. Ciências sociais – Filosofia. I. Título.

08-4789.

CDD: 153.43
CDU: 159.955.6

Editora afiliada:

Sumário

Prefácio e agradecimentos 7

1 Ulisses revisitado: como e por que
as pessoas amarram a si mesmas 11
  1.1 Introdução: Teoria da Restrição 11
  1.2 A paixão como motivo para a autorrestrição 19
  1.3 Inconsistência temporal e desconto 40
  1.4 Inconsistência temporal e comportamento estratégico 52
  1.5 A paixão como um dispositivo de autorrestrição 65
  1.6 Variações a respeito de um nobre russo 80
  1.7 Vício e pré-compromisso 87
  1.8 Obstáculos, objeções e alternativas 105

2 Ulisses liberto: Constituições como restrições 119
  2.1 Introdução 119
  2.2 Falsas analogias com o pré-compromisso individual 124
  2.3 A natureza e a estrutura das Constituições 129
  2.4 Restrições à elaboração da Constituição 139
  2.5 Dois níveis de pré-compromisso constitucional 151
  2.6 A autorrestrição na política ateniense 155

2.7 O interesse e a paixão na Filadélfia e em Paris 167
2.8 Inconsistência temporal, descontos e atrasos 182
2.9 Onipotência, comportamento estratégico
e separação dos poderes 187
2.10 Eficiência 197
2.11 Obstáculos e objeções 200
2.12 Ulisses liberto 213

3 Menos é mais: criatividade e restrição nas artes 223
3.1 Introdução 223
3.2 Devaneio: criatividade sem restrições 230
3.3 Restrições e convenções nas artes 242
3.4 Restrições, valor e criatividade 254
3.5 Originalidade, autenticidade e criatividade 279
3.6 O Código Hays 287
3.7 *Lucien Leuwen* como um conjunto vazio 295
3.8 A aleatoriedade nas artes 303
3.9 A criatividade e as restrições no jazz 311
3.10 Obstáculos e objeções 331

Coda 339

Referências bibliográficas 355

Índice remissivo 377

Prefácio e agradecimentos

O ensaio principal de *Ulysses and the Sirens* [Ulisses e as sereias] (1979, ed. rev. 1984) era uma discussão sobre pré-compromisso ou autorrestrição, em que tentei caracterizar o conceito e ilustrá-lo com exemplos de vários domínios do comportamento humano (e animal). Neste volume, examino essa questão por meio de um novo olhar.

No Capítulo 1, experimento uma análise mais sistemática do que a que apliquei na abordagem anterior. A principal ideia em análise é uma distinção entre motivos e dispositivos de pré-compromisso. O resultado é que alguns fenômenos que discuto aparecem tanto como motivos quanto como dispositivos. As pessoas podem se pré-comprometer contra a raiva, mas também podem se pré-comprometer a se enraivecer para conseguir o que querem.

O Capítulo 2 reflete uma mudança na minha visão sobre constituições como dispositivos de pré-compromisso. Fui bastante influenciado por um comentário crítico a respeito de *Ulysses and the Sirens* feito por meu amigo e mentor, o falecido historiador norueguês Jens Arup Seip: "No mundo da política, as pessoas nunca tentam restringir a si próprias, mas apenas aos outros". Embora essa seja uma declaração radical, agora penso que está mais próxima da verdade do que a noção de que a autorrestrição é a essência da elaboração de uma constituição. Ulisses amarrou *a si mesmo* ao mastro, mas também pôs cera nos ouvidos dos remadores. Similarmente, Plutarco nos diz que "os amigos de Sátiros de Samos, quando ele apresentava uma queixa, entupiam os ouvidos dele com cera para que não arruinasse seu caso com sua irritação diante dos insultos de seus inimigos" [*On the Control of Anger* (Sobre o controle da raiva)].

O Capítulo 3 explora a ideia de que limitações autoimpostas ou impostas externamente podem aumentar o valor das *obras de arte*. Na arte, assim como em todo lugar, menos pode ser mais. A opção artística, para ser significativa, não pode ser exercitada em um campo de possibilidades ilimitadas. Embora meu grau de experiência nesse campo esteja, para dizer o mínimo, longe de ser extenso, espero que a aplicação de algumas ideias econômicas rudimentares, em especial a da maximização sob restrições, possa se provar útil a leitores que sabem mais sobre estética do que eu.

As ideias dos Capítulos 1 e 2 foram desenvolvidas em colaboração próxima e regular com vários grupos de colegas. A estrutura geral desses capítulos deve muito às discussões desenvolvidas no Grupo de Trabalho sobre Escolha Intertemporal, organizado por George Loewenstein e financiado pela Russell Sage Foundation. Entre os membros, contávamos com George Ainslie, Robert Frank, o falecido Richard Herrnstein, George Loewenstein, Walter Mischel, Drazen Prelec, Howard Rachlin, Thomas Schelling e Richard Thaler. A influência deles se tornará evidente, sobretudo no Capítulo 1. A influência de Aanund Hylland e Ole-Jørgen Skog também foi considerável. Richard Epstein aconselhou-me a respeito da utilização das leis como um dispositivo de pré-compromisso.

Após a queda do comunismo em 1989, trabalhei com Stephen Holmes, Aanund Hylland, Claus Offe, Wiktor Osiatynski, Ulrich Preuss e Cass Sunstein no estudo da criação de novos sistemas políticos no Leste Europeu. Observando o processo de elaboração de Constituições para essa região do globo, fui levado a pensar em Constituições de uma forma mais geral, desde a democracia ateniense, passando pela convenção federal, até o presente. Meu trabalho sobre constitucionalismo foi financiado pelo Centro de Estudos sobre Constitucionalismo no Leste Europeu da Faculdade de Direito da Universidade de Chicago e pelo projeto IRIS na Universidade de Maryland. Também me beneficiei muito das discussões sobre a política de pré-compromisso no "grupo Chicago-Nova York de teoria política": Roberto Barros, James Fearon, Russell Hardin, Bernard Manin, Pasquale Pasquino, Adam Przeworski e Susan Stokes. Sou grato, finalmente, a Mogens Herman Hansen por seus comentários sobre um artigo relacionado à discussão da política ateniense, na Seção 2.6.

As ideias sobre arte desenvolvidas no Capítulo 3 evoluíram de maneira mais aleatória. Agradeço a G. A. Cohen, Han Fredrik Dahl, Jakob Elster, Martin Elster, James Fearon, Claudine Frank, Joseph Frank, Diego Gambetta, Karen Marie Ganer, Alastair Hannay, Stein Haugom Olsen e Thomas Pavel por seus comentários sobre versões anteriores (em alguns casos bastante anteriores) deste capítulo. Também me beneficiei muito da discussão deste capítulo com um grupo que incluía Brian Barry, John Ferejohn, Stephen Holmes, Bernard Manin, Pasquale Pasquino, Adam Przeworski, Jack Rakove e John Roemer.

George Ainslie, Tyler Cowen, James Fearon, Robert Frank, Brian Glenn, Avram Goldstein, Olav Gjelsvik, David Chambliss Johnston, David Laibson, David Laitin, Jørg Mørland, Claus Offe, Wiktor Osiantynski, John Roemer, Michel Troper, Ignacio Sanchez-Cuenca, Ole-Jørgen Skog, Arthur Stinchcombe e Cass Sunstein enviaram-me por escrito seus comentários sobre versões anteriores deste livro, os quais, embora algumas vezes reprovadores e críticos, foram imensamente úteis. Sou particularmente grato a Robert Frank por suas detalhadas observações sobre a Seção 1.5, a John Alcorn por diversas observações e a Ulrich Preuss, que se dispôs a escrever um ensaio sobre pré-compromisso em resposta a meu manuscrito. Também sou grato a dois comentaristas anônimos, um dos quais em especial forçou-me a repensar muitas questões. Por último, quero agradecer a Aida Llabaly por sua valiosa assistência, a meus assistentes de pesquisa, Mark Groombridge e Joshua Rosenstein, assim como a Cheryl Seleski e à equipe de bibliotecários maravilhosamente eficiente da Russell Sage Foundation, que me concedeu ajuda financeira para terminar o trabalho.

Este livro é dedicado a Stephen Holmes, Aanund Hylland e Thomas Schelling. Minhas discussões com eles ao longo dos últimos vinte anos ajudaram-me a estruturar – e revisar – os argumentos às vezes programáticos e incompletos do livro anterior.

---------------- **Capítulo 1** ----------------

Ulisses revisitado: como e por que as pessoas amarram a si mesmas

1.1 Introdução: Teoria da Restrição

Neste capítulo, discuto por que os indivíduos podem querer restringir sua liberdade de escolha e como alcançam esse objetivo. De modo geral, talvez queiram se proteger contra as paixões, as mudanças de preferência e (duas variedades de) inconsistência temporal. Eles o fazem removendo certas opções do conjunto do factível, tornando-as mais onerosas ou apenas tardiamente disponíveis, e isolando-se do conhecimento da existência dessas opções.

Nesta seção, quero localizar restrições que os indivíduos impõem a si próprios dentro do campo mais amplo do que poderíamos chamar de "Teoria da Restrição". Em um nível bastante geral, este livro ilustra a proposição de que às vezes *menos é mais* ou, mais especificamente, que há benefícios em se ter menos oportunidades do que em se ter mais. Essa ideia deve ser vista contra o pano de fundo do caso padrão em que o exato oposto é verdade. *Prima facie*, a impressão é que ninguém teria motivação para descartar opções, retardar recompensas ou se autoimpor custos. Na maior parte de nossa vida diária, essa percepção é obviamente correta. Praticamente todas as pessoas prefeririam ter mais dinheiro do que menos, mais opções profissionais do que menos, serem recompensadas mais cedo do que mais tarde, ter um espectro maior de possíveis parceiros para casamento, e assim por diante. Boa parte do progresso na história da humanidade tomou, na verdade, a forma de uma remoção material ou legal de restrições sobre escolhas. Além disso, mesmo quando ter mais oportunidades não nos beneficia, em geral elas também não nos causam nenhum mal, já que sempre podemos escolher não aproveitá-las (o axioma do "livre descarte" na teoria do equilíbrio geral). Se eu achar pouco apetitosas as refeições gratuitas oferecidas pelas companhias aéreas, não preciso comê-las.

Neste livro, discuto casos atípicos em que a hipótese "mais é melhor" é inválida. Isso pode se dar por dois motivos. De um lado, o indivíduo pode se beneficiar por ter opções *específicas* indisponíveis, ou disponíveis apenas com certo atraso ou a um custo mais elevado, e assim por diante. (Embora eu sempre coma as refeições que as empresas aéreas me oferecem, pagaria uma quantia extra para que não me servissem.) Esse é o tópico dos Capítulos 1 e 2. De outro, o indivíduo pode se beneficiar simplesmente por ter *menos* opções disponíveis, sem o desejo de excluir qualquer escolha específica. Esse é o tópico principal do Capítulo 3, em que declaro que os artistas precisam de restrições e que a escolha das restrições é amplamente arbitrária. É verdade que o primeiro motivo para desejar sofrer restrições pode se aplicar aqui também, como no momento em que o diretor de um filme decide filmar em preto-e-branco para não ser tentado pelos encantos superficiais da imagem colorida. Entretanto, o segundo motivo para o pré-compromisso artístico é em geral mais importante. A decisão do escritor de utilizar o formato de um conto em vez do de um romance não é ditada por um desejo de excluir quaisquer palavras ou frases, mas apenas pelo de usar menor quantidade delas.

Esse segundo motivo pode se aplicar também à vida social de maneira mais ampla. Erich Fromm afirmou que, com o surgimento do mundo moderno e a remoção progressiva das restrições à ação, emergiu também um "medo da liberdade" – o medo de ter excessiva capacidade de escolha, de ter opções demais, de estar sujeito a muito pouca autoridade.[1] Em linhas similares, Tocqueville disse: "Pessoalmente, duvido que o homem

---

[1] Fromm, 1960.

CAPÍTULO UM

jamais possa suportar, ao mesmo tempo, uma completa independência religiosa e uma inteira liberdade política; e sou levado a pensar que, se não tem fé, é preciso que sirva, e se é livre, que creia".[2] A implicação não é a de que as pessoas *escolheriam* limitar suas opções, mas de que se beneficiariam mais ao ter menos opções. Muitos como eu que cresceram nas décadas relativamente austeras de 1940 e 1950 acreditam que as crianças e os adolescentes das últimas décadas teriam-se beneficiado mais se tivessem tido menos oportunidades e menos dinheiro para gastar. E há muitos exemplos de sabedoria popular sugerindo que crianças ricas sofrem irreversivelmente por terem opções demais, e indivíduos dotados de muitos talentos terminam como paus para toda obra e mestres de nenhuma. Embora muitas pessoas que professam essas crenças possam ser como a raposa que alega não gostar de uvas por estarem verdes, uma observação informal indica que nem sempre esse é o único fator.

No mesmo nível geral, a ideia de que menos é mais é passível de outra interpretação, especificamente a de que *a ignorância é uma bênção*. Mais uma vez, essa ideia deve ser considerada contra o pano de fundo de uma hipótese padrão que diz o contrário, ou seja, que *conhecimento é poder*.[3] Também nesse caso o progresso histórico muitas vezes tomou a forma da conquista de novos conhecimentos que ampliaram nosso domínio sobre a natureza, até mesmo, às vezes, a natureza humana. Como esse conhecimento também pode ter consequências destrutivas, poderíamos nos questionar se algumas vezes não seria melhor nos abstermos de conquistá-lo. Em *De Finibus* (V.xviii), Cícero mostra Antíoco interpretando o episódio das sereias da *Odisseia* desta perspectiva:

> Tão grande é o amor inato da humanidade pelo aprendizado e pelo conhecimento que ninguém pode duvidar que sua natureza é atraída pela sabedoria, mesmo sem nenhum lucro em vista ... Parece-me que Homero

---

[2] Tocqueville, 1969, p.444 [Tocqueville, Alexis. *Democracia na América*. Belo Horizonte: Itatiaia; São Paulo: Editora da Universidade de São Paulo, 1987, p.333]. Ver também Elster, 1999a, cap. 1.5.

[3] Para uma discussão sobre ditos proverbiais opostos como este, ver Elster, 1999a, cap. 1.3.

tinha algo assim em mente no seu relato imaginário do canto das sereias. Aparentemente, não era a doçura de suas vozes ou a novidade e variedade de suas canções, mas suas promessas de conhecimento que costumavam atrair os navegantes que passavam; era a paixão pelo conhecimento que mantinha os homens ancorados às praias rochosas das sereias.

Cícero não sugere, contudo, que Ulisses tenha-se amarrado ao mastro a fim de se manter ignorante, nem que o conhecimento que as sereias ofereciam teria sido perigoso para ele. Dessa forma, a analogia que é algumas vezes traçada entre o episódio das sereias na *Odisseia* e a Queda no Gênese é um tanto quanto duvidosa.[4] A serpente seduziu Eva oferecendo-lhe um conhecimento intrinsecamente corruptor, ao passo que as sereias (nesta leitura) utilizavam a expectativa de conhecimento tão só como um meio para atrair suas vítimas às praias rochosas.

Em *Conhecimento proibido*, Roger Shattuck segue o tema do conhecimento perigoso e da ignorância abençoada por meio de diversos exemplos históricos e ficcionais. Da história da ciência, ele cita notavelmente a suspensão da pesquisa sobre a recombinação do DNA na década de 1970 e as objeções ao Projeto Genoma Humano, argumentando que pode haver motivos que não sejam obscurantistas para bloquear e paralisar o progresso do conhecimento.[5] Considere este outro exemplo: há alguns anos, vozes do governo norueguês se opuseram à perfuração exploratória de petróleo ao norte da latitude de 62 graus. Àqueles que argumentavam que a perfuração não causaria nenhum dano e poderia ser útil saber se havia petróleo na região, esses críticos responderam que, se alguém encontrasse petróleo lá, haveria uma pressão irresistível sobre os políticos para que a exploração começasse imediatamente. Os críticos perderam e, mais tarde, foi provado que estavam certos. Discutirei uma meia dúzia de casos desse tipo em vários pontos deste capítulo. De maneira geral, porém, o que o livro enfatiza são as restrições que se traduzem em tornar

---

[4] Sobre essa analogia, ver Montaigne, 1991, p.543 [Montaigne, Michel de. *Os ensaios*. Livro II. São Paulo: Martins Fontes, 2000, p.233], e Shattuck, 1996, p.28.

[5] Shattuck, 1996, p.186-95, 210-7.

as opções conhecidas menos disponíveis, em vez de bloquear o conhecimento de sua existência.

O livro como um todo preocupa-se com dois tipos de restrições benéficas. Em primeiro lugar, há as restrições que beneficiam o agente que as sofre, mas que não são escolhidas por ele por causa desses benefícios. Esse é o assunto da Seção 1.5 e a questão central dos Capítulos 2 e 3. As restrições podem ser escolhidas pelo agente por algum outro motivo, escolhidas por algum outro agente, ou não serem escolhidas por ninguém, mas apenas serem um fato da vida que o agente precisa respeitar. Refiro-me a essas restrições como *restrições incidentais*. Gostaria de fornecer dois breves exemplos, ambos na categoria "fatos da vida". Um se refere à necessidade de produzir filmes em preto e branco antes da invenção da fotografia colorida. Há quem afirme, como veremos no Capítulo 3, que essa restrição deu ensejo a uma maior criatividade artística. Um argumento similar tem sido aplicado às Ciências Sociais. Em um comentário sobre o trabalho de James Coleman, Aage Sørensen afirma que a invenção de computadores de alta capacidade ocorreu em detrimento da teoria sociológica, quando e porque "foram removidas as limitações de dados e de cálculos que inspiraram em Coleman enorme criatividade e imaginação para desenvolver e aplicar modelos".[6]

Em segundo, há restrições que um agente impõe a si mesmo em nome de algum benefício esperado para si próprio. Esse é o tópico principal deste capítulo, e um assunto importante dos Capítulos 2 e 3 também. Em *Ulysses and the Sirens*, referi-me a esse fenômeno como *"pré-compromisso"* ou *"autorrestrição"*. Outros adotaram termos como *"compromisso"* ou *"autocompromisso"*. Neste volume, muitas vezes mantenho minha terminologia anterior. Quando a ênfase recair sobre as restrições que são criadas e não sobre o ato de criá-las, referir-me-ei a elas como *restrições essenciais*.

As restrições essenciais são definidas em termos dos benefícios *esperados*, e as restrições incidentais, pelos benefícios que de fato fornecem ao agente. (Ignoro casos em que A restringe B com a intenção de beneficiar B, mas em que não se alcança benefício algum.) Embora o estabelecimento de

---

[6] Sørensen, 1998, p.255.

restrições essenciais seja sempre explicado pela esperança de um benefício, os benefícios reais das restrições incidentais podem ou não entrar em sua explicação. Na Seção 1.5, discuto a noção de que restrições emocionais sobre o comportamento emergem por seleção natural, em virtude de seu impacto benéfico sobre a aptidão reprodutiva. Se essa interpretação for correta, os efeitos das restrições têm força explanatória. No Capítulo 2, menciono que consequências de decisões constitucionais não previstas por seus criadores podem vir a ser reconhecidas posteriormente, e então servir como razões para conservar essas decisões, se os motivos pelos quais foram originalmente adotadas não são mais válidos. Também nesse caso, os efeitos das restrições incidentais teriam força explanatória.

Em virtude do uso generalizado da explicação funcional em Ciências Sociais, é fácil cometer uma de duas falácias intimamente relacionadas: confundir restrições incidentais e essenciais, e supor, sem maiores reflexões, que os benefícios das restrições incidentais sempre tendem a explicá-las.[7] A mente humana, assim parece, simplesmente reluta em admitir a ideia de benefícios acidentais ou sem explicação.[8] Na Seção 2.1, menciono algumas das minhas confusões passadas, e não sou o único a tê-las cometido. Por isso, uma das tarefas deste livro é diferenciar, tão claramente quanto possível, as autorrestrições intencionais de outros meios pelos quais restrições benéficas podem ocorrer. Outra tarefa é examinar se podem haver restrições que sejam, por assim dizer, essencialmente incidentais. Um agente pode ser *incapaz de se tornar incapaz* de agir de certa forma, e ainda assim se achar limitado, em benefício próprio, pela força das circunstâncias ou pela ação de outro agente.

Como mencionado, este capítulo concentra-se especialmente em restrições essenciais, ou seja, na autorrestrição no sentido intencional padrão. Mais especificamente, discutirei o desejo de um agente de criar obstáculos para a escolha futura de uma ou mais opções determinadas. Nessa perspectiva, o pré-compromisso representa certa forma de *racionalidade ao longo do tempo*. No momento 1, um indivíduo quer fazer A no momento 2, mas antecipa que, quando 2 chegar, ele talvez queira fazer ou faça B, a

---

[7] Elster, 1983a, cap. 2.

[8] Ibidem, 1983b, cap. 2.10.

não ser que algo o impeça. Nesses casos, o comportamento racional no momento 1 pode envolver medidas de precaução para impedir a escolha de B no momento 2 ou, pelo menos, tornar essa opção menos provável. Este capítulo é uma pesquisa das causas e formas do pré-compromisso – dos *motivos* pelos quais as pessoas podem querer se pré-comprometer e os dispositivos com que contam para isso .[9]

Na Seção 1.2, analiso a visão tradicional de que o pré-compromisso é um instrumento para nos proteger da paixão. Depois discuto o argumento mais recente de que o pré-compromisso pode nos ajudar a superar o problema da inconsistência temporal, seja devido ao desconto hiperbólico (1.3) ou à interação estratégica (1.4). Na Seção 1.5, analiso o argumento de que a paixão pode funcionar como um dispositivo desse tipo. Em vez de ser um obstáculo à busca racional do interesse pessoal (1.2), a paixão pode nos ajudar a superar nossa tendência a agir de acordo com interesses imediatos quando isso vai contra nossos interesses de longo prazo. Na Seção 1.6, discuto algumas variações no caso do "nobre russo" apresentado por Derek Parfit, com ênfase especial nas razões pelas quais os fundamentalistas gostariam de se isolar do mundo moderno a fim de impedir mudanças de preferência. Na Seção 1.7, pesquiso diversas formas de estratégias de autorrestrição adotadas por viciados. Na Seção 1.8, discuto alguns motivos pelos quais o pré-compromisso, quando possível, pode não ser desejável e, quando desejável, pode não ser possível. Além disso, comento algumas alternativas ao pré-compromisso.

---

[9] Neste livro, suponho um conflito simples entre interesses de curto e longo prazo. No modelo apresentado por Ainslie, 1992, a mente contém todo um conjunto de interesses, com horizontes cronológicos que vão de frações de segundo a uma vida inteira. Nesse caso, tornam-se possíveis fenômenos mais complexos como alianças entre interesses de curto e longo prazo contra interesses de médio prazo. Em outros lugares utilizei o seguinte exemplo para ilustrar essa ideia: "Desejo que eu não desejasse não desejar comer bolo de creme. Desejo comer bolo de creme, porque gosto. Desejaria não gostar, porque, como pessoa moderadamente vaidosa, acho mais importante permanecer esbelto. Mas desejaria ser menos vaidoso. (Mas penso nisso apenas quando desejo comer bolo de creme?)" (Elster, 1989a, p.37). [Elster, Jon. *Peças e engrenagens das Ciências Sociais*. Rio de Janeiro: Relume-Dumará, 1994, p.54-5].

Tabela 1.1

Dispositivos de pré-compromisso	Motivos para o pré-compromisso				
	Superar paixão	Superar egoísmo	Superar o desconto hiperbólico	Superar inconsistência temporal estratégica	Neutralizar ou impedir mudança de preferência
Eliminação de opções	1.2 1.7		1.3 1.7	1.4	1.6
Imposição de custos	1.2 1.7	1.5	1.3 1.7	1.4	
Definição de recompensas	1.7		1.7		
Criação de atrasos	1.2 1.7		1.3	1.4	
Mudança de preferências	1.2 1.7				
Investimento no poder de barganha				1.4	
Indução à ignorância	1.2 1.7		1.3	1.4	1.6
Indução à paixão		1.5		1.4	

Nem todos os dispositivos de pré-compromisso podem servir a todos os motivos para o pré-compromisso. A Tabela 1.1 mostra algumas conexões principais entre motivos e dispositivos para o pré-compromisso, e ajuda o leitor a localizar as seções onde os vários casos são analisados.[10]

1.2 A paixão como motivo para a autorrestrição

Quando agimos sob a influência das paixões, elas podem fazer que nos desviemos dos planos traçados em um momento mais tranquilo. O conhecimento dessa tendência cria um incentivo para que nos pré-comprometamos a não nos desviar de nossos planos originais. Aqui, utilizo o termo "paixão" em um sentido amplo, que abrange não apenas as emoções típicas como raiva, medo, amor, vergonha e outras, mas também estados como intoxicação alcoólica, desejo sexual, desejo de drogas que criam dependência, dor e outros sentimentos "viscerais".[11]

Desde Aristóteles até algum ponto do século XX, o antônimo mais frequente de paixão era *razão*, entendida como qualquer motivação imparcial, isenta ou desinteressada.[12] Uma pessoa que deseja se comportar de forma justa com os outros, mas teme que sua raiva acabe por dominá-la, é aconselhada a se pré-comprometer conforme alguma das formas que discutiremos adiante. Entre economistas modernos, o antônimo mais frequente de paixão é *egoísmo racional*. Uma pessoa que teme que a raiva possa fazê-la agir de maneira contrária a seus interesses faria bem em evitar situações em que essa emoção possa ser desencadeada. Um agente sensato se pré-compromete contra a raiva para não ferir os outros, enquanto um agente movido pelo egoísmo racional o faz para não

---

[10] Neste capítulo, assim como nos seguintes, omito a *aleatoriedade* como forma de pré-compromisso individual ou coletivo, para evitar a repetição do que já escrevi em outro texto sobre o assunto (Elster, 1989b, cap. 2). Uma breve análise da questão é apresentada na discussão sobre aleatoriedade nas artes (3.8).

[11] Para uma discussão do papel das emoções na explicação do comportamento, ver Elster, 1999a, em particular o Apêndice do cap. 4. Sobre a importância da visceralidade na explicação do comportamento, ver Loewenstein, 1996, 1999.

[12] Para uma discussão mais aprofundada, ver Elster, 1999a, especialmente o cap. 5.

ferir a si mesmo. Posteriormente, neste mesmo capítulo, encontraremos exemplos de pré-compromisso motivados por uma dessas duas atitudes sensatas. Como veremos, outros casos também surgirão. Um agente nas garras da paixão pode se pré-comprometer contra uma outra paixão, contra a busca racional dos seus interesses, ou contra a razão. Um agente racional e voltado aos seus próprios interesses pode até se pré-comprometer contra sua própria racionalidade.

Efeitos da paixão

Distinguirei quatro maneiras pelas quais as paixões podem causar uma discrepância entre planos – quer sejam baseados na razão, quer no egoísmo racional – e comportamento. As paixões podem fazer isso distorcendo a cognição (induzindo falsas crenças sobre consequências), obscurecendo a cognição (abolindo a consciência das consequências), induzindo fraqueza da vontade (opções com piores consequências previstas são escolhidas em lugar daquelas com melhores consequências), ou induzindo miopia (alterando os pesos das decisões ligadas às consequências). Enquanto os dois primeiros mecanismos envolvem a irracionalidade cognitiva, os dois últimos não precisam fazê-lo. Enquanto o terceiro envolve uma irracionalidade de motivação, o quarto não tem necessidade disso. Todos, exceto o segundo, deixam o agente com alguma capacidade para responder a incentivos.

(i) A paixão pode distorcer nosso raciocínio sobre as consequências de nosso comportamento. Essa era, de fato, a definição de emoção para Aristóteles: "As emoções são as causas que alteram os seres humanos e introduzem mudanças nos seus juízos, na medida em que comportam dor e prazer; tais são a ira, a compaixão, o medo e outras semelhantes, assim como as suas contrárias" (*Retórica*, 1378a, 21-2).* Embora não seja uma boa definição de emoção – há muitas exceções, algumas notadas pelo próprio Aristóteles[13] –, ela capta com precisão muitos casos de confiança

---

* Aristóteles. *Retórica*. Lisboa: Imprensa Nacional-Casa da Moeda, 1998, p.106. (N.T.)

[13] Aristóteles conta o ódio como uma emoção (*Retórica*, 1382a, 2-16), mas também diz que o ódio pode não afetar o julgamento (*Política*, 1312b, 19-34). Ver também Elster, 1999a, cap. 2.2.

injustificada e autoilusões induzidas emocionalmente. As emoções podem afetar as "estimativas de probabilidade e credibilidade" a respeito de eventos fora do controle do indivíduo.[14]

Esse mecanismo pode se aplicar também quando a paixão em questão é um desejo, em vez de uma emoção. Em um exemplo de David Pears, um

> motorista vai a uma festa e decide que é melhor parar após dois copos de bebida, apesar do prazer que teria se bebesse mais, pois não há mais ninguém disponível para dirigir o carro na hora de voltar para casa. Mesmo assim, quando lhe oferecem um terceiro copo, provavelmente uma dose dupla, ele aceita. Como ele faz uma coisa dessas? Simples, se o desejo de um terceiro copo de bebida influencia sua decisão na festa antes de aceitá-lo. Por exemplo, ele pode dizer a si mesmo, contra todo o peso das evidências, que não é perigoso dirigir depois de seis doses de uísque, ou pode esquecer, sob a influência de seu desejo, quantos copos ele já tomou.[15]

(ii) A paixão pode ser tão forte que esmague todas as outras considerações.[16] Antes de um encontro desagradável, posso resolver manter a calma. Entretanto, quando provocado, libero minha raiva sem parar para pensar nas consequências. Não é que eu não saiba das consequências ou que tenha falsas crenças sobre elas: eu simplesmente não as tenho em mente na hora de agir. Essa é a concepção de Aristóteles da fraqueza da vontade (ou uma de suas concepções):

---

[14] Frijda, 1986, p.118-21.

[15] Pears, 1985, p.12. Em linhas similares, Rabin (1995) argumenta que "podemos comer demais não porque conscientemente apoiemos a tendência ao sobrepeso, ... o bem-estar em detrimento do futuro bem-estar, mas porque nós sistematicamente nos iludimos como um meio de apoiar a gratificação imediata".

[16] As paixões podem *antecipar-se* a todas as outras considerações. Como explicado por Le-Doux (1996) e resumido no cap. 4.2 de Elster (1999a), há no cérebro uma ligação direta entre os aparelhos sensorial e emocional que funciona totalmente à margem do raciocínio, de forma que, quando o sinal sensorial chega ao aparelho emocional alguns milissegundos depois, o organismo já começou a reagir.

Admitindo a possibilidade de estar consciente em certo sentido e de ao mesmo tempo não estar, como no caso de uma pessoa adormecida, louca ou embriagada. Entretanto, é justamente essa a condição dos que agem sob a influência das paixões; pois é evidente que as explosões de cólera, de apetite sexual e outras paixões desse tipo alteram as condições do corpo e, em alguns homens, chegam a produzir acessos de loucura. É claro, então, que se pode dizer das pessoas descontroladas que se encontram em um estado semelhante ao deles.[17]

(iii) Mesmo no instante em que estou agindo, posso saber que o que estou fazendo não é uma boa ideia. Quando lhe oferecem o terceiro copo de bebida na festa, o motorista pode aceitá-lo e *nesse mesmo instante* pensar que não deveria fazê-lo. Embora os motivos para não beber sejam mais fortes do que os para beber, os últimos têm uma eficácia causal mais forte como pura turbulência psíquica. Semelhante a isso é a visão de fraqueza da vontade posta em destaque por Donald Davidson e que, de uma forma ou de outra, está no centro das mais recentes discussões filosóficas sobre o assunto.[18]

Um problema referente a essa terceira visão é a dificuldade de encontrar evidências confiáveis de que o agente realmente pensou que, após todas as considerações, ele não deveria aceitar o copo. É bastante fácil encontrar evidências independentes de que o motorista, *antes* de ir à festa, não queria beber mais de dois copos. Ele pode ter dito a sua esposa, por exemplo, "não me deixe beber mais de dois copos". *Depois* da festa, também, ele pode se arrepender de seu comportamento contrário ao seu interesse real, e tomar medidas para garantir que isso não aconteça novamente. Mas como podemos saber se, ao fim de todas as considerações, esse julgamento existe no mesmo instante em que ele aceita o terceiro copo? Por hipótese, não há comportamento observável que possa corroborar essa interpretação. Como podemos excluir, por exemplo, a possibilidade de uma inversão de preferência no último segundo devido ao desconto hiperbólico (1.3)? O agente pode reter uma apreciação precisa das consequências de seu

---

[17] *Nichomachean Ethics (Ética a Nicômaco)* 1147a.

[18] Davidson, 1970.

comportamento e, mesmo assim, dar a elas um valor diferente do que havia dado antes. Como Davidson propõe um argumento transcendental – como é *überhaupt möglich** agir contra o que se considera a melhor medida a tomar no momento da ação? –, é perturbador que a premissa empírica seja tão difícil de estabelecer.[19]

(iv) Uma pessoa em estado de paixão pode pesar as consequências do comportamento diferentemente de como o faria em um estado mais calmo. Um viciado, por exemplo, pode ter crenças corretas sobre os efeitos desastrosos da droga no seu corpo ou na sua carteira, e ainda assim ignorá-las devido a um aumento, induzido pelo vício, da taxa de desconto temporal.[20] A urgência e impaciência por vezes associadas à emoção podem ter o mesmo efeito. Se eu pudesse escolher entre ver a pessoa amada por dez minutos hoje ou vê-la por uma hora amanhã, talvez escolhesse a primeira opção. O efeito da paixão nesses casos é o de induzir miopia, em vez de distorcer e obscurecer a cognição, ou fazer-nos agir de forma contrária ao que consideramos a melhor ação. Note que as paixões que induzem miopia podem ser elas mesmas duráveis ou transitórias. No último caso, uma paixão de *curta duração* leva o agente a ter *vista curta* ao examinar seus interesses. Embora as ideias de "paixão momentânea" e "interesse imediato" sejam conceitualmente distintas, elas estão muitas vezes conectadas no que se refere à causa (ver também 2.7).

Nos casos de autoilusão, fraqueza da vontade e miopia – casos (i), (iii) e (iv) – o agente é *sensível à recompensa*. Isso não equivale a dizer que ele é racional, mas apenas que é capaz de exercitar a escolha, comparando as consequências umas com as outras.[21] Se os efeitos negativos retarda-

---

* Em alemão no original, significando "realmente possível". (N.T.)

[19] Cf. Montaigne, 1991, p.1161 [Montaigne, Michel de. *Os ensaios*. Livro III. São Paulo: Martins Fontes, 2001. p.363-4]: "Vejo habitualmente que os homens, nos fatos que lhes propomos, de melhor grado se ocupam em procurar-lhes a razão do que em procurar-lhes a veracidade ... Passamos por cima dos fatos, mas examinamos minuciosamente suas consequências. Costumamos começar assim: 'Como é que isso acontece?' Seria preciso dizer: 'Mas acontece?'" Ver também Merton, 1987, para a necessidade de "estabelecer o fenômeno" antes de se propor a explicá-lo. Para uma discussão mais ampla, ver Elster, 1999d.

[20] Becker, 1996, p.210; O'Donoghue e Rabin, 1999a; Orphanides e Zervos, 1998.

[21] Ver uma discussão mais ampla no cap. 5.1 de Elster, 1999b.

dos de um certo comportamento forem verdadeiramente desastrosos, é menos provável que o agente se deixe convencer de que esses efeitos não existem, menos provável que ele os aceite em oposição ao que acredita ser a melhor ação, e menos provável que se deixe dominar por eles em troca de uma recompensa a curto prazo. É apenas no caso (ii) que a paixão torna o agente completamente surdo a incentivos além dos desejos do momento.

Pré-compromisso contra a paixão

Essas diferenças têm implicações óbvias nas estratégias de autorrestrição. Quando o agente tem consciência dos incentivos mesmo no calor da paixão, o pré-compromisso pode tomar a forma da fixação de um custo ou penalidade sobre a escolha que se deseja evitar. Se você acha que pode ficar bêbado ou flertar demais em uma festa no escritório, você pode aumentar a dificuldade de fazê-lo levando seu cônjuge para a festa. Em *Lucien Leuwen*, Madame de Chasteller toma o cuidado de ver Lucien somente ao lado de um acompanhante, a fim de tornar proibitivamente difícil o ato de ceder ao seu amor por ele. Em contraste, algumas paixões são tão fortes que a única forma prática de neutralizá-las é evitar ocasiões que as desencadeiem.[22] Em *A princesa de Clèves*, a princesa foge da corte para o campo a fim de evitar a tentação de responder aos galanteios do Duque de Nemours; mesmo mais tarde, quando o marido morre e ela está livre para se casar novamente, mantém a distância: "Sabendo como as circunstâncias afetam as resoluções mais sábias, ela não estava disposta a correr o risco de alterar as suas próprias resoluções, ou retornar ao lugar onde vivia o homem a quem amara".[23]

A *raiva* é talvez a mais importante dessas paixões cegas e surdas. Talvez seja única entre as emoções, em sua capacidade de nos fazer esquecer até nossos interesses mais vitais. Segundo Sêneca, a raiva "tem

---

[22] No cap. 5 de Elster, 1999b, discuto se há casos em que a afirmação é verdadeira mesmo quando a palavra "prática" é omitida.

[23] Lafayette, 1994, p.108; ver também Shattuck, 1996, p.114-21.

sede de vingança mesmo que no processo destrua o vingador".[24] "Quem não reconhece", perguntou Hume, "que a vingança, pela simples força de sua paixão, pode ser tão avidamente perseguida a ponto de fazer-nos negligenciar conscientemente todas as considerações relativas a tranquilidade, interesse e segurança?".[25] É evidente que, se pessoas enraivecidas são capazes de ignorar até riscos de vida, não serão detidas por quaisquer dissuasões adicionais. Como veremos na Seção 1.5, essa indiferença ante as consequências que caracteriza o homem furioso pode também servir a seus interesses, isto é, ter boas consequências. Aqui me concentrarei na necessidade de conter a raiva, apoiando-me especialmente em várias observações encontradas nos *Ensaios* de Montaigne.[26]

É lugar-comum que outras pessoas possam detectar que alguém está com raiva ou apaixonado antes que a própria pessoa o saiba. Quando alguém se apaixona pela primeira vez, como a sra. de Rênal em *O vermelho e o negro* de Stendhal, pode-se viver a emoção completa e inocentemente até o dia em que lhe venha à consciência: "Estou apaixonada". Não há autoilusão envolvida; apenas falta de percepção.[27] Também na raiva a emoção muitas vezes precisa alcançar um certo limiar antes que se tenha consciência dela. Ao mesmo tempo, episódios de raiva são muitas vezes caracterizados como um "ponto sem retorno" além do qual o autocontrole não é mais possível.[28] O motivo pelo qual a raiva é tão difícil de controlar, de acordo com Montaigne, é que o segundo limiar ocorre antes do primeiro. "Todas as coisas, ao nascer, são frágeis e tenras. Por isso é preciso ter os olhos abertos para os inícios, pois, assim como não percebemos o perigo delas enquanto este ainda é pequeno, depois que cresceu não lhe achamos mais o remédio".[29] Em outras palavras, a dinâmica da raiva (e do amor) está sujeita ao dilema ilustrado na Figura 1.1.

---

[24] *On Anger*, I.i.1.

[25] Hume, 1751, Apêndice II [Hume, David. *Investigação sobre o entendimento humano e sobre os princípios da moral*. Apêndice 2. São Paulo: Editora Unesp, 2004. p.387].

[26] Ver também Elster, 1996; e Elster, 1999a, cap. 2.3.

[27] Ver discussões mais extensas das emoções não reconhecidas em Elster, 1999a, caps. 2.3, 3.2 e 4.2.

[28] Fridja, 1986, p.43-5, 91, 241.

[29] Montaigne, 1991, p.1154 [(2001, III) p.353-4]; ver também Elster, 1992, p.47.

Figura 1.1

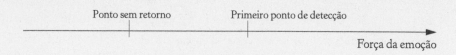

Se isso é correto, e acredito que muitas vezes é, uma regra de autocontrole como contar até dez provavelmente não é um bom remédio contra a raiva. Trata-se de um *conselho*, e pouco eficaz ainda por cima; não é um *dispositivo*. Embora dispositivos de atraso possam ser formas eficazes de pré-compromisso (Capítulo 2), estes precisam ser preparados com antecedência, e não deixados ao controle arbitrário do agente no momento em que precisa deles. Como escreve Thomas Schelling, "se estou furioso demais para me importar com o meu comportamento, como posso me obrigar a contar até dez?".[30] Em tese, dispositivos de atraso podem ser utilizados para se contrapor à paixão, no sentido amplo que também inclui o desejo de substâncias que causam dependência. Se quero me comprometer a beber apenas socialmente, mas não confio na minha própria capacidade de consegui-lo, posso manter meu estoque de bebidas alcoólicas em um cofre com um dispositivo de retardo, de forma que teria de ajustá-lo com seis horas de antecedência para ter acesso a ele. Na prática, nunca encontrei quaisquer exemplos dessa estratégia. Talvez seja excessivamente cara – um cofre com marcador de tempo custa em torno de mil dólares (ver também 1.8).

A legislação que exige um tempo experimental de separação antes do divórcio final parece ser uma exceção. O atraso permite que a paixão extraconjugal se acalme e que a razão retome o controle. Contudo, com uma exceção que discutirei mais tarde, o atraso é sempre imposto pelo Estado, e não escolhido pelos próprios cônjuges durante o casamento. Os direitos e deveres legais do casamento vêm em pacote. Mesmo quando

---

[30] Schelling, 1999. Watson (1999) descreve "o problema do autocontrole" em termos similares: "Técnicas de autocontrole muitas vezes são eficazes para manter a pessoa concentrada contra ... distrações. Mas o emprego dessas técnicas já exige uma quantidade de concentração que tende a se dispersar precisamente quando é necessária".

o fato de duas pessoas se casarem mostra que elas preferem o "pacote com atraso" à simples coabitação, elas poderiam ter escolhido o "pacote instantâneo" com a possibilidade de divórcio a qualquer momento, se essa opção estivesse disponível. O casamento seria uma restrição essencial, em vez de uma restrição incidental, apenas se o pacote com atraso fosse preferido tanto à coabitação quanto ao pacote instantâneo, pois apenas nesse caso as restrições à liberdade do divórcio poderiam ser a *motivação* para o casamento. Embora no passado, assim como outros, eu tenha usado o casamento como um caso padrão de pré-compromisso, agora acredito que isso seja errôneo, ou pelo menos ilusório.[31]

A legislação sobre o controle de armas também funciona impondo atrasos entre o pedido de uma arma e sua entrega.[32] Embora essas leis sirvam para proteger os cidadãos contra acessos de paixão assassina, é menos plausível vê-las como exemplos de pré-compromisso intencional. Provavelmente, os legisladores ou eleitores de um referendo estão muito mais preocupados em proteger a si próprios e à população em geral contra outros do que em se autorrestringir em um sentido literal (ver também o Capítulo 2). Aqueles que estão amarrados podem acolher positivamente os laços – ou não.

Montaigne notou que, quando as emoções emergem intensa e repentinamente, não podemos controlá-las, ao passo que, quando são frágeis o suficiente para serem mantidas sob controle, podemos não notá-las. Ele não pensava que o problema fosse necessariamente insuperável:

> Se cada qual observasse de perto os efeitos e as circunstâncias das paixões que o governam, como fiz com aquela que me coube na partilha, vê-las-ia

---

[31] Ver também Montaigne, 1991, p.698 [(2000, II) p.424: "Pensamos haver atado mais firmemente o laço de nossos casamentos por havermos eliminado todo meio de dissolvê-los; mas o laço da boa vontade e da afeição se desatou e afrouxou tanto quanto se estreitou o da imposição. E, ao contrário, o que em Roma manteve os casamentos respeitados e seguros durante tanto tempo foi a liberdade de rompê-los quem assim o quisesse. Eles amavam mais suas mulheres porque podiam perdê-las; e, em plena legalidade do divórcio, cinco anos e mais se passaram antes que alguém se servisse dele". Montesquieu argumenta o mesmo em *Lettres persanes* (*Cartas persas*, Carta 116). Ver também Phillips, 1988, cap. 5.2.

[32] Agradeço a David Laitin por chamar minha atenção para esse ponto.

aproximarem-se e moderar-lhes-ia um pouco a impetuosidade e o avanço. Elas nem sempre nos saltam ao pescoço já no primeiro arranque: há ameaças e graus.[33]

Entretanto, quase todos os seus conselhos práticos assumem uma forma diferente: deveríamos evitar situações de emoções fortes em vez de tentar suprimi-las quando surgirem. "Para nossas almas banais, há ... excessivo esforço e excessiva rudeza" em tentar resistir ou controlar as emoções.[34]

As emoções são desencadeadas por eventos externos, mas apenas se estes chegam ao nosso conhecimento. Para evitar as emoções, portanto, podemos nos assegurar ou de que esses eventos não ocorram ou de que, se ocorrerem, não venhamos a saber deles. Montaigne adotou ambas as estratégias: "Fujo das ocasiões de atormentar-me e esquivo-me de saber das coisas que vão mal".[35] Sobre a primeira estratégia, ele se refere ao exemplo do rei Cótis: "Pagou liberalmente a bela e rica faiança que lhe apresentaram; mas, como ela fosse extremamente frágil, ele mesmo quebrou-a incontinente, para eliminar antecipadamente um motivo tão fácil de cólera contra seus serviçais". Sobre si mesmo, ele acrescenta:

> Da mesma forma, evitei habitualmente ter meus negócios confundidos, e não procurei que meus bens fossem contíguos aos de meus parentes e daqueles com quem devo relacionar-me por uma estreita amizade: disso costumam surgir motivos de inimizade e discórdia.[36]

Em *On Anger* [Sobre a raiva], Sêneca oferece um conselho semelhante:

> Enquanto formos sãos, enquanto formos nós mesmos, busquemos ajuda contra um mal que é poderoso e ao qual muitas vezes cedemos. Aqueles que

---

[33] Montaigne, 1991, p.1219 [(2001, III) p.437].
[34] Ibidem, p.1148 [ibidem, p.347].
[35] Montaigne, 1991, p.1075 [(2001, III) p.246].
[36] Ibidem, p.1147-48 [ibidem, p.346].

não conseguem lidar com o vinho discretamente e temem se tornar ríspidos e insolentes após alguns copos, instruam a seus amigos que os removam do banquete; aqueles que descobriram que são desarrazoados quando doentes, *ordenem que não o obedeçam em tempos de doença.*[37]

A segunda estratégia é se proteger contra o conhecimento de eventos que podem trazer raiva ou outros distúrbios emocionais.[38] Referindo-se a um velho que, sem saber, era roubado por seus empregados, Montaigne observa que "seria matéria para uma questão escolar saber se ele está melhor assim ou de outra forma".[39] Suspeito que Montaigne diria que ele não está, e que o fator-chave é que o velho não se cegou *deliberadamente* para o que seus empregados estavam fazendo. Eis o que o próprio Montaigne fazia:

---

[37] *On Anger*, III.xiii.5; os itálicos são meus.

[38] Tyler Cowen (comunicação pessoal) ressalta que algumas teorias de investimento dizem que não se deve nunca olhar o portfólio de alguém. Embora esse conselho pudesse ser baseado na tendência a descontar o futuro hiperbolicamente (ver a discussão no fim da Seção 1.3) ou em uma tendência a dar uma ênfase excessiva a informações adquiridas recentemente (Bondt e Thaler, 1985), poderia também ser justificado por uma tendência a reagir emocionalmente a boas ou más notícias.

[39] Montaigne, 1991, p.442 [(2000, II) p.93]. Essa observação evoca dois comentários comparativos. Em primeiro lugar, note que a questão levantada por Montaigne difere da questão sobre se seria melhor acreditar que os empregados são honestos quando na verdade não são, ou acreditar que são desonestos quando na verdade são honestos. Por isso Gibbard (1986), p.169, comenta: "Um marido ciumento pode ... preferir o 'inferno do tolo', em que as suspeitas afloram, mas sua esposa é na verdade fiel, ao 'paraíso do tolo', em que suas suspeitas são tranquilizadas, mas na verdade ele está sendo traído sem seu conhecimento". Em segundo lugar, podemos comparar o dilema de Montaigne a um enigma semelhante levantado por Tocqueville (1969, p.317) [1987, p.244] em sua discussão sobre a escravidão nos Estados Unidos. Tocqueville comenta que "o negro ... admira os seus tiranos mais ainda do que os odeia, e encontra alegria e o seu orgulho na servil imitação daqueles que o oprimem" e se pergunta: "Chamarei a essa disposição de alma, que torna o homem insensível às misérias extremas e muitas vezes até lhe dá uma espécie de depravado gosto por causa das suas infelicidades, um dom de Deus ou uma derradeira maldição de Sua cólera?". Tanto Tocqueville quanto Montaigne indicam que, se o bem-estar é comprado à custa da autonomia, o preço pode ser alto demais.

Chego ao ponto de gostar que me escondam minhas perdas e as confusões que me atingem ... Gosto de não fazer a conta do que tenho, para sentir com menos exatidão minha perda. Peço aos que vivem comigo, quando lhes faltam a afeição e os bons efeitos, para me lograrem e me contentarem com boas aparências.[40]

Sêneca fornece um outro exemplo:

O grande Júlio César ... usou sua vitória com grande compaixão; tendo apreendido uma quantidade de cartas escritas a Pompeu por aqueles que se acreditava pertencerem ao lado inimigo ou ao grupo neutro, queimou-as. Embora tivesse o hábito de, dentro de certos limites, ceder à raiva, ainda assim preferia ser incapaz de fazê-lo.[41]

Uma outra situação em que a ignorância pode ser uma bênção é no que se refere à fidelidade conjugal. Montaigne escreve: "A curiosidade é viciosa em toda parte, mas aqui é perniciosa. É loucura querer esclarecer-se sobre um mal para o qual não há medicamento que não o piore e agrave":[42]

É preciso ter engenhosidade para evitar esse conhecimento penoso e inútil. Assim, os romanos tinham o costume de, retornando de viagem, enviar na frente um mensageiro para informar sua chegada às suas mulheres, a fim de não surpreendê-las. E por isso um certo povo instituiu que o sacerdote abre a passagem da recém-casada, no dia das núpcias, para tirar do marido a dúvida e a curiosidade de procurar saber, nessa primeira experiência, se ela chega a ele virgem ou ferida por um amor alheio.[43]

---

[40] Montaigne, 1991, p.731-2 [(2000, II) p.467]. Há um outro elemento em ação também: "Quem tiver a guarda de minha bolsa em viagem tem-na total e sem controle: ele me enganaria igualmente bem se eu fizesse contas; e, se não for um demônio, com uma confiança tão generosa obrigo-o a agir bem" (p.1078-9) [(2000, III) p.251]. Como "propositalmente, mantenho um tanto confuso e incerto o conhecimento sobre o meu dinheiro" (p.1079) [p.251], ele se preocupa menos e assegura que há menos com o que se preocupar. Ver também nota 111.

[41] *On Anger*, II.xxiii.4.

[42] Montaigne, 1991, p.982 [(2001, III) p.126].

[43] Ibidem, p.983 [ibidem, p. 126].

Isso não é o mesmo que evitar subir na balança e verificar se houve um aumento de peso, ou deixar de marcar uma consulta com o médico para não descobrir que se tem uma doença terrível. Essas práticas autoilusórias envolvem indivíduos evitando informações, enquanto Montaigne aqui se refere a costumes e políticas públicas.

O fenômeno de *evitar o arrependimento* pode ser um exemplo de ambas as estratégias. Considere uma hipótese sugerida por Robert Sugden (comunicação pessoal). Suponha primeiro que um motorista veja que o trânsito está engarrafado na estrada principal e se pergunte se deve trocá-la por uma via lateral. Como esta cruza a estrada principal alguns quilômetros adiante, ele sabe que acabará descobrindo se sua decisão foi acertada e, se o trânsito na estrada principal estiver na verdade mais tranquilo, ele se arrependerá. O arrependimento é um custo possível associado à escolha da via lateral que se sobrepõe ao custo de ser retardado pelo trânsito. Em algumas ocasiões, a antecipação do arrependimento pode virar a balança em favor da permanência na estrada principal.[44] Suponha agora que há uma outra via, que dá mais voltas do que a primeira mas não cruza a estrada principal. O motorista pode ser tentado a tomar a estrada mais lenta, prevendo que, se tomar a mais rápida, poderá descobrir – para seu arrependimento – que o trânsito na estrada principal está, na verdade, tão tranquilo que teria feito melhor ficando nela. Às vezes, as pessoas tomam providências para evitar descobrir se têm motivo para se arrepender.

Permita-me mencionar algumas outras estratégias para conter as paixões. Uma é combater emoção com emoção. Quando os Argonautas navegaram em águas mais tarde visitadas por Ulisses, Orfeu cantou tão divinamente que nenhum deles escutou as sereias. Pode-se também tentar combater a raiva com alguma outra emoção, como o medo. Em *On Anger*, Sêneca levanta uma possível objeção à alegação de que é impossível conter a raiva: "Não é verdade que os homens às vezes, mesmo em meio à raiva, deixam aqueles a quem odeiam partir sem nenhum arranhão e se abstêm de lhes fazer mal?". E, a seguir, responde: "É verdade; mas quando? Quando a paixão derrotou a paixão, e o medo ou a ambição atingiu sua

---

[44] Loomes e Sugden, 1987; Bell, 1982.

finalidade. Então há paz, forjada não pelos bons serviços da razão, mas por um acordo traiçoeiro e maligno entre paixões".[45]

Há uma sugestão relacionada a isso, porém ambígua, em *As paixões da alma* de Descartes. Ele argumenta que alguns indivíduos nunca estão em posição de usar sua força de vontade "porque nunca deixam sua vontade lutar com suas próprias armas, usando apenas aquelas que algumas paixões fornecem para resistir a outras paixões" (artigo 48). Quer ele dizer que esses indivíduos podem mobilizar emoções (ocorrentes) a qualquer momento para combater outras emoções? Ou que podem deliberadamente cultivar certos dispositivos emocionais que desencadearão as emoções ocorrentes, necessárias para combater outras? A primeira ideia não é plausível: em geral estou entre os que defendem a visão tradicional de que emoções ocorrentes são involuntárias e não ativamente escolhidas.[46] A segunda é também pouco plausível. Se disposições emocionais podem ser afetadas pelo planejamento do caráter, não faria mais sentido livrarmo-nos daquelas que achamos indesejáveis em vez de criar novas que se contraponham a elas?

Muitos escritores das tradições budista ou estoica afirmaram, realmente, que deveríamos combater as paixões livrando-nos da tendência de experimentá-las.[47] Uma de suas preocupações era a de superar o medo da morte, que era também um tema central para Montaigne.[48] Em um

---

[45] *On Anger*, I.VIII.7.

[46] Elster, 1999a, cap. 4.3.

[47] Para eliminar as paixões, esses escritores recomendam alguma forma de planejamento por meios puramente psíquicos, em que a mente age sozinha para se alterar (Kolm, 1986). Outros defendem ou adotam a medida radical de ceifar as paixões em suas raízes físicas. Ver, por exemplo, uma manchete do *New York Times* de 5 de abril de 1996: "Texas concorda com cirurgia em molestador. Assim que deixar a prisão, homem quer ser castrado para conter seu desejo sexual".

[48] A ênfase principal nessas discussões é eliminar o medo como uma fonte de sofrimento. Contudo, é claro que o medo era também visto como uma fonte de comportamento indesejável. Ao discutir por que testamentos raramente são escritos de forma apropriada, por exemplo, Montaigne, 1991, p.93 [Montaigne, Michel de. *Os ensaios*. Livro I, p.123-4], diz: "Não é de espantar que amiúde ele seja apanhado na armadilha. Basta mencionarmos a morte para causar medo à nossa gente ... E como ela é mencionada nos testamentos, não espereis que eles ponham mãos à obra antes que o médico lhes tenha dado a sentença extrema; e então, entre a dor e o pavor, Deus sabe com que belo discernimento vão prepará-lo".

CAPÍTULO UM

ensaio anterior, *Que filosofar é aprender a morrer*, a ênfase está em como dominar o medo da morte, pensando nela de antemão. Em outro, *Que o gosto dos bens e dos males depende em boa parte da opinião que temos deles*, afirma: "O que dizemos mais temer na morte é a dor, sua batedora costumeira". Montaigne alega primeiro que essa conexão é um autoengano: "É a incapacidade de suportar a ideia da morte que nos torna incapazes de suportar a dor ... Mas, como a razão reprova nossa covardia de temer coisa tão súbita, tão inevitável, tão insensível, adotamos esse outro pretexto mais justificável". Montaigne desiste desse argumento em seguida, concedendo que "a dor é o pior acidente de nosso ser". Na argumentação que sugere a seguir, entretanto, a ênfase está mais em ignorar ou suportar a dor quando ela ocorre do que em dominar o medo da dor antes que nos acometa.[49]

Em ensaios posteriores, Montaigne passou a ver as coisas de forma bem diferente. "Para dizer a verdade, preparamo-nos contra os preparativos da morte. A filosofia manda-nos ter a morte sempre ante nossos olhos, prevê-la e considerá-la antes da hora, e em seguida nos dá as normas e as precauções para cuidar que essa previsão e esse pensamento não nos abalem."[50] Nas palavras de Nico Frijda, os "efeitos resultantes da antecipação derivam de fatores opostos na tensão produzida pelo medo antecipado e pela redução da surpresa com suas possibilidades de superação antecipada".[51] Pode-se dizer, portanto, que Montaigne viu a princípio os efeitos de se antecipar à morte como positivos, e depois passou a vê-los como negativos. Contudo, seu argumento é na verdade mais sutil: o objeto principal da Filosofia não é nos capacitar a superar uma ameaça que existe independentemente, mas conter os receios que a própria Filosofia criou. Os filósofos, como os médicos e os advogados, orgulham-se de sua habilidade de apagar os incêndios que eles mesmos provocaram.[52]

---

[49] As passagens citadas são de Montaigne, 1991, p.58-9 [(2000, I) p.81].

[50] Ibidem, p.1190 [(2001, III) p.401-2].

[51] Frijda, 1986, p.293.

[52] Ver também Montaigne, 1991, p.1160-76.

Pré-compromisso passional

Embora eu tenha considerado a decisão anterior de se pré-comprometer contra uma paixão que surja mais tarde uma decisão não passional, esse não é sempre o caso. Às vezes, as pessoas se pré-comprometem em um momento de paixão para se impedir de ceder a outra paixão mais tarde. Esse caso é ilustrado pela legislação de 1997, vigente na Louisiana, sobre o "casamento de aliança" (*covenant marriage*), uma forma opcional de casamento que é mais difícil de adotar e abandonar do que um casamento simples.[53] De acordo com o sistema tradicional, nos Estados Unidos, o casal tem direito a um divórcio não litigioso após seis meses de separação. No "casamento de aliança", são necessários dois anos. Comentando a nova opção, Ellen Goodman cita Amy Wax, professora de Direito da Universidade da Virgínia, e sua "preocupação de que recém-casados 'se comprometeriam sob termos mais severos e acabariam se arrependendo quando dr. Jeckill se transformasse em mr. Hyde'". Goodman também escreve:

> O casamento de aliança exige aconselhamento antes do matrimônio. Entretanto, mesmo Barbara Whitehead, autora de *The Divorce Culture* [*A cultura do divórcio*], reconhece melancolicamente: "É impossível conseguir que eles reflitam sobre os problemas, as adversidades, os conflitos, principalmente se é seu primeiro casamento e se são muito jovens. Não é um bom momento para ensinar-lhes isso".[54]

Em um estado de paixão cega, os jovens podem superestimar os benefícios e subestimar os custos de se tornarem incapazes de ceder a uma paixão extraconjugal mais tarde. O fato de que não escolher o casamento de aliança quando este existe possa ser mal-interpretado pelo parceiro talvez contribua para o uso excessivo dessa opção.

---

[53] Nos debates sobre o Ato de Reforma do Divórcio na Grã-Bretanha de 1857, Gladstone defendeu sem sucesso um sistema similar de duas vias, segundo o qual os casais poderiam escolher entre um casamento cristão sem a possibilidade de divórcio e um casamento civil (que já existia) com divórcio (Stone, 1990, p.379).

[54] Goodman, 1997.

Um outro exemplo pode ser extraído da *Andrômaca* de Racine. Quando Hermione descobre que Pirro a rejeitou definitivamente, chama Orestes e pede que ele a vingue:

Temei que eu o perdoe, enquanto ele for vivo.
Duvidai até o fim de uma ira incerta e vã:
Se ele hoje não morrer, posso amá-lo amanhã.[55]

Hermione alega que, a menos que Orestes mate Pirro imediatamente, ela poderá voltar a amá-lo. Assim, o assassinato é uma espécie de pré-compromisso: mate-o, para que eu não possa amá-lo. Depois que Orestes cumpriu a tarefa e diz a Hermione o que fez, ela responde como se segue:

Hermione
Por que matá-lo? Enfim, que fez? Qual o pretexto?
Quem t'o disse?

Orestes
Altos céus! há pouco, à minha face,
Não me ordenastes vós, vós mesma, o seu trespasse?

Hermione
E devias crer, tu, na insânia de uma amante?
Não me podias ler no peito mais avante?[56]

Primeiro, Hermione instrui Orestes a matar Pirro como um pré--compromisso contra uma possível mudança de opinião. Após o ato, ela

---

[55] Tant qu'il vivra, craignez je ne lui pardonne.
Doutez jusqu'à la mort d'un courroux incertain:
S'il ne meurt aujourd'hui, je puis l'aimer demain.
[Racine, Jean. *Andrômaca*. São Paulo: Martins Fontes, 2005, p.64.]
[56] *Hermione*
Pourquoi l'assassiner? Qu'a-t-il fait? A quel titre?
Qui te l'a dit?

lhe diz que ele deveria ter entendido que ela não queria realmente estar pré-comprometida, e que sua personalidade falsa era a que se pré-comprometia, e não aquela contra a qual o pré-compromisso foi dirigido. Em sua momentânea paixão de vingança, ela se pré-compromete contra seu amor mais duradouro.

Desejos de segunda ordem

A ideia de pré-compromisso é muitas vezes ligada à de desejos de segunda ordem.[57] Suponha que uma pessoa quer parar de beber, mas se acha dividida entre o desejo de beber e o desejo de tudo o que a bebida a impede de fazer. Esse conflito não gera necessariamente um desejo de segunda ordem de não ter o desejo de beber. Em geral, quando desejamos duas coisas incompatíveis, decidimos qual desejo é o mais importante e agimos de acordo com ele. Dessa forma, até agora fui capaz de lidar com meu desejo de comer sorvete de creme com pedaços de nozes sem desejar não sentir esse desejo. Suponha, porém, que eu me descubra agindo constantemente contra o que considero a melhor ação, seja no sentido de Davidson ou de Ainslie (1.3). Nesse caso – mas apenas nesse caso – seria racional formar um desejo de não ter o desejo de comer sorvete de creme com pedaços de nozes, e adotar medidas para me livrar dele.[58] Desejos de segunda ordem, em vez de serem constitutivos daquilo que significa

---

Orestes
O dieux! ne m'avez-vous pas
Vous-même, ici, tantôt, ordonné son trépas?

Hermione
Ah! fallait-il en croire une amante insensée?
Ne devais-tu pas lire au fond de ma pensée?
[Ibidem, p.79-80.]

[57] O que se segue deve muito a discussões com Olav Gjelsvik.

[58] Isso é uma simplificação. Mesmo que eu consiga me manter fiel ao que considero a melhor ação, o esforço de superar a tentação pode ser tão exaustivo que talvez seja melhor para mim derrotá-lo investindo em uma mudança de preferências. (Agradeço a Ole-Jørgen Skog por essa observação.)

ser uma pessoa,[59] podem simplesmente refletir fraqueza da vontade.[60] Além disso, mesmo uma pessoa de vontade fraca não desenvolveria necessariamente um desejo de segunda ordem e agiria para realizá-lo se pudesse desenvolver alguma outra estratégia de pré-compromisso. Eu poderia pedir a minha esposa que jogasse fora o sorvete de creme com pedaços de nozes sempre que encontrasse algum na geladeira, em vez de tentar me livrar do desejo de comê-lo. O que importa é o que fazemos, não o que desejamos fazer.

Essa afirmação vai contra a visão de que, em questões de moralidade pessoal, não deveríamos sequer desejar fazer o que, ao fim de todas as considerações, achamos que não deveríamos fazer. Não deveríamos desejar que outras pessoas não sejam bem-sucedidas, ou desejar nos vingar quando nos insultam, ou cobiçar seus cônjuges. Essa atitude, que se traduz em um policiamento autoimposto sobre o pensamento, pode criar e vem criando grandes danos. Acredito que o que Kant diz sobre a inveja é verdadeiro para várias outras compulsões: "Sentimentos de inveja estão ... presentes na natureza humana, e somente quando irrompem constituem realmente o vício abominável de uma paixão obstinada que nos tortura e visa ... a destruição da boa sorte dos outros".[61] Qualquer culpa que possamos sentir tendo esses sentimentos é sofrimento inútil.[62] O remédio não é ir ao outro extremo e defender a realização de todos os nossos desejos, mas, em vez disso, reconhecer a existência de desejos conflitantes, definir nossas prioridades e ser fiel a elas.

---

[59] Essa é a visão defendida por Frankfurt, 1971.

[60] Em contraste, o *potencial* de ter tais desejos pode, de fato, constituir a identidade de uma pessoa. (Agradeço a David Johnston por esse comentário.) Além disso, pode haver desejos de segunda ordem sem fraqueza da vontade, se o que desejo é adquirir um desejo de primeira ordem que não tenho, como o desejo de escutar música clássica, em vez de me livrar de um desejo que tenho. (Agradeço a Olav Gjesvik por essa observação.)

[61] Kant, 1785, p.576-7 [Kant, Immanuel. *A metafísica dos costumes*. Bauru: Edipro, 2003. p.302]. Uma expressão vívida dessa ideia é dada por um pastor taitiano citado em Levy, 1973, p.332: "Você pensa em dormir com aquela *vahine*, em cometer adultério com aquela *vahine*, mas você não comete adultério com ela – não há problema nenhum. Pois o pensamento dentro de você – todo homem tem esse pensamento dentro de si, não há nenhum sem isso dentro dele. O que fazer? Esse pensamento existe dentro de você, porque não para. É igual a uma máquina que fica funcionando dentro de você".

[62] Ver também Elster, 1999a, cap. 3.2.

Embora essa análise não precise da ideia de desejos de segunda ordem, ela pode exigir algum tipo de assimetria entre compulsões conflitantes. Suponha que eu seja um grande beberrão e esteja tentando parar de beber, julgando que meu desejo de beber tenha menos influência do que o desejo que sinto por tudo o que a bebida me impede de fazer. Suponha, além disso, que esse é um julgamento que faço quando estou sóbrio, mas que meu julgamento é exatamente o oposto sob a influência do álcool. Qual dos dois eus está certo, se é que algum está? Em uma primeira aproximação, podemos responder utilizando a capacidade de autorrestrição como um critério.[63] Se observamos o lado sóbrio tentando restringir o lado bêbado, mas nunca observamos o lado bêbado tentando restringir o lado sóbrio, podemos, pela lógica, identificar o primeiro lado com o interesse real da pessoa. E muitas vezes parece haver, de fato, uma assimetria desse tipo. Em virtude de sua força, as paixões podem induzir uma indiferença temporária em relação ao futuro que impede a pessoa sob sua influência de responder estrategicamente a movimentos estratégicos que ela mais tarde talvez tenha de conter. Quando a pessoa tenta colocar em prática seu interesse de longo prazo, está consciente dos obstáculos criados por seu interesse de curto prazo, mas o contrário não é verdadeiro.[64] Essa assimetria não tem nada a ver com desejos de segunda ordem: o interesse de curto prazo é o objeto de uma cognição, não de um desejo.

Há casos, entretanto, em que desejos e emoções parecem capazes de tomar medidas estratégicas para garantir sua própria satisfação. Um caso desse tipo aconteceu nos julgamentos de guerra na Bélgica após a Segunda Guerra Mundial. Na maioria dos países ocupados pelos alemães, manifestou-se uma tendência a tratar crimes similares de colaboração

---

[63] Dadas as questões mencionadas na nota 9, isso é válido apenas em uma primeira aproximação.

[64] Ver também uma afirmação nesse sentido em Skog, 1997, p.268. Cowen (1991, p.362), argumenta, por outro lado, que "as ações de um eu (*self*) impulsivo não são limitadas por formas míopes de gratificação imediata e podem incluir manobras estratégicas sofisticadas". Com a exceção do exemplo de Merton citado posteriormente, os exemplos de Cowen para essa afirmação são hipotéticos e, na minha opinião, pouco convincentes. Além disso, a maior parte de sua tese é centrada em casos em que a ação estratégica de um ser impulsivo seria *desejável*, e não em casos em que é provável que ocorra.

com maior complacência em, digamos, 1947, do que em 1944 ou 1945.[65] Alguns colaboradores foram executados por crimes que poucos anos depois mereceram no máximo vinte anos de prisão.[66] Na Bélgica, esse padrão foi previsto e até certo ponto levado em conta pelos organizadores dos julgamentos. Com base na experiência da Primeira Guerra Mundial, "acreditava-se que, após certo tempo, a disposição popular de impor sentenças severas aos colaboradores daria lugar à indiferença". Por esse motivo, os belgas queriam que os julgamentos fossem realizados o mais rápido possível, antes que a paixão fosse substituída por uma atitude mais imparcial.[67]

Um caso similar, também relacionado à Segunda Guerra Mundial, foi descrito por Robert Merton. No resumo de Tyler Cowen,

> um exemplo de pré-compromisso impulsivo é dado pelo estudo sobre pressões sociais de Robert Merton. Merton nota como era efêmero o desejo de muitas pessoas de contribuir para o esforço de guerra norte-americano durante a Segunda Guerra Mundial. O desejo de contribuir era forte apenas imediatamente após ouvir no rádio apelos por doações. O estudo de Merton sobre os contribuintes revelou que "em alguns casos, os ouvintes telefonaram de imediato precisamente porque desejavam se comprometer antes que fatores inibidores interviessem". Depois de fazer essas chamadas telefônicas, essas pessoas precisavam cumprir os compromissos assumidos por seu lado impulsivo.[68]

Como esses exemplos mostram, é possível que, no calor da paixão, um agente se pré-comprometa contra a tendência previsível no declínio

---

[65] Tamm, 1984, cap. 7; Andenaes, 1980, p.229; Mason, 1952, p.187, nota 36. A discussão mais aprofundada sobre o assunto está em Huyse e Dhondt, 1993, p.231, que consideram e rejeitam a hipótese de que essa tendência fosse consequência de os crimes mais sérios terem sido julgados primeiro. Ver também Elster, 1998.

[66] Huyse e Dhondt, 1993, p.125.

[67] Ibidem, p.115. Suponho que a atitude mais leniente que emergiu após alguns anos foi baseada em um desejo genuíno de que se fizesse justiça, enquanto o que dominava durante as fases iniciais era o desejo de vingança disfarçado (para si mesmo e para outros) em desejo de justiça (Elster, 1999a, p.68-9).

[68] Cowen, 1991, p.363, citando Merton, 1946, p.68-9.

da paixão após certo tempo. Casos apresentando esse tipo de comportamento podem ser raros, mas existem. Embora não refutem a diferença geral na capacidade de autorrestrição entre paixão de um lado e razão ou racionalidade do outro, sugerem que ela é menos absoluta do que eu e outros imaginamos no passado.

Esses são casos em que um agente passional se pré-compromete contra a imparcialidade. Anteriormente discuti casos em que a paixão pode induzir agentes a se pré-comprometerem contra a paixão. Ambos podem ser contrastados com o caso padrão de um agente imparcial se pré-comprometendo contra a paixão. O caso de um agente racional se pré-comprometendo contra a racionalidade pode também surgir. Um agente racional pode adotar medidas para se fazer menos racional em alguma ocasião futura em que ser irracional lhe dará vantagem ao negociar com outros agentes (racionais).[69] Essa ideia não deve ser confundida com a sugestão, considerada em 1.5, de que uma *disposição* irracional pode ser útil ao lidar com outros. Ficar bêbado em uma dada ocasião, se acredito que isso me ajudará a conseguir o que quero, é diferente de adquirir uma disposição durável para a irascibilidade e vingança.

1.3. Inconsistência temporal e desconto

Inconsistência temporal, ou inconsistência dinâmica, "ocorre quando a melhor política planejada atualmente para algum período futuro não é mais a melhor política quando o período chega".[70] A essa definição, podemos acrescentar que a inversão de preferências envolvida em uma inconsistência temporal não é causada por mudanças exógenas e imprevistas no ambiente, nem por uma mudança subjetiva no agente além da inversão em si. A inversão é causada pela mera passagem do tempo. Quando aprendemos que estamos sujeitos a esse mecanismo, podemos adotar medidas para lidar com ele a fim de impedir que a inversão ocorra ou que tenha consequências adversas sobre o comportamento.

---

[69] Schelling, 1960.
[70] Cukierman, 1992, p.15.

Esse fenômeno geral pode ser subdividido em *inconsistência temporal causada por desconto hiperbólico*, discutida aqui, e *inconsistência temporal causada por interação estratégica*, discutida na próxima seção. Fora certa similaridade formal, as duas têm pouco em comum. O desconto hiperbólico não requer interação: pode-se aplicar a Robinson em sua ilha antes da chegada de Sexta-Feira. Por outro lado, a inconsistência estrategicamente induzida não requer desconto. Como veremos nas Seções 1.4 e 1.5, os dois fenômenos podem interagir, mas um pode existir sem o outro.

Variedades de desconto

Quando as pessoas planejam seu comportamento de antemão, costumam descontar o bem-estar futuro por um valor presente menor. Quando se veem diante de opções cujos efeitos sobre o bem-estar serão sentidos em vários momentos no futuro, escolhem aquela para a qual a soma dos valores presentes desses efeitos é a maior. Embora haja um amplo acordo sobre essa descrição geral,[71] há duas perspectivas sobre o formato exato da função de desconto. Os economistas neoclássicos normalmente supõem que o desconto é *exponencial*, no sentido de que o bem-estar a t unidades de tempo no futuro é reduzido até o valor presente por fator de rt, em que r (<1) é o fator de redução de um período. Seguindo o trabalho pioneiro de R. H. Strotz e George Ainslie, muitos psicólogos e economistas comportamentais argumentam que o desconto é *hiperbólico*, de forma que o bem-estar a t unidades no futuro é reduzido até o presente valor por um fator de $1/(1 + kt)$, com $k > 0$.[72] Nas páginas que seguem, assumirei a

---

[71] Entre outras abordagens do desconto, Loewenstein e Prelec (1992) supõem que a "escolha intertemporal é definida em relação a *desvios* de um plano previsto de consumo do *status quo* (ou 'de referência')". Skog (1997) supõe que taxas de desconto flutuam estocasticamente, e demonstra como esse fenômeno, se previsto, pode dar origem ao comportamento de pré-compromisso.

[72] Ver em especial Strotz (1955-56), Ainslie (1992), assim como os ensaios em Loewenstein e Elster (Eds.) (1992). Para os objetivos presentes, não preciso distinguir entre desconto hiperbólico e outras funções de desconto não exponenciais discutidas em Phelps e Pollack (1968), Akerlof (1991), Laibson (1994) e O'Donoghue e Rabin (1999a, b). Esses autores decompõem o desconto total em um desconto de todos os períodos futuros relativos ao

segunda visão, que parece contar com bastante apoio direto e indireto.[73] Talvez a noção central por trás dessa visão seja a de que as pessoas têm uma forte preferência pelo presente em relação a todas as datas futuras, e estão muito menos preocupadas com a importância relativa de datas futuras. Se recebem uma grande soma de dinheiro hoje, por exemplo, podem decidir gastar a metade imediatamente e alocar o resto igualmente ao longo da vida.

O desconto temporal pode ser indesejável em duas situações muito diferentes. Em primeiro lugar, um indivíduo que desconta o futuro muito intensamente, com pouca capacidade de adiar gratificações, dificilmente terá uma vida muito boa. É por isso que ensinamos nossos filhos a ser prudentes e a pensar no futuro (ver também a Seção 1.5). Esses efeitos indesejáveis do desconto independem do formato exato da função de desconto. Podem surgir tanto em descontos não exponenciais como em exponenciais. Em segundo lugar, um indivíduo que é propenso ao desconto hiperbólico tende à inconsistência temporal. A maior parte da presente seção é dedicada ao comportamento de pré-compromisso motivado pelo segundo problema.

Becker e as preferências temporais endógenas

Primeiro, porém, gostaria de discutir um argumento recente de Gary Becker e Casey Mulligan, que diz que os indivíduos podem se pré-comprometer em resposta ao próprio problema do alto desconto. Eles sugerem

um modelo de formação da paciência que combina a percepção dos economistas clássicos com uma visão particular do que significa ser racional, uma conceituação de racionalidade que é compatível com muitos tipos de fragilidades humanas, inclusive o reconhecimento falho de utilidades futuras. Pessoas

---

período atual e um desconto exponencial padrão de todos os períodos futuros relativos uns ao outros.

[73] Sobre apoio direto, ver Ainslie (1992) e Laibson (1996a). O apoio indireto é que muitas das estratégias de pré-compromisso discutidas aqui e nos capítulos seguintes não podem ser explicadas pela hipótese do desconto exponencial.

racionais podem gastar recursos na tentativa de superar suas fragilidades. Essa ideia simples fornece o ponto de partida para nossa abordagem de preferências temporais que se tornam endógenas. Mesmo pessoas racionais podem descontar "excessivamente" utilidades futuras, mas pressupomos que elas podem compensar parcial ou totalmente isso empregando esforços e bens para reduzir o grau de desconto excessivo.[74]

De modo similar, Becker escreveu na introdução do seu mais recente livro de ensaios que

> as pessoas se treinam para reduzir e algumas vezes mais do que superar qualquer tendência à subvalorização. A análise apresentada neste livro permite que as pessoas maximizem o valor descontado das utilidades presentes e futuras, alocando parcialmente o tempo e outros recursos para produzir "capital de imaginação" que as ajudará a apreciar melhor as utilidades futuras ...
>
> Elas podem escolher uma educação melhor, em parte porque esta tende a melhorar sua apreciação do futuro e, assim, reduzir o desconto do futuro. Os pais ensinam os filhos a ficarem atentos às consequências futuras de suas escolhas ... O vício em drogas e álcool reduz parcialmente a utilidade ao diminuir a capacidade de prever consequências futuras. A religião muitas vezes aumenta o peso ligado às utilidades futuras, especialmente quando promete uma vida atraente após a morte.[75]

Em seu artigo, Becker e Mulligan também enumeram vários investimentos que podem dar forma ao "capital da imaginação". Além dos processos puramente mentais (mas não sem custos) da formação de imagem e simulação de cenários, tais investimentos incluem a compra de jornais e outros bens que possam distrair a atenção dos prazeres atuais para os futuros; passar tempo com os pais idosos a fim de perceber melhor a necessidade de prover para a própria velhice; comprar dispositivos disciplinares como um cofre de porquinho ou o título de sócio de um clube

---

[74] Becker e Mulligan, 1997, p.730.
[75] Becker, 1996, p.11.

de Natal,* que ajudam as pessoas a sacrificar o consumo atual; rasgar os cartões crédito; investir em educação, que dirige a atenção dos estudantes para o futuro, e destinar recursos para ensinar os filhos a planéjar melhor seu futuro.[76]

Algumas dessas estratégias (filiar-se a clubes de Natal e rasgar os cartões de crédito) são mais plausíveis, se encaradas como respostas para o problema da inconsistência temporal (ver próxima seção). Para avaliar outras estratégias, vamos distinguir entre três causas de formação de preferência.

(1) As preferências de um agente A se devem a uma escolha racional de algum outro agente B com o propósito de formar ou mudar as preferências de A.

(2) As preferências de A se devem a uma escolha racional de A com algum propósito que não o da aquisição da preferência.

(3) As preferências de A se devem a uma escolha racional de A *com o propósito de adquirir essas mesmas preferências.*

Embora Becker e Mulligan aleguem estarem discutindo o caso (3), a maioria de seus exemplos se refere a (1) ou (2). Entre os exemplos que ilustram o caso (3), a ideia de que pessoas passam tempo com seus pais idosos a fim de perceber melhor a necessidade de prover para sua própria velhice é, em minha opinião, simplesmente ridícula. Nem há, segundo o meu conhecimento, provas de que as pessoas escolhem educação ou religião com o propósito de se tornarem mais voltadas para o futuro. Se há uma conexão, o contrário é mais provável: é mais provável que as pessoas que se preocupam mais com o futuro escolham educação ou religião.[77]

---

* Programa de poupança nos Estados Unidos em que os clientes de um banco depositam em uma conta uma quantia predefinida a cada semana, recebendo o dinheiro de volta ao fim do ano para as compras de Natal. (N.T.)

[76] Becker e Mulligan, 1997, p.739-40.

[77] Tocqueville, 1969, p.529 [(1987) p.403]. Embora também afirme o elo causal oposto (ibidem, p.547 [ibidem, p.414]), ele não sugere que qualquer um *escolheria* religião por causa de seus efeitos excedentes no desconto em questões seculares. Na verdade, acredito que a maioria das doutrinas religiosas condenaria a ideia de escolher a religião por esse motivo.

Na verdade, penso que a ideia de que pessoas possam adotar esse tipo de comportamento com esse propósito é conceitualmente incoerente. Não podemos esperar que as pessoas adotem medidas para reduzir suas taxas de desconto temporal, porque *querer ser motivado por uma preocupação de longo prazo é* ipso facto *ser motivado por essa preocupação de longo prazo*, assim como esperar que alguém espere algo acontecer *é* esperar que esse algo aconteça, ou querer tornar-se imoral *é* ser imoral.[78] Se as pessoas não têm aquela motivação desde o início, não vão se motivar para adquiri-la.

Posso expandir esse argumento, comparando um gosto cultivado por música clássica com o suposto cultivo de preferências temporais direcionadas para o futuro. Considerando o primeiro caso, posso acreditar hoje que tenho a escolha entre duas séries de experiências. Se me abstenho de cultivar o gosto por música clássica, a série será A, A, A... Se me submeter à experiência inicialmente repugnante de ouvir música clássica, a série será B, C, C... com B < A < C. Um agente racional fará o investimento

---

[78] A primeira afirmação é óbvia. Para a segunda, ver Elster, 1999a, cap. 4.3. Creio que o argumento de Mulligan (1997) de que os pais podem investir em se tornar mais altruístas em relação a seus filhos também pressupõe a atitude que o investimento deveria produzir: querer ser altruísta *é* ser altruísta. É instrutivo considerar duas das justificativas verbais de Mulligan para seu modelo. Primeiro, ele diz (p.73): "Os pais têm consciência dos efeitos de suas ações sobre suas 'preferências' e levam esses efeitos em conta quando determinam que ações tomar". Mas essa afirmação, quando verdadeira, implica a conclusão oposta à que Mulligan quer demonstrar. Se uma pessoa egoísta prevê que certas atividades a tornarão mais altruísta, tenderá a ficar longe delas (assim como uma pessoa altruísta tenderá a ficar longe de atividades que previsivelmente a tornarão mais egoísta). Segundo, ele argumenta (p.77), "as pessoas podem tender naturalmente a ser egoístas, mas os pais também podem gastar tempo e esforços em autorreflexão a fim de superar uma inclinação natural". Essa declaração sugere que as pessoas podem investir recursos na superação da fraqueza (davidsoniana) de vontade (1.2). Suponha que eu dê valor tanto ao meu consumo quanto ao de meus filhos. Ao me defrontar com a escolha entre uma distribuição de consumo que dê mais a mim e uma que dê mais aos meus filhos, eu talvez decida que, após todas as considerações, deveria concretizar a segunda, e ainda assim sempre escolho a primeira. Para me obrigar a fazer o que realmente quero, talvez eu invista recursos em fortalecer o valor que dou ao consumo dos meus filhos, de forma que este seja menos facilmente minado por meus desejos egoístas. Esse é um raciocínio coerente, mas não corresponde ao modelo formal de Mulligan. Na verdade, até onde sei, nenhum modelo econômico de fraqueza (davidsoniana) da vontade foi proposto.

apenas se o valor descontado da segunda série for maior que o primeiro, o que poderá ou não ser o caso.

Considerando o segundo caso, suponha como ilustração que me ofereceram uma "pílula de desconto" ao preço de 100 dólares, o que reduzirá minha taxa de desconto temporal. (A pílula é um substituto para educação, religião, psicoterapia ou qualquer outra atividade que afetará minha taxa de desconto.) Se eu tomar a pílula, ficarei motivado a poupar 50 dólares da minha renda líquida semanal de 500 dólares. Minha série de consumo será 350, 450, 450... até a aposentadoria, e então continuará a ser 450, 450... devido aos rendimentos da minha poupança. Chamemos essa série de I. Se eu não tomar a pílula, gastarei minha renda atual em bens de consumo. Minha série de consumo será 500, 500, 500... até a aposentadoria, e então continuará como 100, 100..., pois agora eu teria de viver da pensão, graças à minha extravagância anterior. Chamemos essa série de II. Definamos finalmente a série III como um consumo de 450 em cada período – uma vida de poupança prudente e aposentadoria, sem o gasto inicial com a pílula. Por hipótese, eu preferiria II a III, já que não estava disposto a adiar a gratificação sem a pílula. Para tomar a pílula, teria de preferir I a II e, por conseguinte, preferir I a III. Enquanto a taxa de desconto temporal for positiva, isso não pode acontecer, já que I e III diferem apenas naquele primeiro consumo inicial mais baixo.

Desconto hiperbólico e pré-compromisso

Tratarei agora do pré-compromisso contra a inconsistência. Indivíduos que não descontam o futuro hiperbolicamente tenderão a se desviar de seus planos a menos que tomem medidas de precaução. A pessoa que decidiu alocar metade de seus recursos igualmente pelo resto da vida pode decidir, no início do segundo ano, gastar metade da metade naquele ano e então distribuir os 25% restantes ao longo do resto de sua vida. Se ela descontou o futuro exponencialmente, nenhuma mudança de planos poderia ocorrer.

O problema é exposto de forma mais geral na Figura 1.2. No momento 1, o agente tem uma escolha entre uma recompensa pequena que estará disponível no momento 2 e uma recompensa maior que estará disponível no momento 3. As curvas mostram como essas recompensas futuras são descontadas (hiperbolicamente) ao valor presente em tempos anteriores. Antes de t*, quando a curva do valor presente (II) da recompensa maior está acima da recompensa menor (I), o agente tem intenção de escolher a recompensa maior. Após t*, entretanto, o valor presente da recompensa menor prepondera. No momento 2, ele escolhe, portanto, a recompensa menor. Com o desconto exponencial, essa inversão de preferência nunca pode ocorrer: se uma opção é preferida em um dado momento, ela é preferida em todos os outros.

Figura 1.2

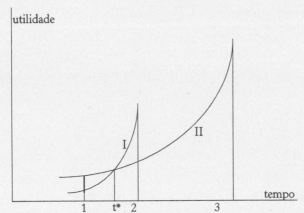

Para apresentar exemplos puros de desconto hiperbólico, precisamos observar casos que não envolvam paixões ou desejos. Ainslie argumenta que o desconto hiperbólico explica por que as pessoas tomam resoluções de parar de beber, fumar ou jogar e depois deixam de cumpri-las, e em muitos casos ele pode estar certo. Contudo, esses comportamentos não são provas conclusivas de desconto hiperbólico, pois o desvio dos planos anteriores poderia também se dever à confiança injustificada ou ao desejo súbito causado por dependência de estímulos (ver Seções 1.2 e 1.8). Casos mais claros incluem procrastinação, não conseguir poupar para o Natal ou para a velhice, ou ir para a cama cedo à noite e acordar cedo de manhã, e fazer exercícios físicos. Em muitas dessas situações, o insucesso em manter uma resolução possivelmente se deve à simples passagem do tempo. Pode não haver quaisquer paixões, compulsões ou desejos envolvidos (embora em alguns casos a culpa e a negação induzida pela culpa possam também contribuir para a procrastinação). E, pelo argumento esboçado na Seção 1.2, é razoável supor que, em uma primeira aproximação, a preferência pré-inversão encarna o interesse "real" da pessoa.

O indivíduo que percebe que fracassa constantemente em cumprir seus planos e suspeita que talvez o desconto hiperbólico seja o culpado pode reagir de várias maneiras. Considerarei aqui apenas estratégias de pré-compromisso. Na Seção 1.8, analiso algumas estratégias que a pessoa pode adotar, se os dispositivos de autorrestrição não estiverem disponíveis ou apresentarem efeitos colaterais indesejáveis.

As estratégias de pré-compromisso incluem, de maneira especial, os primeiros quatro dispositivos da Tabela 1.1.

(i) Ao tornar fisicamente impossível a escolha da recompensa menor e antecipada, assegura-se obviamente que será escolhida a recompensa maior e tardia.

(ii) Ao impor um custo extra suficientemente grande sobre a escolha da recompensa antecipada, a curva I é deslocada para baixo até ficar inteiramente abaixo de II. A recompensa maior é sempre preferida, e será também escolhida no momento 2.

(iii) Ao fixar uma recompensa suficientemente grande para a escolha da recompensa tardia, a curva II é deslocada para cima até ficar inteiramente acima de I. Quando possível, essa estratégia pode parecer logicamente equivalente à anterior, mas psicologicamente as duas podem ter efeitos diferentes.[79] Adiarei a discussão dessa estratégia para a Seção 1.7.

(iv) Ao impor um atraso obrigatório e suficientemente longo entre o momento da escolha e o momento em que a recompensa estará disponível ao agente, a curva I é deslocada para a direita até que o valor presente da

---

[79] Há um sentido em que recompensas autoimpostas e custos autoimpostos são conceitualmente diferentes. Pode-se pedir a um banco um empréstimo que será concedido apenas se se escolher a recompensa tardia, e pago (com juros) com base nessa recompensa. Como Ole-Jørg en Skog demonstrou (em comunicação pessoal), essa estratégia permitirá, dentro de certos parâmetros, uma solução improvisada para o problema da inconsistência temporal. É duvidoso, porém, que bancos forneçam tais empréstimos sem garantias. E, se a pessoa tem garantias, ela poderia também utilizá-las para financiar os custos autoimpostos.

CAPÍTULO UM

recompensa menor no momento 2 seja menor que o da recompensa maior. Mais uma vez, isso assegurará a escolha da recompensa maior.

Para demonstrar os dispositivos (i), (ii) e (iv), considere o problema das poupanças inadequadas.[80] A instituição antigamente popular dos clubes de Natal

> oferecia a combinação incomum de inconveniência (os depósitos eram feitos pessoalmente a cada semana), falta de liquidez (os fundos não podiam ser retirados até as últimas semanas de novembro) e juros baixos (em alguns casos, nenhum juro). Claro, falta de liquidez era a própria razão de ser dos clubes de Natal, já que os clientes queriam se assegurar de ter fundos para comprar seus presentes de Natal.[81]

Essas instituições permitiam que os membros pagassem um prêmio para se proteger contra sua própria falta de força de vontade. Elas ilustram o primeiro dispositivo, o de tornar fisicamente impossível a inversão de preferência. Companhias de seguro podem também encarnar esse dispositivo, recusando-se a reconverter anuidades em dinheiro ou a aceitar que estas sejam usadas como garantia. Mas o poupador incontinente pode também conseguir que o *banco* pague a recompensa. Muitos bancos permitem juros mais altos em contas das quais só se podem fazer retiradas uma ou duas vezes ao ano, penalizando retiradas mais frequentes. As pessoas com medo de não conseguir se ater às suas resoluções de ano-novo de poupar dinheiro poderiam usar esse dispositivo para se proteger e ganhar um juro maior como bônus. Esse caso ilustra o segundo dispositivo de

---

[80] O segundo e o terceiro dispositivos podem também ser ilustrados pelo problema semelhante do gasto excessivo de dinheiro. Uma pessoa pode decidir não manter um cartão de caixa automático e não ter um número de identificação para o seu cartão de crédito, de forma que só possa retirar dinheiro durante o horário de atendimento dos bancos (uma estratégia de atraso). Como alternativa, poderia dispensar seu cartão automático, mas manter o número de identificação do cartão de crédito, se o banco cobrar uma taxa por retiradas de dinheiro via cartão (estratégia de custos autoimpostos). (Agradeço a John Alcorn por sugerir esse exemplo.)

[81] Thaler, 1992, p.98.

pré-compromisso, como o faz também a proposição a seguir. Muitas pessoas temem ir ao dentista. Marcam consultas apenas para desmarcá-las um ou dois dias antes da data. Para vencer essa resistência, elas podem autorizar seu dentista a cobrar-lhes três vezes o preço normal por uma consulta cancelada. (Ver na Seção 1.5 a ideia de que a vergonha possa agir como uma aposta paralela similar.)

De acordo com David Laibson,

> todos os bens sem liquidez constituem uma forma de pré-compromisso ... Uma pensão ou plano de aposentadoria é o exemplo mais claro desse tipo de bem. Muitos desses planos se beneficiam de uma política de impostos favorável, e a maioria deles impede efetivamente os clientes de utilizar suas economias antes da aposentadoria. Em planos como o IRA, Keogh e 401(K),* os clientes podem ter acesso a seus bens, mas devem pagar uma multa pela retirada antecipada. Além disso, fazer empréstimos usando parte desses bens é tratado legalmente como uma retirada antecipada e, portanto, sujeita à multa. Um instrumento menos transparente de pré-compromisso é um investimento em um bem sem liquidez que gera uma série constante de benefícios, mas que é difícil de vender devido aos custos substanciais da transação, a problemas de informação, e/ou mercados incompletos. Exemplos disso incluem a aquisição de uma casa, a compra de produtos duráveis de consumo, e aumentar a participação acionária em um negócio privado.[82]

No modelo formal de Laibson, instrumentos de poupança sem liquidez são definidos pelo fato de que "uma venda desse bem tem de ser iniciada em um período anterior ao recebimento dos lucros". Isso ilustra o quarto dispositivo. Em uma nota de pé de página, Laibson afirma que os resultados derivados naquele modelo também são válidos se há, em vez disso, uma vantagem na venda desse bem. Como explicado anteriormente, o pré-compromisso pode ser obtido pelo deslocamento da curva do valor presente para baixo ou para a direita. Essa equivalência não se dá sempre, porém. Veremos no Capítulo 2 que as constituições às vezes

---

* Planos de aposentadoria norte-americanos.
[82] Laibson, 1997, p.444-5.

impõem restrições, adotando atrasos, mas virtualmente nunca impondo custos adicionais.

Laibson também comenta que, para serem efetivos, esses esquemas de poupança requerem uma combinação de paternalismo e autopaternalismo. Mesmo que os indivíduos queiram se autorrestringir, podem ser incapazes de fazê-lo a menos que o governo os auxilie.

> Essa falha do mercado surge porque os esquemas são vulneráveis à arbitragem de terceiros: qualquer cliente que esteja envolvido em um desses esquemas será incentivado a utilizar terceiros para 'desenrolar' o esquema ou praticar arbitragem contra ele, a menos que o governo explicitamente proíba tais contratos com terceiros.[83]

Esse não é um caso de franco paternalismo, forçando ou induzindo os cidadãos a pouparem para depois da aposentadoria porque o governo acredita que seu horizonte temporal é tão curto que eles não o farão voluntariamente. Na verdade, o governo subsidia as taxas de juros, penaliza o consumo e proíbe a arbitragem, a fim de permitir que os cidadãos façam o que realmente querem fazer.

Para concluir, permita-me mencionar uma importante consequência de "a ignorância é uma bênção" de Juan Carillo e Thomas Mariotti. Eles demonstram que, em alguns casos, os problemas criados pelo desconto hiperbólico podem superar a "ignorância estratégica".[84] Especificamente, argumentam que "há um compromisso envolvido na decisão de adquirir informação. Por um lado, com informações completas, o agente pode tomar a melhor decisão no momento presente. Por outro, devido à memória perfeita, essa informação será partilhada com todas as suas gerações futuras". Como o agente pode prever que suas gerações posteriores serão excessivamente orientadas para o presente em relação ao seu ponto de vista atual, ele pode não querer que elas estejam muito

---

[83] Laibson, 1996a.

[84] Carillo e Mariotti, 1997. O modelo deles requer o modelo de dois fatores de desconto sugerido por Phelps e Pollack (1968), em vez do desconto hiperbólico em seu sentido mais rígido.

bem informadas. Suponha, por exemplo, que o agente tem medo da transmissão do vírus HIV por meio de sexo desprotegido. Embora ele não saiba qual é a probabilidade de o vírus ser transmitido em um único ato sexual, tem uma distribuição de probabilidade subjetiva inicial sobre esse resultado. Dados esses antecedentes, sua melhor ação é se abster de sexo desprotegido. Entretanto, ele também tem a opção (supostamente sem ônus) de descobrir mais, perguntando a um médico ou consultando tabelas de estatística. Ele pode então, racionalmente, decidir abster-se de reunir essas informações, se isso puder ter o efeito de baixar a estimativa de transmissão e induzir uma geração futura a praticar sexo desprotegido porque essa será a melhor ação do *ponto de vista daquela geração*.

1.4 Inconsistência temporal e comportamento estratégico

A questão da inconsistência temporal de base estratégica está relacionada de perto ao problema de se fazer *ameaças* e *promessas* críveis. Creio que seja útil discuti-las junto com *avisos* e *encorajamentos*, sendo este último um termo reconhecidamente imperfeito para o fenômeno relativo a promessas, da mesma forma como avisos são relacionados a ameaças. Todos esses fenômenos envolvem uma declaração, uma escolha, um evento e uma consequência, que ocorrem nessa ordem em quatro momentos consecutivos.

No momento 1, A faz uma declaração para B dizendo que, se B fizer uma certa escolha no momento 2, um certo evento acontecerá no momento 3. Com ameaças e promessas, o evento está sob o controle de A. Com avisos e encorajamentos, é o resultado de uma cadeia causal fora do controle de A. Uma vez que B tenha feito sua escolha e o evento tenha ou não acontecido, uma consequência será produzida no momento 4. Os dois atores classificam as consequências possíveis de acordo com a ordem de suas respectivas preferências. Embora as preferências de A possam ser baseadas em interesses altruístas ou mal-intencionados em relação ao bem-estar de B, em vez de se basearem nos interesses pessoais de A, limito-me ao segundo caso. Como a consequência ocorre depois da declaração, da escolha e do evento, o desconto temporal dos dois atores também pode ser relevante. Primeiro discutirei a inconsistência temporal estratégica sem desconto, a seguir com desconto exponencial e, finalmente, com desconto hiperbólico. Ao longo de toda essa análise,o foco estará nos dispositivos de pré-compromisso disponíveis para A.

Cortando as linhas de comunicação

Antes, porém, quero citar e ilustrar um outro aspecto dessas interações. Em geral, devemos supor que B, tanto quanto A, é um agente estratégico que também é capaz de pré-compromisso.[85] Se A se faz incapaz de se abster de executar suas ameaças se B não obedecer, B pode se fazer incapaz de obedecer.[86] Esse é um caso clássico de "Jogo da Galinha", em que o agente que for o primeiro a conseguir expor uma estratégia de pré-compromisso (crível) pode forçar o outro a desistir.[87] O caso especial que discutirei aqui surge quando B se faz incapaz de obedecer porque se faz incapaz de receber mensagens.

Já vimos vários exemplos dessa estratégia de incapacitação. Quando Ulisses se amarrou ao mastro, também colocou cera nos ouvidos de seus remadores para impedi-los de ouvir as canções das sereias. Na leitura usual (mas veja na Seção 1.1 a interpretação diferente proposta por Cícero), sua intenção era isolá-los dos aspectos não cognitivos das canções, como a tentação da melodia ou da voz das sereias. Vimos como Montaigne defendia uma estratégia similar para bloquear o conhecimento do conteúdo cognitivo de uma mensagem, com o propósito de evitar as emoções que esse conhecimento desencadearia. Discutindo o trabalho de Carillo e Mariotti, vimos como a ignorância pode ser desejável por motivos puramente racionais, independentemente de qualquer impacto

---

[85] Em contraste, afirmei na Seção 1.2 que, em casos de pré-compromissos intrapessoais ("eus [self] múltiplos"), há normalmente apenas um "eu" que é capaz de se pré-comprometer contra ações que possam ser tomadas por outros.

[86] Como alternativa, terceiros podem intervir para impedir B de obedecer. Na Itália, o governo congela todos os bens de qualquer pessoa que tenha um parente sequestrado para que ela possa plausivelmente dizer "eu não tenho como pagar".

[87] Ver, porém, em Elster (1989c, p.170-2), condições sob as quais o jogo de pré-compromisso é mais um Dilema do Prisioneiro do que um Jogo da Galinha.

emocional direto ou indireto da mensagem. Em contextos estratégicos, também, pode-se querer bloquear os canais de comunicação, a fim de impedir-se de receber uma mensagem que induziria *racionalmente* um comportamento com consequências adversas. Em vez de incendiar pontes, pode-se cortar a linha do telefone.

Como de costume, Schelling foi o pioneiro dessa abordagem:

> As ameaças são inúteis se não podem ser comunicadas à pessoa a quem são destinadas; a extorsão requer um meio de apresentar as alternativas à vítima destinada. Mesmo a ameaça "pare de chorar senão vou te dar um motivo para o choro" é ineficaz se a criança já está chorando alto demais para ouvir. (Às vezes, parece que as crianças sabem disso.) Uma testemunha não pode ser intimidada a dar falso testemunho se estiver sob custódia, impedida de receber instruções sobre o que dizer, embora possa inferir a sanção da própria ameaça. Quando o resultado depende da coordenação, o corte oportuno da comunicação pode ser uma tática vencedora. Quando um homem e sua esposa discutem por telefone sobre onde se encontrar para jantar, o argumento é vencido pela esposa se ela apenas diz onde vai estar e desliga. E muitas vezes o *status quo* é preservado por uma pessoa que evita a discussão de alternativas simplesmente desligando seu aparelho auditivo.[88]

Um romance de Stanley Ellin, *Stronghold* [*Fortaleza*], explora essa ideia com maestria.[89] Quatro personagens mal-intencionados planejam usar a vida de três reféns para obter um lucrativo resgate de um homem que é o marido de uma das reféns e o pai das outras duas, e que também é o presidente de um banco com fácil acesso a dinheiro vivo. Embora tenham de permitir que ele deixe a casa para buscar o dinheiro, sentem-se confiantes de poderem controlar a situação ameaçando matar as reféns. O marido de uma das filhas frustra essa estratégia, porém, persuadindo o presidente do banco a desconectar o telefone de sua casa, onde os sequestradores mantêm as reféns. No momento em que os sequestradores

---

[88] Schelling, 1960, p.146; ver também p.120.

[89] Ellin, 1974. Será que ele leu Schelling? Não sei.

CAPÍTULO UM

descobrem que estão isolados do mundo e incapazes de comunicar tanto suas exigências como suas ameaças, seus planos desmoronam.

A estratégia de cortar as linhas de comunicação pode também ser empregada por agentes no papel de A, especificamente, quando a ameaça é *fazer nada* se B optar por um comportamento cujas consequências são indesejáveis tanto para B como para A. (Em contraste, quando a ameaça é *fazer algo* se B optar por um comportamento específico, antes de agir A precisa saber se o antecedente é cumprido.) Como muitos pais já descobriram, a ameaça de que não irão em socorro de seus filhos adolescentes se estes se meterem em encrenca muitas vezes carece de credibilidade. Em um artigo criativo sobre inconsistência temporal, Kydland e Prescott argumentaram que "o agente racional sabe que, se ele ou outros construírem casas [em solo de várzea], o governo tomará as medidas necessárias para controle de inundação", mesmo quando o resultado socialmente desejável seria não haver casas construídas ali.[90] Da mesma forma, o anúncio de um governo de que não salvará mais as empresas ou bancos insolventes pode não ter crédito. Em uma discussão da recente crise bancária na Ásia, Shanker Satyanath demonstrou como esse problema pode ser superado com a falta de canais privados confiáveis de comunicação entre bancos e o governo. Em seu resumo,

> em países cujas organizações institucionais político-econômicas incluem canais privados confiáveis de comunicação entre bancos privados nacionais e o governo, os responsáveis pelas decisões da política econômica levam em conta as informações sobre a quase insolvência desses bancos na escolha de suas taxas de juros ... Isso ocorre porque o compromisso do governo de não auxiliar os bancos privados nacionais com grandes problemas de solvência não tem credibilidade, devido aos altos custos associados à perturbação da capacidade de intermediação financeira de um país. A expectativa favorável do auxílio reduz os incentivos para que os bancos privados nacionais sejam prudentes ... Por outro lado, nos países em que os canais privados não são confiáveis, os bancos privados nacionais correm o risco de desastrosas corridas aos bancos se tentarem comunicar que estão à beira da falência, já que

---

[90] Kydland e Prescott, 1977.

essa informação pode chegar ao público ... Esses bancos, portanto, têm um maior incentivo para serem prudentes e assegurarem a solvência.[91]

Nos casos considerados por Satyanath, a falta de canais privados confiáveis era uma restrição mais incidental do que essencial. Apesar da incapacidade dos bancos de se comunicar com o governo ter boas consequências para o segundo, a política de distância segura não foi estabelecida *com esse propósito*. Uma vez que o mecanismo causal tenha sido descoberto, porém, pode obviamente ser usado como um dispositivo de pré-compromisso deliberado.

Note o aspecto crucial do argumento de Satyanath. O ponto-chave não é que um sistema sem canais privados confiáveis impede os bancos de informarem o governo sobre seus problemas, como se a linha do telefone tivesse sido desconectada. Em vez disso, é que eles não podem informar ao governo sem ao mesmo tempo informarem ao público. No caso do adolescente rebelde, se os pais não podem se tornar incomunicáveis, eles podem tentar armar um sistema para que o pedido de fiança seja automaticamente informado também aos colegas do adolescente, com a perda de prestígio que isso acarretaria. Em vez de usar a estratégia tosca de tornar a comunicação fisicamente impossível, eles podem se concentrar nos incentivos para a comunicação.

Sem desconto

O problema da inconsistência estratégica pode ser formulado como um problema de credibilidade.[92] Como antes, suponha que, no momento 1, A faz uma declaração sobre as consequências para B no momento 4, se B fizer X em vez de Y no momento 2, ligando-as a um evento E que (segundo A) ocorrerá no momento 3 se e somente se B fizer X. Podemos distinguir, então, entre dois tipos de casos. No primeiro tipo, E é o resultado de uma cadeia causal que está fora do *controle* de A, mas sobre

---

[91] Satyanath, 1999.

[92] Os principais autores intelectuais dessa ideia, a partir de perspectivas muito diferentes, são Schelling (1960) e Kydland e Prescott, 1977.

o qual ele poderá alegar ter *conhecimento* exclusivo. Há quatro subcasos interessantes:

Caso 1: Avisos. A sabe que, se B fizer X, ocorrerá um evento E (fora do controle de ambos) que é pior para ambos do que se B fizer Y. É então do interesse de A informar B sobre a ligação causal entre X e E. Exemplo: o líder de um sindicato informa (no momento 1) aos empresários que, se for negado aumento aos trabalhadores (no momento 2), o estado de espírito destes sofrerá tanto (no momento 3) que a produtividade cairá (no momento 4).

Caso 2: Avisos falsos. Trata-se do mesmo caso acima, exceto que a declaração de A sobre uma ligação causal entre X e E é falsa. Se B acreditar na declaração, nunca descobrirá que o aviso era falso.

Caso 3: Encorajamentos. A sabe que, se B fizer X, ocorrerá um evento E que é melhor para ambos do que se B fizer Y. É então do interesse de A informar B sobre a ligação causal entre X e E. Exemplo: o líder de um sindicato informa aos empresários que, se for concedido um aumento aos trabalhadores, o estado de espírito destes se elevará tanto que a produtividade crescerá a ponto de aumentar os lucros mais do que o aumento dos salários possivelmente os reduziria.

Caso 4: Encorajamentos falsos. Trata-se do mesmo caso acima, exceto que a declaração de A sobre uma ligação causal entre X e E é falsa. Se B acreditar na declaração, nunca descobrirá que o encorajamento era falso.

No segundo tipo de casos, o evento E está (sabidamente) sob o controle de A. Vamos nos referir à opção de causar o evento como Z e a opção de não causá-lo como W. Referindo-nos aos resultados pelos pares de escolhas que os acarretam, podemos distinguir entre quatro subcasos.

Caso 5: Ameaça com consistência temporal. B prefere (X, W) a todos os outros resultados, e prefere (Y, W) a (X, Z). A prefere (Y, W) a todos os outros resultados, e prefere (X, Z) a (X, W). Exemplo: B está causando perturbações na rua em frente da casa de A, e A lhe diz que, se B continuar a se comportar assim (X), ele chamará a polícia (Z).

Caso 6: Ameaça com inconsistência temporal. B prefere (X, W) a todos os outros resultados, e prefere (Y, W) a (X, Z). A prefere (Y, W) a todos os outros resultados, e prefere (X, W) a (X, Z). Exemplo: B é uma mulher, e A lhe diz que, se ela recusar sua proposta de casamento (X), ele se matará (Z).

Caso 7: Promessa com consistência temporal. B e A preferem (X, Z) a todos os outros resultados. Exemplo: A e B podem beneficiar-se de um negócio que requer um investimento de cem mil dólares, e cada um tem cinquenta mil dólares para investir. A diz a B que, se B investir cinquenta mil (X), ele fará o mesmo (Z).

Caso 8: Promessa com inconsistência temporal. B prefere (X, Z) a todos os outros resultados, e tem (X, W) como o resultado que menos deseja. A prefere (X, W) a todos os outros resultados, e tem (X, Z) como sua segunda opção. Exemplo: A e B podem beneficiar-se de um negócio que requer certas habilidades e um investimento de cem mil dólares. A tem as habilidades e B, o dinheiro. A diz a B que, se B investir o dinheiro (X), A reembolsará B com juros mais tarde (Z).

Alguns comentários podem ser úteis. (i) A semântica de "promessa" e "aviso" é na verdade mais complicada do que essas explicações sugerem, já que ambos os termos são também empregados regularmente em sentido não condicional. Avisos, por exemplo, podem permitir ao interlocutor reduzir o impacto de um evento ruim inevitável, em vez de impedi-lo de acontecer. (ii) Uma pessoa pode não apenas deturpar a verdade sobre qual evento E ocorrerá se B fizer X, mas também disfarçar o fato de que E está realmente sob seu controle. Ele pode, em outras palavras, apresentar o que é de fato uma ameaça como se fosse um aviso.[93] (iii) Como veremos

---

[93] Ver em Elster, 1999a, cap. 5.3, as razões pelas quais alguém quereria usar essa estratégia.

na Seção 1.5, essa complicação é especialmente séria se E é um ato futuro a ser cometido por A, apresentado como um objeto de previsão em vez de uma decisão. (iv) Um ouvinte pode deliberadamente tomar um aviso como uma ameaça.

> Quando, em 1877 na Bélgica, apesar da lei penal que protege a liberdade do eleitor, o ministro católico da Justiça decide não processar os párocos que ameaçavam com penas do inferno suas ovelhas que votassem pelo partido liberal, o juiz Paul Janson ridiculariza o ministro: este, duvidando da serie-dade de semelhantes ameaças, cometia "uma verdadeira heresia religiosa".[94]

Se os padres (como suspeito) houvessem apenas admoestado seus paroquianos, não haveria heresia. (v) Em interações repetidas, um agente na posição de B é mais incentivado a acreditar em um encorajamento do que em um aviso, já que sabe que será prejudicial para A no momento 5 e posteriormente, se este for flagrado mentindo.

Proponho agora um exemplo estilizado para ilustrar ameaças, promes-sas, e o caso misto que são às vezes chamados "amessas",* pois baseiam-se tanto em ameaças como promessas.[95] Suponha que Adão primeiro tenha de tomar uma decisão (E ou D), depois Eva tome uma outra decisão (e ou d), e então os dois sejam recompensados de acordo com as escolhas de ambos. Antes do primeiro movimento de Adão, Eva pode fazer uma declaração sobre o que ela fará se Adão escolher E ou D.

---

[94] Perelman e Olbrechts-Tyteca, 1969, p.207 [Perelman, Chaïm e Olbrechts-Tyteca, Lucie. *Tratado da argumentação*. São Paulo: Martins Fontes, 1996. p.235]. Similarmente, um presidente buscando a reeleição pode avisar aos eleitores que eles sofrerão economicamente se votarem em seu oponente, mas não pode ameaçar usar o tempo entre a conclusão da eleição e a posse para fazê-los sofrer.

* No original, "throffers", aglutinação de "threats" (ameaças) e "offers" (ofertas), sendo o último usado pelo autor como sinônimo de "promises" (promessas). (N.T.)

[95] O que vem a seguir é extraído de Elster, 1989c, p.272ss. Nesse livro dou também vários exemplos de negociação entre trabalhadores e empresários com ameaças e promessas com inconsistência temporal.

Figura 1.3

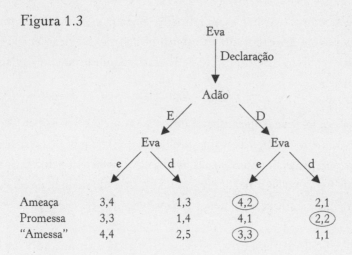

O primeiro número em cada ramificação na Figura 1.3 representa a recompensa para Adão e o segundo, a recompensa para Eva. (As ramificações de equilíbrio estão circuladas.) Em todos os três casos, a recompensa de Eva se Adão for para a esquerda é superior à que ela pode conseguir se ele for para a direita. Ela tem um incentivo, portanto, para induzir Adão a se mover para a esquerda, utilizando-se de uma ameaça, uma promessa ou uma "amessa". Com o primeiro conjunto de recompensas, Eva pode ameaçar se mover para a direita, se Adão se mover para a direita. Mas essa ameaça não tem credibilidade. Ele sabe que ela não dará um tiro no próprio pé se ele se mover para a direita; portanto, ele vai para a direita, sabendo que ela irá para a esquerda. O resultado será pior para Eva e melhor para Adão do que teria sido se a ameaça dela tivesse credibilidade. No segundo caso, Eva pode prometer se mover para a esquerda, se Adão for para a esquerda. Mais uma vez, porém, essa promessa carece de credibilidade. Adão sabe que, assim que ele for para a esquerda, será do interesse dela mover-se para a direita. Como resultado, ele irá para a direita e Eva também, deixando ambos em pior situação do que se a promessa dela fosse crível. Note-se que esse caso é uma versão ampliada do típico Dilema do Prisioneiro. No terceiro caso, Eva pode sinalizar tanto com a cenoura quanto com o chicote, prometendo ir para a esquerda, se ele for para a esquerda, e ameaçando ir para a direita, se ele for para a direita. Nenhuma dessas comunicações é crível; Adão vai para a direita,

Eva vai para a esquerda; a situação dele é melhor e a dela, pior do que se a promessa/ameaça tivesse credibilidade.

Para superar a inconsistência temporal estratégica, um agente pode recorrer a dispositivos de pré-compromisso.[96] Nos casos sem desconto, esses dispositivos incluem a eliminação de opções e a imposição de custos adicionais. O primeiro é proverbialmente expresso como "incendiar as próprias pontes após cruzar o rio", ou os próprios navios, na versão francesa,[97] o que pode ser ilustrado pelo jogo exibido na Figura 1.4.

Figura 1.4

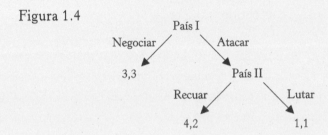

Na ausência de um pré-compromisso, o primeiro país atacará e o segundo recuará. Eliminando-se a opção de bater em retirada, porém, o segundo país pode forçar o primeiro a juntar-se à mesa de negociações. Um outro exemplo clássico é a criação de uma máquina do juízo final, que elimina a opção de não responder ao ataque inimigo e, assim, reduz a probabilidade de um ataque.

Seguindo James Fearon, pode-se distinguir entre dispositivos *ex ante* e *ex post* para impor custos a si próprio.[98] Por um lado, um agente pode adotar o que Fearon chama de estratégia de "atar as mãos", isto é, impor custos que ele fará recaírem sobre si se não levar uma ameaça adiante.

---

[96] Inconsistência temporal não é a única razão pela qual a autorrestrição (em um sentido bastante literal) pode ser útil em uma interação estratégica. Assim, quando prisioneiros dos campos de detenção soviético eram transferidos de um lugar para outro, muitas vezes insistiam em ter suas mãos amarradas atrás das costas e ter esse fato anotado explicitamente nos registros: "Essa era a única defesa que os prisioneiros podiam oferecer contra a lacônica declaração de 'morto durante tentativa de fuga'". (Werth, 1997, p.154)

[97] Sobre exemplos históricos de queima de navios, ver Dixit e Nalebuff, 1991, p.169.

[98] Fearon, 1997.

Um exemplo clássico é o líder de sindicato que, declarando publicamente que suas exigências não são negociáveis, eleva as apostas fazendo que qualquer concessão o prejudique mais do que se não houvesse feito essa declaração. Em política internacional, também, líderes políticos podem se pré-comprometer por meio de tais "custos de audiência", ou seja, fazendo fortes declarações públicas durante um confronto.[99] Por outro lado, podem adotar a estratégia de "custos de amortização", isto é, impor custos que terão de recair sobre si não importa o que venha a acontecer mais tarde. Essa estratégia é normalmente usada por empresas para desencorajar a entrada de um possível competidor no mercado.

> Uma empresa que compra equipamentos hoje sinaliza que estará funcionando amanhã se não puder revender o equipamento. Assim, podemos conjeturar que a compra de equipamento – se é notada por seu rival – pode ter efeitos estratégicos e, portanto, não é puramente uma questão interna de minimização de custos.[100]

Uma empresa pode também adotar a estratégia de custos de amortização para desencorajar um sindicato, como, por exemplo, acumulando grandes estoques que a permitirão sobreviver a uma greve.

Um outro exemplo de custos de amortização envolve o uso da lei como um dispositivo de pré-compromisso. Como muitos autores já observaram, a lei dos contratos facilita mais do que restringe: permite que as pessoas façam promessas que de outra forma não teriam credibilidade. A lei também pode aumentar a credibilidade das ameaças. Suponha que você me deve trinta mil dólares, mas se recusa a pagar, o que me custará quarenta mil dólares em honorários legais levá-lo ao tribunal para reaver meu dinheiro. Embora minha ameaça de levá-lo ao tribunal não seja crível por si só, posso pagar a um advogado uma comissão de 10.001 dólares, um adiantamento não restituível sobre os honorários legais referentes

---

[99] Ver em Fearon (1994) uma discussão de tais "custos de audiência" na política internacional. Ele observa que, na medida em que a audiência é doméstica e não internacional, Estados autoritários são menos capazes de se pré-comprometer do que Estados democráticos. Retomarei essa ideia no cap. 2.9.

[100] Tirole, 1988, p.314-5.

à ida ao tribunal. Agora, eu ganho trinta mil menos os remanescentes honorários (29.999 dólares), ou um dólar, indo ao tribunal, de forma que a ameaça de ir ao tribunal se torna crível. Assim provavelmente você se disporá a me pagar os trinta mil dólares para evitar os seus próprios gastos com o tribunal.[101]

Desconto exponencial

No caso padrão da negociação sequencial, dois participantes se revezam fazendo ofertas e contraofertas.[102] O motivo pelo qual eles conseguem chegar a um acordo é que negociar é oneroso, e eles têm o interesse comum de impedir que o bolo diminua enquanto discutem sobre como reparti-lo. Em negociações entre trabalhadores e patrões, o bolo pode diminuir com a queda de produção causada por uma greve. Ao negociar um acordo de divórcio, o bolo pode diminuir devido à necessidade de pagar os advogados que de fato conduzirão a negociação. No caso que me interessa aqui, o bolo diminui pela mera passagem do tempo. Se um negociante desconta recompensas futuras, ele pode preferir cinco dólares hoje em vez de esperar por seis amanhã. Se seu concorrente souber disso, uma ameaça de recusar qualquer oferta de menos de seis dólares não terá credibilidade. Nos modelos padrão de negociação sequencial, supõe-se sempre que o desconto seja exponencial.

Nesses modelos, os dispositivos padrão de pré-compromisso de eliminar opções e impor custos se mantêm disponíveis. Além disso, há agora espaço para a criação de atrasos, pois um lado pode obter uma vantagem prolongando seu tempo de resposta. Em negociações de salário, por exemplo, quanto mais o bolo de negociação diminui durante o período em que o sindicato considera uma oferta dos patrões, mais estes últimos têm a perder se não cederem às reivindicações do sindicato e, portanto, mais

---

[101] Devo esse exemplo a James Fearon.

[102] Na realidade, os modelos não permitem negociações em tempo real. Em vez disso, os negociadores examinam mentalmente todos os cenários possíveis de negociação para identificar a única proposta que não envolve ameaças ou promessas inacreditáveis. Ver uma discussão básica no cap. 2 de Elster (1989c) e uma discussão mais aprofundada em Osborne e Rubinstein (1990).

provável é que acabem cedendo.[103] A fraqueza interna e a falta de integração de muitos sindicatos podem, paradoxalmente, aumentar seu poder de barganha, já que eles podem alegar, com credibilidade, que levará muito tempo até que possam responder à oferta dos patrões. Por outro lado, os empresários da subsidiária de uma empresa multinacional podem ganhar poder de barganha declarando que qualquer contraproposta feita pelo sindicato terá de ser levada à matriz. Em ambos os casos, a organização é incentivada a armar um sistema lento e trabalhoso de tomada de decisões internas. Os aspectos responsáveis pelo atraso devem existir antes do início das negociações, e não devem ser facilmente modificáveis. Se os empresários exigem que o sindicato mude seus estatutos de forma a ser capaz de responder mais rapidamente, o sindicato deve responder que levaria ainda mais tempo para consultar seus membros sobre esse assunto.

Desconto não exponencial

Até onde sei, não há literatura que aborde a interação estratégica com desconto hiperbólico. Entretanto, é fácil ver como essa questão pode surgir se ampliarmos o modelo de ameaças e promessas de quatro para cinco períodos. Suponha que A seja propenso a descontos hiperbólicos ingênuos. Suponha, além disso, que, se A mantiver sua promessa, receberá uma grande recompensa no momento 5, e que, se quebrar a promessa, receberá uma recompensa menor no momento 4. No momento 1, quando a promessa é feita, ele pode sinceramente acreditar que a cumprirá, já que, daquela perspectiva, fazê-lo seria de seu próprio interesse. Contudo, ao se aproximar do momento em que precisará cumprir a promessa, o desconto hiperbólico induz uma inversão da preferência que leva a que ele a quebre.

Se B pudesse antecipar esse resultado, não acreditaria na promessa. Escolheria fazer Y em vez de X, e a escolha de A a respeito de cumprir ou não a promessa não surgiria, já que era contingente a X. Mas suponha que B seja propenso aos mesmos descontos hiperbólicos ingênuos. Nesse caso, a promessa de A poderia ser tão crível para B como é sincera para

---

[103] Barth, 1988. Ver também de Geer, 1986, p.353.

A. Um acordo pode ser feito em boa-fé entre ambos, e então ser desfeito porque A perde o incentivo para levar sua promessa adiante. Nesse caso, o resultado final difere do que ambos esperavam inicialmente. O caso de ameaças hiperbolicamente inconsistentes é diferente. Quando A faz sua ameaça, tanto A como B acreditam que será cumprida; assim, B cede aos desejos de A. No momento em que A teria de cumprir a ameaça caso B não houvesse cedido, A não deseja mais cumprir a ameaça, mas a sua hipotética perda de coragem não muda em nada o desfecho.

Se A é esperto e também acredita que B acredita que A desconta hiperbolicamente, A pode superar a inconsistência temporal atrasando a recompensa menor, de forma que, no momento 3, ele ainda prefira a recompensa maior. Devido à equivalência geral de atrasos e custos autoimpostos, o último método também poderia ser utilizado. É desnecessário dizer que eliminar por completo a recompensa menor serviria ao mesmo propósito. Note-se os papéis diferentes do atraso nos casos exponenciais e não exponenciais. Ao negociar com desconto exponencial, ameaças que não seriam críveis em outras situações ganham credibilidade com a inserção de um atraso no próprio processo de tomada de decisão. (Lembre-se que é também assim que atrasos podem ser usados para contrabalançar paixões.) Ao negociar com desconto não exponencial, a inconsistência temporal é superada pelos atrasos nas recompensas posteriores à decisão. Parece que atrasos na resposta também podem ser eficazes aqui.

1.5 A paixão como um dispositivo de autorrestrição

A ideia de que o pré-compromisso pode servir para superar problemas de inconsistência temporal data da década de 1950 (Strotz e Schelling). Quando autores anteriores – já citei Sêneca e Montaigne – se referiram a pré-compromisso, foi invariavelmente como uma forma de controlar a paixão. Jack Hirshleifer e Robert Frank viraram a ideia de ponta-cabeça, argumentando que *emoções são mais soluções do que problemas*; são dispositivos de pré-compromisso que permitem aos agentes superarem problemas de inconsistência temporal. Essa ideia não é uma inversão completa da visão tradicional. Nesta, o pré-compromisso deveria proteger o agente contra os efeitos de *emoções ocorrentes*. Na visão mais recente, *disposições emocionais* servem de dispositivos de pré-compromisso.[104] Segundo Frank, as emoções solucionam o problema de autocontrole causado pelo desconto hiperbólico, bem como o problema de credibilidade em uma interação estratégica. Segundo Hirshleifer, as emoções sustentam a credibilidade das ameaças e promessas que, sem elas, não seriam críveis. Seus argumentos baseiam-se em dois aspectos principais das emoções: suas qualidades dolorosas e prazerosas, e sua tendência à ação quase automática, que pode fazer que as pessoas ajam contra seus próprios interesses racionais.[105]

Como Hirshleifer e Frank se baseiam nesse último aspecto, poderíamos dizer que seus argumentos ilustram a ideia geral de a "racionalidade ser irracional". Estritamente falando, porém, essa frase não tem sentido. Alguém poderia argumentar que é racional fazer um esforço para *parecer* ser irracional, isto é, simular um comportamento irracional e emocional a fim de desencorajar o oponente. Poder-se-ia tentar aplicar a esses casos os resultados da construção da reputação em jogos com informações imperfeitas.[106] Por outro lado, alguém poderia argumentar que é racional tentar *desenvolver* essas disposições emocionais em vez de simplesmente fingi-las.[107] Frank e Hirshleifer não adotam nenhuma dessas estratégias. O que eles sugerem é que a irracionalidade é útil, não que é racional simular ou desenvolver a irracionalidade. Eles argumentam que as dis-

---

[104] Como foi mencionado ao fim de 1.3, emoções podem também servir de dispositivos de pré-compromisso.

[105] Ver Elster, 1999a, cap. 4.2.

[106] Kreps et al., 1982. Um argumento desse tipo teria de levar em conta os custos da hipocrisia, que podem ser consideráveis, não somente pelo desconforto psíquico que induz (Rabin, 1993), como pelo esforço necessário para manter uma aparência emocional na frente de todos.

[107] Um argumento nesse sentido teria de equilibrar o custo de desenvolver as disposições relevantes com os benefícios de tê-las. Como os custos são imediatos e os benefícios só emergirão mais tarde, a decisão de desenvolver as disposições poderia (em um caso de desconto hiperbólico) estar sujeita ao próprio problema que visa solucionar. No momento 1, a decisão de começar a desenvolver a disposição no momento 2 pode parecer uma boa ideia, considerando os benefícios que isso produzirá mais tarde, mas no momento 2 os custos poderão parecer grandes demais e poderá ocorrer uma inversão de preferência.

posições emocionais em questão evoluem por seleção natural em virtude do aumento da aptidão reprodutiva.

Mais adiante nesta seção, levantarei algumas questões a respeito dos supostos benefícios reprodutivos dessas disposições. Aqui gostaria de perguntar o quanto é plausível que elas possam se desenvolver, supondo que apresentem esses benefícios. Por hipótese, a disposição emocional muitas vezes induzirá um agente a agir contra seu interesse de curto prazo. Quando outros descobrirem que ele tem essa disposição, agirão de forma a promover o interesse de longo prazo do agente. A seleção natural, porém, nem sempre espera pelo longo prazo. Estratégias do tipo "um passo para trás e dois para frente" não fazem parte do seu repertório.[108] O primeiro organismo a demonstrar raiva irracional – isto é, uma tendência a retaliar sem obter vantagens e com algum custo para si mesmo – estaria em uma desvantagem evolucionária que não poderia ser compensada pelas vantagens acumuladas para seus descendentes, uma vez que o comportamento se generalizasse e fosse reconhecido por outros. Embora isso possa não ser uma dificuldade insuperável, teria de ser reconhecida em uma análise mais concreta.

Frank e os aspectos estratégicos da emoção

Robert Frank argumenta que as emoções servem de soluções para os problemas de inconsistência temporal. A culpa afeta a credibilidade das promessas, enquanto a raiva e a inveja afetam a credibilidade das ameaças. As emoções exercem esses efeitos de duas maneiras, por meio daquilo que Frank chama de a trilha da "maneira sincera" e a trilha reputacional. Enquanto o primeiro mecanismo gera um comportamento honesto ou cooperativo em uma rodada única do Dilema do Prisioneiro, o segundo tem implicações tanto nos jogos repetidos como nos jogos de uma rodada só.

---

[108] Elster, 1984a, cap. 1. Como Dagfinn Føllesdal e Ole-Jørgen Skog (em comunicações pessoais) me fizeram ver, essa declaração depende da suposição sobre a velocidade relativa de dois processos (a taxa de mutação e a taxa de extinção dos organismos com mutações daninhas) que não é necessariamente comprovada na prática.

A trilha da "maneira sincera" envolve três premissas. A primeira é que as disposições emocionais são indicadas imperfeitamente aos outros pelas expressões externas das emoções ocorrentes. A segunda – razão pela qual a indicação é somente imperfeita – é que até mesmo aqueles que não têm as disposições podem simular as expressões. E a terceira é que os simuladores podem ser detectados, com algum custo (fixo) para os detectores. Aplicando essas premissas a um mundo em que os agentes praticam em grupo as interações do Dilema do Prisioneiro de rodada única, Frank demonstra que há uma proporção específica de indivíduos honestos e desonestos no estado de equilíbrio (polimorfismo dependente de frequência). Nesse estado, os indivíduos honestos e os desonestos têm a mesma recompensa esperada, assim não há uma pressão evolucionária favorecendo um ou outro grupo. Além disso, os indivíduos honestos são absolutamente indiferentes quanto a investigar seus parceiros de interação,[109] de forma que não há pressão evolucionária a favor de um ou outro comportamento. No exemplo numérico de Frank, a situação em que 75% dos indivíduos são honestos e 75% desses são investigadores pode perpetuar-se para sempre.

Note-se, porém, que não há nenhum mecanismo evolucionário que possa assegurar que 75% dos honestos sejam de fato investigadores. Enquanto um indivíduo honesto que adotou um comportamento desonesto no equilíbrio seria penalizado, um não investigador honesto que se tornasse investigador não sofreria qualquer consequência adversa. A única consequência seria uma recompensa menor para os desonestos. Depois de algum tempo, isso reduziria o número de desonestos, o que reduziria as recompensas por investigar e, assim, induziria os honestos a pararem de investigar. Esse desenvolvimento, por sua vez, favoreceria

---

[109] No equilíbrio, a soma dos custos diretos e de oportunidade de investigar um parceiro em potencial é exatamente igual ao custo da oportunidade esperada de não investigá-lo. Esse segundo custo é a probabilidade de o parceiro escolhido aleatoriamente ser desonesto vezes a diferença entre a recompensa cooperativa e a recompensa do "otário" (*sucker*) no Dilema do Prisioneiro. Quando a proporção de colaboradores excede a fração de equilíbrio, a probabilidade diminui, de modo que a investigação não vale mais a pena, permitindo a sobrevivência dos não colaboradores.

os desonestos, e assim por diante. Embora Frank demonstre que tanto a proporção de honestos em relação a desonestos como a de investigadores em relação a não investigadores flutuará em torno de 75% contra 25%, o argumento não diz nada sobre a magnitude das flutuações ou a velocidade do mecanismo de correção. Até onde sabemos, a população pode ficar bem longe do equilíbrio por um grande período de tempo.

A alegação central no argumento da trilha reputacional é que as emoções podem solucionar o problema de autocontrole e o da credibilidade. Na realidade, como Frank reconhece em nota de rodapé, o argumento que sustenta a primeira conclusão é que as emoções contrabalançam a *impaciência*, ou seja, taxas muito altas de desconto temporal.[110] Tanto faz se o desconto é exponencial ou hiperbólico. Não estou dizendo, mais especificamente, que as emoções não têm papel no autocontrole. Suponha que em 1º de fevereiro eu marque uma consulta com o dentista para 1º de março, pois nessa data a inutilidade descontada de dores de dente futuras excede a utilidade descontada da dor causada pela broca. Como desconto o futuro hiperbolicamente, porém, uma inversão de preferência ocorre em 28 de fevereiro. Mesmo assim, compareço à consulta devido à antecipação da vergonha que sentirei se cancelá-la. Aqui, a vergonha opera da mesma forma que o imposto sobre a retirada de dinheiro de uma conta-poupança.

Esse, porém, não é o tipo de situação que Frank tinha em mente. Ele analisa o papel das emoções na construção da reputação em interações recorrentes. Um agente a quem é dada a oportunidade de desistir no Dilema do Prisioneiro pode saber que, se o fizer, ganhará a reputação de não colaborar, e que isso lhe trará problemas no futuro. Se ele desconta o futuro a uma taxa suficientemente alta, entretanto, pode mesmo assim partir para o ganho rápido (ou a "recompensa ilusória") e abrir mão de seus benefícios de longo prazo. Contudo, se a pessoa

for emocionalmente predisposta a ver uma trapaça como um ato desagradável em si – isto é, se tiver consciência –, ela terá mais capacidade de resistir à

---

[110] Frank, 1988, p.82.

tentação de trapacear.[111] Se o mecanismo de recompensa psicológica é forçado a enfatizar recompensas no momento presente, o jeito mais simples de combater uma recompensa ilusória por trapacear é ter um sentimento atual que atraia precisamente na direção oposta. A culpa é um sentimento desse tipo.[112]

Esse argumento se aplica tanto à impaciência quanto à falta de autocontrole. Na verdade, cada uma das muitas referências a "problemas de controle dos impulsos" no livro de Frank poderia ser substituída por "impaciência" sem afetar o argumento.

Frank estende o argumento à raiva e à inveja. Ao analisar a raiva, Frank diz que

> pessoas perfeitamente racionais com perfeito autocontrole buscariam a vingança sempre que os ganhos reputacionais futuros superassem os custos atuais de agir. O problema ... é que os ganhos de uma reputação violenta surgem somente no futuro, enquanto os custos da busca da vingança ocorrem

---

[111] Para expressar a diferença entre esse argumento e o de Montaigne considerado na nota 40, considere a opção da cooperação *versus* desistência no Dilema do Prisioneiro. Na análise de Frank, é o mero fato de desistir que faz a pessoa se sentir mal. De acordo com Montaigne, é o fato de desistir *após a outra pessoa ter cooperado* que a faz se sentir mal. Combater desconfiança com desconfiança e confiança com confiança parece ser uma propensão geral da natureza humana. Essa forma de reciprocidade difere daquela que é encarnada na estratégia do olho por olho no Dilema do Prisioneiro. Olho por olho pode ser uma estratégia vencedora quando o jogo é jogado muitas vezes e as duas opções em qualquer rodada são feitas simultaneamente. O presente argumento, por outro lado, se aplica a jogos de única rodada em que um lado faz uma escolha, e a torna conhecida, antes que o outro lado faça a sua escolha.

[112] Ibidem. Esse argumento foi antecipado por Arthur Lovejoy, 1961, p.80: "A consideração ... de que se eu comer *Welsh rabbit* esta noite me arrependerei muito amanhã pode não ser suficiente para me dissuadir de comer, se gosto de *Welsh rabbit*. Mas a soma da consideração de que aqueles que obtêm prazeres triviais no presente à custa de dor no futuro são tolos glutões, ou fracos da mente, pode ser o bastante para mover a balança em favor da abstinência". Na presente discussão, não questiono a suposição – comum a Frank, Hirshleifer e Lovejoy – de que sentimentos como a vergonha ou a inveja possam ser representados como "custos psíquicos". Em Elster (1999a), cap. 4.3, eu argumento, porém, que o modo como as emoções entram na explicação do comportamento é consideravelmente mais complexo. [*Welsh rabbit* ou *Welsh rarebit* é um molho tradicional feito de uma mistura de queijo e manteiga, passado sobre pão torrado moído e servido como entrada quente. (N.T.)]

agora ... Estar predisposto a sentir raiva quando ofendido ajuda a resolver esse problema de controle do impulso.[113]

Ao analisar a inveja, ele afirma que é

muitas vezes, prudente recusar uma transação favorável quando os termos são radicalmente unilaterais. Agindo assim, pode-se desenvolver a reputação de ser um negociante agressivo, o que significará melhores termos em transações futuras. Nesse caso, também temos ganhos futuros defrontando-se com custos atuais, e o problema resultante de controle do impulso. Aqui, alguém que sente inveja ou ressentimento quando consegue menos que sua parte justa recorre ao mecanismo de recompensa no momento atual.[114]

Figura 1.5

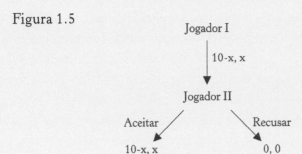

Podemos aplicar esse argumento ao Jogo do Ultimato.[115] Como mostrado na Figura 1.5, o jogador I primeiro propõe uma divisão de dez dólares entre ele próprio e o jogador II, com x para II e 10 - x para si. Apenas quantias inteiras podem ser propostas. Ao jogador II é então oferecida a opção entre aceitar a proposta ou arruinar a transação, de forma que nenhum dos dois ganhe nada.

Em experiências com esse jogo, um resultado frequente é que a maioria das pessoas colocadas na posição do jogador II rejeitará ofertas que as deixarem com menos de três dólares dos dez a serem divididos. Porque

---

[113] Frank, 1988, p.83.
[114] Ibidem.
[115] Sobre esse jogo, ver Guth, Schmittberger e Schwartz, 1982, Roth, 1995, e os comentários em Frank, 1988, p.173-4.

a maioria das pessoas na posição do jogador I antecipa essa reação (ou porque são altruístas), elas tendem a oferecer mais do que o mínimo absoluto de um dólar, que seria esperado se ambas fossem reconhecidamente motivadas apenas pelo próprio interesse material. Para alguns jogadores na posição II, sua recusa pode ser causada pela raiva. Para outros, a inveja poderia ser a força motivadora. Os primeiros escolhem (0, 0) porque a recompensa é alterada pelo benefício adicional da vingança; os últimos, porque a recompensa é alterada pelo custo adicional da inveja.

O argumento de Frank pode agora ser reinterpretado em termos de inconsistência temporal estratégica. Em um Jogo do Ultimato (de uma rodada), pode-se permitir a alguém na posição do jogador II a opção de fazer uma ameaça antes que o jogador I faça sua proposta, por exemplo, ameaçando recusar qualquer oferta que lhe dê menos de cinco dólares. A inveja serviria como uma franca aposta paralela para tornar a ameaça crível. A raiva, por outro lado, afetaria o resultado de forma menos usual. Funcionaria – por meio dos prazeres da vingança – tornando mais desejável o resultado que é menos desejável, em vez de tornar menos desejável o resultado mais desejável.

Para que a inveja ou a raiva melhorem o resultado para o jogador II em termos materiais e não meramente psíquicos, ele deve ter uma *reputação* de pessoa invejosa ou vingativa. Esse argumento não deve ser confundido com a ideia de que, em um Dilema do Prisioneiro ou em um Jogo do Ultimato finitamente repetido, a indução retroativa induzirá o comportamento de interesse próprio em todos os jogos, a não ser que um dos jogadores acredite que o outro possa ser uma pessoa genuinamente irracional.[116] Frank aborda a questão da construção da reputação em jogos iterados com um horizonte infinito. Na análise padrão desses jogos, os comportamentos cooperativo ou vingativo podem ser sustentados como parte de um equilíbrio em que é de conhecimento geral que todos os jogadores são racionais e voltados ao próprio interesse. Aqui, a "reputação" de ser cooperativo ou vingativo apenas se refere ao que outras pessoas pensam sobre o comportamento de equilíbrio de um agente, não ao que

---

[116] Kreps et al., 1982.

pensam sobre a motivação desse agente. Na análise de Frank, porém, as crenças sobre motivações são importantes.

Para perceber a diferença entre o argumento de Frank e a análise padrão, considere o teorema popular para jogos infinitamente repetidos: em qualquer conjunto de parâmetros de recompensa em um jogo de uma rodada e (essencialmente) em qualquer comportamento, há uma taxa de desconto r que sustentará esse comportamento como uma estratégia de equilíbrio em formas repetidas do jogo.[117] O argumento de Frank pode ser enunciado afirmando-se que, para cada r e para cada comportamento, há uma modificação dos parâmetros de recompensa por meio de penalidades ou benefícios emocionais colaterais que sustentarão esse comportamento. É claro que Frank não proclama essa conclusão de forma tão abrupta. Faço-o aqui meramente para mostrar que, em essência, ele está virando um velho argumento de ponta-cabeça. Desde Descartes, tem-se argumentado com frequência que a prudência ou o interesse próprio de longo prazo podem imitar a moralidade.[118] Como se julgava a moralidade mais frágil do que a prudência, muitos saudavam a ideia de que a última era suficiente para a ordem social. Por outro lado, se alguém acredita que o interesse próprio tende a ser míope e não hipermetrope, as emoções morais podem ser necessárias para imitar a prudência.[119]

Frank não se limita a argumentar, porém, que as emoções induzem um *comportamento* que é indistinguível daquele que seria induzido pelo interesse próprio de longo prazo. É importante para o seu argumento que os outros acreditem que a *motivação* de alguém seja moral em vez de prudente. Um indivíduo com a reputação de ser moral pode ter uma vantagem, mesmo no Dilema do Prisioneiro de uma rodada, que um indivíduo apenas prudente não teria.[120] Se é de conhecimento geral que as pessoas normalmente descontam o futuro de forma excessiva e um indivíduo age como se não descontasse, outros inferirão que há uma boa

---

[117] Fudenberg e Tirole, 1992, Seção 5.1.2.

[118] Elster, 1984, cap. 2.4.

[119] No cap. 4.3 de Elster (1999a), discuto como Antonio Damasio (1994) chega a uma conclusão semelhante partindo de premissas bem diferentes e (na minha opinião) menos plausíveis.

[120] Frank, 1988, p.91.

probabilidade de ele ser moral e confiável, mesmo em situações em que trapaças não seriam detectadas.

Dada a utilidade de se ser moral, Frank diz que não há "dificuldade em se ver por que pais desejariam incutir sentimentos morais" em seus filhos.[121] Ele afirma também que "a impulsividade comum e crônica dos criminosos pode ... ser interpretada como endosso da afirmação de que competências emocionais subjazem ao comportamento moral".[122] Mas os dados são igualmente compatíveis com a afirmação de que os criminosos descontam o futuro de forma tão excessiva que sentimentos morais de força mediana são insuficientes para contrabalançar sua miopia. A única razão para isolar a moralidade como variável explanatória seria se as taxas de desconto fossem constantes em todos os indivíduos. Disso temos alguma evidência. As crianças pequenas demonstram claras diferenças na habilidade de retardar gratificações, diferenças estas que se relacionam da forma esperada com o sucesso em fase posterior de sua vida.[123]

Em conclusão, Frank alega abordar uma forma de inconsistência temporal (o desconto hiperbólico), mas, na realidade, aborda principalmente a outra (a falta de credibilidade). Embora faça muitas referências gerais ao papel das emoções na superação do desconto hiperbólico, seu argumento real refere-se somente ao papel das emoções na neutralização de *altas* taxas de desconto. Por outro lado, sua análise da construção da reputação é, na verdade, um argumento sobre a inconsistência temporal estratégica. Se o comportamento de uma pessoa em jogos repetidos constitui uma inferência à conclusão de que ela seja levada por emoções que a tornam disposta a agir contra seu próprio interesse material, essa pessoa pode fazer ameaças e promessas em jogos de rodada única que de outra forma não seriam críveis. (Se as altas taxas de desconto têm formato

---

[121] Frank, 1988, p.93. Em seu argumento, a motivação para os pais inculcarem a culpa é seu desejo de promover o bem-estar dos filhos. Isso deveria ser comparado ao argumento em Becker (1996, cap. 7), para quem os pais se comportam dessa forma para promover o seu próprio bem-estar – induzindo a culpa nos filhos para que venham a cuidar deles quando tiverem idade avançada. Pode-se encontrar uma discussão sobre o segundo argumento em Elster (1999a), cap. 4.3.

[122] Frank, 1988, p.162.

[123] Mischel, Shoda e Rodriguez, 1989.

hiperbólico, ambas as formas de inconsistência temporal estarão combinadas.) Um elo potencialmente frágil na análise de Frank é a suposição de que as crenças das pessoas sobre as taxas de desconto são tais que justificam essa inferência.

Hirshleifer e os aspectos estratégicos da emoção

Em um artigo pioneiro, *The emotions as guarantors of threats and promises* [As emoções como garantia de ameaças e promessas] Jack Hirshleifer diz explicitamente que as emoções podem nos ajudar a superar o problema da credibilidade.[124] Ele supõe um jogo sequencial com dois atores com diferentes estruturas emocionais e diferentes papéis econômicos. O primeiro ator é totalmente voltado ao interesse próprio ou não emocional, enquanto o segundo pode ser suscetível a uma de várias emoções que serão discutidas mais tarde. O primeiro ator escolhe um ponto em um limite de produção conjunta, isto é, um grupo de recompensas conjuntas anteriores à redistribuição. O segundo ator fica a cargo da redistribuição. Ele pode transferir parte de sua renda para o outro ou infligir-lhe uma perda com algum custo para si mesmo. Hirshleifer discute dois pares de respostas emocionais que poderiam dirigir o comportamento do segundo ator. O primeiro é um par que ele chama de emoções "independentes da ação": benevolência e malevolência. O segundo par é "dependente da ação": gratidão e raiva. A noção de benevolência em Hirshleifer acaba sendo uma preferência pela igualdade, isto é, o desejo de dar aos que têm menos e de receber daqueles que têm mais.[125] A razão pela qual isso é chamado de "benevolência" é, ao que parece, que apenas o primeiro desses dois desejos pode ser implementado no comportamento. Sua noção de malevolência, similarmente, combina inveja em relação àqueles que têm

---

[124] Hirshleifer, 1987.

[125] Essa afirmação é uma leve simplificação. A figura 14.2 (a) em Hirshleifer (1987) indica que, em níveis mais altos de renda, uma pessoa benevolente prefere distribuir uma dada renda entre si e o destinatário, de forma a dar um pouco mais para si mesmo. No texto, a apresentação da noção de malevolência em Hirshleifer está sujeita a uma simplificação similar.

mais e malícia em relação aos que têm menos. Aqui, também, apenas a malícia tem implicações no comportamento. Uma pessoa malévola pode prejudicar o outro à sua própria custa, mas não pode melhorar sua própria situação à custa do outro.

O primeiro ator pode tanto negligenciar a possibilidade de que o segundo possa fazer uma redistribuição como levar em conta essa possibilidade ao fazer sua escolha. No primeiro caso, escolherá o ponto no limite que maximiza seus próprios rendimentos antes da redistribuição. Esse ponto também deixará o segundo ator (no caso contemplado por Hirshleifer) em uma situação boa o bastante para transferir parte de seu rendimento para o primeiro, que então recebe um bônus inesperado. O primeiro poderia ter-se saído ainda melhor, porém, escolhendo um ponto no limite que o deixasse em situação pior antes da redistribuição, mas que tornasse o segundo tão rico que este transferiria uma grande quantia para o primeiro. Se o primeiro sabe da disposição benevolente do segundo, assumirá o risco de acabar em situação pior a fim de ser colocado em situação melhor. Na verdade, ambos os jogadores se darão melhor tanto em termos materiais como psíquicos (para o primeiro jogador esses critérios coincidem), se o primeiro enxergar à distância e for esperto em vez de ingênuo e míope. De forma similar, se o segundo jogador for malévolo, o primeiro se sairá melhor escolhendo um ponto no limite em que o segundo fique tão pobre que não tenha como trazer prejuízos ao primeiro, mesmo que esse ponto também envolva um rendimento relativamente baixo para o primeiro. O resultado deixa ambos os jogadores em situação pior em termos materiais e psíquicos do que sob a distribuição de rendimentos que teria sido obtida se o segundo fosse motivado por um interesse racional próprio. (Note-se que essa é uma comparação de duas distribuições de rendimentos avaliadas segundo as mesmas preferências, não de duas distribuições avaliadas por preferências diferentes.)

Em minha opinião, essa história não tem nada a ver com ameaças e promessas, mas apenas com a habilidade do primeiro jogador de prever o que o outro fará. Se um segundo jogador benevolente anuncia que o primeiro jogador será amplamente recompensado se assumir o risco, temos mais um encorajamento do que uma promessa. Talvez isso pareça uma implicância vocabular. No caso de ameaças, porém, as falhas na análise de Hirshleifer tornam-se questões mais substantivas do que terminológicas. Como a segunda pessoa estará em situação melhor *em termos de suas preferências malévolas* se o primeiro jogador acreditar que ela é egoísta do que se acreditar que é malévola, a segunda pessoa não tem nenhum incentivo para anunciar suas intenções maliciosas, e tem todo o incentivo para ocultá-las. Por que fazer uma ameaça (ou dar um aviso) se não se tem nada a ganhar, caso o outro acredite nela?

A análise da raiva e da gratidão em Hirshleifer contém também alguns aspectos esquisitos. Em um dos casos a que recorre para ilustrar o papel dessas emoções, Hirshleifer supõe que a segunda pessoa não terá uma resposta emocional (e, por isso, não fará nenhuma transferência) se a primeira se comportar de forma egoísta, isto é, se escolher o ponto no limite que maximiza seus rendimentos anteriores à redistribuição. Se o primeiro jogador, porém, escolher um ponto que ofereça menos a ambos, o segundo responderá raivosamente, fazendo que ambos fiquem em situação pior. Inversamente, se o primeiro jogador assumir o risco de escolher um ponto que piore a sua situação, mas com potencial para melhorar essa situação (após a redistribuição), o segundo ficará tão agradecido que de fato transferirá algum rendimento para o primeiro.

Essa alegação não faz nenhum sentido em termos psicológicos, contudo. O segundo jogador não sentirá nenhuma gratidão em relação ao primeiro se perceber que a escolha aparentemente arriscada e generosa foi motivada por um interesse próprio.[126] A gratidão pressupõe a crença de que o benfeitor agiu movido por simpatia e não visando a um ganho. Assim, o primeiro ator precisa disfarçar sua intenção como benevolência a fim de obter os benefícios da gratidão do segundo. Mas então o primeiro jogador não pode fazer uma promessa que apele ao interesse próprio do segundo. O caso de ameaças é ainda mais estranho. Para o primeiro jogador escolher um ponto que deixe ambos em situação pior, ele teria de ser malévolo. Hirshleifer supõe que o segundo reagirá à malevolência

---

[126] Kahn e Tice, 1973. Quanto à importância geral de ideias sobre motivações no desencadeamento de reações emocionais, ver também Elster, 1999a, cap. 4.2. Da mesma forma, enquanto expressões espontâneas de desdém tendem a induzir culpa, tentativas deliberadas de induzir culpa tendem, em vez disso, a provocar raiva.

com raiva, isto é, fazendo algo que deixe os dois em pior situação. Por hipótese, o segundo tem a capacidade de deixá-los em situação financeira pior, mas se o primeiro é malévolo isso não o deixa psiquicamente pior. Ele até poderia *desejar* que o segundo usasse seus recursos para deixar os dois em situação pior.

Objeções à análise estratégica da emoção

Tanto Frank quanto Hirshleifer argumentam que emoções negativas como a inveja ou a raiva podem ter-se desenvolvido porque aumentam nossa capacidade de fazer ameaças críveis. Um problema com essas análises é a suposição tácita de que a análise de custo-benefício das disposições emocionais pode ocorrer em termos de encontros isolados com outros indivíduos sem essas disposições. Em tal encontro, uma pessoa que sabe que é invejosa ou agressiva de fato conseguirá o que quer. No entanto, essa análise ignora dois outros aspectos que podem fazer a balança pender na outra direção.

Um mafioso pode se sair muito bem em encontros com cidadãos comuns, cumpridores da lei, voltados racionalmente para seus próprios interesses,[127] mas muito mal em encontros com outros mafiosos. Frank tem consciência desse ponto,[128] mas não extrai a inferência apropriada, ou seja, a de que a raiva ou a vingança perderiam o aspecto evolucionário, e se tornariam de fato contraproducentes, caso se tornassem fixas na população. Os teóricos de jogos evolucionários, consequentemente, dizem que o resultado será um equilíbrio dependente da frequência em que

---

[127] Em Campbell (1995), o mafioso DiBella convence sua esposa, Connie, a seduzir o advogado Vollmer, que pode conseguir-lhe um importante contrato. No modo de pensar de um dos personagens, "Connie DiBella fisgou-o naquela noite porque ela queria que DiBella soubesse e queria que Vollmer soubesse que DiBella sabia que havia alguma tramoia no ar". Saber que um mafioso sabe que você está tendo um caso com a esposa dele torna você mais propenso a dar-lhe tratamento preferencial no fechamento de um contrato.

[128] Frank (1988), p.242, observa que o resultado desastroso da Guerra das Malvinas – uma guerra cara e sangrenta disputada por um pedaço intrinsecamente insignificante de território – ocorreu porque tanto os ingleses como os argentinos eram movidos por sentimentos de indignação moral.

"falcões" e "pombas" coexistem em uma determinada proporção.[129] Nesse equilíbrio, um tipo se sai exatamente tão bem quanto o outro porque a incapacidade de voltar atrás traz ganhos e perdas que se contrabalançam com exatidão. Não há vantagem em se ser emocional.[130]

Um segundo problema pode ser enunciado citando-se uma frase de Frank e depois invertendo-a: "Uma pessoa que sabidamente se abstém de interesses próprios encontra oportunidades que um racionalista puro não encontra, mesmo que ganhe menos que um racionalista puro ganharia em cada troca. O problema do racionalista, que o modelo do interesse próprio frequentemente negligencia, é que ele tende a ser excluído de muitas trocas lucrativas."[131] Isso pode parecer verdadeiro no que diz respeito a emoções positivas (honestidade e amor), mas com as emoções negativas a tendência é a oposta. As pessoas aprenderão a reconhecer indivíduos irascíveis e invejosos e os evitarão, em vez de aceitar interagir com eles. Às vezes não se tem opção, mas com frequência é possível encontrar-se outros parceiros mais razoáveis. As pessoas irascíveis e vingativas se verão isoladas, o que já é desagradável em si, e – o que é mais relevante na presente perspectiva – afasta oportunidades de interações mutuamente favoráveis com outros. Elas podem ganhar mais em cada interação, mas têm menos interações. Não estou dizendo que o efeito resultante dessas emoções é negativo, mas apenas que, até agora, nunca vi ninguém *tentar* argumentar que seja positivo. Além disso, as pessoas irascíveis não serão capazes de aprender que sua disposição emocional trabalha em detrimento delas mesmas e, portanto, não terão nenhum incentivo para se livrarem dela ou refreá-la. Serão encorajadas em seus encontros com outros – ficar com raiva funciona! –, mas não poderão contar com o *feedback* dos encontros que não tiveram.

---

[129] Maynard-Smith, 1982.

[130] Na segunda edição de seu compêndio de microeconomia, Frank (1996, cap. 7) reconhece esse ponto.

[131] Frank, 1988, p.228-9.

1.6 Variações a respeito de um nobre russo

Em 1.2 e 1.5 argumentei que as paixões podem servir de motivos e também de dispositivos para o pré-compromisso. A *mudança de preferência* tem um duplo *status* similar. Em 1.2 discuti a ideia de que podemos tentar nos pré-comprometer alterando nossas preferências. Por outro lado, podemos usar um dispositivo de pré-compromisso para impedir uma mudança de preferência, ou ao menos nos dissuadir de agir conforme essas preferências alteradas. Esse é o tópico da presente seção.

Religião e pré-compromisso

Em *Ulysses and the Sirens*, citei esta passagem de um artigo de Derek Parfit:

> Tomemos um russo do século XIX que, após vários anos, deveria herdar vastas propriedades. Movido por ideais socialistas, ele agora pretende doar a terra aos camponeses. Mas sabe que, com o tempo, seus ideais podem enfraquecer. Para se resguardar de tal possibilidade, faz duas coisas. Primeiro, assina um documento legal, cedendo automaticamente a terra, que só pode ser revogado com o consentimento de sua esposa. Então diz à esposa: "Se eu mudar de ideia e lhe pedir que revogue o documento, prometa-me que não consentirá". E pode acrescentar: "Considero meus ideais essenciais para mim. Se perder esses ideais, quero que tenha em mente que *eu* deixarei de existir. Quero que enxergue o seu marido então não como se fosse eu, o homem que lhe pede que faça essa promessa, mas apenas como uma versão mais velha dele. Prometa-me que não fará o que ele lhe pedir".[132]

Referindo-se à mesma passagem, Akeel Bilgrami defende uma teoria de *compromissos fundamentais*, também oferecendo claras implicações para

---

[132] Parfit, 1973, p.145; citado em Elster, 1984, p.109. Ver também Parfit, 1984, p.327-9. Como uma solução para o problema do nobre, o dispositivo é desnecessariamente elaborado: o papel da mulher é introduzido meramente para formular e discutir o problema *dele*.

o pré-compromisso.[133] Em sua definição, "um desejo é um compromisso fundamental se o quisermos satisfeito mesmo sem ter esse desejo". O compromisso pode induzir o desejo de ter ou reter determinado desejo, se assim tornar sua satisfação mais provável, mas isso é secundário. Se a pessoa pode escolher entre ter o desejo e não tê-lo satisfeito, por um lado, e por outro não tê-lo e vê-lo satisfeito, ela preferiria a segunda opção.

Um desejo de sorvete não pode ser um compromisso fundamental, pois nosso único motivo para querê-lo satisfeito é que o temos. Por outro lado, o desejo do nobre russo de doar sua terra aos camponeses conta como um compromisso fundamental. Em seu caso, não há menção do uso de dispositivos de pré-compromisso para manter seu desejo de doar a terra aos camponeses. Ele pretende neutralizar o efeito de uma mudança de preferência, não impedi-la. Bilgrami examina os fundamentalistas iranianos de uma perspectiva similar:

> Certos segmentos do governo iraniano hoje estão precisamente discutindo com outros elementos do governo que no futuro o Irã deveria ter um modo de vida islâmico (e que eles deveriam consolidá-lo para que se mantenha no futuro), apesar de admitirem (talvez *porque* admitem) que, no futuro, graças às inevitáveis influências da modernização vindas de dentro e de fora do país, eles talvez cessem de ter o desejo de viver conforme a doutrina islâmica.

Embora considere bastante frutífera a definição de Bilgrami a respeito de um compromisso fundamental, essa aplicação em particular levanta algumas dificuldades. Um problema lógico é que um país, diferentemente de um indivíduo, não pode utilizar um sistema legal para se restringir ou para consolidar um estilo de vida. Não há mais ninguém que possa obrigar um país a manter seu compromisso. (Ver também o Capítulo 2.1.) Se os futuros iranianos não quiserem viver segundo a doutrina islâmica, poderão desistir dela e o farão. Uma pergunta teológica – sobre a qual não sei nada – é se a doutrina islâmica poderia ser satisfeita com a observância exterior dos rituais, supondo que pudesse ser imposta, sem qualquer crença interior. O desejo de ter um estilo de vida islâmico poderia ser

---

[133] Bilgrami, 1996.

parte do próprio estilo que se quereria ver observado. Finalmente, há a questão empírica sobre se Bilgrami está certo ao imputar essa discussão aos círculos do governo. Embora mais uma vez eu não saiba nada sobre os fatos em questão, também se pode imaginar os fundamentalistas tentando impedir as mudanças de preferência que Bilgrami descreve como inevitáveis. O dispositivo-chave de pré-compromisso aqui seria a *manutenção da ignorância* sobre o Ocidente e seus valores.[134]

É sem dúvida discutível se isso seria um caso de *autorrestrição*. Como com os pré-compromissos constitucionais discutidos no Capítulo 2, poderíamos argumentar que se trata de fato de uma geração (ou sua elite) tentando restringir suas sucessoras. Em alguns casos, essa descrição certamente seria mais acurada. A manutenção da ignorância é, assim, mais um ato de paternalismo do que de autopaternalismo. No entanto, a ideia de autorrestrição não é sem sentido. Você não precisa saber muito sobre as ideias e os valores ocidentais ou modernos para perceber que, se viesse a conhecê-los melhor, eles arruinariam sua fé. Não é como um homem que tenta evitar ver gatos porque eles o deixam histérico e então descobre que, para evitá-los, ele primeiro precisa perceber sua presença, o que o deixa histérico. Uma analogia melhor envolve a pessoa com experiência suficiente no uso de drogas para saber que se consumir mais ficará viciada.[135] Diferentemente do caso ilustrado na Figura 1.1, o limiar para a descoberta de um perigo pode vir *antes* do ponto sem retorno.

O exemplo iraniano é uma variação de um velho tema. Muitas sociedades ou subculturas não ocidentais ou não modernas se sentiram ameaçadas por valores ocidentais ou modernos, e deliberadamente tentaram se isolar de sua influência. Um estudo clássico desse fenômeno encontra-se em *Confucian China and Its Modern Fate* [A China confuciana

---

[134] Como foi observado por um autor anônimo escrevendo para o *Wall Street Journal* em 23 de maio de 1997, p.A18, as sanções econômicas norte-americanas contra o Irã podem servir aos interesses iranianos, limitando as ocasiões de interações corruptoras de valores com o Ocidente. Se os Estados Unidos realmente querem minar o regime iraniano, "Washington deveria agora sair de cena e deixar os emissários de negócios do 'Grande Satã' dar aos iranianos o que eles querem – e mais".

[135] Sobre um modelo desse fenômeno, ver Orphanides e Zervos (1995).

e seu destino moderno], de Joseph Levenson.[136] Mais recentemente, grupos de minorias indígenas vêm exigindo proteção contra a cultura majoritária que os cerca. Embora sociedades liberais concedam a seus membros minoritários a liberdade de manter sua religião e estilo de vida tradicional, essa liberdade pode não ser uma cidadela forte o bastante contra o liberalismo. Para impedir a assimilação religiosa ou cultural, a minoria pode ter de se pré-comprometer de forma a reduzir a liberdade de seus membros individuais.

Frequentemente, essas ações tomam a forma de uma restrição da liberdade de escolha da geração mais jovem, a fim de protegê-la de influências exteriores durante um período da vida em que é especialmente vulnerável. Em 1971, a Suprema Corte dos Estados Unidos manteve uma decisão da Suprema Corte do Wisconsin, que havia anulado a condenação de três famílias Amish por se recusarem a mandar os filhos para a escola pública após a conclusão do primeiro grau.[137] (Em Wisconsin, a educação escolar é obrigatória até os dezesseis anos.) A opinião da maioria, escrita pelo ministro de Justiça da Suprema Corte, juiz Burger, aceitou o ponto de vista dos Amish que consideram a "educação secundária uma exposição intolerável de seus filhos a uma influência 'mundana' em conflito com suas crenças". Mais especificamente, a Corte sancionou a ideia de que "a educação secundária formal, além do primeiro grau, é contrária às crenças Amish, não apenas porque coloca os jovens Amish em um ambiente hostil às crenças Amish, com ênfase crescente na competição no trabalho em classe e nos esportes e pressão para adequar-se aos estilos, maneirismos e jeito de ser do grupo de colegas, mas também porque os leva física e emocionalmente para longe de sua comunidade, durante um período crucial e formativo da vida do adolescente".

A opinião da minoria, redigida pelo juiz Douglas, fazia uma distinção entre os três jovens Amish envolvidos no caso. Um deles havia tomado parte no seguinte diálogo:

---

[136] Levenson, 1968; também Elster, 1983b, p.154-6.
[137] 406 US 205.

P: Então eu entendo, Frieda, que o único motivo pelo qual você não está indo à escola, e não foi à escola desde o último mês de setembro, é a *sua* religião?

R: Sim.

P: Essa é a única razão.

R: Sim. (Ênfase adicionada.)

Com base no testemunho dela e na opinião dele de que uma jovem da idade dela possuía "o julgamento moral e intelectual exigido" pela pergunta, o juiz Douglas decidiu que a decisão de Frieda deveria ser respeitada. Por outro lado, ele discordou em relação aos outros dois jovens, porque não testemunharam que suas *"próprias* concepções religiosas são opostas à educação secundária" (os itálicos são meus).

Podemos muito bem duvidar de que a opinião de Frieda de que mais dois anos em uma escola pública seriam uma "exposição intolerável a uma influência 'mundana' em conflito com suas crenças" era de fato uma opinião autônoma. É mais provável que seu medo dos efeitos da pressão dos colegas tenha sido formado por influência dos pais. Do ponto de vista presente, porém, essa questão é irrelevante. Só o que importa é que Frieda expressou um desejo de permanecer ignorante em relação ao mundo moderno, e que a lei (ou pelo menos o juiz Douglas) decidiu respeitá-lo. De forma semelhante, mesmo se o nobre russo tivesse sido doutrinado por seus amigos radicais a doar sua terra, isso não diminui a eficácia causal de seu desejo. Em ambos os casos, a causa mais próxima é o autopaternalismo, independentemente da causa fundamental do motivo.

As estratégias de pré-compromisso dos Amish se estendem bem além da educação. O uso de telefones e eletricidade é regulado com base no mesmo propósito, ou seja, impedir uma mudança de preferência que possa minar os valores Amish.[138] No caso do telefone, o que os Amish temem não é tanto o contato com o mundo exterior mas uma mudança em seus

---

[138] Sobre o controle dos telefones, ver Umble, 1994, e Kraybill, 1989, p.143-50. Sobre a eletricidade, ver Kraybill, 1989, p.150-64. Glenn (1999) demonstra que argumentos semelhantes dão amparo à resistência dos Amish à previdência social.

modos internos de comunicação. A manutenção de valores tradicionais por supervisão mútua e ostracismo (*Meidung*) dos que se desviam da norma pressupõe a interação física. "Contatos via telefone não eram um substituto eficaz para a monitoração do comportamento que tradicionalmente ocorria no contexto cara a cara da comunidade."[139] Por outro lado, o banimento da eletricidade – com exceção de baterias – é justificado principalmente pela necessidade de isolamento do mundo exterior.

Refletindo sobre a decisão da Igreja de limitar o uso de eletricidade, um membro recentemente disse: "A eletricidade levaria ao materialismo. O que conseguiríamos com a eletricidade? Todas as coisas de que não precisamos. Com nossos motores a diesel temos hoje mais controle sobre as coisas. Se você tiver uma ligação elétrica, vai querer toda uma linha de eletrodomésticos conectada a ela. *Os Amish também são humanos, você sabe*". Uma outra pessoa apontou: "Não é tanto à eletricidade que nos opomos, mas a todas as coisas que vêm com ela, todo o tipo de conveniências modernas, televisão, computadores".[140]

O caso do turismo é mais complexo.[141] Os Amish têm aceitado liberalmente turistas em suas comunidades, embora não em suas casas. Donald Kraybill diz que "o turismo, em vez de pôr em perigo a cultura Amish, pode inadvertidamente fortalecê-la", pois força os Amish a manter os comportamentos tradicionais que os turistas vieram observar. Além disso, "apesar da relutância em admitir orgulho, há uma satisfação silenciosa em saber que sua cultura é digna de respeito. O turismo tem reforçado a autoestima dos Amish".[142] A longo prazo, porém, a percepção de se estar em um palco ou zoológico pode vir a minar o compromisso. Quando a tradição se transforma em tradicionalismo, morre.

---

[139] Umble, 1994, p.104.

[140] Kraybill, 1989, p.154-5. A frase que pus em itálico expressa a racionalização básica do pré-compromisso: *ser fraco e saber que é fraco*.

[141] Sobre o turismo, ver Luthy, 1994, e Kraybill, 1989, p.227-34.

[142] Kraybill, 1989, p.232-3.,

Cultura e pré-compromisso

A crença dos muçulmanos ou dos Amish em suas religiões é um compromisso fundamental, na definição de Bilgrami. Um crente deseja que os outros acreditem, e prefere a situação mundial em que os outros acreditam e ele não àquela em que ninguém acredita. Poderíamos aplicar o mesmo critério a práticas culturais e, especificamente, ao caso paradigmático da língua? Há uma clara similaridade entre os dois casos. Alguém que fala (somente) uma língua minoritária certamente deseja que (alguns) outros a falem também, pois de outra forma não poderia se comunicar com ninguém. Há também uma diferença óbvia entre o caso religioso e o cultural. Embora um crente prefira a situação mundial em que ele acredita, mas ninguém mais o faz, àquela na qual ninguém acredita, a preferência análoga por uma língua particular seria absurda.[143] Outra diferença é que a maioria dos crentes preferiria que o maior número possível de pessoas compartilhasse de sua fé,[144] enquanto pessoas que falam uma língua minoritária em geral não querem se tornar a nova maioria.

Para que o desejo de manter uma língua minoritária seja um compromisso fundamental na definição de Bilgrami, a pessoa teria de preferir uma situação mundial em que seus companheiros minoritários falariam essa língua, e ela não, a uma situação em que ninguém a fala.[145] Para a

---

[143] Por conseguinte, acho que Kymlicka (1989, p.168) está errado quando escreve: "Frequentemente ouvimos os fundamentalistas islâmicos alegarem que sem as restrições das liberdades de discurso, imprensa, religião, práticas sexuais etc. de seus membros, sua cultura se desintegrará, minando assim o autorrespeito de que os indivíduos desfrutam ao fazer parte de uma cultura". O Islã é antes de tudo uma religião, não uma cultura. Acho que Kymlicka comete um erro semelhante em seus comentários sobre os indígenas Pueblo (ibidem, p.195-8), quando sugere que a única razão aceitável que estes teriam para manter sua religião seria que, sem ela, sua comunidade se desintegraria. Mas isso é colocar a carreta na frente dos bois: a religião não pode ser um meio de preservar uma comunidade cultural se a cultura está integralmente organizada em torno da religião.

[144] Mas veja algumas exceções em Harrison, 1995.

[145] David Laitin (em comunicação pessoal) observa que exceções a essa afirmação são vistas em "líderes do movimento espanhol basco, muitos dos quais não falam basco, mas querem preservá-lo por meio dos filhos de outras pessoas, que se sentem pressionadas a mandar os filhos a escolas bascas. Na França, pode-se observar o mesmo fenômeno na Córsega, no Midi e na Alsácia, embora aqui seja só uma questão de acrescentar uma matéria nas escolas. Muitos

maioria dos indivíduos, o desejo de comunicação se sobreporia ao desejo de perpetuar uma comunidade linguística à qual não pertencem. No entanto, se a opção favorita é perpetuar uma comunidade a que se pertence, eles poderiam ainda ser motivados a buscar um pré-compromisso, sem um compromisso como definido por Bilgrami.

O desejo de se isolar de uma comunidade maior também pode advir de razões culturais, até certo ponto independentes da religião e da língua. Para usar um exemplo pessoal, esse é o motivo pelo qual votei duas vezes contra a entrada da Noruega na Comunidade Europeia. Meu medo era que sua integração total na Comunidade Europeia implicaria a perda de alguns bens culturais e sociais que apenas pequenas comunidades podem oferecer. Ao fazê-lo, estava ciente de que um mundo onde todas as comunidades fossem tão pequenas quanto a Noruega (4,5 milhões de habitantes) provavelmente não conseguiria produzir os avanços técnicos e científicos dos quais os noruegueses se beneficiam. Da perspectiva kantiana, eu deveria ter votado a favor em vez de tentar satisfazer ambas as preocupações – mas não sou kantiano.[146]

1.7 Vício e pré-compromisso

O comportamento dos viciados, em sua forma mais desenvolvida, é o exemplo mais impressionante que conheço de ambivalência ou fraqueza

---

dos 'nacionalistas' não falam a língua, mas estão tentando preservá-la obrigando as crianças dos vizinhos a aprendê-la. É claro, o bilinguismo turva as águas nesse caso, e há uma falsa analogia com a religião, em que a dupla religiosidade não é aceita pelos virtuosos religiosos".

[146] Alguns defensores da participação da Noruega acreditam que sua *entrada* seria um ato de pré-compromisso ou de abdicação que – como obter um empréstimo do FMI – possibilitaria ao governo resistir à pressão dos sindicatos e associações industriais. (Agradeço a Ottar Brox por chamar minha atenção para essa interpretação.) Na Grã-Bretanha, Norman Tebbitt expressou preocupações semelhantes sobre o Tratado de Maastricht: "Há, na vida política inglesa, o princípio de que nenhum Parlamento pode restringir um Parlamento sucessor. Mas, uma vez que tenhamos desistido de nossa própria moeda, uma vez que tenhamos nos agregado a uma Europa federalista, então o Parlamento terá imposto restrições sobre o seu sucessor. Não há uma forma legal de voltar atrás" (*The Guardian*, 25 de novembro de 1991).

da vontade.[147] Muitos viciados querem sincera e fervorosamente largar o vício; tentam repetidamente e falham vez após vez; obtêm sucesso e então têm uma recaída; tentam de novo e voltam a recair. Como o processo normalmente é repetido muitas vezes, os viciados logo perdem qualquer crença ingênua que poderiam ter sobre a facilidade de largar o vício. Precisam enfrentar não somente seu vício, mas sua incapacidade de parar quando simplesmente decidem fazê-lo. Portanto, é lógico recorrer ao comportamento de pré-compromisso como uma técnica para parar que não se baseie meramente na vontade.

Os viciados de fato desenvolveram diversas estratégias de autorrestrição. Ao agir assim, podem ter diversos objetivos em mente. Em primeiro lugar, podem simplesmente querer parar. Em segundo lugar, podem querer impedir uma recaída. Em terceiro lugar, podem querer chegar a um uso controlado ou moderado. Muitas dessas metas podem também ser alcançadas com tratamentos. De fato, nem sempre é fácil de traçar a linha divisória entre pré-compromisso e tratamento. O ato de buscar tratamento pode ter um aspecto de pré-compromisso. Ou o tratamento pode envolver a opção de utilizar uma tecnologia de pré-compromisso fornecida pelo terapeuta. Também não é sempre clara a linha divisória entre pré-compromisso e política pública. Em um referendo sobre a proibição do álcool, alguns daqueles que votam a favor podem ser alcoólatras querendo limitar seu próprio acesso ao álcool. Embora a maioria dos que votam pela proibição provavelmente o fazem para restringir mais aos *outros* do que a si mesmos, os motivados pelo pré-compromisso poderiam ser fundamentais conforme o caso,

Como tentarei demonstrar, há um amplo espectro de estratégias de pré-compromisso adotadas contra o vício. De maneira geral, a luta pelo autocontrole – que tanto pode envolver as estratégias puramente cognitivas que discuto em 1.8 como estratégias de pré-compromisso – é um aspecto absolutamente central de todos os principais vícios. Assim, a persistência dos problemas de autocontrole é um grande problema para todas as

---

[147] Para uma consideração mais completa sobre o vício, ver o cap. 3 de Elster, 1999a. Na presente discussão, os detalhes técnicos serão mantidos ao mínimo.

teorias que entendem que o vício é iniciado por uma escolha racional.[148] Aqui considerarei *dez estratégias de pré-compromisso*:

- jogar a chave fora
- dar a chave para alguém
- impor custos
- criar recompensas
- criar atrasos
- alterar ou fortalecer crenças
- alterar preferências
- evitar exposição a estímulos
- evitar certas companhias
- buscar outras companhias

Há duas razões por trás desses dispositivos: a necessidade de neutralizar o desejo da droga e a necessidade de superar a inconsistência temporal. O desejo pode ser devido à atração da euforia ou à repulsão da disforia; pode ser desencadeado por estímulos no ambiente ou por tensão, ou simplesmente vir à mente sem nenhum motivo especial. O problema da inconsistência temporal surge quando há uma ocasião natural para o consumo, como o ato de comer uma sobremesa ao final de uma refeição, ou beber à noite ou no fim de semana. Muito antes da ocasião, a pessoa pode decidir se abster, e então passar por uma inversão de preferência como na Figura 1.2. Se todas as ocasiões forem igualmente "naturais", como é em geral o caso de fumantes, é menos provável que esse problema apareça.

George Loewenstein (em comunicação pessoal) levantou a questão do desejo em contraste com a inconsistência temporal, em relação ao pré-compromisso contra comidas calóricas. Se eu quiser me impedir de comer sobremesa, posso escolher o restaurante de acordo com uma de duas estratégias. Por um lado, posso decidir ir a um restaurante onde, se eu quiser sobremesa, terei de pedi-la no início da refeição. Isso me ajudaria a superar meu problema de inconsistência temporal, se for contra isso que estou lutando. Por outro

---

[148] Ver, por exemplo, Becker e Murphy, 1988, Becker, 1992, e Orphanides e Zervos, 1995; 1998.

lado, posso optar por um restaurante em que o garçom não leve um carrinho com as opções de sobremesa até as mesas e seja preciso esolher a sobremesa entre as opções do cardápio. Isso me ajudaria a superar meu problema de desejo dependente de estímulo, se for contra isso que estou lutando. Como esse exemplo mostra, a adoção de estratégias específicas de pré-compromisso não depende somente de sabermos se a meta é a abstinência, a moderação ou a prevenção de recaídas, mas também da natureza do obstáculo que me impede de concretizar minha meta.

Jogar a chave fora

Em alguns casos, é possível tornar a substância causadora do vício fisicamente indisponível, pelo menos por algum tempo. Essa estratégia pode ser combinada com a imposição ou utilização de atrasos. Se eu souber que vou querer beber à noite e que as lojas de bebida estarão fechadas, abster-me de ter bebidas em casa me ajudará a atravessar o perigoso período até a manhã seguinte, quando as lojas estarão abertas, mas então não estarei mais interessado em beber. Essas duas estratégias podem também ser combinadas de uma forma diferente. Suponha que eu queira parar de fumar e embarque em uma longa viagem marítima em que não haverá cigarros à disposição. Quando eu retornar à terra firme após três semanas, o desejo de cigarros ter-se-á acalmado a tal ponto que poderei mantê-lo sob controle sem um pré-compromisso. Aqui, atrasos têm mais a função de permitir que a paixão se acalme que a de superar a inconsistência temporal.

Dar a chave para alguém

Essa estratégia é mais viável e comum que a anterior. Traduz-se em recrutar outras pessoas como agentes para proteger o viciado de si mesmo. Mais especificamente (há outras formas de recrutar pessoas, como veremos adiante), significa instruir os outros para que impeçam o viciado de ter acesso à droga. Para que essa estratégia funcione, esses outros devem ser capazes de resistir ou ignorar instruções que os libertem da promessa. Em alguns casos como veremos, essa condição não é obedecida.

CAPÍTULO UM

O primeiro exemplo dessa estratégia com que me deparei é uma declaração juramentada e testemunhada feita por James Chalmers de Nova Jersey, em 1795:

> Considerando que o abaixo assinado, devido ao hábito pernicioso da bebida, prejudicou grandemente sua própria bolsa e pessoa, tornou-se odioso a todos os seus conhecidos e vê que não há possibilidade de libertação dessa prática *a não ser pela impossibilidade de encontrar bebida*, ele portanto pede e implora que nenhuma pessoa lhe venda por dinheiro, ou a crédito, qualquer tipo de bebida alcoólica.[149]

Não sei se a estratégia funcionou. Um exemplo em que uma estratégia semelhante fracassou de forma notável está registrado em *Confissões de um comedor de ópio* de Thomas de Quincey, onde este escreve que Samuel Coleridge

> chegou até a contratar homens – porteiros, cocheiros e outros – para blo-quear à força a sua entrada na loja de qualquer farmacêutico. Mas, como a autoridade para detê-lo simplesmente derivava dele mesmo, naturalmente aqueles pobres homens se viram diante de um problema metafísico, que nem Tomás de Aquino nem o príncipe dos jesuítas casuístas contemplaram. E nesse dilema excruciante ocorriam cenas como a seguinte:
>
> – Oh, senhor – implorava o porteiro suplicante (suplicante, mas semi--imperativo, pois, quer lutasse quer não lutasse, os 5 *shillings* do pobre homem estavam em perigo) – o senhor realmente não deve; pense, senhor, na sua esposa e...
>
> *Filósofo transcendental*:
>
> – Esposa! Que esposa! Não tenho esposa.
>
> *Porteiro*:
>
> – Mas, falando sério, o senhor não deve. O senhor não disse ainda ontem...
>
> *Filósofo transcendental*:

---

[149] Citado em Orford, 1985, p.19; itálicos meus.

– Bah, bah! Ontem foi há muito tempo. Você sabe, meu rapaz, que se tem notícia de pessoas que caíram mortas devido ao desejo premente por ópio?

Porteiro:

– Ai, mas o senhor me disse para não lhe dar ouvidos...

Filósofo transcendental:

– Oh, bobagem. Uma emergência, uma emergência terrível surgiu. Muito inesperada. Não importa o que lhe disse em ocasiões passadas. Aquilo que lhe digo *agora* é: se você não remover o braço da porta desse respeitável farmacêutico, terei bons motivos de processá-lo por ataque e agressão.[150]

Uma outra falha de pré-compromisso é ilustrada por Fred Vincy em *Middlemarch: um estudo da vida provinciana*. Ele

não era um jogador: não tinha aquela doença específica em que a suspensão de toda a energia nervosa em uma oportunidade ou risco se torna tão necessária quanto um trago para o bêbado; apenas tinha a tendência àquela forma difusa de jogo que não tem nenhuma tendência alcoólatra.

Entretanto, era suficientemente um jogador para saber que não podia confiar em si mesmo. Tendo obtido algum dinheiro do sr. Featherstone, "deu quatro das notas de vinte à sua mãe, pedindo-lhe que as mantivesse longe dele. 'Não quero gastar o dinheiro. Quero pagar uma dívida com ele. Então mantenha-o a salvo dos meus dedos.'" Mas, quando lhe veio a compulsão de fazer um investimento arriscado, "Fred tomou as oitenta libras de sua mãe".[151]

Um caso de pré-compromisso bem-sucedido é apresentado por Elliot Gardner e James David, que descrevem como Jeannette, uma usuária de crack de um bairro pobre da cidade, mantinha seu vício sob controle:

Uma noite de sexta-feira, após pegar o salário da semana, ela recebe um telefonema de um de seus namorados ocasionais que lhe informa que acabou

---

[150] De Quincey, 1986, p.145. Na verdade, a síndrome de abstinência de narcóticos nunca é letal.

[151] De *Middlemarch*, caps. 23, 14, 23.

de adquirir um pouco de crack de cocaína pura e umas garrafas de cerveja, e está planejando uma festa para aquela noite com alguns amigos. Jeannette é convidada a "vir, fumar umas pedras conosco e se divertir". Após alguns momentos de indecisão, Jeannette aceita o convite. Ele lhe diz para "trazer dinheiro para pagar o crack que usar". Jeannette então conta cuidadosamente o salário da semana, faz uma estimativa da quantia que precisará durante a semana para a comida, o aluguel e outras necessidades, e então se pré-compromete a utilizar na festa de crack apenas aqueles dólares de que não precisará como "dinheiro para as necessidades básicas" na semana seguinte. Ela leva os filhos para uma amiga do mesmo prédio para que tome conta deles, e também dá à amiga todo o "dinheiro para as necessidades básicas" da semana seguinte, dizendo-lhe para "não me devolver antes de segunda-feira, não importa o quanto eu implore".[152]

Quando seu dinheiro acaba, "ela volta ao prédio, implorando à amiga que lhe dê o 'dinheiro para as necessidades básicas' – berrando e ameaçando quando esta recusa". A autorrestrição funcionou porque a pessoa a quem o dinheiro foi confiado manteve sua promessa de não devolvê-lo. Em condições ideais, o fiduciário deveria ter algo a perder caso não cumpra a promessa. Na prática, isso pode ser difícil de se obter. Por exemplo, a ideia de tratar a obesidade amarrando as mandíbulas de uma pessoa com arame para que ela só possa ingerir alimentos líquidos é vulnerável ao problema de que a pessoa sempre pode pedir para ser desamarrada alegando receio de asfixia no caso de vomitar.

Impor custos

Os viciados podem impor custos a si mesmos e os impõem para tornar o uso de drogas menos provável, utilizando diversos meios. Em virtualmente todos os casos, eles envolvem o uso de outras pessoas. Isso é verdadeiro até sobre o dissulfiram (Antabuse), uma droga que, se tomada regularmente, tem o efeito de tornar o usuário terrivelmente doente se beber.

---

[152] Gardner e David, 1999, p.93.

Numerosos estudos demonstraram que apenas uma pequena proporção daqueles a quem se prescreve o uso não supervisionado de dissulfiram o tomarão regularmente, e que muitos desses pacientes provavelmente ficariam bem sem essa substância.[153]

Embora a maior parte dos usuários de dissulfiram queira evitar a bebida por completo, a droga vem também sendo utilizada para se atingir um consumo moderado, ajustando a dosagem de forma que o desconforto ocorra apenas após alguns copos. Essa técnica contém alguns riscos. A substância tem efeitos colaterais, como sonolência, que podem ser mantidos sob controle por outras drogas potencialmente viciantes, que também devem ser tomadas sob supervisão. Se a pessoa bebe depois de ter tomado dissulfiram, o efeito pode ser fatal. Entretanto, como Colin Brewer aponta com sarcasmo, "é o paciente, não o médico, a pessoa que supostamente deve ter medo de uma [reação adversa]".[154]

Assim como com outros dissuasores, o dissulfiram funciona melhor quando seus efeitos nunca são desencadeados. Se o medo for forte o bastante, talvez nunca sejam desencadeados. O dissulfiram implantado subcutaneamente pode ser considerado um exemplo benigno do que Gerry Mackie chama de "armadilha da crença".[155] Em alguns países, era amplamente disseminada a crença de que a pessoa que bebesse enquanto usasse um implante de dissulfiram morreria.[156] Na realidade, o implante de dissulfiram é farmacologicamente inativo.[157] A crença – possivelmente reforçada pelo fato de que alguns alcoólatras morreram enquanto usavam dissulfiram, embora não porque o usassem – poderia mesmo assim dissuadir as pessoas de colocá-la à prova. Embora falsa, a crença pode ser útil em termos terapêuticos. Assim,

após a publicação de um estudo controlado feito na Noruega que não encontrou nenhuma diferença nos resultados entre placebo e implantes de dissulfiram

---

[153] Brewer, 1993, p.384.

[154] Ibidem, p.388

[155] Mackie, 1996.

[156] Osiatynski, 1997, p.167.

[157] Johnsen e Mørland, 1992.

supostamente ativos, um dos autores recebeu muitas críticas de pacientes que haviam usado implantes.[158]

Como apontado em 1.3, um método de pré-compromisso confiável é jogar com os "efeitos da audiência". Podem-se impor custos a si mesmo anunciando publicamente que se vai largar o vício, elevando assim as apostas pela adição da vergonha e da perda de prestígio aos outros custos de uma recaída. Thomas Schelling dá um exemplo mais formal ou institucionalizado de custos autoimpostos:

> Em um centro de tratamento de usuários de cocaína em Denver, oferecia-se aos pacientes uma oportunidade de se submeter a extorsão. Eles podiam escrever uma carta autoincriminatória, de preferência confessando o vício em drogas, entregá-la à clínica e submeter-se a uma programação aleatória de testes de laboratório. Se o laboratório encontrasse evidências do uso de cocaína, a clínica mandaria a carta para o endereçado. Um exemplo é um médico que escreveu uma carta ao Conselho Estadual de Medicina confessando ter aplicado cocaína em si mesmo em violação às leis do Colorado e pedindo que sua licença para praticar Medicina fosse revogada.[159]

Alguns contratos de contingência usados para combater o fumo ou a obesidade também envolvem a imposição de custos à própria pessoa. Em programas de redução de peso, por exemplo, "o fracasso em atingir metas predeterminadas pode resultar na doação pelo cliente de uma quantia de dinheiro para a organização ou grupo político que mais odeia".[160] Como se vê na passagem seguinte, essa estratégia envolve alguns riscos:

> Mesmo se um cliente assinar um contrato, não há garantias de que a contingência terá sempre o efeito desejado. A cliente de um colega meu concordou em renunciar à posse de um objeto querido, uma valiosa caixinha de música, se não conseguisse perder o que parecia uma quantidade razoável de

---

[158] Brewer, 1993, p.392, citando o primeiro autor de Johnsen e Mørland, 1992.
[159] Schelling, 1992, p.167.
[160] Wilson, 1980, p.218.

peso. Ela não conseguiu perder peso, cumpriu sua parte do contrato, e ficou duplamente aborrecida com aquela prova ainda maior de sua incapacidade de se controlar![161]

Criar recompensas

Em vez de superar a inconsistência temporal atrelando custos à escolha da pequena recompensa imediata, o pré-compromisso pode ser obtido atrelando recompensas à escolha de uma recompensa tardia maior, como demonstram as descrições seguintes.

Contratos de contingência têm sido ocasionalmente empregados como o mais importante procedimento de tratamento em programas para parar de fumar. O fumante deposita no início uma soma de dinheiro (por exemplo, 100 dólares) e então porções desse dinheiro vão sendo reembolsadas conforme ele cumpre as metas de abstinência previamente estipuladas, muitas vezes se estendendo por um período de acompanhamento após o tratamento. Nas poucas avaliações sistemáticas desse método, foram obtidos resultados razoavelmente bons.[162]

Em contratos de contingência ... o terapeuta elabora um contrato em que o resultado especificado, como uma mudança de hábito ou a perda de uma quantidade designada de peso, é recompensada pela devolução ao cliente de parcelas de um depósito de dinheiro reembolsável. ... Contratos em que grandes somas de dinheiro (20 dólares por sessão) são vinculadas a uma perda de peso recomendada, ou a mudanças nos hábitos alimentares que se estima resultarem em uma perda comparável de peso, produziram perdas significativamente maiores (aproximadamente 9 quilos) em um período de dez semanas do que um tratamento em que apenas se exigia o comparecimento às sessões.[163]

---

[161] Ibidem.
[162] Lichtenstein e Brown, 1980, p.183.
[163] Wilson, 1980, p.218.

De certa forma, não há diferença entre essa estratégia e a discutida na subseção anterior. Para criar uma recompensa, deve-se primeiro ter os meios para fazê-lo. Atrelar uma recompensa à escolha da recompensa tardia é, então, equivalente a impor um custo à escolha da recompensa imediata, já que esta implica abdicar dos recursos atrelados à escolha tardia. No entanto, embora em um nível abstrato não haja diferença entre punir-se por fumar ou recompensar-se por não fumar, os dois procedimentos têm implicações psicológicas diferentes. Como as pessoas tendem a dar menos importância a rendimentos dos quais se abdicou antecipadamente do que a perdas concretas,[164] o golpe contra a autoestima por não conseguir cumprir um contrato pode ser menor caso não haja uma perda material. Assim, esperaríamos que contratos baseados em recompensas fossem menos eficazes do que os baseados em penalidades.

Criar atrasos

Já dei alguns exemplos dessa estratégia, e comentei que pode ser relacionada tanto à paixão como à inconsistência temporal. Um outro exemplo vem de um estudo que

> examinou os efeitos de se fechar experimentalmente as lojas de bebidas a varejo na Suécia aos sábados. Foi notado um declínio de cerca de 10% no número de prisões por embriaguez e também um declínio no número de distúrbios domésticos, assim como de assaltos dentro ou fora de casa. Por outro lado, a avaliação não demonstrou qualquer efeito no consumo total de álcool.[165]

Um estudo na Noruega produziu resultados semelhantes. Essas conclusões são explicadas de modo plausível se supusermos que um pequeno subgrupo de indivíduos decide na sexta-feira não beber no sábado, muda de ideia no sábado, mas mesmo assim se abstém se a loja de bebidas estiver fechada nesse dia. Sua mudança de planos poderia ser uma inversão

---

[164] Thaler, 1980.
[165] Edwards et al., 1994, p.137.

de preferência induzida por desconto hiperbólico, um efeito dependente de estímulo induzido pela visão de outras pessoas bebendo no sábado, ou a desinibição causada por beber cerveja (que *estava* disponível nos sábados). Note-se porém que, como nas estratégias de atraso discutidas em 1.2, esse não é realmente um caso de *autorrestrição*. Assim como no controle de armas e na legislação sobre o casamento, as restrições sobre a venda de bebida são mais encaradas como dispositivos de controle social do que como técnicas de autocontrole.

Alterar ou fortalecer crenças

Muitos dos dispositivos discutidos até aqui – eliminação de opções, atrasos, custos – podem funcionar simplesmente em virtude de serem o objeto de uma crença. Se eu acreditar que não há cigarros no navio, isso me impedirá de fumar, mesmo se na verdade houver um grande estoque escondido a bordo. A falsa crença de que morrerei se beber enquanto tiver um implante de dissulfiram pode ser bastante eficaz para me manter sóbrio. Se eu acreditar que o risco de contrair câncer pulmonar devido ao fumo é maior do que realmente é, isso poderia me motivar a largar o vício, enquanto uma avaliação mais realista não o faria. Poderia parecer, portanto, que alguém decidido a largar o vício teria um incentivo apropriado para mudar suas crenças. Gordon Winston argumentou, de fato, que a "autoilusão protetora" – acreditar que os perigos do vício são maiores do que de fato são – pode ajudar a sair da armadilha.[166] Escrevi anteriormente que essa estratégia não tem como funcionar.[167] É uma verdade conceitual que não se pode conscientemente decidir adotar uma crença apenas com base na ideia de que tê-la seria mais útil. Creio que é

---

[166] Winston, 1980, p.319-20. Seria de se pensar que o teorema de que "a ignorância é uma bênção" de Carillo e Mariotti (1997) mencionado em 1.3 corroborasse essa declaração. Embora haja um sabor de similaridade entre o argumento deles e o de Winston, os primeiros não se baseiam em autoilusão. Quando uma pessoa decide não adquirir mais informações sobre os perigos de uma droga viciante, ela não sabe que, se as obtivesse, estas demonstrariam que a droga é mais perigosa do que acredita. Na realidade, como a informação sobre X é o *mesmo* que a informação sobre X, a ideia não faz sentido.

[167] Elster, 1983b, p.161. Ver também Elster, 1999d.

uma verdade empírica que o inconsciente não pratica esse tipo de ilusão ou raciocínio manipulador de longo prazo. A autoilusão é um recurso do princípio de prazer, não do princípio de realidade. A bem da verdade, as pessoas tendem a pensar que os riscos de fumar são *menores* para elas do que para os outros, não maiores.[168] Embora Winston diga que se pode induzir uma alteração desejada das crenças pagando um hipnotizador para fazê-lo, na verdade a hipnose tende a buscar mais uma mudança de preferência do que uma mudança de crença.

Em vez de manipular o sistema de crenças para induzir estimativas irracionalmente altas dos riscos envolvidos no vício, pode-se tentar protegê--lo de tendências autocomplacentes a formar estimativas irracionalmente baixas. Alguns ex-fumantes que temem recaídas penduram fotografias medonhas de pulmões de vítimas de câncer nas paredes de suas casas e escritórios. Os apostadores profissionais se pré-comprometem regularmente contra a confiança injustificada. "'A perda do controle' ... é reconhecida por jogadores profissionais como um risco da profissão contra o qual se podem tomar várias precauções." Essas incluem principalmente uma seleção anterior de apostas, e evitar apostas contínuas.[169] Além disso, é importante evitar os vários tipos de pensamento supersticioso que caracterizam muitos jogadores.

Alterar preferências

Suponha que sou livre para fumar ou me abster. Quero fumar porque gosto, mas também quero me abster, porque me importo com a minha saúde. Ao fim de todas as considerações, eu preferiria me abster, mas tenho medo de que a fraqueza de vontade ou o desconto hiperbólico possam me derrotar. Nesse caso, eu poderia formar e tentar colocar em prática o desejo de me livrar do desejo de fumar. As ferramentas principais podem ser a hipnose, estímulos aversivos, ou a extinção do estímulo.

Uma pesquisa sobre o uso da hipnose para controlar o fumo, a obesidade, o abuso de substâncias e o alcoolismo apresentou taxas de sucesso

---

[168] McKenna, 1990.
[169] Dickerson, 1984, p.58, 62.

bastante modestas.[170] As sugestões hipnóticas para induzir aversão ao álcool, por exemplo, "contradizem a experiência de prazer ou alívio do paciente ao beber".[171] Uma ideia mais curiosa é o uso de "sugestões hipnóticas para reavivar boas experiências anteriores com LSD como alternativa ao uso real de LSD".[172] A terapia com estímulos aversivos usa princípios de condicionamento clássicos para fazer que o viciado associe a droga a náusea ou a choques elétricos. William Burroughs, por exemplo, desenvolveu sua própria técnica para realcionar uma droga a uma reação química adversa, ajustando o tempo de forma que uma injeção de apomorfina tivesse efeito logo após sentir os efeitos de morfina autoinjetada.[173] No entanto, de maneira geral, terapias aversivas têm tido sucesso apenas limitado.[174]

Enquanto a terapia por aversão busca estabelecer uma resposta condicionada negativa às drogas, a extinção do estímulo tenta eliminar as respostas positivas. O viciado deve ser levado ou ir por conta própria a ambientes ou situações tradicionalmente associados ao consumo, e então ser impedido ou se impedir de consumir. À medida que as conexões são quebradas, os desejos dependentes de estímulo se esvairão após um tempo.[175] O processo deve ser sistemático e cobrir todas as situações tradicionalmente associadas à droga.[176] De acordo com George Vaillant,

---

[170] Brown e Fromm, 1987, cap. 4.

[171] Ibidem, p.195.

[172] Ibidem, p.191.

[173] Callahan, 1980, p.154.

[174] Miller e Hester, 1980, p.31-42; Lichtenstein e Brown, 1980, p.189-92.

[175] Weiss, Mirin e Bartel, 1994, p.149; Callahan, 1980, p.158-9; Miller e Hester, 1980, p.90-1; Miller, 1980, p.276-7.

[176] Assim Goldstein (1994, p.222) conta "uma convincente história de um colega que era viciado em nicotina mas não fumava há anos. Ele se absteve de cigarros em diversas situações em que havia fumado no passado, e assim se dessensibilizou em relação a várias associações condicionadas – cigarros em festas, cigarros no café da manhã, cigarros no escritório, e assim por diante. Um dia ele foi à praia e foi subitamente tomado por um desejo intenso de fumar. Achou isso incompreensível até que percebeu que fumar na praia havia sido um padrão importante em certo ponto de sua vida, e que não havia tido a oportunidade de eliminar essa associação condicionada em particular".

um motivo por que a abstinência de narcóticos quando sob a supervisão de um agente de liberdade condicional e a abstinência de álcool quando sob a supervisão dos Alcoólicos Anônimos duram mais tempo do que a abstinência alcançada durante a hospitalização ou o tempo passado na prisão é que as primeiras experiências ocorrem em comunidade. Assim, a abstinência é alcançada na presença de muitos reforços condicionados (bares da comunidade, outros viciados, brigas na comunidade e assim por diante). Por exemplo, os Alcoólicos Anônimos encorajam o viciado em álcool a manter uma programação com muitas atividades sociais e a servir-se de algo para beber (café) na presença de ex-alcoólatras. Muitos dos reforços secundários estão presentes. Só o que falta é o álcool. Tais "reforços secundários" perdem seu poder de controlar o comportamento de um viciado mais rapidamente quando tais eventos ocorrem na ausência de reforços.[177]

Evitar exposição a estímulos

Se a dependência de estímulos não puder ser extinta, o viciado deveria tomar um cuidado especial, evitando a exposição aos estímulos associados com o consumo quando o estado interno do organismo é tal que o desejo pode ser facilmente desencadeado. Um conselho tradicional a pessoas com excesso de peso, por exemplo, é "nunca fazer compras com o estômago vazio". Entretanto, esse conselho em particular é enganoso. Verificou-se que "compradores obesos faziam mais compras não planejadas quando haviam comido recentemente do que quando haviam sido privados de comida", porque "a sensação de estar com fome, para os que estão de dieta, paradoxalmente lhes dá conforto, já que lhes diz que estão conseguindo evitar as calorias". Portanto, "são as pessoas de peso normal e que não estão de dieta que deveriam evitar ir às compras quando estão com fome".[178]

Dito isso, evitar estímulos é uma estratégia essencial de autogerenciamento. Os viciados parecem desenvolver essas estratégias esponta-

---

[177] Vaillant, 1995, p.251-2, baseando-se em Stall e Biernacki, 1986.

[178] Baumeister, Heatherton e Tice, 1994, p.177. Eles relatam uma conclusão semelhante sobre fumantes (ibidem, p.204-5).

neamente, e essas também são parte característica dos procedimentos de tratamento e recuperação. As pessoas que querem parar de fumar muitas vezes descobrem que precisam também parar de beber, pois o álcool serve de estímulo para o desejo de fumar e também causa a desinibição. (Se vão para um refúgio isolado, porém, podem levar álcool com elas desde que não levem cigarros também.) O jogo pode ser uma exceção: na maior parte dos lugares fora de Las Vegas, o ambiente cotidiano não apresenta estímulos que possam desencadear o desejo de jogar. No caso do alcoolismo, o fato de "que os estímulos influenciam o desejo de beber não passa despercebido aos Alcoólicos Anônimos. Seus encontros são feitos em igrejas ou escolas, lugares que não são previamente associados à bebida".[179] (Note-se o enorme contraste com a passagem de Vaillant citada anteriormente!) Além disso, "muitos regimes incluem treinamento específico para se lidar com estímulos alimentares".[180] No caso do fumo, o governo auxilia na remoção dos estímulos: "Eliminando efetivamente os estímulos ao fumo (incluindo propagandas e atuação na televisão: ninguém fuma na televisão), a sociedade pode reduzir os estímulos que influenciam os fumantes a fumar".[181]

Como muitas formas de pré-compromisso, evitar estímulos gera custos. Em sua "teoria do estímulo ao consumo", David Laibson apresenta um modelo em que um consumidor está disposto a desistir de parte de seus rendimentos para controlar o processo de estimulação.[182] Em uma variação do modelo, ele explora o fato de que os *meios* de (digamos) fumar cigarros, por exemplo, também são *estímulos* para o desejo de fumar.

---

[179] Ibidem, p.162.

[180] Ibidem, p.182.

[181] Ibidem, p.204. A meta da propaganda de cigarros na TV visava promover marcas específicas, não oferecer estímulos para fumantes como um bem coletivo para a indústria de tabaco. Este último foi um subproduto da busca de lucros por empresas individuais. (Nem o banimento da propaganda na TV foi motivado prioritariamente pelo efeito da remoção do estímulo.) No entanto, o banimento da propaganda ofereceu um outro bem coletivo para a indústria: ele "destruiria a possibilidade de qualquer competidor novo entrar no negócio no futuro, por mais que o produto seja lucrativo, já que, sem a propaganda na televisão, a introdução de novas marcas se tornaria proibitivamente cara" (Kluger, 1996, p.333).

[182] Laibson, 1996b.

CAPÍTULO UM

Portanto, nesse caso, as estratégias de administração dos estímulos e de eliminação de opções coincidem. Como ele comenta, esse desejo de reduzir um conjunto de possibilidades não é ligado à inconsistência temporal. Ele também demonstra, porém, que a influência mútua de estímulos e recompensas pode gerar um comportamento que *parece* refletir a "impaciência em declínio", isto é, uma troca menos abrupta entre os momentos *t* e *t* + *1* do que entre os momentos 0 e 1.

Evitar companhia

Como outros viciados fornecem estímulos especialmente notáveis, é universalmente recomendado às pessoas que queiram parar de beber ou fumar que evitem lugares onde essas atividades se dão. Mais uma vez, o governo pode ajudar.

> Pesquisas realizadas nos últimos vinte anos têm mostrado consistentemente o apoio da maioria dos fumantes a [restrições do fumo em lugares públicos]. Muitos fumantes veem as limitações sobre o fumo como uma maneira de ajudá-los a parar ou, pelo menos, reduzir seu consumo, e muitos também entendem a necessidade de controlar a poluição pela fumaça do tabaco para o bem dos outros.[183]

De acordo com esse argumento, fumar em público apresenta dois aspectos externos: pode afetar tanto a saúde dos outros como a capacidade dos fumantes de largarem o vício. Enquanto o primeiro efeito, se provado, poderia ser um bom motivo para a intervenção governamental, o segundo é mais duvidoso.

A companhia de outros fumantes e pessoas que bebem pode também desencadear a recaída devido à pressão de grupo, que

> inclui tanto a coerção interpessoal direta com a intenção de pressionar o indivíduo abstinente a praticar o comportamento vicioso, quanto a pressão social indireta. A pressão indireta ocorre geralmente em resultado de a pessoa

---

[183] Glantz et al., 1996, p.258.

encontrar-se em um contexto social em que todos os demais estão usando a substância e sentir que não está se comportando de maneira adequada socialmente ao não "agir como os romanos agem".[184]

Essa última percepção pode muito bem ser uma racionalização, e de fato pode ser motivada pelo desejo de fumar um cigarro ou beber. Mais uma vez, manter distância dos outros implicará custos, em especial se uma alta fração da população pratica a atividade em questão.[185] Alguns indivíduos que pretendem parar podem estar motivados a tolerar os custos, outros não. Pode-se facilmente imaginar casos em que ninguém está disposto a sofrer os custos do isolamento, mas o comportamento coordenado de todos os que gostariam de parar reduziria suficientemente os custos para que todos se tornassem dispostos a tolerá-los.

Buscar companhia

O último conjunto de dispositivos que comentarei envolve o uso deliberado de outras pessoas para limitar o consumo ou impedir recaídas. O que tenho em mente aqui não são as estratégias, discutidas anteriormente, de confiar o controle sobre o suprimento de drogas ou o dinheiro para o jogo a outra pessoa, ou pedir a outros que os punam se saírem da linha. Em vez disso, a ideia é que os viciados ou ex-viciados podem usar uns aos outros como dispositivos mútuos de pré-compromisso, consumindo ou abstendo-se juntos.

Considere primeiro a ideia de que a companhia dos outros pode ser um meio de uso controlado. É aparentemente difícil ser um usuário controlado sozinho. Em um estudo bastante citado, "quase todos os participantes ... precisaram da assistência de outros usuários controlados para construir rituais apropriados e sanções sociais a partir das práticas das variadas subculturas de usuários de drogas".[186] Na linguagem de

---

[184] Cummings, Jordan e Marlatt, 1980, p.304.

[185] Moene, 1999.

[186] Zinberg, Hardin e Winkeller, 1977, p.127. Eles apontam, porém, que dentro da subcultura de usuários de drogas há também rituais que exacerbam o uso em vez de moderá-lo. (ibidem, p.126).

1.2, essas parecem ser restrições mais incidentais do que essenciais. "Até certo ponto, a associação com usuários controlados é uma questão mais de oportunidade que de opção pessoal deliberada."[187] Supõe-se que os usuários controlados tenham consciência disso e saúdem o fato de servirem de fiscais mútuos, mas essa não parece ter sido a razão pela qual o modo coletivo de consumo foi primeiro escolhido.

Considere a seguir a ideia de que a companhia dos outros pode ser um meio para alcançar a abstinência total. Essa é a ideia ou a ideologia por trás dos Alcoólicos Anônimos. "Cada alcoólatra em recuperação que é membro dos Alcoólicos Anônimos é mantido constantemente consciente, em cada encontro, de que tem *tanto* algo a dar *quanto* algo a receber de seus colegas alcoólatras."[188] O dar, em vez de meta dos encontros, é puramente seu subproduto: "A prioridade é sempre dada à manutenção da própria sobriedade, até como pré-condição para ajudar os outros. Esse tipo de egoísmo esclarecido naturalmente beneficia a todos a longo prazo".[189] Como no caso do uso controlado, manter-se acompanhado é um comportamento de equilíbrio: é do interesse de cada um comparecer ao encontro se outros o fazem. Essa estratégia pode ser um subcaso da estratégia de reforço da crença discutida anteriormente se, como suspeito, uma função importante do ritual de contar histórias nos encontros dos Alcoólicos Anônimos seja manter vívida na memória a imagem de como era ser um alcoólatra.

1.8 Obstáculos, objeções e alternativas

O pré-compromisso, mesmo quando desejável, pode não ser possível ou eficaz; quando possível e eficaz, pode não ser desejável. Em tais casos, os indivíduos com problemas de controle do impulso podem procurar outros modos de lidar com eles.[190]

---

[187] Ibidem, p.129.

[188] Kurtz, 1979, p.215.

[189] Royce, 1981, p.248.

[190] Essa seção deve muito aos comentários de David Laibson. O efeito de "sinalização social", em especial, partiu dele.

Obstáculos ao pré-compromisso

Se olharmos a lista de dispositivos de pré-compromisso na Tabela 1.1, fica claro que, em uma dada situação, muitos deles poderiam simplesmente não estar disponíveis. Para investir no poder de barganha, por exemplo, é preciso que já se tenha alguns recursos. Com salários muito baixos, os trabalhadores não têm como formar o fundo de greve com o qual poderiam fazer, com credibilidade, uma ameaça de greve para conseguir salários mais altos. Embora talvez fossem capazes de conseguir o que querem se pudessem desenvolver uma disposição emocional para fazer a greve, mesmo quando não é de seu interesse, a raridade ou mesmo a ausência de tal planejamento emocional sugere que esse tipo de automanipulação pode simplesmente não fazer parte do nosso repertório. Os líderes de sindicatos conseguem, às vezes, manipular seus membros para que entrem em uma exaltação moral que os torna dispostos a fazer sacrifícios inúteis, mas isso é outra questão.

Manter a ignorância também pode ser difícil, por questões tanto conceituais como físicas. Não se pode decidir esquecer; na realidade, "não há nada que imprima tão vivamente alguma coisa em nossa lembrança quanto o desejo de esquecê-la".[191] Embora um negociador pudesse se sair melhor não sabendo a quantia a ser dividida entre si e seu oponente,[192] ele não pode decidir ignorá-la se de fato a conhece. Quando se suspeita de que há algo errado – que se tem uma doença incurável ou que o cônjuge tem um amante – a abstenção deliberada de descobrir se a suspeita tem fundamento nem sempre impede o medo ou o ciúme. Para ser eficaz, a política de se manter ignorante ("nunca leia o diário de seu cônjuge") deve ser adotada antes que se tenha uma razão específica para adotá-la.

A opção de eliminar opções tornando-as fisicamente indisponíveis pode estar indisponível em si. Se eu acho que poderia fazer algo estúpido na festa do escritório, posso não comparecer – mas não se sou o chefe da empresa. Para tratar meu vício, eu poderia querer ser admitido em uma clínica que não atendesse aos meus pedidos para sair, mas essas clínicas

---

[191] Montaigne, 1991, p.551 [(2000, II), p.242].
[192] Camerer, Loewenstein e Weber, 1989, p.1244.

podem não existir.[193] O nobre russo poderia não ser capaz de fazer uma promessa legalmente exequível de doar suas terras quando as herdasse. Se eu tentar me pré-comprometer contra a minha tendência ao desperdício nos gastos adquirindo um seguro de um ano, sempre posso superar esse obstáculo utilizando ardilosamente o prêmio desse seguro como caução em um empréstimo.[194]

Impor custos a si mesmo também pode ser impossível ou ineficaz. Os tribunais podem não honrar meu contrato de pagar uma grande quantia de dinheiro a um terceiro, se essa promessa depende de eu não conseguir levar adiante uma ameaça que fiz a uma segunda pessoa.[195] Se o autocontrole exige que eu deposite uma grande soma de dinheiro que será perdido no caso de uma recaída, ou devolvido em parcelas como recompensa por ter mantido o controle, algumas pessoas não terão acesso a uma quantia grande o suficiente para fazer diferença. Essa estratégia de pré-compromisso da classe média simplesmente não está disponível a todos. Superar a paixão impondo apostas paralelas pode não funcionar se a paixão me deixa surdo e cego aos incentivos. Se eu quiser deixar de

---

[193] Em Elster (1984, p.38), eu me referi à lei norueguesa sobre o tratamento psiquiátrico mencionando "a característica singular de que uma pessoa pode voluntariamente buscar admissão irreversível em um hospital para doentes mentais". A lei dá ao médico responsável apenas o direito de proibir o paciente de sair, porém, não o dever de proibi-lo. Por diversas razões, o médico pode escolher não exercer esse direito (Helge Waal, em comunicação pessoal). Em relação aos Estados Unidos, Dresser (1982, p.792) diz: "Um paciente e um psiquiatra que assinaram um contrato de compromisso voluntário hoje em dia provavelmente não teriam assistência do Estado para fazer cumprir as condições do contrato".

[194] O problema pode ser superado ao se depositar o dinheiro de forma que não possa ser usado como garantia. O agente infiltrado do FBI "Donnie Brasco" recebeu o seguinte conselho de um mafioso que conheceu (Pistone, 1989, p.141): "Donnie, você parece ser um cara bem esperto. Só quero lhe dar um pequeno conselho. Nesse negócio em que estamos, a gente envelhece rápido, e um monte de coisas que você faz hoje não vai conseguir fazer quando for mais velho... Então meu conselho, Donnie, é que você encontre alguém em quem realmente possa confiar. Toda vez que você ganha uma bolada, pegue uma parte do dinheiro e dê para esse amigo e peça que ele guarde pra você. E combine com seu amigo que ele não lhe dará nada desse dinheiro até que você se aposente. Você não pode ir ver esse cara amanhã e pedir um ou dois mil, porque ele não vai lhe dar – essa é a regra que você estabeleceu".

[195] Ver referências em Laibson 1997, p.448, nota 6.

fumar e tentar elevar as apostas contando aos meus amigos, isso pode funcionar na primeira vez, mas não na terceira ou na décima.

Objeções ao pré-compromisso

Mesmo se houver uma tecnologia de pré-compromisso que funcione ou que, pelo menos, tenha alguma probabilidade de funcionar, seu uso talvez exija custos maiores do que os benefícios esperados. Considere a Figura 1.2 (p.47). Se o momento 1 é a data mais tardia possível para o pré-compromisso e se os custos da utilização de tecnologia de pré-compromisso excedem a distância entre as duas curvas (o segmento de linha mais grosso), não será do meu interesse utilizá-la. Se eu tiver de pagar um terapeuta para me ajudar a alterar minhas preferências ou modificar minhas reações emocionais, pode não valer a pena. Se eu tiver de usar parte de meus rendimentos hoje para investir em um fundo de greve que me permitirá fazer ameaças com credibilidade e conseguir um rendimento maior no futuro, o valor presente descontado do aumento poderia não justificar o investimento. O custo (de fato) de me impor custos (condicionais) poderia também ser proibitivo. Supondo que eu possa, de algum modo, fazer uma promessa cujo cumprimento está sujeito a sanções legais de pagar a um terceiro se eu não levar adiante uma ameaça, os honorários do advogado poderiam devorar todos os meus ganhos.

O problema das promessas críveis levanta uma dificuldade especial. Considere a Figura 1.3 (p.60). Se Eva pudesse se pré-comprometer com credibilidade a manter a promessa de ir para esquerda se Adão fosse para a esquerda, seja eliminando sua opção de ir para a direita, seja atrelando um custo à escolha daquela estratégia, ambos obteriam 1 como ganho. Se os custos para ela de se pré-comprometer são 1,2, ela não tem nenhum incentivo para fazê-lo, embora conjuntamente eles ficassem melhor se ela o fizesse. Adão poderia, portanto, prometer reembolsar-lhe os 0,3, de forma que ele terminasse com 2,7 e ela com 2,1. Se essa promessa fosse crível, ela faria o investimento necessário para tornar sua promessa crível. Para dar credibilidade à sua promessa, Adão também poderia ter de fazer um investimento. Enquanto esse investimento custar menos que 0,7, ele o fará. Se pensarmos especificamente que o custo para ele é 0,6, Adão e

Eva acabarão com 10% dos benefícios da cooperação, enquanto os outros 90% terão sido investidos em credibilidade.

As estratégias de pré-compromisso podem também ser indesejáveis por causa dos efeitos da sinalização. Se outros observarem meu compromisso de pré-compromisso, poderão inferir que não tenho autocontrole. Poderão então se mostrar relutantes a interagir comigo em ocasiões em que nenhum dispositivo de pré-compromisso esteja disponível e minha falta de autocontrole seja onerosa para eles. Em muitas sociedades, há normas contra a total abstenção de álcool, assim como normas contra a embriaguez.[196] Embora muitos que se abstêm de álcool o façam mais por meio de regras pessoais (ver a próxima subseção) do que de dispositivos de pré-compromisso, as normas contra a abstenção aparentemente cobrem ambas as categorias, e pelo mesmo motivo. Uma pessoa que não tem resistência ao álcool também não é confiável para cumprir uma promessa.[197]

O custo mais importante do pré-compromisso, contudo, pode ser a perda de flexibilidade. Considere mais uma vez a pessoa que contempla um tratamento hospitalar voluntário, mas irreversível, para um problema com drogas, e suponhamos, para os fins desta discussão, que essa opção lhe esteja de fato disponível. Se essa pessoa espera que problemas urgentes de negócios surjam durante esse período, ela poderia não querer correr o risco de não ser capaz de enfrentá-los, sabendo que a cética equipe do hospital se manterá surda a suas súplicas de que *essa* é uma exceção genuína e não uma desculpa para ceder ao vício. Como diz Robert Frank ao defender a superioridade do amor sobre um contrato escrito de casamento como dispositivo de pré-compromisso, "qualquer contrato brando o suficiente para permitir o término de casamentos sem esperança não pode, ao mesmo tempo, ser rígido o bastante para impedir trocas oportunistas".[198] Incendiar as próprias pontes também pode ser uma estratégia de alto risco. Mantendo-se opções abertas, pode-se ser

---

[196] Ver documentação no cap. 4.3 de Elster, 1999b.

[197] Embora Mischel (1968) demonstre que as pessoas exibem muito menos coerência em situações diferentes do que geralmente supomos, a falsa crença na coerência pode, precisamente por ser tão comum, criar esse tipo de efeito de sinalização.

[198] Frank, 1988, p.195.

capaz de obter novas informações e tomar uma decisão melhor do que limitando-as prematuramente.[199]

Dessa forma, pode-se estabelecer um equilíbrio entre o que é desejável e o que é possível. Para alguns vícios, o consumo moderado e controlado é a meta mais desejável. Beber socialmente de forma moderada, um cigarro de vez em quando após uma boa refeição ou uma visita ocasional ao hipódromo podem, para algumas pessoas, fazer parte de sua ideia de uma boa vida. Elas não têm nenhum motivo para se negar esses prazeres inocentes, desde que não fujam ao controle. Muitos que nunca foram viciados são capazes de atingir essa meta, pelo menos em relação à bebida e ao jogo,[200] mas ex-viciados podem ter grandes dificuldades para manter um uso controlado. Ao fim de uma cuidadosa discussão da questão, George Vaillant conclui que "não é que os indivíduos dependentes de álcool nunca voltem a beber socialmente, mas apenas que é um caso raro e muitas vezes instável".[201] A questão é controversa, e refere-se em parte a crenças autorrealizáveis sobre as consequências de uma recaída. As crenças de tolerância zero, em particular, "podem ser comparadas à estratégia militar de se dispor todas as defesas na linha do *front*, sem nenhuma reserva. A linha do *front* é defendida ao máximo; mas se houver uma brecha não há a opção de recuo e o resultado é catastrófico".[202]

Alternativas ao pré-compromisso

Se o pré-compromisso extrapsíquico é impossível ou indesejável, podemos perguntar se os agentes poderiam responder aos desafios da paixão, à mudança de preferência ou à inconsistência temporal adotando dispositivos intrapsíquicos. Em relação à paixão e à mudança de

---

[199] Henry, 1974.

[200] "Noventa por cento de todos os consumidores de álcool bebem quando têm vontade, mas o deixam de lado quando não estão interessados; sobram cerca de 10% que bebem por compulsão. Essas percentagens são quase exatamente inversas em relação ao fumo: apenas cerca de 10% da população são considerados fumantes sociais, que podem começar a fumar e parar na hora em que quiserem" (Krogh, 1991, p.3).

[201] Vaillant, 1995, p.297.

[202] Ibidem, p.25.

preferência, estas não são facilmente neutralizadas de outro modo que não por um pré-compromisso. Embora seja possível tentar neutralizar as emoções arrancando-as pela raiz ou pensando em outra coisa,[203] tenho argumentado que essas técnicas costumam ser inadequadas. A ideia de se impedir ou neutralizar uma mudança de preferência por meios puramente intrapsíquicos parece ainda menos plausível.

Em relação à inconsistência temporal induzida por desconto hiperbólico, porém, duas estratégias intrapsíquicas estão disponíveis. O agente para quem o pré-compromisso é impossível ou indesejável pode então voltar-se para dispositivos cognitivos de *sofisticação* e *agrupamento*.[204] Na primeira abordagem, o agente se vê praticando um jogo estratégico com as versões futuras de si mesmo, antecipando e moldando suas decisões. Em vez de supor ingenuamente que essas versões futuras farão o que gostaria que fizessem, ele leva em conta o fato de que escolherão de acordo com a avaliação relativa que *eles* farão das opções. Ted O'Donoghue e Matthew Rabin demonstraram que, em alguns casos, essa abordagem sofisticada resulta em um bem-estar maior comparado àquele do agente ingênuo, enquanto em outros a sofisticação pode tornar as coisas piores.[205]

Especificamente, O'Donoghue e Rabin mostram que os indivíduos sofisticados podem mitigar a tendência a procrastinar se puderem antecipá-la plenamente. Eles ilustram a ideia com o seguinte exemplo:

> Suponha que você normalmente vá ao cinema aos sábados, e que a programação do cinema local consista em um filme medíocre esta semana, um bom filme na semana que vem, um filme muito bom em duas semanas e um filme com Johnny Depp (o melhor de todos) em três semanas. Agora suponha que você precise completar um relatório de trabalho dentro de quatro semanas e, para fazê-lo, você vai precisar perder um filme em um dos próximos quatro sábados. Quando você completará o seu relatório?

---

[203] Ainslie, 1992, p.133-42.

[204] O termo "sofisticação" é talvez infeliz. *Todos* os dispositivos de autocontrole – sejam extrapsíquicos ou intrapsíquicos – pressupõem que o agente está *ciente* da inconsistência que está tentando neutralizar.

[205] O'Donoghue e Rabin, 1999a. As passagens citadas subsequentemente ocorrem nas p.109, 110 e 110-1 desse artigo.

O'Donoghue e Rabin demonstram que um indivíduo ingênuo escreverá o relatório no último sábado, enquanto um agente sofisticado o escreverá no segundo sábado.

Nesse caso, a sofisticação ajuda. Em outros casos, os indivíduos ingênuos se saem melhor que os sofisticados. "Suponha que você tem um cupom para ver um filme em um dos próximos quatro sábados, e que a sua mesada não lhe permite pagar para ver um filme. A programação no cinema local é a mesma que no exemplo acima ... Que filme você vai ver?" Os indivíduos ingênuos se comportarão da seguinte forma: "Nos dois primeiros sábados, [os indivíduos ingênuos] perderão os filmes medíocre e bom, acreditando erroneamente que esperarão para ver o filme com Johnny Depp. Entretanto, no terceiro sábado, eles cederão a problemas de autocontrole e verão o filme muito bom". Os agentes sofisticados se sairão pior.

O sofisticado do momento 2 optaria por ver o filme bom, pois ele corretamente prevê que cederia a problemas de autocontrole no terceiro sábado, e veria somente o filme muito bom em vez do filme com Johnny Depp. O sofisticado do momento 1 prevê corretamente esse raciocínio e o comportamento de sua versão do momento 2. Dessa forma, o sofisticado do momento 1 conclui que, como ele vai simplesmente ver o filme bom se esperar, ele pode muito bem ver o filme medíocre agora ... Saber de problemas de autocontrole futuros pode levá-lo a ceder hoje, porque têm consciência de que vai ceder amanhã.

Em outro trabalho, O'Donoghue e Rabin mostram que a última conclusão também se aplica ao vício.[206] A ideia é confirmada por evidências clínicas do tratamento de viciados, indicando que eles muitas vezes têm

---

[206] O'Donoghue e Rabin, 1999b. A conclusão oposta – de que a sofisticação ajuda – é obtida se supomos realisticamente que a taxa de desconto é endógena, isto é, que o viciado desconta o futuro com mais força do que o não viciado, mas que apenas os agentes sofisticados antecipam esse efeito. (Sobre a ideia de taxas endógenas de desconto, ver também Orphanides e Zervos, 1998.) A sofisticação pode também ajudar se imaginarmos que os pontos favoráveis do vício diminuem com a idade, mas que apenas os indivíduos sofisticados são capazes de antecipar esse efeito.

uma atitude fatalista: "Já que sei que vou ter uma recaída mais cedo ou mais tarde, posso muito bem começar hoje".[207]

É desnecessário dizer que esses argumentos não implicam que a ingenuidade poderia ser adotada como um dispositivo de pré-compromisso para se proteger do vício ou de outros efeitos indesejáveis da sofisticação (ver os comentários anteriores sobre Winston). Mesmo quando a ingenuidade, a ignorância, a inocência, a espontaneidade e outros atitudes têm boas consequências, não podem ser escolhidas deliberadamente por essa razão.[208] O resultado de Carillo e Marioti discutido em 1.3 é uma exceção apenas aparente. Eles demonstram que um agente pode decidir racionalmente não descobrir qual é a verdade sobre certo assunto, não que ele possa decidir racionalmente ignorar uma verdade da qual já tem conhecimento.[209]

Por mais de vinte anos George Ainslie vem explorando a ideia de que se podem superar os efeitos do desconto hiperbólico por meio de "regras pessoais" ou do "agrupamento".[210] Se um agente sabe que será exposto a uma série de opções, cada uma das quais com a estrutura mostrada na Figura 1.2, e tem consciência de sua tendência ao desconto hiperbólico, ele pode induzir a escolha de recompensas tardias maiores colocando a situação como uma *escolha de sucessões* em vez de uma *sucessão de escolhas*. Ou seja, ele pode pensar que tem a opção de escolher entre a recompensa menor anterior agora e em todas as ocasiões posteriores, ou escolher uma grande recompensa agora e em todas as ocasiões posteriores, ignorando cenários em que a pequena recompensa é escolhida em algumas ocasiões e a grande recompensa em outras. A ideia é armar um efeito dominó mental, pelo qual cada escolha age como um precedente para todas as escolhas posteriores. Ainslie diz que essa estratégia de agrupar as escolhas em uma

---

[207] Helge Waal (em comunicação pessoal). Estritamente falando, essa atitude fatalista não se traduz na escolha sofisticada como é definida aqui. A predisposição dos viciados sobre o que farão não é baseada em uma antecipação de qual será a sua ação racional no último período de seu horizonte de planejamento, mas na ideia de que, já que a maioria dos viciados tem recaídas, eles provavelmente as terão também.

[208] Elster, 1983b, cap. 2.

[209] Ver também a nota 166.

[210] A declaração mais completa está em Ainslie, 1992.

única decisão não é apenas *eficaz* na superação do problema do desconto hiperbólico, mas também *racional*.

A eficácia do agrupamento é inegável. Assim como uma pessoa pode conseguir cooperar com outras perguntando: "Se não eu, quem?", ela pode conseguir cooperar consigo mesma ao perguntar: "Se não agora, quando?".[211] Para muitas pessoas, a abstenção é mais fácil do que a moderação, porque pode ser demarcada por uma linha bem nítida. O custo de regras pessoais pode ser considerável, porém.[212] Há o risco de que o padrão rígido do comportamento de seguir regras possa se estender de uma esfera da vida para outras, se o agente quer fortalecer sua determinação estendendo o estabelecimento de precedentes a outras esferas. Dentro de uma dada esfera, a estratégia de nunca tolerar qualquer exceção pode levar a uma grande dose de privação inútil. A resposta para esse problema induzido pela solução é encontrar regras pessoais ou linhas de fácil discernimento que permitam uma gratificação moderada. Norman Zinberg descreve como usuários de drogas, especialmente de heroína, alcançam o consumo moderado ou controlado por meio de regras autoimpostas como:

- Nunca consumir em um lugar estranho;
- Nunca consumir com estranhos;
- Apenas "cheirar";
- Adotar uma programação especial para o consumo (por exemplo, somente após o trabalho);
- Planejar o consumo com antecedência;
- Não compartilhar acessórios (seringas, colheres etc.);
- Limpar os arredores antes de consumir;
- Nunca consumir sozinho;
- Respeitar regras de acesso à droga (por exemplo, conhecer pessoalmente o fornecedor);

---

[211] Ver, porém, Skog (1999), que demonstra que, se o número de períodos futuros que são agrupados é pequeno o suficiente, um viciado pode adotar a resolução de largar o vício e acabar descobrindo que esta se dissolve quando o momento da escolha se aproxima, reproduzindo assim a questão da inconsistência temporal que motivou o agrupamento anteriormente.

[212] Ver em especial Ainslie, 1992, cap. 6.4.

CAPÍTULO UM

- Ter um orçamento para o consumo de drogas;
- Não misturar drogas;
- Não consumir para curar depressão;
- Não consumir se tiver de dirigir.[213]

A racionalidade do agrupamento é mais questionável. O kantianismo rotineiro por trás da questão "se não eu, quem?" definitivamente se baseia (a meu ver) em uma forma de pensamento mágico;[214] o mesmo se aplica ao caso da crença análoga no efeito causal dos precedentes.[215] Além disso, se as regras pessoais moderadas acabam sendo instáveis e facilmente violadas por exceções de todo o tipo, de modo que a única escolha restante para o agente seja uma decisão tipo tudo ou nada, o custo de reduzir as atividades espontâneas e prazerosas pode ser tão severo que o agente pode racionalmente decidir que não vale a pena. Suponha que o único modo de me forçar a fazer exercícios físicos vigorosos seja praticando todos os dias sem exceção, mesmo em ocasiões em que, por alguma razão, isso me é bastante desagradável. Suponha também que é verdade, pois li em algum lugar, que para cada hora de exercício físico praticado a expectativa de vida é aumentada em cinquenta minutos. Eu poderia então, com muita racionalidade, decidir que os custos de me exercitar todos os dias excedem os benefícios.[216]

---

[213] Zinberg, 1984, p.80.

[214] Quattrone e Tversky, 1986; Elster, 1989c, p.195-200. Hurley, 1989, p.150-1 argumenta, porém, que a cooperação em uma rodada do Dilema do Prisioneiro é racional. Sen (1987, p.81-8) faz uma sugestão semelhante, porém mais fraca. Confesso-me incapaz de entender esses argumentos.

[215] Ver em Elster, 1989c, p.201-2, e Bratman (1995) afirmações de que a crença na eficácia causal do precedente é uma forma de pensamento mágico. Em resposta a críticas, Ainslie (1994) sustenta que sua crença é francamente racional.

[216] Posso explicar. Para cada hora diária de exercícios, minha expectativa de vida é supostamente estendida em cinquenta minutos. Na maior parte dos dias, os exercícios envolvem quinze minutos de dor seguidos de quarenta e cinco minutos de prazer, deixando um saldo positivo de prazer. Em alguns dias, o exercício envolve dor ininterrupta. Em todos os dias, o atraso do benefício de longo prazo induz o desejo de adiar a tarefa por meio do desconto hiperbólico. Mesmo nos dias bons, o atraso dos benefícios de curto prazo induz o desejo de adiar a tarefa por meio do mesmo mecanismo. Se eu pudesse confiar em mim mesmo para identificar os dias ruins de uma forma que não fosse autoilusória, poderia me abster

Concluo perguntando se o problema da inconsistência temporal pode ser solucionado de outras formas além do pré-compromisso. Em uma discussão sobre a questão, Aninash Dixit e Barry Nalebuff descrevem o que chamam de "o caminho de oito passos para a credibilidade":

1. Estabelecer e utilizar uma reputação.
2. Redigir contratos.
3. Cortar a comunicação.
4. Queimar as pontes depois de passar por elas.
5. Abandonar o destino à sorte.
6. Mover-se a passos curtos.
7. Desenvolver credibilidade por meio do trabalho em equipe.
8. Delegar tarefas a agentes de negociação.[217]

Embora a maior parte dessas estratégias exija pré-compromissos de um modo ou de outro, algumas são mais ambíguas. Quando Dixit e Nalebuff observam que a emoção do orgulho pode ter efeitos de construção de reputação e, portanto, servir "à meta social implícita de melhorar a credibilidade de nossos vários relacionamentos diários",[218] eles ou se baseiam em um raciocínio funcionalista não comprovado, ou em uma variante do argumento de Hirshleifer-Frank discutido em 1.5. Quando observam que, para evitar a perda de confiança da indução retroativa que poderia minar a estratégia de se mover a passos curtos, "não deveria haver um último passo claro",[219] eles não estão apontando para uma característica da situação cuja realização esteja sob o poder de alguém. Em outras palavras, tendem a confundir os aspectos de aumento de credibilidade da situação que são deliberadamente criados para esse propósito e aqueles que existem por outros motivos, mas com o mesmo efeito. Embora possa

---

nessas ocasiões, ficar com o saldo positivo dos benefícios de curto prazo nos outros dias, e reduzir levemente os benefícios de longo prazo. Se não puder confiar em mim mesmo, de forma que preciso escolher entre me exercitar sempre ou nunca, posso decidir que a dor de me exercitar nos dias ruins compensa a soma dos benefícios de longo e curto prazo.

[217] Dixit e Nalebuff, 1991, p.162.

[218] Ibidem, p.165.

[219] Ibidem, p.176.

haver um sentido em que as últimas restrições, incidentais, possam ser vistas como "alternativas" ao pré-compromisso, não é o sentido que considerei nestas últimas páginas. Pela natureza do caso, os problemas de credibilidade interpessoal não podem ser superados por meio de dispositivos puramente intrapsíquicos.

Capítulo 2

Ulisses liberto: Constituições como restrições

2.1 Introdução

Muitos escritores têm argumentado que as Constituições políticas são dispositivos de pré-compromisso ou autorrestrição, criados pelos políticos para se proteger de suas próprias tendências previsíveis a tomar decisões pouco sábias.[1] Ao discutir essa questão, Espinosa traçou uma analogia explícita entre o pré-compromisso individual e o político:

> Não é de modo algum contrário aos precedentes que as instituições estejam tão firmemente estabelecidas que o próprio rei não as possa abolir. Os reis da Pérsia eram venerados como deuses e, contudo, não tinham o poder de alterar as leis estabelecidas, como se verifica no *Livro de Daniel*, Capítulo 6. Em parte alguma, que eu saiba, o monarca é eleito sem que haja condições expressas impostas ao exercício do poder. Isto, na verdade, não é contrário nem à razão, nem à obediência absoluta devida ao rei, pois os princípios fundamentais do Estado

---

[1] Neste capítulo, os algarismos romanos se referem aos processos da Convenção Constitucional na Filadélfia, publicados nos volumes I, II e III de Farrand, Ed. (1996). Os algarismos arábicos referem-se aos processos da primeira *Assemblée Constituante* francesa, como publicados em *Archives Parlamentaires. Série I*: 1789-1799, Paris, 1875-1888. *Procès-verbal des conférences sur la vérification des pouvoirs*, Paris, 1789, é citado como "P".

devem ser encarados como decretos eternos do rei, de tal maneira que os seus servidores, na realidade, lhe obedecem quando recusam executar as ordens dadas por ele, porque são contrárias aos princípios fundamentais do Estado. Podemos demonstrar isso claramente pelo exemplo de Ulisses. Os companheiros de Ulisses executavam as suas ordens quando, amarrado ao mastro do navio e seduzido pelo canto das sereias, ele lhes ordenava, ameaçando-os, que o libertassem. E são marca de bom espírito, da parte dele, os agradecimentos que dirigiu mais tarde aos seus companheiros por terem obedecido a sua vontade inicial. Também os reis se habituaram a dar instruções aos juízes para que pratiquem a justiça sem preferências pessoais, sem sequer considerar o próprio rei, se, em qualquer caso particular, ele lhes ordenasse algo contrário à lei estabelecida. Os reis, com efeito, não são deuses, mas homens que se deixam frequentemente seduzir pelo canto das sereias. Se tudo, portanto, dependesse da vontade inconstante de um só, nada haveria de fixo.[2]

De acordo com John Potter Stockton, "constituições são correntes com as quais os homens se amarram em seus momentos de sanidade para que não morram por uma mão suicida em seu dia de frenesi".[3] (Ver em 2.9, porém, um uso muito diferente da metáfora do suicídio.) De forma similar, Friedrich Hayek cita a visão de que uma constituição é um laço imposto por Pedro, quando sóbrio, sobre Pedro quando bêbado.[4] Em uma declaração mais recente, Cass Sunstein escreve: "As estratégias de pré-compromisso constitucionais poderiam servir para superar a miopia ou a fraqueza da vontade da coletividade".[5] Neste capítulo, falo do significado e da utilidade dessa visão.

Como explicado em 1.1, distinguirei entre Constituições como restrições essenciais sobre o comportamento e Constituições como restrições incidentais. Por um lado, podemos perguntar se as disposições existentes foram estabelecidas com o *propósito* de restringir a liberdade de ação dos

---

[2] *Tractatus Theologico-Politicus* VII.1. Agradeço a Etienne Balibar por me indicar essa passagem [Espinosa, Baruch de. *Tratado político.* São Paulo: Abril Cultural, 1979, p.331].

[3] Em um debate sobre o Ato sobre a Ku Klux Klan de 1871, cf. citado em Finn (1991, p.5).

[4] Hayek (1960), p.180.

[5] Sunstein (1991b), p.641.

CAPÍTULO DOIS

indivíduos que votaram nelas e de indivíduos em posição semelhante no futuro. Quando o Parlamento Constituinte húngaro, em 1989-1990, votou a favor de criar um forte tribunal constitucional com o poder de derrubar a legislação parlamentar, realizou um ato explícito de autolimitação.[6] (Um instrutivo contraexemplo seria a Romênia, onde a Assembleia, em 1991, atribuiu a si própria por voto o poder de anular uma decisão do Tribunal Constitucional, e a Polônia, onde o Sejm constituinte – Câmara Baixa do Parlamento – de 1992 recusou-se a abrir mão do poder de rejeitar uma decisão do tribunal.) Em um Parlamento Constituinte, as decisões da maioria de restringir o poder executivo também podem ser exemplos de autorrestrição, quando o Executivo é oriundo dessa mesma maioria. Um exemplo disso é o Parlamento Constituinte tcheco de 1992, que votou uma disposição que proibia o governo de dar ordens ao Banco Central.

Por outro lado, podemos perguntar se as disposições constitucionais existentes tendem de fato a surtir *efeitos* salutares de restrição em um subconjunto de atores políticos, independentemente de por que e por quem as restrições foram instituídas inicialmente. Embora as exigências de maioria qualificada para emendar a Constituição nunca tenham sido estabelecidas com o propósito de impedir maiorias cíclicas, elas podem ter esse efeito (2.9). Embora a exigência de que as emendas constitucionais sejam aprovadas por duas legislaturas consecutivas nunca tenha sido adotada com o propósito de superar a inconsistência temporal devido ao desconto hiperbólico, ela pode ter esse efeito (2.7).

É fácil confundir essas duas abordagens e cair na armadilha de uma explicação funcional não comprovada. Em *Ulysses and the Sirens*, que era, entre outras coisas, uma cruzada contra esse modo de explicação, cometi exatamente esse erro quando disse que o sistema de eleições periódicas "pode ser interpretado ... como um método para o eleitorado se autorrestringir e se proteger contra a própria impulsividade".[7] É óbvio

---

[6] Como é típico nesses casos, os motivos por trás da decisão eram um pouco mais complexos. (ver II.12).

[7] Op. cit., p.90; os itálicos irrelevantes foram excluídos. Não fui o primeiro a incorrer em tal raciocínio. Mais tarde citarei intervenções de Lally-Tolendal na *Assemblée Constituante* francesa de 1789 (8, p.517-8) e de Madison na Convenção Federal (I, p.430-1) que incorrem, acredito, na mesma falácia.

que nenhum eleitorado jamais fez nada desse tipo. Se os eleitores não têm os meios de substituir seus representantes à vontade, a explicação certamente tem mais a ver com os motivos dos políticos do que com os dos eleitores. No entanto, essa confusão não é totalmente irredimível. Em alguns casos, os efeitos das restrições incidentais explicam a manutenção de instituições originalmente introduzidas por motivos bastante diferentes. As mudanças nas justificativas para o bicameralismo são um exemplo disso. Embora muitas vezes introduzido por minorias da elite para controlar as maiorias populares, esse dispositivo pode ser mantido como uma forma de autocontrole democrático em virtude de suas propriedades de causar atrasos e acalmar os ânimos (2.6).

Ao explorar essas ideias, utilizarei a mesma metodologia do Capítulo 1, considerando tanto as razões para o pré-compromisso como os dispositivos de pré-compromisso. Uma comparação entre as Tabelas 2.1 e 1.1 mostra tanto diferenças formais como similaridades com o pré-compromisso constitucional. Alguns dispositivos acessíveis para a autorrestrição individual não o estão para o caso coletivo, e vice-versa. Algumas razões pelas quais os indivíduos poderiam querer se pré-comprometer não apresentam formas análogas no caso constitucional, e vice-versa.

Tabela 2.1

		Motivos para o pré-compromisso			
		Superar a paixão e o interesse	Superar o desconto hiperbólico	Superar a inconsistência temporal estratégica	Assegurar a eficiência
Dispositivos de pré-compromisso	Imposição de custos	(2.3)		(2.3)	
	Eliminação de opções	2.6			
	Criação de atrasos	2.5 2.7 2.6 2.8	2.8		
	Exigência de maiorias qualificadas	2.5 2.7			2.10
	Separação dos poderes	2.7 2.9		2.9	2.9

CAPÍTULO DOIS

Agora procederei da seguinte forma: em 2.2, discuto se a ideia de uma sociedade "restringir a si mesma" é de alguma forma significativa, e concluo que, em certo sentido ou sob certas circunstâncias, podemos responder afirmativamente. Em 2.3, faço uma breve análise dos principais aspectos das constituições que são relevantes para os meus propósitos presentes. Além do meu tópico principal, as constituições escritas, considero também as convenções constitucionais não escritas. Em 2.4, comento alguns aspectos do processo de elaboração de uma Constituição que são especialmente importantes para esta análise, em especial a questão de se os constituintes sempre têm a necessária autonomia de decisão para restringir a si mesmos (e aos outros). Em 2.7, a análise é feita por meio de estudos de casos da Assembleia dos Estados Unidos de 1787 e da Assembleia da França de 1789. Em 2.5, discuto a relação entre a elaboração de uma Constituição e as partes da máquina governamental usual, analisando-as como dois meios de obter essencialmente os mesmos resultados. Em 2.6, analiso a democracia ateniense como um sistema de restrições sobre a tomada de decisões da maioria. De 2.7 a 2.10, discuto quatro razões para o pré-compromisso constitucional, correspondentes às colunas da Tabela 2.1. Em 2.11, discuto por que tais pré-compromissos, quando desejáveis, podem não ser possíveis e, quando possíveis, podem não ser desejáveis. E finalmente, em 2.12, tento integrar as várias considerações – conceituais, causais e normativas – que colocam em dúvida a ideia de as constituições serem dispositivos de pré-compromisso.[8]

---

[8] Depois que o manuscrito deste livro estava completo, fiquei feliz em ver Jeremy Waldron (1999) lançar uma crítica à ideia de constituições como dispositivos de pré-compromisso (e, implicitamente, a meus próprios textos defendendo essa ideia) que é, de maneira geral, semelhante a algumas das minhas objeções lançadas mais tarde. Note-se, porém, que entre os motivos para o pré-compromisso ele considera apenas a necessidade de antecipar-se à paixão, negligenciando o desejo de superar o interesse partidário e a inconsistência temporal, assim como o desejo de promover a eficiência. Imagino que Waldron também simpatizaria com as proposições de que os governos vigentes não deveriam ser capazes de mudar facilmente as regras do jogo político em seu favor, e que a estabilidade da estrutura política é desejável para ampliar o horizonte temporal dos agentes econômicos e políticos.

2.2 Falsas analogias com o pré-compromisso individual

Em *Ulysses and the Sirens*, indiquei que a metáfora de Ulisses para a criação de uma Constituição é apenas parcialmente válida, e em particular que a ideia de uma sociedade restringindo "a si mesma" é controversa.[9] No entanto, creio que não entendi plenamente a extensão da falsa analogia entre autorrestrições individuais e coletivas. Como em muitos casos, transferir conceitos usados para estudar indivíduos para o comportamento de coletividades, como se estas fossem indivíduos em escala ampliada, pode ser enganosa.[10] Para começar, as constituições podem restringir os outros em vez de serem atos de autorrestrição. Além disso, as constituições podem nem mesmo ter o poder de restringir.

Constituições podem restringir os outros

Nas primeiras fases da elaboração da primeira Constituição francesa, havia uma luta feroz, apesar de geralmente tácita, entre o rei e a Assembleia Constituinte. Luís XVI ameaçou implicitamente a Assembleia em julho de 1789 ao concentrar tropas ao redor de Versalhes, onde a Assembleia estava em sessão, e em setembro, ao dar ordens para que um regimento em Flandres marchasse até Paris. Suas ações desencadearam eventos decisivos em Paris em 14 de julho e em 5 e 6 de outubro que, em retrospecto, foram pontos cruciais da revolução. A Assembleia vitoriosa não havia esquecido a lição ao determinar, na Constituição de 3 de setembro de 1791, que "o poder executivo [ou seja, o rei] não pode ordenar qualquer contingente de soldados a passar ou permanecer a menos de trinta mil toesas [59,4 quilômetros] do corpo legislativo, exceto por requisição ou autorização deste". Isso não foi um ato de *autorrestrição*. O rei obteve um veto *na* Constituição, mas após o espetáculo de força em 5 e 6 de outubro de 1789 perdeu seu veto *sobre* a Constituição.[11] Em vez de se restringir,

---

[9] Elster (1984), p.93.

[10] Ver Elster (1989a), p.176ss.; ver também Holmes (1988), p.237-8.

[11] Castaldo (1989), p.277-81.

CAPÍTULO DOIS 125

o rei foi alvo de restrição pela Assembleia – confirmando a máxima de Seip que citei no Prefácio.

Considere-se a seguir um caso hipotético de autorrestrição em que os constituintes decidiram por maioria simples (i) que a legislação é restrita por certos direitos de propriedade, e (ii) que (i) pode ser modificado somente por maioria de dois terços em uma legislatura seguinte. Isso não é necessariamente um ato de *autorrestrição*. Em primeiro lugar, é impossível aceitar a visão – defendida sobretudo por Sieyes – segundo a qual, uma vez que a maioria se pronunciou, sua opinião *ipso facto* se torna a vontade geral.[12] A maioria restringe a minoria; nada mais, nada menos. Em segundo lugar, se as eleições para a Assembleia Constituinte se dão por sufrágio limitado, a maioria dos constituintes naquele momento pode representar uma minoria da população. Antecipando futuras ampliações do sufrágio, eles podem então tentar limitar a liberdade de ação das maiorias futuras. Na Convenção Federal, de acordo com Thornton Anderson, "os Pais Fundadores ..., ao defender a propriedade contra as previsíveis maiorias dos sem propriedade, transmitiram para a posteridade um sistema pouco flexível".[13] Em terceiro lugar, mesmo com o sufrágio universal, a maioria pode agir estrategicamente para restringir a minoria, incluindo uma lei na Constituição em vez de promulgá-la como lei ordinária. Suponha que 51% dos constituintes queiram proteger a propriedade, mas temam que seu ponto de vista possa logo se tornar uma opinião minoritária junto à população. Nesse caso, podem fortalecer seu ponto de vista usando sua maioria de 51% para exigir uma maioria de 67% para desfazer essa disposição. Falar de autorrestrição em tais casos é hipocrisia.

Um exemplo mais sutil pode ser tomado da *Política* de Aristóteles:

> Os sofismas graças aos quais as constituições oligárquicas enganam o povo são em número de cinco ...; quanto à Assembleia, estende-se a todos o direito de participar das mesmas, mas a multa por ausência é imposta

---

[12] Nesse ponto, ver Manin (1995), p.237-42, em especial a p.241, nota 36. Na primeira Assembleia Constituinte francesa (1789-1791), a identificação do voto da maioria com a vontade geral teve como implicação prática não ter sido feito nenhum registro do número de votos a favor de uma dada proposta ou contra ela (Castaldo, 1989, p.351, nota 192).

[13] Anderson (1993), p.15.

apenas aos ricos, ou se lhes impõe uma multa muito mais alta que aos outros; quanto aos altos cargos, as pessoas qualificadas por suas posses não podem eximir-se ao exercício de uma função pública mediante juramento, mas os pobres podem; quanto aos tribunais, impõe-se uma multa aos ricos que não servem como jurados, mas não há multas para os pobres ... Em algumas cidades todos têm o direito de participar da Assembleia e do júri depois de terem os nomes devidamente arrolados, mas são impostas pesadas multas àqueles que, após o arrolamento, deixam de comparecer à primeira ou ao segundo; o intuito é fazer que a multa desestimule o arrolamento, e consequentemente os cidadãos, por não estarem arrolados, deixem de comparecer ao júri e à Assembleia. Há leis do mesmo tipo quanto à posse de armas pesadas e à prática de exercícios físicos; os pobres não possuem armas, mas os ricos estão sujeitos a multa se não as possuem; também não há multas para os pobres que se abstêm de exercícios físicos, mas há multas para os ricos. (1297a)[*]

Os dispositivos descritos nessa passagem exploram o fato de que, se um conjunto de indivíduos pode aumentar seus poderes limitando sua própria liberdade, eles também podem *reduzir o poder alheio expandindo a sua própria liberdade*. Essas constituições gregas forçaram os ricos a participar das questões públicas, aumentando os custos para eles caso não o fizessem e, ao mesmo tempo, diminuíram a probabilidade de que os pobres participassem, reduzindo os custos de sua abstenção. Embora as constituições modernas (Austrália, Bélgica) que tornaram o voto obrigatório *para todos* possam ser vistas como mecanismos de autorrestrição para superar o problema da ação coletiva envolvido no voto, os dispositivos obrigatórios de seleção servem para controlar os outros e não a si mesmos.

Constituições podem não restringir de forma alguma

Constituições também não são atos de autorrestrição em um sentido rígido (mas veja, em seções subsequentes, sentidos menos rígidos).

---

[*] Aristóteles. *Política*. Brasília: Editora da Universidade de Brasília, 1988, p.90. (N.T.)

CAPÍTULO DOIS

Quando Ulisses se acorrentou ao mastro e mandou que seus remadores pusessem cera nos ouvidos, tinha como objetivo tornar *impossível* para si próprio sucumbir à canção das sereias. As constituições são geralmente projetadas para tornar *difícil*, mas não impossível, a mudança de suas disposições em comparação com a legislação ordinária. Embora algumas constituições tenham disposições imunes a emendas, mesmo essas não restringem em um sentido rígido, pois a ação extraconstitucional sempre continua sendo possível. O indivíduo que quer se autorrestringir pode confiar sua vontade a instituições ou forças externas, além de seu controle, que o impeçam de mudar de opinião. Mas *não há nada externo à sociedade*, fora o caso do pré-compromisso por meio de instituições internacionais com poder de coação, como o Fundo Monetário Internacional e o Banco Mundial. E mesmo esses não podem tornar impossível agir contra o pré--compromisso, apenas tornar mais custoso fazê-lo.[14]

De fato, as tentativas de restringir a sociedade com muita força poderiam surtir o efeito oposto, por dois motivos. Primeiro, os cidadãos poderiam reagir à própria ideia de serem limitados.[15] Uma razão para querer se libertar de uma fortaleza pode ser que não se quer viver sob a autoridade de um tirano – definido como alguém que constrói uma fortaleza para impedir os indivíduos de saírem. Ao descer a ponte levadiça e oferecer-lhes uma oportunidade de sair, o governante poder reduzir o desejo de usá-la. Há relatos de que, nos últimos dias da República Democrática Alemã, os líderes contemplavam a ideia de dar aos cidadãos acesso livre a Berlim Ocidental na esperança de que isso neutralizasse a sua frustração e os tornasse mais propensos a ficar. Refletindo sobre sua experiência como membro do Comitê Constitucional do Parlamento francês de 1848, Tocqueville escreveu, com semelhante espírito:

---

[14] Vreeland (1999) argumenta, porém, que na realidade governos nacionais não procuram a assistência do FMI a fim de atar as próprias mãos, mas sim para atar as mãos dos adversários domésticos. O argumento obviamente combina muito bem com a máxima de Seip citada no Prefácio e com o teor geral do presente capítulo.

[15] Assim Brehm (1966) demonstra que, se a opção preferida das pessoas é imposta a elas em vez de escolhida, elas podem desenvolver preferência por uma opção que originalmente não lhes parecia tão atraente.

Há muito tempo pensava que, em lugar de tentar tornar os nossos governos eternos, era preciso contribuir para renová-los de uma maneira fácil e regular. Isso me parecia, em todo caso, menos perigoso que o sistema contrário; e eu pensava que convinha tratar o povo francês como a esses loucos que não se devem amarrar, por temor de que a coação os torne furiosos.[16]

Em segundo lugar, os cidadãos poderiam achar que cláusulas muito rígidas para a aprovação de emendas são um obstáculo intolerável à mudança. Uma Constituição que impusesse uma exigência de unanimidade para todas as emendas provavelmente não duraria muito. A Constituição norueguesa de 1814 proibia a entrada de judeus e jesuítas no reino. (A primeira disposição foi abolida em 1851; a segunda, em 1956.) Se a proibição fosse impossível de emendar, após algum tempo teria sido ignorada (isto é, tornada inoperante por uma convenção constitucional tácita) ou alterada por meios extraconstitucionais. De forma semelhante, as restrições estabelecidas em sufrágio poderiam não ter sobrevivido ao progresso irresistível da igualdade nas sociedades ocidentais modernas. Ulisses teria encontrado forças para romper as cordas que o amarravam ao mastro.

Apesar dessas falsas analogias entre casos individuais e coletivos, a ideia do pré-compromisso constitucional não é sem sentido. Em alguns casos, podemos falar de *autorrestrição* em sentido literal, por exemplo, se um Parlamento Constituinte decide unanimemente ceder parte de seus poderes a outro braço do governo. A ideia também tem sentido praticamente literal se a maioria em uma Assembleia Constituinte espera ser também a maioria na primeira legislatura. Casos desse tipo na recente criação de constituições na Europa Oriental foram citados em 2.1. Criar uma Constituição que restringe gerações futuras também pode, em um sentido amplo, ser encarado como um ato de *autorrestrição*, especificamente quando se espera que os futuros agentes políticos tenham as mesmas razões para querer sofrer restrições que a geração fundadora. E, embora esses atos não sejam de restrição em sentido absoluto, é conveniente lembrar que o pré-compromisso individual também não precisa ser absoluto.

---

[16] Tocqueville (1990), p.181 [Tocqueville, Alexis de. *Lembranças de 1848*. São Paulo: Companhia das Letras, 1991, p.187].

2.3 A natureza e a estrutura das Constituições

Com exceção da questão da política ateniense discutida em 2.6, minha preocupação central neste capítulo é com as Constituições escritas, da Convenção Federal até o presente.[17] Em todas as sociedades ocidentais, com a exceção da Grã-Bretanha (e, mais ambiguamente, Israel), a vida política é regulamentada por Constituições escritas. Na Grã-Bretanha, a Constituição é inteiramente feita de "convenções constitucionais" não escritas.[18] Em outros países, tais convenções podem suplementar ou às vezes modificar a Constituição escrita.[19] Antes que eu passe a discutir as Constituições escritas, comentarei em poucas palavras as convenções não escritas da perspectiva do pré-compromisso.

Constituições escritas e não escritas

Uma diferença entre as Constituições escritas e não escritas é que as primeiras são *feitas*, enquanto as segundas surgem ou *se desenvolvem*. Uma outra diferença é que, enquanto a violação da Constituição escrita pode desencadear sanções *legais* – por exemplo, por meio do controle da constitucionalidade* ou por decretos executivos –, aqueles que violam uma convenção não escrita arriscam-se a sofrer sanções *políticas* que vão de uma derrota eleitoral a uma revolução. Apesar de amplamente precisa, essa afirmação não é universalmente válida. Na Grã-Bretanha e em outros países da Comunidade das Nações, as convenções constitucionais são algumas vezes citadas pelos tribunais. Um exemplo interessante foi dado pela Suprema Corte do Canadá em 1981, quando esta decidiu (por seis votos a três) que havia uma convenção constitucional exigindo que

---

[17] Ver, em Elster (1995a), uma análise dos processos de elaboração de uma Constituição na Europa e na América do Norte.

[18] Marshall (1984).

[19] Ver, por exemplo, em Heard (1991), a relação entre a constituição escrita e não escrita do Canadá.

* Controle de constitucionalidade (em inglês, *judicial review*) é o poder que os tribunais ou cortes de justiça têm, em alguns países, de examinar qualquer tipo de lei ou norma jurídica quanto à sua constitucionalidade. (N.T.)

o governo buscasse o consentimento das províncias antes de modificar a Constituição, ao mesmo tempo em que decidia (por sete votos a dois) que não havia exigência legal para que o governo o fizesse.[20]

Em alguns casos, as convenções surgem quando precedentes se consolidam em regras (mais ou menos) restritivas. Assim,

> todo ministro canadense que não ocupava um assento no Parlamento no momento de sua indicação ao Gabinete tratava de obter um o mais rápido possível. Os precedentes negativos envolvem atores se abstendo de ações visíveis em suposta deferência a uma regra: nenhum monarca britânico já se recusou a assinar um projeto de lei desde 1707. Os precedentes são mais úteis só quando emerge um padrão consistente, seja de precedentes positivos ou de precedentes negativos; assim, é geralmente aceito que a Rainha não pode vetar um projeto de lei e que todos os ministros devem ou ter um assento no Parlamento ou obter um.[21]

Às vezes, um único precedente é o suficiente. Um famoso exemplo é a decisão de De Gaulle, em 1962, de propor que uma emenda à Constituição criando a eleição direta para presidente fosse ratificada por um referendo. Embora a constituição de 1958 abrisse espaço para referendos, eles não faziam parte do processo formal de emendas. Todos os estudiosos constitucionais da época concordaram em que emendar a Constituição por referendo era inconstitucional.[22] No entanto, com a ajuda do obediente presidente do Conselho Constitucional, De Gaulle foi capaz de anular essas objeções. Vinte anos mais tarde, a emenda constitucional por referendo se tornou parte da jurisprudência constitucional francesa. Um outro exemplo da história constitucional francesa se refere à "perda da presidência" de MacMahon em 1877. Depois que se absteve de decidir uma crise, preferindo valer-se do poder do presidente de dissolver o Parlamento, aquele poder efetivamente deixou de ser parte das prerrogativas

---

[20] A decisão está disponível em Bayefsky, ed. (1989), que também fornece um conjunto completo de documentos de corroboração. Sobre o contexto político e legal, ver Russell (1993) e Heard (1991).

[21] Heard (1991), p.144.

[22] Burdeau, Hamon e Troper (1991), p.480ss.; também Lacouture (1990), v.III, p.572ss.

CAPÍTULO DOIS   131

do cargo.[23] Criou-se uma convenção constitucional que durou até o fim da Terceira República, sessenta anos mais tarde. Em 1999, os estudiosos constitucionais dos Estados Unidos discutiram se a condenação de Clinton no julgamento de *impeachment* enfraqueceria de forma semelhante o poder da presidência.

Em outros casos, uma convenção constitucional surge quando a legislação ordinária assume um *status* quase constitucional, no sentido de que qualquer um que tente derrubá-la incorreria em sério risco político. Nos Estados Unidos de hoje, há uma convenção constitucional que criaria severos custos políticos para qualquer um que tentasse fazer o que o presidente Roosevelt ameaçou fazer em 1937, alterando a composição da Suprema Corte ao indicar novos juízes mais simpáticos às políticas do *New Deal*. Um caso mais complexo envolve a Regra 32 (2) do regimento (*Standing Rules*) do Senado norte-americano: "As regras do Senado devem ser mantidas de um Congresso para o outro, a menos que sejam alteradas *como previsto nestas regras*". Embora a regra seja discutivelmente inconstitucional (é uma tentativa de uma legislatura de restringir legislaturas posteriores),[24] ela agora existe como uma convenção constitucional com o efeito, entre outras coisas, de criar a exigência de uma maioria de 60% no Senado por meio da prática de *filibustering*.* Além disso, suponha que os republicanos fracassem em seus esforços contínuos de introduzir uma emenda de orçamento equilibrado e uma emenda exigindo uma maioria de dois terços no Congresso para aumentos de impostos. Eles ainda poderiam ir em frente e introduzir uma legislação ordinária com o mesmo efeito, na esperança de que essas leis adquiram uma aura quase constitucional que impediria que congressos posteriores com maioria de democratas as derrubassem.

Na prática, as tentativas deliberadas e bem-sucedidas de criar uma convenção constitucional tácita são provavelmente raras. (O Ato Gramm-Rudman de 1985, discutido mais tarde, foi uma tentativa sem sucesso.)

---

[23] Derfler (1983), cap. 2, especialmente p.37.

[24] Eule (1897), p.408.

* Forma de obstrução em uma legislatura em que se tenta estender o debate indefinidamente, a fim de atrasar ou impedir a votação sobre uma proposta. (N.T.)

Um exemplo talvez seja a regulamentação estatutária do Banco Central norueguês. Embora seja permitido ao governo dar ordens ao Banco, ele precisa mandar uma mensagem ao Parlamento toda vez que o fizer. Essa disposição visava criar certa independência *de facto* para o Banco, tornando o governo mais relutante em interferir.[25] O governo pode fazê-lo, mas arcaria com algum custo político ou riscos para si próprio. Tais casos exemplificam um pré-compromisso constitucional que funciona atrelando custos adicionais à escolha de uma opção em particular. (Eles não ilustram, contudo, uma *autorrestrição*, mas sim um braço do governo restringindo outro.) Na Tabela 2.1, as utilizações desse dispositivo foram colocadas entre parênteses, não porque sejam raras, mas porque fogem à linha principal de argumentação que estou seguindo. A transformação de uma legislação ordinária em uma convenção constitucional é demasiadamente dependente de conjeturas políticas especiais para se encaixar em meu tópico principal aqui, que são os dispositivos de pré-compromisso que operam com algum grau de regularidade e previsibilidade.

De um ponto de vista normativo, poder-se-ia argumentar que as emendas constitucionais deveriam ser deixadas aos agentes e aos procedimentos explicitamente indicados na Constituição. Por conseguinte, Julian Eule argumenta que a principal objeção ao Ato Gramm-Rudman de 1985, que estipulava cortes de gastos automáticos para cada um dos seis anos fiscais seguintes se o déficit orçamentário excedesse uma quantia determinada, não era aquela citada pela Suprema Corte quando o rejeitou, ou seja, que violava a separação dos poderes. O ato era inaceitável porque representava uma tentativa do Congresso de restringir futuros congressos.

> Gramm-Rudman baseia-se no julgamento político de que será muito mais difícil para futuros congressos revogar Gramm-Rudman do que será para eles se apropriarem de fundos além dos gastos previstos ... Isso é, a meu ver, precisamente o tipo de influência extratemporal de que nossos agentes temporários não deveriam desfrutar.[26]

---

[25] Smith (1994), p.96-9; ver também Willoch (1994).

[26] Eule (1987), p.426, nota 215.

A estrutura das Constituições escritas

De agora em diante, considerarei especialmente as Constituições escritas, embora pretenda discutir ocasionalmente como as convenções não escritas podem ter efeitos similares. Em termos substantivos, uma Constituição escrita regulamenta os aspectos mais fundamentais da vida política. Em termos procedimentais, é mais difícil mudar uma Constituição que promulgar uma legislação ordinária. Em termos legais, a Constituição tem precedência sobre a legislação ordinária em caso de conflito. A ideia de *constitucionalismo*, entendido como uma propensão geral ao cumprimento da Constituição e ao controle da constitucionalidade, não pode ser reduzida à mera presença de uma Constituição com esses aspectos. Durante o processo de criação da Constituição húngara, entre 1989 e 1990, ocorreu algumas vezes que, quando o Parlamento notava que uma disposição constitucional recém-adotada estava em conflito com a legislação existente, decidia alterar a Constituição e não a legislação ordinária. Quando o Tribunal Constitucional da Índia derrubava uma legislação como inconstitucional, o Parlamento respondia regularmente emendando a Constituição.[27] O Parlamento austríaco tem tratado a Constituição de maneira ainda mais desrespeitosa.

Embora tais práticas estejam em perfeita concordância com a Constituição, elas podem violar o constitucionalismo. O constitucionalismo assegura que a mudança constitucional será lenta, em comparação com a via rápida da política parlamentar normal. A Constituição deveria ser uma estrutura de ação política, não um instrumento para a ação. Na maioria dos países, a necessidade de maioria qualificada para uma emenda constitucional, com a raridade de grandes maiorias no Parlamento, assegurará que as constituições de fato mudem lentamente. Em países com uma tradição constitucional mais antiga, poderosas convenções não escritas podem também impedir os políticos de emendar constantemente a Constituição para promover fins partidários ou de curto prazo. Em contraste com as convenções constitucionais que podem substituir ou suplementar as Constituições escritas, estas podem ser pensadas como

---

[27] Rudolph e Rudolph (1987), cap. 3.

convenções metaconstitucionais. Como no caso das violações de convenções constitucionais, a violação de convenções metaconstitucionais desencadeará sanções políticas em vez de legais – uma derrota eleitoral ou uma revolução, em vez da aplicação de um controle de constitucionalidade.

As Constituições regulamentam a vida política, assim como a si próprias. A primeira tarefa é cumprida por dois tipos de disposições. Primeiro, há uma Carta de Direitos que visa proteger os cidadãos da interferência indevida do governo e assegurar a provisão de vários bens substantivos e procedimentais. Segundo, há estatutos regulamentando o que podemos chamar de máquina do governo: os modos de eleição e representação, as funções do governo, a separação dos poderes, o sistema de freios e contrapesos, e assim por diante. A tarefa de autorregulamentação das Constituições é também cumprida por dois conjuntos de disposições. Por um lado, há regras para o processo de emendas da própria Constituição. Por outro, muitas Constituições contêm disposições regulamentando sua suspensão temporária. Como o tópico deste capítulo é pré-compromisso e constitucionalismo, o interesse principal está nas características da própria Constituição que a tornam mais resistente a mudanças, isto é, as regras formais referentes a emendas à Constituição. Discutirei também as regras de suspensão da Constituição naqueles momentos em que Ulisses poderia querer desfazer os nós que o amarram ao mastro. A relação entre a autorrestrição constitucional e a máquina do governo é o tema de 2.5. Em 2.8 considerarei brevemente o papel dos direitos como dispositivo de pré-compromisso.

Regras para a apresentação de emendas

Exceto na Nova Zelândia, é mais difícil emendar a Constituição que promulgar leis ordinárias.[28] (Em geral, porém, as Constituições são *aprovadas* por maioria simples; uma exceção rara é a recente Constituição

---

[28] Mesmo na Nova Zelândia, o mero fato de nomear certas cláusulas como "constitucionais" em vez de ordinárias pode conferir alguma imunidade contra a fácil introdução de emendas (Eule, 1987, p.394), em virtude da uma convenção metaconstitucional.

CAPÍTULO DOIS 135

da África do Sul, para a qual se exigiu uma maioria mais ampla.[29]) Os maiores obstáculos às emendas constitucionais são:

- A petrificação absoluta das leis;
- A adoção de uma maioria qualificada no Parlamento;
- A exigência de quórum maior do que para uma legislação ordinária;
- Os atrasos;
- A ratificação do Estado (em sistemas federais);
- A ratificação por referendo.

Muitas Constituições também determinam que a Constituição não possa ser emendada durante um estado de emergência. Na Alemanha, mesmo que uma emenda passe na forma disposta pela Constituição, ela pode ser derrubada como inconstitucional pelo Tribunal Constitucional Federal se for julgada contrária aos princípios constitucionais fundamentais.[30] A mesma jurisprudência é válida agora na Índia.[31] Conjunções, disjunções e transações envolvendo esses princípios também são encontradas. Além disso, a Constituição dos Estados Unidos abre a possibilidade, nunca utilizada, de emendar a Constituição por meio de convenções constitucionais especiais. A proposta frequentemente apresentada de constitucionalizar convenções periódicas para a revisão da Constituição, até onde sei, nunca foi implementada.[32]

---

[29] Ver os detalhes sobre o caso da África do Sul em Shapiro (1996), p.216, nota 85. Na *Assemblée Constituante*, os delegados de direita tentaram, sem sucesso, impor maiorias qualificadas para a votação da nova Constituição (Castaldo, 1989, p.129).

[30] Finn (1991), p.190.

[31] Rudolph e Rudolph (1987), p.110-1; Davis, Chaskalson e De Waal (1995), p.37.

[32] Nos Estados Unidos, essa ideia foi defendida por Thomas Jefferson e violentamente criticada por James Madison (Holmes, 1988, p.215-21). Na França, foi discutida na *Assemblée Constituante* de 1789-91 (30, p.36ss.). Algo semelhante aconteceu na Constituição da Pensilvânia de 1776, que exigiu a eleição a cada sete anos de um Conselho de Censores para revisar a Constituição e propor emendas necessárias a uma convenção especialmente convocada. A Constituição polonesa de 1791, que exige um "Parlamento constitucional extraordinário" a cada vinte e cinco anos, foi válida por apenas dois anos. Uma disposição similar existiu na Constituição polonesa de 1921, cuja vida também terminou antes que chegasse o tempo de implementá-la.

Algumas constituições impõem uma petrificação absoluta dos direitos. O Artigo 79 (3) da Constituição alemã diz que os direitos básicos são imunes a revisão. De forma semelhante, o Artigo 57 da Constituição da Bulgária diz que os direitos fundamentais são irrevogáveis.[33] Algumas Constituições também oferecem a mesma proteção à forma básica de governo, por exemplo, à organização federal de um país (Alemanha) ou à forma republicana de governo (Romênia). Embora a Constituição dos Estados Unidos não torne a igualdade de representação dos estados no Senado imune a emendas, chega perto de fazê-lo ao estipular que "nenhum estado, sem o seu consentimento, será privado do voto igualitário no Senado".

As maiorias qualificadas vão desde a unanimidade (o *liberum veto* na Polônia antes de 1791),[34] passando pela exigência de uma maioria de três quartos (Bulgária), dois terços (muitos países) ou três quintos (França, República Tcheca e Eslováquia). Quando esses números se referem à maioria dos votos em vez de à maioria dos deputados, frequentemente se somam a altos quóruns; uma combinação comum é o quórum de dois terços com maioria de dois terços. No Canadá – um país onde a luta sobre as regras para a apresentação de emendas tem estado no coração da política por várias décadas – a maior parte das disposições requer o consentimento do Parlamento Federal e de dois terços das províncias, representando 50% da população. Já as regras para a apresentação de emendas, porém, só podem ser emendadas por uma decisão unânime de todas as províncias.

Os atrasos podem ser impostos de várias maneiras. Na Noruega, as emendas devem ser propostas durante uma legislatura e aprovadas em outra. Na Suécia, devem passar por dois parlamentos sucessivos. Na Bulgária, um caminho para uma emenda constitucional é descrito a seguir:

---

[33] Entretanto, o Artigo 158 indica que o art. 57 em si é emendável. De forma semelhante, o art. 148 da Constituição romana e o art. 79 da Constituição alemã, que listam as cláusulas pétreas na Constituição, não incluem a si próprios. Ver, em Suber (1990), p.101 e em outros trechos, uma discussão desse problema.

[34] Wagner (1997), p.62, afirma que a cláusula na Constituição norte-americana que protege a igualdade da representação dos estados no Senado é muito similar ao *liberum veto*. Em tese, porém, um estado pode perder seu voto igualitário no Senado se (i) essa alteração for aprovada por um procedimento normal de emenda e (ii) se o estado em questão votar a favor, mesmo se (iii) outros estados votarem contra.

CAPÍTULO DOIS   137

Uma proposta de emenda deve ser debatida pela Assembleia Nacional não antes de um mês e não depois de três meses após a data em que é apresentada. Uma emenda constitucional requer uma maioria de três quartos dos votos de todos os membros da Assembleia Nacional em três votações em três dias diferentes. Uma proposta que tenha recebido menos de três quartos, porém mais de dois terços dos votos de todos os membros estará qualificada para ser reapresentada após não menos de dois meses e não mais que cinco meses. Para ser aprovada nessa apresentação, a proposta deve alcançar maioria de dois terços dos votos de todos os membros. (arts.154-155)

Uma vez que uma emenda tenha sido aprovada pelo Parlamento, ela pode ser enviada a outra instância para ratificação. Em países de organização federalista, geralmente se exige o endosso de uma proporção das assembleias estaduais. A ratificação por referendo popular é opcional em alguns países e obrigatória em outros. Mais uma vez, pode-se exigir que certa porcentagem de eleitores registrados vote a favor da emenda, ou impor uma combinação de condições de participação com maioria. Como tais processos demandam tempo, tendem também a servir de freios.

Esses obstáculos podem ser combinados de várias maneiras. Primeiro, por conjunção: a Constituição pode, como na Noruega, exigir tanto um atraso quanto uma maioria qualificada. Em sistemas federais, pode-se exigir que tanto a maioria dos cidadãos como a maioria das repúblicas componentes vote a favor. A Constituição suíça de 1848 inclui uma disposição desse tipo; o Canadá tem um sistema similar, mas bem mais complicado. Segundo, por disjunção: na França, por exemplo, as emendas podem ser aprovadas ou por maioria simples no Parlamento com ratificação posterior por referendo, ou por maioria de três quintos no Parlamento, sem referendo. Um caso típico é a transação disjuntiva, em que atrasos podem ser reduzidos em troca de uma maioria mais ampla. Países com esse tipo de transação incluem a França, a Bulgária, a Noruega (mas apenas em relação à delegação da soberania nacional) e a Finlândia.

De modo geral, portanto, os dispositivos mais importantes para o pré-compromisso constitucional são as *maiorias qualificadas* e os *atrasos*. Como veremos de 2.7 a 2.10, as razões para usar um ou outro são bastante diferentes. Além disso, como veremos em 2.5, alguns dos motivos para o pré-compromisso podem ser satisfeitos por dispositivos não relacionados ao processo de emendas.

Suspendendo a Constituição

Concluo esta seção com um breve comentário sobre as cláusulas que regulamentam a suspensão da Constituição.[35] Em situação de emergência, pode-se querer suspender a Constituição se a aprovação de emendas levar muito tempo, ou se apenas uma medida temporária for necessária. A Constituição espanhola de 1978, que distingue entre estados de alerta, de emergência e de sítio, permite que a maior parte das liberdades civis seja suspensa nos dois últimos casos. O Artigo 16 da Constituição francesa de 1958 dá ao presidente poderes ilimitados durante um estado de emergência, exceto o poder de alterar a Constituição.[36] Alguns direitos podem ser protegidos contra suspensões durante emergências. Assim, o art. 48 da Constituição de Weimar permitia que o presidente abolisse o *habeas corpus*, a liberdade de reunião e a liberdade de associação, mas não a de expressão, além de abolir a proibição de legislação retroativa.[37] O artigo 81 da Constituição de Bonn estipula que nenhuma lei emendando ou suspendendo a Constituição pode ser aprovada durante uma emergência.[38]

---

[35] Agradeço a Bernard Manin por fazer-me compreender a importância das disposições de poderes de emergência em uma Constituição. Ver, no cap. 2 de Loveman (1993), uma análise histórica de regimes de exceção desde as ditaduras romanas até o presente; a maior parte desse trabalho é um estudo de tais regimes na história da América espanhola. Finn (1991) faz uma comparação entre os regimes de emergência na Irlanda do Norte e sob as constituições de Weimar e Bonn.

[36] Burdeau, Harmon e Troper (1991), p.696.

[37] Consequentemente, o art. 48 – com o 25, que autoriza o presidente a dissolver o *Reichstag* –, tornou-se "o instrumento pelo qual a democracia parlamentar de Weimar foi transformada em um governo presidencial" (Finn, 1991, p.142-3).

[38] Um esboço anterior da constituição de Bonn permitia ao governo, com a concordância do presidente das duas câmaras, suspender certos direitos básicos em uma emergência. "O artigo foi retirado da Lei Fundamental em sua versão final, pois pensava-se que, enquanto os poderes de ocupação continuassem a deter a responsabilidade pela defesa da República Federal e pela manutenção de sua ordem constitucional, o exercício dos poderes emergenciais pelo governo federal poderia levar à confusão" (Golay, 1958, p.132). Ver também Finn (1991), p.193ss.

CAPÍTULO DOIS

Muitas Constituições proíbem emendas à Constituição durante o estado de emergência; algumas proíbem alterações na lei eleitoral. A suspensão da Constituição pode em si estar sujeita a princípios constitucionais de separação dos poderes, freios e contrapesos. Na Constituição de Weimar, o Parlamento podia abolir as medidas de emergência. Na França, o Tribunal Constitucional deve ser oficialmente consultado. Voltarei à importância das cláusulas de emergência em 2.11.

2.4 Restrições à elaboração da Constituição

O processo formal de elaboração de uma Constituição é um fenômeno relativamente recente.[39] Os primeiros casos ocorreram nas colônias norte-americanas depois de 1776. Logo depois disso, os Estados Unidos, a França e a Polônia adotaram constituições escritas. Muitos processos posteriores de criação de Constituições ocorreram em ondas: no rastro das revoluções de 1948; após a Primeira e a Segunda Guerras Mundiais; por volta de 1960, quando muitas antigas colônias obtiveram a independência; e depois de 1989, após a queda do comunismo na Europa Oriental e da antiga União Soviética.[40] É claro que há também muitos casos de elaboração de Constituições que não fizeram parte de nenhuma onda.

Supra-autoridades

O tópico central do presente capítulo é se esses processos deveriam ser vistos como atos de restrição de outros ou como atos de autorrestrição. Uma introdução necessária a essa questão é *se as Assembleias Constituintes poderiam elas próprias estar sujeitas a restrições* que limitassem seus poderes de restrição ou de autorrestrição. Essa questão surge pelo simples fato de que em geral as Assembleias Constituintes não são autocriadas. A decisão de convocar uma Assembleia Constituinte deve ser

---

[39] Ver, em Elster (1995a), uma análise desse assunto.

[40] Ver, em Elster (1995a), explicações sobre por que a criação de constituições tende a ocorrer em ondas.

tomada por uma autoridade externa. Nos Estados Unidos, foi tomada pelo Congresso Continental; na França, em 1789, pelo rei; na França, em 1848 e 1946, pelo governo provisório; no Japão e na Alemanha Ocidental após a Segunda Guerra Mundial, pelo poder de ocupação; na Polônia, Hungria e Bulgária depois de 1989, pelas chamadas Mesas--Redondas entre o velho regime e a oposição. Embora uma Assembleia autoconvocada possa parecer uma impossibilidade lógica, o Parlamento de Frankfurt de 1848 se encaixa nessa descrição, até certo ponto. Em 5 de março de 1848, cinquenta e um líderes autonomeados da população se reuniram em Heidelberg para discutir o futuro da Alemanha, "sem a legitimação do Estado, sem a autorização explícita de ninguém, sem um procedimento de seleção regular, com o poder outorgado somente por sua própria vontade política".[41] Formaram o *Vorparlament** que se reuniu em Frankfurt em 31 de março. Esse grupo, por sua vez, votou por eleições para uma Assembleia Constituinte e montou um comitê para ajudar a administrá-la. Essa Assembleia se reuniu em 18 de maio. A elaboração da Constituição francesa de 1958 é outro caso limítrofe. Formalmente, o Parlamento da Quarta República concedeu a De Gaulle o poder de redigir a nova Constituição. Na realidade, ele forçou os deputados a isso.

Uma vez tomada a decisão de convocar uma Assembleia Constituinte, os delegados devem ser eleitos ou selecionados. Nesse caso, também, há a necessidade de uma autoridade exterior. Os delegados não podem selecionar a si próprios. Mais uma vez, há um espectro considerável de variações nos procedimentos de escolha. Nos Estados Unidos, eles foram selecionados pelas Assembleias Legislativas dos estados, exceto o da Carolina do Sul, onde a Assembleia Legislativa autorizou o governador a escolher os delegados. Na França em 1789, eles foram escolhidos pelos três estados. Na França e na Alemanha em 1848, foram eleitos diretamente por sufrágio universal. Essa tem sido a regra na elaboração da maioria das Constituições do século XX, com exceção das Assembleias eleitas indiretamente que elaboraram a Constituição indiana de 1948 e a Constituição alemã de 1949.

---

[41] Huber (1960), p.593.

* Pré-parlamento, ou assembleia preparatória. Em alemão no original. (N.T.)

CAPÍTULO DOIS

Em outras palavras, a Assembleia Constituinte tem duas supra-
-autoridades ou supracriadores: os que *convocam* e os que *selecionam*.
Naturalmente, ambas tentarão influenciar o documento final que a Assembleia deve produzir e/ou os procedimentos que deveria adotar para
suas deliberações. Em particular, desejarão se impor como subautoridades
finais que deverão ratificar a Constituição antes que esta entre em vigor.
É também natural que os criadores de uma Constituição tentem resistir às
tentativas de influenciar os procedimentos e seus resultados. Na França
em 1958, Pierre Cot avisou De Gaulle de que ele seria prisioneiro dos
generais que o haviam posto no poder: *"Qui t'a fait roi?"*.[*][42] Como sabemos, Cot revelou-se errado. De Gaulle era plenamente capaz de ignorar
aqueles a quem devia o poder.[43] Por motivos a serem discutidos em breve,
esse parece ser o caso na maioria das situações. As Assembleias Constituintes tendem a se considerar detentoras do que os alemães chamam de
Kompetenz-Kompetenz, ou o direito de definir seus poderes.

Como observado anteriormente, a supra-autoridade que inicia o processo de convocação pode ser um poder de ocupação vitorioso, como na
Alemanha e no Japão após 1945. No Japão, os norte-americanos conseguiram de modo geral impor sua Constituição.[44] Na Alemanha, os poderes de ocupação encontraram mais resistência. Os alemães conseguiram
contornar a insistência dos Estados Unidos de uma Constituição fortemente descentralizada, jogando com as divisões internas entre os poderes
ocidentais e com a crescente ameaça do comunismo.[45] Em vez de explorar

---

[*] "Quem te fez rei?". Em francês no original. (N.T.)

[42] Comité National (1987-1991), v.I, p.125.

[43] Embora os generais fossem a fonte do poder *de facto* de De Gaulle, *de jure* ele devia seu
poder ao Parlamento da Quarta República. De um ponto de vista técnico, seus poderes
constituintes eram, na verdade, restritos pelo Parlamento. Embora essa tenha sido "a primeira vez na história constitucional [francesa] que o órgão constituinte não foi investido de
autoridade incondicional" (Burdeau, Hamon e Troper, 1991, p.449), as restrições não foram
muito fortes. A única solução excluída pelas disposições parlamentares – especificamente
a cláusula *"le Gouvernment doit être responsable devant le Parlement"*, ("o Governo deve
ser responsável perante o Parlamento") (Comité National, 1987-1991, v.I, p.125) – era
um regime presidencial no estilo norte-americano, que De Gaulle nunca desejou.

[44] Ver, em Koseki (1997), uma análise com matizes mais variados.

[45] Golay (1958), p.17, 8, 110. Ver, em Marsh (1992), cap. 6, especialmente as p.49-50, sobre
um caso especial do Banco Central.

tais tentativas de impor Constituições a partir de fora, porém, discutirei o caso mais interessante de um velho regime tentando restringir o novo ao qual está, relutantemente, dando origem. Como em 2.7, meus exemplos são a Convenção Federal na Filadélfia (1787) e a *Assemblée Constituante* em Paris (1789-1791). Esses são provavelmente os casos mais ilustres de elaboração de constituições na história, e extremamente interessantes em diversos aspectos.[46]

Como foi observado, a decisão de convocar a Assembleia deve ser tomada por uma autoridade preexistente, que, em nossos dois casos, foram o Congresso Continental e o rei da França. Como também foi observado, o mecanismo pelo qual os delegados são eleitos ou selecionados deve igualmente existir antes da própria Assembleia. Nos casos de que me ocupo aqui e na maioria dos outros de interesse, essas duas autoridades exteriores não coincidem.[47] Embora Luís XVI tenha decidido convocar os Estados Gerais, ele não podia escolher os delegados. Quando tentou obter o poder de confirmar-lhes as credenciais, isso lhe foi recusado. O Congresso Continental tomou a decisão de convocar a Convenção Federal e as Assembleias Legislativas estaduais escolheram os delegados.[48]

Embora a Assembleia esteja impedida de decidir a convocação e a delegação iniciais, ela pode se apropriar do poder sobre todas as outras decisões. Em graus variados, foi isso que aconteceu nas duas Assembleias do século XVIII. Elas confirmaram as próprias credenciais, estabeleceram muitas de suas próprias regras, às vezes anulando suas diretrizes, às vezes suplementando-as. A tensão entre as Assembleias e os que as convocaram – entre a criatura e o criador – estava no centro de ambos os processos. Na Filadélfia, as Assembleias Legislativas estaduais, que

---

[46] Ver também, em Elster (1993b, 1994, 1995b, 1995c), uma análise comparativa dessas duas Assembleias.

[47] Tal coincidência indicaria que estamos lidando meramente com uma Assembleia fantoche, sem vontade própria. Um exemplo seria o corpo de 66 homens convocados na China por Yuan Shikai, em 1914, para dar uma aparência de legalidade a sua legislação por meio de um "pacto constitucional".

[48] Não estou tentando negar os laços entre as Assembleias Legislativas e o Congresso. Entretanto, Assembleias Legislativas agindo coletivamente por meio do Congresso para convocar uma convenção não deveriam ser confundidas com o seu poder individual de selecionar delegados.

CAPÍTULO DOIS

eram a fonte da autoridade dos delegados, eram também percebidas por muitos como um enorme obstáculo aos seus esforços. Em Paris, havia uma relação de certa forma similar entre o rei e a Assembleia.

A forma geral do problema é simples. Por um lado, parece ser um princípio geral que, se X cria Y, então X tem uma autoridade superior à de Y.[49] Por outro lado, se Y é criado para regulamentar, entre outras coisas, as atividades de X, Y pareceria ser a instância superior. O paradoxo pode também ser resumido em dois ditados opostos, "Que o criador de reis tema o rei" e "Que o rei tema o criador de reis". Essas relações existem entre a Assembleia e o que a convoca, e entre os delegados e seus constituintes. Coletivamente, os delegados devem sua existência a uma instituição; individualmente a outra. Esses fatos são cruciais para o entendimento dos debates das duas Assembleias.

Em ambos os casos, as Assembleias saíram vitoriosas sobre seus criadores. Os delegados na Convenção Federal conseguiram substituir as Assembleias Legislativas estaduais por convenções especiais como corpos ratificadores. Além disso, eles desautorizaram implicitamente o Congresso, quando exigiram a ratificação de nove dos treze Estados em vez da unanimidade que regia as mudanças nos Artigos da Confederação.[50] Os delegados franceses transformaram o veto do rei *na* Constituição em um veto meramente suspensivo, e o veto *sobre* a Constituição em uma formalidade desprovida de conteúdo. Além disso, ignoraram as instruções de seus constituintes em diversas questões cruciais. Esse resultado não deveria nos surpreender. Quase por definição, o velho regime é parte do problema que uma Assembleia Constituinte tem de solucionar. Mas *se o regime é falho, por que a Assembleia deveria respeitar suas diretrizes?*

Mandatos restritos

Seguindo a distinção feita por Talleyrand na *Assemblée Constituante* (8, p.201), podemos distinguir entre três tipos de restrições impostas a

---

[49] Esse princípio, porém, dá lugar a um paradoxo se a cláusula de emendas de uma Constituição é usada para emendar a si própria (Suber, 1990).

[50] Ver, em Ackerman e Katyal (1995), uma discussão completa dessas e outras questões.

mandatos: instruções sobre como votar em questões específicas; instruções para recusar o debate de questões específicas, e instruções para retirar-se da Assembleia caso certas decisões sejam tomadas. Todos esses casos são tentativas de restringir delegados individuais. Além disso, foi discutido, tanto em Paris como na Filadélfia, que a própria Assembleia tinha um mandato limitado, de forma que certas instituições ou questões estavam proibidas de ser discutidas.

Na Assembleia francesa, os mandatos individuais foram invocados basicamente para resolver três questões: decidir se as votações seriam por ordem ou por cabeça; recusar o consentimento para um empréstimo antes de a Constituição ter sido aprovada, e aprovar o veto do rei na Constituição e sobre ela. Nesses três casos, a maioria dos delegados acabou por decidir ignorar suas instruções. A questão principal em relação ao mandato coletivo da Assembleia surgiu no debate sobre o veto real na e sobre a Constituição. Para muitos, era evidente que a Assembleia não tinha mandato para destruir ou limitar seu criador. Para outros, era igualmente evidente que a Assembleia podia fazer qualquer coisa que quisesse, como encarnação da vontade na nação.

Na Convenção Federal, a delegação de Delaware chegou com instruções de não aceitar nada que não fosse a igualdade de votos para todos os estados da União. Embora as instruções em si (3, p.173, 574) não implicassem mais do que mandatos restritos do primeiro tipo, a ameaça de retirada foi feita no início da convenção (1, p.37). Os delegados dos estados escravocratas também ameaçaram se retirar a menos que obtivessem o que queriam quanto ao comércio de escravos (2, p.364), mas nunca se referiram a qualquer mandato do primeiro ou do terceiro tipo.[51] Embora as ameaças tenham mais credibilidade quando apoiadas por instruções de um corpo superior (ver 1.4), os fortes interesses dos estados escravocratas tornaram crível que estes se retirariam se não conseguissem o que queriam. Para eles, uma União com fortes restrições sobre a posse e comércio de escravos seria pior que uma existência isolada fora da União. Em termos

---

[51] Dois delegados do estado de Nova York (Lansing e Yates) de fato se retiraram da convenção. Isso, porém, não significou a retirada *da delegação* de Nova York.

CAPÍTULO DOIS

de negociação, portanto, podiam recusar com credibilidade uma opção que era pior do que o seu ponto de discordância.[52]

As instruções de Delaware foram o único caso de mandatos individuais na Convenção Federal. Muito mais importante foi a questão de se a própria convenção tinha mandato para propor alterações extensas na Constituição. Alguns delegados à Convenção Federal (por exemplo, ver 1, p.34, 249, 250) alegaram que suas instruções não se estendiam ao tipo de reforma abrangente que estava sendo proposto. Eles não ameaçaram, porém, se retirar por esse motivo. Os defensores de uma mudança radical deram duas respostas. James Wilson disse, de forma pouco convincente, que "se julgava autorizado a *não concluir nada*, mas a ter a liberdade para *propor qualquer coisa*" (1, p.253). George Mason argumentou mais energicamente que "em certos momentos de perigo público é recomendável abusar do poder" (1, p.346). Randolph, de forma similar, "não era escrupuloso na questão do poder" (1, p.255). A iniciativa individual pode ser justificada por circunstâncias externas. Esse tipo de declaração era também frequente na Assembleia francesa. As condições excepcionais que criaram a convocação para uma Assembleia Constituinte também justificavam usurpações de poder que pareceriam ilegais sob circunstâncias normais. No processo de criar uma Constituição, o criador de reis deveria temer o rei.

Confirmando as credenciais

Uma vez que os delegados se reúnam, suas credenciais devem ser confirmadas para que a Assembleia possa começar a trabalhar. Na Filadélfia, esse passo potencialmente delicado não causou nenhum problema. Em Paris, os debates de confirmação acabaram sendo um estágio crucial da autotransformação dos Estados Gerais na Assembleia Nacional.[53] Duas

---

[52] Ver também em Elster (1995f) uma interpretação de outros debates na Convenção Federal em termos da teoria da negociação.

[53] Após as sessões plenárias iniciais, esses debates ocorreram em um pequeno comitê com delegados das três ordens. Embora as transcrições desses debates estejam relativamente completas, elas não nos permitem identificar o nome de quem fala, mas apenas a ordem a que pertencia.

questões estavam em jogo. Primeiro, a nobreza queria que cada ordem confirmasse os poderes de seus próprios delegados, enquanto o Terceiro Estado queria que a confirmação tivesse lugar em uma sessão conjunta de todas as três ordens.[54] (O clero declarou desde o princípio que apoiaria qualquer acordo firmado entre as outras duas ordens.) Segundo, quando a nobreza viu que não conseguiria o que queria, aceitou uma proposta de que o rei seria o árbitro dos casos contestados. Isso, também, era inaceitável para o Terceiro Estado.

A primeira questão foi, em grande parte, um estratagema para desviar a atenção. Por trás disso estava a questão muito mais importante de se a Assembleia deveria votar por ordem ou por cabeça. A nobreza achava que um procedimento de confirmação conjunta criaria um precedente a favor do voto por cabeça (P, p.8). Embora o Terceiro Estado negasse veementemente essa implicação (P, p.9, 95), e até afirmasse (não sem plausibilidade) que o voto por ordem tornaria a confirmação comum ainda mais necessária (P, p.117), há pouca dúvida de que usaram essa questão para introduzir a exigência mais crucial do voto por cabeça. Na realidade, a resolução final da crise veio quando o Terceiro Estado se transformou unilateralmente na Assembleia Nacional, e convidou os delegados das outras ordens a se juntarem a eles.

Antes de isso acontecer, porém, o comitê havia examinado o acordo proposto de consultar o rei sobre os casos contestados. Os comissários do rei argumentaram (P, p.160) que, tendo sido ele quem criou a Assembleia, o rei tinha também o direito de confirmar as credenciais dos delegados em casos de discordância entre as ordens. (Eles, na verdade, apresentaram isso como uma concessão, já que na Assembleia anterior dos Estados Gerais, em 1614, o rei chegava a ter o direito de decidir em casos de discordância *dentro* de cada ordem.) O porta-voz do Terceiro Estado reconheceu a natureza do dilema (P, p.75, 86-7). Por um lado, era inaceitável que as credenciais da Assembleia devessem ser julgadas por

---

[54] Nessa sessão conjunta, cada delegado teria um voto. Um acordo sugerido pelo clero (P, p.39) – ter as credenciais confirmadas com um voto por ordem, de forma que quaisquer dois estados poderiam bloquear as credenciais de um delegado do terceiro – não foi discutido seriamente.

um poder exterior. Se levada ao limite, essa prática significava que era o rei que escolhia os delegados. Por outro lado, a autoconfirmação criava um círculo vicioso: como poderia a Assembleia confirmar as credenciais sem ter sido constituída, e como poderia ser constituída sem a confirmação anterior das credenciais? A resposta para o dilema foi puramente pragmática: "É impossível acreditar que a maioria dos que se apresentam como delegados não devam ter credenciais válidas".[55] Por fim, o Terceiro Estado cortou o nó górdio simplesmente declarando-se constituído.

Regras de deliberação

Outro aspecto da formação das Assembleias constituintes se refere a suas regras internas de funcionamento. Ambas as Assembleias tiveram de aceitar o fato de que havia uma divisão preexistente da nação em grupos de tamanho desigual (os Estados Gerais na França e os estados que viriam a compor os Estados Unidos). Em ambas, surgiu a questão de se a Assembleia deveria proceder sob o princípio de "um homem, um voto" ou de "um grupo, um voto". Em ambas, as autoridades que as convocaram tentaram impor o segundo princípio. Elas tiveram sucesso na Assembleia norte-americana, mas não na francesa.

Em Paris, Necker fracassou em sua tentativa de impor a ideia de que o método tradicional de deliberação e voto por ordem não poderia ser alterado exceto por um acordo das três ordens e com a aprovação do rei. Em vez disso, o Terceiro Estado impôs unilateralmente a deliberação comum e o voto por cabeça. Esse resultado, sem dúvida alguma, era claramente o que Necker pretendia produzir. O fato de o Terceiro Estado ter o dobro dos votos faria pouca diferença se o voto fosse por ordem. Ele esperava, porém, que o resultado fosse alcançado por meio de acordos e negociações. Com esse fim, lutou sem sucesso contra as Assembleias

---

[55] Mesmo que se admita essa premissa, o dilema persiste. Suponha que a Assembleia tenha cem delegados, que três das credenciais são contestadas, e que os delegados não contestados estejam divididos em 49 a 48 sobre a validade das credenciais contestadas. Se no voto sobre um caso contestado os outros casos contestados votassem com a minoria, as credenciais contestadas seriam aprovadas.

Eleitorais que instruíram seus delegados a votarem a favor ou contra o voto por cabeça.[56]

A votação na Convenção Federal foi por voto da maioria, com cada estado tendo um voto. Embora os delegados da Pensilvânia quisessem recusar o voto igualitário aos estados menores, essa proposta nunca foi colocada na mesa (1, p.10 n.). Quando foi formado um comitê para forjar um acordo sobre a casa superior, James Wilson "objetou ao comitê, pois este decidiria de acordo com aquela mesma regra de voto combatida por um dos lados" (1, p.515), mas sem sucesso. No entanto, a igualdade de votos na convenção não poderia em si assegurar que o resultado seria a representação igualitária no Senado, já que as decisões eram tomadas pelo voto da maioria entre os estados e os pequenos estados constituíam uma minoria. Os grandes estados fracassaram em sua tentativa de impor uma representação proporcional, mas não porque as regras de voto na Convenção tornassem a representação igualitária uma conclusão predeterminada.

O processo norte-americano teve três estágios. No primeiro, houve a convocação da Assembleia pelo Congresso. No segundo, a aprovação de um processo de votação a ser utilizado na Convenção. No terceiro, a aprovação de um processo de votação para o futuro Senado. *Em todos os três estágios, o princípio de um estado, "um voto" foi seguido.* É tentador ler uma conexão causal nesse fato. A Convenção aprovou esse princípio para seu próprio funcionamento porque ele era usado pela instituição que a convocou. E a Convenção adotou o princípio para o futuro porque os estados menores na Convenção se beneficiaram da força desproporcional que derivaram de seu uso naquele estágio. Embora o princípio não explique por si só a decisão final de ter uma representação igualitária no Senado, pode ter sido um fator de peso, talvez até mesmo essencial.[57]

Há dois mecanismos que podem ter atuado aqui. Por um lado, a simples força da precedência e da consistência. Como William Paterson

---

[56] Egret (1975), cap. 5, especialmente as p.248, 266; também Castaldo (1989), p.143-4.

[57] Ver em Elster (1995f) uma discussão de outros mecanismos que podem ter influenciado essa decisão.

perguntou na convenção, "se o correto é uma representação proporcional, por que não votamos assim aqui?" (1, p.250). Por outro, a igualdade dos votos na Convenção aumentou o poder de voto dos pequenos estados. Já que os pequenos estados estavam em minoria, isso não poderia por si assegurar sua vitória. Mas o processo de votação na Convenção aumentou seu poder de negociação quanto à troca de favores. Qualquer que fosse o mecanismo, observamos uma profunda continuidade nos processos norte-americanos. Os Artigos da Confederação moldaram a Convenção. Por meio da Convenção, eles também moldaram a Constituição que foi finalmente aprovada. A Assembleia francesa rompeu de maneira bem mais definitiva com o passado. Uma vez que o Terceiro Estado obteve o voto por cabeça, nada poderia detê-los.

Subautoridades

Considere finalmente a ratificação da Constituição. Esse ato visa conferir uma sublegitimidade à Constituição, a ser distinguida da supralegitimidade derivada das autoridades que convocaram a Assembleia. Embora as leis ordinárias não precisem de outra legitimidade além da advinda do fato de terem sido adotadas por uma Assembleia eleita dentro da lei, a Constituição parece exigir um segundo exame. Como regulamenta os aspectos mais básicos da vida política e é deliberadamente construída para ser difícil de ser alterada, pode-se argumentar que deveria haver uma oportunidade de examinar de perto a Constituição e, se necessário, anular as decisões da Assembleia Constituinte. Além disso, saber que essa possibilidade existe manterá os constituintes dentro de certos limites. Não querendo ter suas decisões revogadas, eles preverão uma possível censura e sentir-se-ão constrangidos por ela.

Poderia parecer evidente que as autoridades que convocaram a Assembleia Constituinte também quisessem ter o direito ao veto do documento final. Entretanto, os próprios constituintes poderiam não acatar a autoridade de seus criadores, especialmente se o seu mandado já estivesse concluído. Em vez disso, poderiam se autoproclamar as autoridades finais e soberanas, eliminado a necessidade de uma ratificação. Poderiam também apelar diretamente ao povo ou a convenções especiais. Esses são os resultados que foram observados, respectivamente, nos casos da França e dos Estados Unidos.

Na França, o direito do rei de vetar a Constituição foi uma questão espinhosa, especialmente após o decreto de 4 de agosto de 1789, que aboliu todos os privilégios feudais. Como o rei hesitava em dar sua sanção ao decreto, surgiu a questão de se o seu consentimento era necessário ou não. Tanto o rei como a Assembleia viam o outro como sua criatura, investida de poderes apenas por meio de suas ações. Mounier sugeriu que, já que o rei criou a Assembleia, ele deveria também ter o direito de vetar as decisões desta (8, p.587). Em resposta, Target argumentou que um veto real sobre a Constituição seria absurdo, como se "o poder constituinte tivesse de pedir permissão ao poder constituído" (8, p.603). Quando a questão surgiu novamente nos últimos dias da Assembleia (30, p.127ss.), ficou garantida ao rei a liberdade de rejeitar a Constituição. Embora alguns de seus conselheiros tenham-no encorajado a forçar um acordo, ele optou pela aceitação incondicional.[58] É justo dizer que nessa ocasião – depois da fuga para Varennes, que minou sua autoridade – ele não tinha escolha. Lendo os debates, não há nada que indique que ocorreram sob a sombra de uma futura ratificação.

Essa sombra, em contraste, estava bastante presente na Convenção Federal. Embora nenhum procedimento de ratificação tivesse sido estabelecido na convocação da Convenção, muitos davam por certo que a Constituição teria de ser ratificada ao final pelas Assembleias Legislativas estaduais. Raciocinando a partir dessa premissa, argumentavam que a Constituição deveria ser confeccionada de forma a se ajustar bem aos outros corpos. Charles Pinckney afirmou, por exemplo, que "haveria uma probabilidade menor de as Assembleias Legislativas promoverem a adoção do novo governo se fossem excluídas de toda participação nele" (I, p.132). Ellsworth disse em termos similares que "se sentimos ciúmes dos [governos dos] estados, eles o sentirão de nós" (I, p.374). A Constituição não receberia a aprovação deles "se, quando chegar em casa, eu lhes disser que demos [ao Governo Geral] tais poderes porque não pudemos confiar em vocês". Outros viraram o argumento de ponta-cabeça: se as

---

[58] Hampson (1988), p.182. Na realidade, um acordo havia sido feito anteriormente.

CAPÍTULO DOIS

Assembleias Legislativas estaduais tinham um interesse institucional no resultado, não deveriam julgar em causa própria. Rufus King, por exemplo, defendeu a ratificação por convenções especiais com base na ideia de que, "se as Assembleias Legislativas também perderem poder, haverá maior probabilidade de que levantem objeções" (I, p.123). No fim, a última opinião foi adotada. A Convenção decidiu que a Constituição tinha de ser aprovada por convenções em nove dos treze estados. Esse procedimento envolveu um duplo rompimento com os Artigos das Confederações, que exigiam a ratificação unânime pelas Assembleias Legislativas estaduais para todas as alterações.

As Assembleias Constituintes encarnam, portanto, o que em outros textos chamei de "paradoxo da democracia": cada geração quer ser livre para restringir suas sucessoras, mas não quer sofrer restrições por parte de suas predecessoras.[59] Por um lado, a Assembleia quer se libertar dos mandatos e restrições que as supra-autoridades tentam lhe impor. Por outro, quer estabelecer a lei para gerações futuras e dificultar a sua libertação (e tornar-lhes difícil restringir as gerações que, por sua vez, as sucederem). Uma interpretação seria que os constituintes se veem como superiores tanto aos regimes corruptos ou ineficientes que estão substituindo quanto aos regimes movidos pelo interesse e pela paixão que os substituirão. Como veremos, porém, interpretações mais benignas também são possíveis.

2.5 Dois níveis de pré-compromisso constitucional

Em 2.3, argumentei que a imposição de atrasos e de maiorias qualificadas está no núcleo do pré-compromisso constitucional. Atrasos e maiorias qualificadas são também usados, contudo, no processo político ordinário. Um argumento padrão em defesa do bicameralismo, como veremos, é que, ao atrasar o processo legislativo, permite-se que a paixão esfrie e que a razão (ou o interesse) retome o controle. De forma semelhante, a necessidade de se ter uma maioria qualificada no Legislativo

---

[59] Elster (1984), p.93; ver também Holmes (1988).

para revogar um veto executivo pode refletir interesses semelhantes aos que fundamentam a exigência de maiorias qualificadas para a aprovação de emendas. Entretanto, essas avaliações do poder legislativo não terão uma função de restrição muito grande se não forem protegidas pela constituição. São restrições que funcionam somente porque estão elas próprias embutidas em restrições. Se a cláusula constitucional que exige maioria de dois terços no Congresso para revogar um veto executivo pudesse ser abolida por maioria simples no Congresso, sua existência não teria muito sentido. Da mesma forma, dispositivos de atraso não seriam muito úteis se pudessem ser abolidos instantaneamente, a qualquer momento.[60]

Em 2.9, afirmo que a separação dos poderes pode servir de dispositivo de pré-compromisso. Confiando a política monetária a um banco central e proibindo o governo de intervir nele, por exemplo, a Constituição soluciona um problema de inconsistência temporal que surgiria de outro modo. Entretanto, esse esquema teria pouca eficácia se a Constituição pudesse ser alterada por maioria simples. Um governo que se sentir intoleravelmente obstruído pelo banco central pode então usar sua maioria parlamentar para abolir sua independência. Ele pode desistir de fazê-lo, porém, se os custos políticos forem proibitivos, isto é, se a independência do banco for mantida por uma convenção constitucional.

Dois casos poloneses

A Constituição polonesa que esteve em vigor entre 1989 e 1992 ilustra como a exigência de uma maioria qualificada sem apoio da Constituição pode ser vazia. Como um resíduo da Constituição comunista anterior, o documento permitia ao Parlamento revogar decisões do Tribunal Constitucional que anulavam leis parlamentares. Essa característica encarnava a típica ficção comunista da supremacia total do Parlamento. Embora a Constituição não dissesse nada sobre a maioria parlamentar que era necessária, a lei sobre o Tribunal Constitucional especificava que uma

---

[60] Estou desprezando os possíveis efeitos de restrição de convenções metaconstitucionais.

maioria de dois terços era exigida. Como essa lei podia ser alterada por maioria simples, porém, a maioria qualificada era essencialmente fictícia. Nenhum Parlamento pode restringir os parlamentos futuros de modo eficiente por meio da legislação ordinária.[61]

Um exemplo ainda mais evidente de tais autorrestrições fictícias foi observado na elaboração da "Pequena Constituição" de 1992.[62] Na Constituição criada pelas Mesas-Redondas de 1989, o Sejm (Câmara Baixa) precisava de uma maioria de dois terços para derrubar um veto do Senado. Em seus próprios estatutos, o Sejm também adotava o princípio de que uma maioria simples era necessária para a aprovação de emendas do Senado a leis ordinárias, e uma maioria de dois terços para emendas constitucionais. Isso implicava que um projeto emendado que recebesse menos de 50% (67% para leis constitucionais), porém mais de 33% dos votos no Sejm, era rejeitado – nem a versão emendada nem a versão sem emenda passavam. Para superar esse problema, duas soluções foram aventadas. Em julho de 1992, o Sejm mudou seus estatutos de forma que um projeto emendado fosse automaticamente aprovado a menos que houvesse uma maioria de dois terços contra a sua aprovação no Sejm. Essa solução eliminava a indeterminação inerente ao sistema anterior, mas à custa de dar um poder legislativo decisivo ao Senado. Metade do Senado, juntamente com um terço do Sejm, podia agora decidir o destino de qualquer lei, mesmo de alterações na Constituição. A segunda solução foi a adotada na Pequena Constituição, em que as emendas do Senado eram aceitas a menos que fossem rejeitadas por uma maioria de deputados do Sejm. Para fazer que a Pequena Constituição, incluindo-se essa disposição, passasse, o Sejm primeiro emendou seus estatutos mais uma vez. Os deputados reintroduziram, então, o procedimento original para leis ordinárias, mas decidiram que, no caso de emendas constitucionais, haveria uma votação apenas a respeito de se adotar ou não a emenda do Senado. Se a emenda não obtivesse dois terços dos votos, seria rejeitada, enquanto antes eram necessários dois terços de votos contrários para a

---

[61] Esse é o tema principal de Eule (1987).

[62] Ver, em Elster (1993a), uma exposição mais completa.

rejeição. Depois disso, o Sejm foi em frente e votou contra as emendas do Senado à Pequena Constituição.

Dois níveis de pré-compromisso

O pré-compromisso constitucional opera, portanto, em dois níveis. Em um primeiro nível, a Constituição pode projetar a *máquina de governo* ordinária de forma a contrabalançar a paixão, superar a inconsistência temporal e promover a eficiência. Em um nível mais elevado, a *máquina de emendas* da própria Constituição pode ser projetada para ser lenta e complicada. Essas restrições de alto nível têm dois efeitos. Por um lado, agem diretamente sobre os problemas da paixão, da inconsistência temporal e da eficiência. Por outro, garantem e estabilizam os mecanismos de primeiro nível que, por sua vez, agem sobre os mesmos problemas.

Um caso especial surge quando a Constituição determina se é o caso de se permitir ou exigir que os agentes políticos se pré-comprometam. Jean-Jacques Laffont e Jean Tirole discutem o problema no contexto da negociação entre o governo e uma empresa sobre os lucros da exploração de um monopólio natural como um poço de petróleo.[63] A escolha para os constituintes bem-intencionados é entre uma Constituição que exija que o governo faça contratos de longo prazo (dois mandatos) com a empresa e uma que impeça contratos de longo prazo. (Eles não consideram a opção de deixar a opção para o governo do primeiro mandato.) Em seu modelo, o pré-compromisso tem eficiência máxima se a probabilidade de que os governos sejam honestos é ou muito baixa ou muito alta; no nível intermediário, a proibição do pré-compromisso pode ser desejável.[64] Mais uma vez, para ser eficaz, o pré-compromisso a favor ou contra o pré-compromisso precisa ser protegido da interferência da maioria atual.

---

[63] Laffont e Tirole (1994), cap. 16.

[64] Em seu modelo, a Assembleia Constituinte e o governo descontam o futuro com mesma taxa. Não sei a que ponto os resultados se aplicariam supondo-se que a taxa de desconto dos fundadores é mais baixa.

2.6 A autorrestrição na política ateniense

O sistema político ateniense nos séculos V e IV a.C. não era constitucional, se com isso queremos dizer o regime que atende os critérios substantivos, procedimentais e legais enumerados em 2.3. Não havia nenhum subconjunto de leis, isto é, leis que fossem hierarquicamente superiores a outras ou mais difíceis de alterar.[65] De fato, até cerca de 400 a.C. não havia nenhuma exigência de que os casos fossem julgados por leis escritas, em oposição a não escritas. Contudo, ao longo de todo o período encontramos procedimentos estabelecidos cujo efeito – e, possivelmente, propósito – era colocar obstáculos contramajoritários às paixões da maioria. Diante da falta de provas documentais, devo manter em aberto a questão de se eram dispositivos intencionais de pré-compromisso ou meramente restrições incidentais sobre a formulação de políticas.

Os procedimentos em questão eram em si relativamente imunes à paixão, como teriam de ser a fim de oferecer uma proteção eficaz contra o comportamento impulsivo. Durante todo esse período, uma convenção metaconstitucional parece ter impedido a Assembleia de mudar as regras no meio do jogo. No calor do momento, os atenienses poderiam, como veremos, violar as regras, mas não alterá-las. No século IV a.C. havia também uma garantia formal contra mudanças precipitadas. Até então, a Assembleia podia aprovar apenas decretos. Seguindo um procedimento mais elaborado, as leis eram aprovadas por um corpo menor de cidadãos com no mínimo trinta anos de idade.

---

[65] "Em contradição às leis originais de Sólon, o *corpus* revisado das leis [após 403] acabou por incluir um número considerável de leis constitucionais (isto é, normas definindo a estrutura e os poderes dos órgãos do governo). Elas não formavam uma parte separada e especialmente protegida do código de leis; os atenienses não tinham uma Constituição no sentido formal e, embora às vezes usassem cláusulas pétreas para dificultar a reversão de uma lei ou um decreto, tais cláusulas não eram atreladas ao que chamamos de leis constitucionais" (Hansen, 1991, p.165). Como exemplo de petrificação das leis, Hansen cita um estatuto (mencionado em Demóstenes 23.62) segundo o qual "quem quer que, sendo magistrado ou cidadão, provoque a supressão ou alteração dessa lei, será proscrito, junto com seus filhos e suas propriedades". Não estou certo de como isso se enquadra na declaração de que "todas as decisões políticas em Atenas são tomadas por maioria simples" (Hansen, 1991, p.304).

Os perigos da paixão popular

As fontes indicam que os atenienses se preocupavam sobretudo em como neutralizar as *paixões* majoritárias. Dada a natureza da democracia direta, havia menos necessidade de conter o *interesse* partidário. Os atenienses podiam ter agrupamentos políticos soltos, mas nenhum partido poderia mobilizar os eleitores com base no interesse.[66] A respeito da importância das paixões majoritárias, deveríamos ser cautelosos em relação às fontes, que muitas vezes apresentam um viés aristocrático (como no caso de Tucídides) ou datam de muitos séculos após os eventos que descrevem (como no caso de Plutarco). Jennifer Tolbert Roberts argumenta, por exemplo, que a visão popular da democracia ateniense como o governo de uma massa levada pelas emoções está seriamente equivocada.[67] Na opinião dela, os processos contra administradores públicos de Atenas baseavam-se sobretudo em acusações justificadas de comportamento criminoso ou incompetente, ou decorriam de importantes diferenças políticas. Não tenho competência para avaliar essa afirmação em nível geral. Em vez disso, citarei apenas dois casos famosos de emoção de massa, para sugerir em seguida que algumas partes do elaborado sistema político dos atenienses podem ter servido para protegê-los contra essa tendência.[68]

O primeiro caso (provavelmente datado de 440 a.C.) se referia aos *Hellenotamiai*, uma comissão de dez tesoureiros da Liga de Delos. Tudo o que sabemos sobre esse episódio é uma passagem de um discurso de Antifonte (5.69-70):

---

[66] Hansen (1991), p.287.

[67] Roberts (1982).

[68] Os atenienses estabeleceram um limite, que pode ser difícil de entender, entre as emoções de massa justificadas e injustificadas. Heródoto (IX.5) conta uma história sobre Lícidas, membro do Conselho dos Quinhentos, que sugeriu ao Conselho que cedesse ao pedido dos persas. Quando os atenienses ouviram isso, "ficaram cheios de raiva, e imediatamente cercaram Lícidas e o apedrejaram até a morte". Além disso, as mulheres de Atenas apedrejaram sua esposa e filhos até a morte. "O orador se viu punido simplesmente por fazer uma proposta que não foi aprovada; em vez de induzir o horror ou o remorso de gerações posteriores, o caso serviu de exemplo invocado para obter a punição daqueles que estão dispostos a fazer acordos com o inimigo" (Ruzé, 1997, p.439).

CAPÍTULO DOIS

Os *Hellenotamiai* foram uma vez acusados de apropriação, tão injustamente como o sou hoje. A raiva afastou a razão para o lado, e foram todos mortos com a exceção de um. Mais tarde, os verdadeiros fatos vieram à tona. Este que sobreviveu, cujo nome dizem ter sido Sósias, embora condenado à pena de morte, ainda não havia sido executado. Enquanto isso, foi demonstrado como o dinheiro tinha desaparecido. O povo de Atenas o resgatou das próprias mãos dos Onze [os encarregados da execução das sentenças]; enquanto os demais haviam morrido inteiramente inocentes.

Não há necessidade de enfatizar a condenação implícita dessa ação impulsiva.

O segundo caso (de 406 a.C.) surgiu após uma vitória ateniense em uma batalha naval nas ilhas Arginusas. De acordo com Xenofonte (*Hellenica* I.6-7), os generais vitoriosos foram impedidos por uma tempestade de resgatar os marinheiros dos navios avariados da frota. Mais tarde, oito dos dez generais foram coletivamente acusados de traição e condenados à morte, e seis deles que estavam em Atenas foram executados. Devo sublinhar os passos principais do procedimento que levou a esse resultado.[69] Ao fazê-lo, referir-me-ei ao procedimento chamado *graphé paranomon* – ação movida contra qualquer um que fizesse uma proposta ilegal na Assembleia –, que será explicado em detalhe mais adiante.

Após um encontro preliminar na Assembleia, que debateu a responsabilidade dos generais sem tomar qualquer decisão, a questão foi reenviada para o Conselho dos Quinhentos, que preparava os casos para a Assembleia. Calixenos, um membro do Conselho, persuadiu-o a aprovar a proposta que apresentou perante a Assembleia de julgar os generais imediatamente, afirmando que, como o caso já havia sido debatido, nenhuma outra inquirição era necessária. Euriptolemos e outros declararam então sua intenção de invocar a *graphé paranomon* contra Calixenos por ter feito essa proposta, aparentemente porque ela tratava "como procedimento judicial o que havia sido meramente uma reunião deliberativa da Assembleia".[70] Segundo Douglas MacDowell, a

---

[69] Ver, em Ostwald (1986), p.431-45, uma descrição completa do episódio.
[70] Ostwald (1986), p.439.

consequência disso seria que a proposta não poderia ter efeito a menos que Calixenos fosse primeiro julgado e absolvido daquela acusação. Seguiu-se um pandemônio. Havia gritos de que seria intolerável se as pessoas não tivessem permissão de fazer o que desejassem. Alguém sugeriu que Euriptolemos e os que o apoiavam deveriam ser julgados pelo mesmo voto dos [generais], e estes se sentiram compelidos a retirar sua ameaça de uma *graphé paranomon*.[71]

Xenofonte (*Hellenica* I.7.14-16) continua a história:

> Quando alguns dos prítanes [um comitê executivo do Conselho dos Quinhentos que se revezava entre as dez tribos atenienses] se recusaram a pôr a questão em votação em violação à lei, Calixenos de novo subiu à tribuna e pediu a mesma acusação contra eles; e a multidão bradou que os que se recusassem fossem chamados ao tribunal. Então os prítanes, fulminados pelo medo, concordaram em pôr a questão em votação – todos eles, menos Sócrates.

Euriptolemos fez então outro discurso, no qual pedia que se desse tempo aos generais para que preparassem sua defesa e fossem julgados individualmente em vez de coletivamente. Xenofonte conclui seu relato nos seguintes termos:

> Quando Euriptolemos disse isso, propôs uma resolução para que os homens fossem julgados ... separadamente; ao passo que a proposta do Conselho era julgá-los todos em uma única votação. Agora a votação era entre essas duas propostas de votação. Decidiu-se primeiro em favor da resolução de Euriptolemos; mas, quando Menecles interpôs uma objeção sob juramento [*hypomosia*: ver abaixo] e realizou-se uma segunda votação, a decisão foi em favor do Conselho. Depois disso, condenaram os generais que tomaram parte da batalha, oito ao todo; e os seis que estavam em Atenas foram executados. E não muito depois os atenienses se arrependeram, e votaram que fossem feitas acusações [*probolai*: ver abaixo] contra qualquer um que tivesse ludibriado o povo ... e que Calixenos fosse incluído entre eles. (*Hellenica* I.7.34-35)

---

[71] MacDowell (1978), p.188.

CAPÍTULO DOIS

Para compensar tais irrupções de emoções em massa, os atenienses contavam com quatro tipos de dispositivos: o (até onde sabemos) raramente usado dispositivo de *anapsephisis* (reconsiderar uma decisão anterior), a separação dos poderes, os procedimentos em dois estágios, e complicados mecanismos por meio dos quais aqueles que instigavam as emoções do povo poderiam ser responsabilizados.

Anapsephisis

O exemplo mais conhecido desse procedimento vem do relato de Tucídides (3.36ss.) sobre o debate de Mitilene.[72] Em 428 a.C., a cidade de Mitilene em Lesbos, membro da Liga de Delos, se rebelou contra Atenas. Depois que a revolta foi contida, os atenienses "na fúria do momento decidiram executar ... toda a população masculina adulta da cidade". Tucídides continua:

> Em seguida os atenienses despacharam uma trirreme para comunicar a Paques [o general ateniense no comando em Mitilene] as decisões tomadas, ordenando-lhe que executasse os mitilênios o mais depressa possível. No dia seguinte, todavia, começaram a se sentir arrependidos, pois a reflexão os levara a considerar cruel e grave a sua decisão de destruir uma cidade inteira, em vez de atingir apenas os culpados. Quando os emissários dos mitilênios souberam disto, juntamente com seus partidários atenienses, induziram as autoridades a reabrir a questão diante do povo; tiveram menos dificuldade em persuadi-las, por ser evidente que a maior parte dos cidadãos desejava ter outra oportunidade para deliberar sobre o assunto.*

---

[72] Outra passagem aparentemente contraditória está em Tucídides 6.14, sugerindo que a reconsideração de um decreto aprovado previamente era ilegal. Dover (1955) aponta que as passagens podem ser consideradas coerentes uma com a outra; ver também Ruzé (1997), p.440-3.

* Tucídides. *História da guerra do Peloponeso*. Brasília: Universidade de Brasília, Instituto de Pesquisa de Relações Internacionais; São Paulo: Imprensa Oficial do Estado de São Paulo, 2001, p.172. (N.T.)

No debate que se seguiu, opiniões opostas foram defendidas por Clêon e Diódotos.[73] Clêon abre seu discurso dizendo: "Muitas vezes no passado senti que a democracia é incompatível com a condução de um império, mas nunca tanto como agora, ao observar a vossa mudança em relação aos mitilênios". Em seguida afirma: "O risco mais temível, todavia, seria a falta de firmeza em nossas decisões e a incapacidade de ver que leis imperfeitas, mas imutáveis, tornam uma cidade mais forte que leis bem-feitas, mas sem autoridade". Diódotos começa afirmando: "Não reprovo os proponentes da reconsideração no caso dos mitilênios, nem elogio os que se opõem a um segundo debate sobre assuntos da maior importância, pois os dois obstáculos mais contrários a uma deliberação sensata são a pressa e a paixão; com efeito, uma anda geralmente em companhia da leviandade, e a outra, da obsessão e estreiteza de espírito".

Análises mais detalhadas dos dois discursos mostram que o que estava em jogo era em especial não a questão de procedimentos, mas se massacrar os mitilênios constituiria uma intimidação eficaz para o futuro. O discurso de Clêon sugere, contudo, que o procedimento e a intimidação estavam ligados. Do ponto de vista da intimidação, a melhor alternativa seria massacrar os mitilênios; a segunda melhor seria ter decidido não fazê-lo, e a pior era decidir fazê-lo e então voltar atrás, uma ação que poderia ser interpretada por outros estados como sinal de fraqueza. Embora a *anapsephisis* pudesse proteger a democracia de si mesma, poderia também minar sua eficiência na interação com inimigos externos. Retornarei a essa tensão geral em 2.11.

Separação de poderes

No século V, a Assembleia podia arrogar-se todos os poderes se assim o desejasse[74] Como no caso dos generais das ilhas Arginusas, alguns

---

[73] Para uma análise desse debate, ver Kagan (1974), p.155-63.

[74] A necessidade de que decisões fossem preparadas pelo Conselho dos Quinhentos antes de irem para a Assembleia ou para o *nomothetai* parece ser uma exceção a essa declaração (Hansen, 1991, p.138, 307). Contudo, até onde posso julgar, parece convincente o argumento de Ruzé (1997, cap. 22) de que o conselho tinha funções bastante limitadas.

julgamentos políticos foram realizados na Assembleia. Além disso, esta aprovava tanto leis como decretos. Após 400 a.C. aproximadamente, conservou o direito de aprovar somente decretos, enquanto as leis eram confiadas a um corpo especial de legisladores (*nomothetai*), sorteados aleatoriamente (a cada sessão) entre uma lista de seis mil cidadãos. Depois dessa reforma, "os *demos* não podiam mais considerar aquilo que lhes agradasse como válido e obrigatório".[75] Os jurados (*dikastai*) eram também sorteados aleatoriamente (a cada julgamento) com base na mesma lista, composta uma vez por ano por sorteio entre todos os cidadãos que se apresentassem. Cada um desses corpos tinha quinhentos membros ou mais. Após 335 a.C. aproximadamente, os tribunais passaram a ter jurisdição exclusiva sobre os julgamentos políticos, completando assim a separação dos poderes.

O efeito geral dessas mudanças foi reduzir o perigo da aprovação de leis precipitadas na Assembleia. Os *dikastai* e os *nomothetai* tinham de ter no mínimo trinta anos de idade, enquanto todos os cidadãos do sexo masculino com mais de vinte anos podiam ter assento na Assembleia. Como Mogens Herman Hansen escreve, "o motivo para a idade-limite mais elevada para os jurados e magistrados não é declarado explicitamente em nenhum lugar, mas não é difícil de adivinhar. Por toda a literatura grega nos deparamos com a ideia de que a sabedoria e a experiência aumentam com a idade".[76] Foi também sugerido que os jurados e (por implicação) os legisladores pertenciam às classes média e alta da população de Atenas.[77] Se esse era o caso, seria mais um argumento em favor da crença de que os jurados "agiam como um freio conservador sobre a Constituição".[78] Em muitas outras sociedades, a idade e a fortuna têm, de fato, sido vistas como garantias de uma política prudente e conservadora.[79] Hansen, porém,

---

[75] Ostwald (1986), p.522.

[76] Hansen (1991), p.89-90.

[77] Jones (1957), p.36-7.

[78] Ibidem, p.124.

[79] Em sistemas com duas Câmaras, costuma-se exigir idade mais elevada dos representantes da casa superior. Na atual Constituição tcheca, por exemplo, os senadores devem ter quarenta anos, enquanto os membros da casa inferior devem ter mais de 21. Em sistemas com uma única Câmara, muitas vezes se exige que os representantes tenham uma idade mais

argumenta que os jurados e (por implicação) os legisladores vinham dos segmentos mais pobres da população.[80] Se eram prudentes, era apenas em virtude da idade.

Dispositivos de atraso

O uso de procedimentos de dois estágios como dispositivo para acalmar os ânimos é muito comum em cenários constitucionais modernos. Os atenienses também adotavam essa técnica em muitas de suas instituições. Não era possível levantar uma questão na Assembleia sem preparação anterior a fim de forçar uma decisão imediata. Todos os casos tinham de ser discutidos no Conselho dos Quinhentos antes de irem à Assembleia. De acordo com Hansen, "alguns decretos, assim como os tratados e acordos de paz, parecem ter exigido um debate em duas sessões consecutivas da Assembleia; outros tiveram de ser ratificados em uma segunda reunião da Assembleia, em cuja ocasião era necessário haver um quórum".[81]

A instituição do ostracismo estava sujeita ao mesmo princípio. Uma vez por ano, o povo se reunia para decidir se havia interesse em aplicar o ostracismo, isto é, mandar um cidadão para o exílio por dez anos sem a perda de suas propriedades ou outros direitos civis. Se o resultado da votação fosse positivo, havia outra reunião dois meses mais tarde na qual cada cidadão escrevia em um fragmento de cerâmica (*ostragon*) o nome da pessoa que desejava que fosse expulsa. Não se permitiam debates em nenhuma dessas reuniões. Sob a condição de que pelo menos seis mil votos fossem registrados, a pessoa cujo nome aparecesse no maior número de pedaços de cerâmica era ostracizada.

Essas formas de atraso institucionalizado podiam ter efeitos indesejáveis. Por um lado, "o processo se tornava tão complicado e lento que

---

elevada que os eleitores. Na atual Constituição da Estônia, por exemplo, a idade-limite para os eleitores é dezoito anos e para os deputados é 21. Em constituições dos séculos XVIII e XIX, eram comuns as exigências vinculadas a propriedades e rendimentos, justificadas ou como um substituto para a alfabetização ou como algo necessário em si.

[80] Hansen (1991), p.185.

[81] Ibidem, p.307.

CAPÍTULO DOIS 163

era difícil, por exemplo, planejar uma política externa eficiente".[82] Por outro, o intervalo entre as duas reuniões não levava necessariamente a uma decisão melhor. No caso do ostracismo, por exemplo, "a exigência de duas reuniões significava que a decisão não era apressada. Mas o intervalo também permitia que se organizasse a votação".[83] No último caso registrado, os dois candidatos principais ao ostracismo, Nícias e Alcibíades, "viraram a mesa" contra aquele que os indicou, Hipérbole, usando o intervalo para reunir uma maioria para que *este* fosse enviado ao exílio, um abuso que pode ter contribuído para o fim do procedimento.

Procedimentos de responsabilização

Os atenienses tinham um sistema complexo para a responsabilização de seus administradores públicos. Os generais podiam ser e muitas vezes eram sujeitos ao *impeachment*. Os oradores na Assembleia podiam ter de prestar contas por suas propostas, sobretudo por meio da *graphé paranomon*, mas também, como no caso dos generais das ilhas Arginusas, da *probolé*. Ambas eram procedimentos legais, sujeitos ao princípio básico da lei ateniense de que todos os processos tinham de ser movidos por um cidadão. Havia dois tipos principais de procedimentos. Uma *diké* era uma ação relativa a uma questão particular, como um processo por danos ou assalto. Aqui, o acusador geralmente ganhava financeiramente se vencesse e não sofria nenhum prejuízo financeiro se perdesse. Uma *graphé* era (*grosso modo*) um processo relativo a questões públicas, como um processo por impiedade ou deserção militar. Com algumas exceções, os acusadores não ganhavam financeiramente se vencessem o caso. Poderiam ser motivados por interesse público, por desejo de vingança ou por inveja, mas não por interesse material. Muitos processos relativos a questões de Estado foram, na verdade, mais contendas particulares do que intervenções movidas pelo espírito público.[84] Em contraste, um

---

[82] Ibidem, p.308.
[83] Sinclair (1988), p.170.
[84] Todd (1993), cap. 9; Cohen (1995).

acusador que não conseguisse obter um quinto dos votos era multado e perdia o direito de fazer acusações semelhantes no futuro.

A *probolé*, uma acusação preliminar que poderia ser feita diante da Assembleia contra líderes políticos que houvessem enganado o público com declarações falsas, não nos interessa aqui. Era um dispositivo para proteger os cidadãos contra seus líderes, e não um dispositivo para protegê--los de si próprios. A *graphé paranomon*, por outro lado, tinha exatamente essa segunda característica. Por esse procedimento, um orador poderia ser punido por fazer uma proposta inconstitucional, *mesmo que a proposta houvesse sido aprovada pela Assembleia*. O procedimento é um dos aspectos mais impressionantes da política ateniense. Para uma analogia contemporânea, teríamos de imaginar um representante ou senador dos Estados Unidos sendo condenado a pagar uma multa devastadora por propor uma lei votada no Congresso e mais tarde declarada inconstitucional pela Suprema Corte. No século IV a.C., a *graphé paranomon* era uma peça central da democracia ateniense. Hansen nota que

> a importância da *graphé paranomon* pode ser destacada de forma mais clara se a compararmos com a situação do Estado moderno, em que o direito dos tribunais de fiscalizar a legislação é mais forte. A Suprema Corte dos Estados Unidos tem o poder de examinar e derrubar Atos do Congresso desde 1803. No período entre 1803 e 1896 esse poder foi utilizado 135 vezes: nossas fontes mostram-nos que em Atenas esse número foi quase alcançado em duas décadas.[85]

Embora muitas vezes descrita como uma "acusação por fazer uma proposta ilegal", a instituição da *graphé paranomon* tinha na realidade um âmbito de aplicação mais extenso. Um decreto proposto na Assembleia podia ser anulado e seu proponente punido, se (i) violasse uma lei existente, (ii) tivesse falhas de procedimento, ou (iii) fosse julgado danoso ao interesse do povo.[86] Em alguns casos mais famosos, o réu foi acusado de ter proposto que a Assembleia concedesse honras e privilégios a pessoas

---

[85] Hansen (1991), p.209.
[86] Ibidem, p.206.

sem mérito. Embora as acusações fossem geralmente formuladas em termos legais, as questões reais eram muitas vezes políticas ou mesmo pessoais.

Uma característica específica do procedimento também sugere que as acusações na maior parte das vezes eram mais substanciais do que formais. Uma *graphé paranomon* era introduzida por uma *hypomosia*, uma alegação sob juramento de que um decreto em particular era ilegal. Isso poderia ser feito antes que o decreto fosse submetido a votação, ou depois de ter sido votado e aprovado. Se a *hypomosia* ocorresse antes que se desse a votação, esta era adiada até que o tribunal pronunciasse um veredicto. Poder-se-ia esperar que, após a decisão de um tribunal de que a proposta era legal, esta seria apresentada na Assembleia para ser votada. Entretanto, talvez não fosse o caso. Hansen sugere que, se o tribunal decidia que um decreto era legal, ele era automaticamente considerado aprovado,[87] uma prática que faz sentido somente se for avaliada em termos substanciais em vez de formais.

Não é claro até que ponto a *graphé paranomon* realmente cumpria sua função ostensiva, que era mais de manter a política dentro dos limites da lei do que processar ou perseguir indivíduos específicos. Para cumprir a primeira função, a acusação teria de ser feita por um cidadão genuinamente motivado pela razão em vez de por interesse ou paixão. A ameaça de Euriptolemos de uma *graphé paranomon* contra Calixenos parece ter sido motivada por uma preocupação genuína com o interesse público. Um exemplo de uma *graphé paranomon* (mais ou menos) desinteressada, levada a cabo com sucesso, foi a acusação feita contra Trasíbulo em 403 a.C., após a queda dos Trinta Tiranos. Trasíbulo havia proposto que todos aqueles que tivessem se mudado de Atenas para Pireu durante o período precedente, até estrangeiros e escravos, fossem declarados cidadãos de Atenas quando retornassem. "Apesar de bem-intencionada, a proposta teria alarmado o povo da cidade: o influxo de um número desconhecido de escravos e de mil estrangeiros teria inclinado a balança desfavoravelmente a favor deles, e a aprovação da proposta pela Assembleia deu substância aos seus temores.

---

[87] Hansen (1991), p.210. Hansen (em comunicação pessoal) me informa que sua interpretação nesse ponto é controversa.

No interesse de tranquilizar essas apreensões e não pôr em risco a reconciliação, Arquino anulou o decreto por meio de uma *graphé paranomon*", não com base em seu conteúdo, mas em um aspecto técnico legal.[88]

Esses dois casos pertencem ao século V a.C. No século IV a.C., a *graphé paranomon* tornou-se cada vez mais "uma grande arma da luta política".[89] "Kefalos, um político no início do quarto século, se gabava de que, embora houvesse proposto muitos decretos, nunca havia sido alvo de uma *graphé paranomon*; já Aristofonte, que morreu por volta de 330 a.C., gabava-se de ter sido absolvido da *graphé paranomon* setenta e cinco vezes".[90] O mais conhecido desses casos políticos é um processo levantado por Ésquines contra Ctesifonte por ter proposto que o povo de Atenas concedesse uma coroa de ouro a Demóstenes, antigo rival de Ésquines. Entre as três razões fornecidas por Ésquines para mostrar a ilegalidade dessa proposta, duas eram baseadas em tecnicalidades. A terceira objeção, porém, era meramente pseudolegal. Ctesifonte havia proposto que se anunciasse que Demóstenes estava sendo agraciado com a coroa "porque ele sempre fala e faz o que é melhor para o povo" (Ésquines 3.49). Entretanto, diz ele, dado que "todas as leis proíbem a inserção de falsidades nos decretos do povo" (Ésquines 3.50), basta que demonstre que o enaltecimento a Demóstenes é falso para provar a ilegalidade da proposta. A maior parte de seu discurso, portanto, é dedicado a mostrar que Demóstenes agia continuamente contra os interesses do povo.

Como a *graphé paranomon* podia ser utilizada irresponsavelmente, o cidadão que a sugeria era multado e perdia parte de seus direitos civis se não obtivesse um quinto dos votos. Se a *graphé paranomon* em si é vista como uma forma de proteger as pessoas contra suas tendências a serem influenciadas por demagogos, essa cláusula de penalidade era uma *proteção contra o abuso do dispositivo de proteção*. Nos últimos anos da democracia, a mesma cláusula foi atrelada às *eisangelia*, processos contra administradores públicos por razões religiosas ou por má conduta política. Esse

---

[88] Ostwald (1986), p.504.

[89] Sinclair (1988), p.153.

[90] MacDowell (1978), p.51.

mecanismo de *responsabilização em duplo estágio* – responsabilizando os que responsabilizam os administradores públicos – era uma característica única da democracia ateniense.

Ao discutir esses dispositivos contramajoritários, notamos que, mesmo que não necessariamente piores que a doença, os remédios poderiam, por sua vez, criar novos problemas. A *anapsephisis* e os procedimentos em duplo estágio podiam diminuir a eficácia ao se lidar com questões urgentes de política externa. A *graphé paranomon* podia ser explorada com fins privados. Para uma discussão mais geral de por que a autorrestrição política pode ser indesejável, recomendo ao leitor a subseção 2.11. Aqui desejo apenas enfatizar que, apesar desses problemas, o sistema ateniense de freios e contrapesos era, no geral, muito bem-sucedido. Os atenienses conseguiram combinar uma ampla participação democrática com um grau razoável de eficiência e proteção contra paixões majoritárias. Apesar de o sistema ter algumas características patológicas, não fica claro se elas eram mais sérias que as patologias das democracias modernas.

2.7 O interesse e a paixão na Filadélfia e em Paris

Nas duas Assembleias do fim do século XVIII, especialmente na dos Estados Unidos, os constituintes estavam preocupados com os perigos do governo da maioria. O medo dos norte-americanos era mais forte, pois enfrentavam um problema diferente. Em ambos os países, vemos uma sequência em três estágios. No primeiro, há uma forte monarquia que é percebida como arbitrária e tirânica. No segundo, esta é substituída por um regime parlamentar sem restrições. No terceiro, quando se descobre que o Parlamento pode ser tão tirânico e arbitrário quanto o rei, são introduzidos freios e contrapesos.[91] Em 1787, os norte-americanos foram do

---

[91] Segundo Vile (1967), p.43, "o uso do poder do Parlamento por um grupo dos que o apoiavam para ameaçar outros grupos mostrara aos homens que antes haviam encarado apenas o poder da realeza como um perigo que *um Parlamento podia ser tão tirânico quanto um rei*". A declaração que coloquei em itálico, embora feita sobre a Inglaterra após 1648, é também válida para os Estados Unidos após 1776 e a França após 1791, assim como para a Noruega após 1814 (Sejersted, 1988, p.136-7).

segundo para o terceiro estágio. Em 1789, a França foi do primeiro para o segundo estágio. As patologias do segundo estágio e a transição para o terceiro estágio vieram mais tarde. Essa é a razão principal para a diferença de tom entre os dois debates. Os norte-americanos estavam preocupados em se proteger contra a solução que os franceses estavam no processo de inventar, ou reinventar. Embora os moderados na Assembleia francesa citados mais tarde compartilhassem dos sentimentos antidemocratas dos constituintes norte-americanos, eles estavam em minoria.

Paixões e interesses

Segundo Madison, "em todos os casos em que a maioria está unida por um interesse ou paixão comum, os direitos da minoria estão em perigo" (I, p.135). Se os pobres ou os relativamente sem propriedades formassem uma maioria, seus interesses poderiam induzi-los a promulgar leis que fossem contrárias aos direitos de propriedade. Entre as contramedidas adequadas, estavam restrições sobre o direito ao voto ou sobre a elegibilidade, assim como limitações constitucionais rígidas que iam do banimento do papel-moeda ao direito à total compensação por propriedade confiscada. Além disso, Madison achava que grandes bases eleitorais reduziriam o espectro de facções baseadas em interesses. Medidas muitos diferentes são adequadas, como veremos, se a maioria é desencaminhada por uma paixão momentânea em vez de por um interesse duradouro.[92]

Observando os discursos nas duas Assembleias, as maiorias passionais parecem ter sido percebidas como um problema mais sério do que as maiorias com interesses próprios.[93] Contudo, os interesses do *eleitorado*

---

[92] Essa declaração também se apoia em uma simplificação, negligenciando o fenômeno das "paixões duradouras" como o fanatismo religioso ou étnico. Retornarei a essa questão em 2.11.

[93] Na Filadélfia, encontramos referências à "turbulência e às loucuras da democracia" (Randolph, I, p.51), "a fúria da democracia" (Randolph, I, p.59), "as paixões populares [que] se espalham como fogo selvagem e se tornam irresistíveis" (Hamilton, I, p.289), "inconstância e paixão" (Madison, I, p.421), "a turbulência e a violência da paixão desregrada" (Madison, I, p.430), e à "precipitação, mutabilidade e excessos do primeiro poder" (Gouverneur Morris, I, p.512). Em Paris, Lally-Tolendal (8, p.516) se refere à Assembleia como sendo *"entraînée par l'éloquence, séduite par des sophismes, égarée par des intrigues,*

CAPÍTULO DOIS

eram apenas parte do problema. Um outro problema frequentemente discutido sobre o governo da maioria era o risco de que emergisse uma elite legislativa com interesses próprios. Como disse Mirabeau, os representantes eleitos são "um tipo de aristocracia *de facto*" (8, p.538) que, se não for supervisionada, usurparia todos os poderes para si mesma. Como um exemplo do que poderia acontecer, ele cita "a exclusão do público da Câmara Nacional ante o simples pedido de um membro da Assembleia, e a proibição de que jornais públicos relatassem as deliberações". Na Convenção Federal, Sherman (I, 365) expressou o temor de que os representantes pudessem desenvolver um *esprit de corps* que os faria esquecer seus constituintes.

Estes, então, são os dois perigos que analiso a seguir: as maiorias populares passionais e os representantes com interesses próprios. Os dispositivos de compensação discutidos nas duas Assembleias incluem o bicameralismo e o veto executivo. Esses são o tópico principal da discussão a seguir. Além disso, ambas as Assembleias debateram a inclusão dos direitos individuais na Constituição para compensar os vários perigos do governo da maioria.[94] No primeiro nível de pré-compromisso constitucional (2.5), uma Carta de Direitos oferece à minoria proteção absoluta contra o abuso da maioria, excluindo completamente certos tipos de legislação. A proteção não é mais forte que a própria Carta de Direitos, porém. No nível mais alto, portanto, a proteção absoluta exige a petrificação absoluta dos direitos, isto é, a imunidade completa contra emendas. Como observado em 2.3, muitas constituições modernas oferecem de fato tal proteção.

---

enflamée par des passions qu'on lui fait partager, emportée par des mouvements soudains qu'on lui communique, arrêtée par des terreurs qu'on lui inspire" ("movida pela eloquência, seduzida pelos sofismas, desencaminhada pelas intrigas, incendiada pelas paixões que as fazemos partilhar, levada pelos movimentos súbitos que lhe comunicamos, paralisada pelos terrores que lhe inspiramos"). Outros falaram sobre *"les prestiges de l'éloquence, l'effervescence de l'enthousiasme"* ("os prestígios da eloquência, a efervescência do entusiasmo") (Grégoire, 8, p.567), *"les causes d'erreur, de précipitation ou de séduction oratoire"* ("as causas do erro, da precipitação ou da sedução da oratória") (Sieyes, 8, p.97), ou sobre *"l'erreur, la précipitation, l'ambition"* ("o erro, a precipitação, a ambição") (Robespierre, 9, p.81).

[94] Sobre isso, ver Elster (1993c). Como digo em Elster (1995b), as duas Assembleias não deram muita atenção ao controle da constitucionalidade como um dispositivo de compensação.

Tradicionalmente, os dois dispositivos que considero aqui têm sido correlacionados a um de dois perigos. Por um lado, a existência de uma segunda Câmara compensaria, por meio de diversos mecanismos, os impulsos passionais da maioria. Os atrasos embutidos nos sistemas de bicameralismo, em particular, eram vistos como a principal proteção contra as maiorias impulsivas. Por outro lado, o veto executivo bloquearia a tendência à tirania legislativa. Mesmo que o veto possa ser anulado, a necessidade de uma maioria absoluta torna mais difícil para o Legislativo impor sua vontade. Entretanto, essas afirmações absolutas precisam ser matizadas e qualificadas. Na verdade, ambos os dispositivos têm sido considerados soluções para ambos os problemas, como indicado na Tabela 2.2.

Tabela 2.2

	O problema das maiorias passionais	O problema dos legisladores com interesses próprios
O bicameralismo é a solução	A Câmara alta diminuirá a velocidade do processo e também resistirá à maioria passional por meio da riqueza ou da sabedoria	Uma Assembleia dividida tem menor probabilidade de se tornar uma aristocracia
O veto executivo é a solução	O veto pode servir de freio adicional a impulsos perigosos	O poder executivo resistirá a qualquer pretensão exagerada do legislativo

Antes que eu prossiga discutindo os quatro casos, desejo esclarecer alguns pontos. As duas sociedades em questão não eram democracias diretas. A maioria podia agir somente por meio de seus representantes eleitos. Quando me refiro à paixão ou ao interesse como motivações da maioria popular, suponho que esses sejam fielmente transmitidos ao Legislativo e representados por ele, especialmente na Câmara Baixa, eleita diretamente. Quando me refiro aos interesses e paixões dos próprios legisladores, tenho outra coisa em mente. O interesse do Legislativo é conquistar o maior espaço possível na máquina do governo. (Ver em 2.11 alguns exemplos da recente elaboração de constituições na Europa Oriental.) Além disso, os

CAPÍTULO DOIS

legisladores podem agir sob a influência de paixões que surgem na própria Assembleia, independentemente de seus constituintes. A vaidade, por exemplo, pode impedir um orador de desistir de uma política, uma vez que esta tenha sido anunciada em público.

Correspondente a essa quádrupla classificação de motivos, há uma quádrupla classificação de tarefas de elaboração de uma Constituição. Do ponto de vista dos constituintes do século XVIII, a Constituição tinha de ser construída com duas metas em mente. Primeiro, as forças destrutivas e irracionais da paixão tinham de ser eliminadas tanto quanto possível. Na melhor das hipóteses, a paixão seria substituída ou controlada pela razão – uma preocupação imparcial pelo bem comum. Contudo, os constituintes não partiram da hipótese melhor, pelo menos não na Filadélfia. Em vez disso, pensaram que os eleitores e políticos futuros, quando não nas garras da paixão, seriam motivados por interesses próprios. A segunda tarefa, portanto, era planejar instituições que dariam aos agentes políticos incentivos para agir de forma que ao mesmo tempo promovessem o bem público. Essa linha de raciocínio se aplica tanto a eleitores como a representantes. Embora eu pretenda abordar em especial as maiorias passionais e os legisladores com interesses próprios, o planejamento institucional também pode ser aplicado aos problemas dos eleitores com interesses próprios e dos legisladores passionais.[95]

Um comentário preliminar final se refere à distinção entre interesse e paixão. Quando os constituintes norte-americanos contrapuseram o interesse particular ao "interesse permanente e agregado da comunidade", poderiam estar se referindo a duas coisas diferentes.[96] Por um lado, o interesse particular muitas vezes se concentra no curto prazo, em oposição

---

[95] Como comentei antes, Madison estava muito preocupado com o primeiro desses últimos problemas. Em relação ao segundo, Benjamin Constant preocupava-se bastante com "o problema do *amour-propre*, que ele acreditava ser um defeito da lei francesa", e argumentava que eram necessários "dispositivos institucionais" para combatê-lo. Ele defendia, por exemplo, o sistema britânico, que proibia discursos escritos no Parlamento (Holmes, 1984, p.139-40). Ver também os comentários ao fim desta seção sobre a autorrestrição dos constituintes norte-americanos.

[96] Neste parágrafo sigo de perto as discussões em White (1987), especialmente as p.121-2 e 254-5.

aos benefícios de longo prazo. Por outro, concentra-se nos benefícios para um indivíduo ou para um grupo, em oposição aos benefícios para a comunidade como um todo. Quando Madison e outros se referiram aos perigos das disputas faccionais, tinham em mente sobretudo o segundo aspecto do interesse particular. Os exemplos incluem os interesses de devedores contra os de credores, os interesses das grandes fortunas contra os interesses agrários ou de produção, e assim por diante. Embora os perigos das facções pudessem se dever à miopia, os dois são conceitualmente distintos. A miopia, em si, está sob certos aspectos mais próxima da paixão do que do interesse, se a segunda ideia é analisada no sentido da consideração calma e deliberada da vantagem pessoal. Em *The Federalist* [O federalista] n. 6, [Alexander] Hamilton, por exemplo, se refere a "paixões momentâneas e interesses imediatos" de um só fôlego. Ainda que uma paixão de *vida curta* não seja o mesmo que um interesse de *visão curta*, Hamilton identifica os dois no n. 15, ao contrapor "considerações gerais de paz e justiça ao impulso de qualquer interesse ou paixão imediatos". Como os constituintes tornaram a linha de demarcação confusa até certo ponto – e como ela é de fato um tanto quanto confusa (1.2) – eu me permitirei fazer o mesmo ao discutir suas declarações.

O bicameralismo é a solução para o problema das maiorias passionais

Essa proposição tem vários aspectos. Um argumento bastante comum (ver também 2.5) é que o bicameralismo permite um processo mais lento e trabalhoso, dando aos ânimos esquentados tempo para se acalmarem.[97] Quando Thomas Jefferson perguntou a George Washington por que a convenção havia estabelecido um Senado, Washington respondeu perguntando: "Por que você serve o seu café no pires?". "Para esfriá-lo", Jefferson respondeu. "É a mesma coisa," disse Washington. "Nós servimos as leis no pires senatorial para esfriá-las." Na França, Mounier observou que a maioria pode até mesmo precisar de proteção contra sua própria tentação de abdicar do poder:

---

[97] Sobre algumas dúvidas a respeito da validade desse argumento, ver Mueller (1996), p.192-3.

CAPÍTULO DOIS

Uma Assembleia de Câmara única ... poderia, em um momento de entusiasmo, decidir aumentar o poder de um rei vitorioso ou, em circunstâncias difíceis, estabelecer em seu favor uma ditadura que se tornasse perpétua. Em contraste, duas Câmaras que deliberem separadamente assegurarão a sabedoria de suas respectivas resoluções, e darão ao corpo legislativo aquele ritmo lento e majestoso do qual nunca se deve desviar. (8, p.555)

Esse argumento não se baseia em quaisquer virtudes especiais possuídas por senadores em comparação com os membros de uma Câmara Baixa, mas apela meramente às virtudes da lentidão.[98] Isso vale também, portanto, para qualquer outro atraso ou dispositivo de "esfriamento", tais como a necessidade de que as mudanças constitucionais sejam aprovadas por duas legislaturas sucessivas ou pelo veto suspensivo do rei.[99] Além do mais, o argumento não exige que o Senado tenha um veto ou qualquer outro tipo de poder formal sobre a decisão. Em Paris, La Rochefoucault propôs um Senado ou "Conselho" puramente consultivo:

Um Conselho poderia ser estabelecido para examinar os projetos de lei enviados pela Câmara de Representantes. O Conselho de homens escolhidos para essa honorável função teria de ser consultado duas ou três vezes antes que a Câmara de Representantes pudesse tomar uma decisão definitiva. Essa consulta permanente, junto com aquela em que todos os cidadãos estariam envolvidos por meio da publicidade dada aos projetos com a sua publicação e a liberdade de imprensa, asseguraria ao Legislativo um atraso suficiente para acalmar seu ardor. (8, p.548-9).

---

[98] "Em 1784, um panfleto da Carolina do Sul afirmava que os senadores eram apenas ... um outro corpo de representantes que, como a Câmara Baixa, tinha de obedecer às instruções de seus eleitores. De fato, a posição dos senadores no legislativo não tinha nenhuma importância social e seria 'inteiramente inútil' se não fosse pelo fato de que a "divisão no poder legislativo parece necessária a uma avaliação apropriada dos nossos procedimentos, que são apressados demais" (Wood, 1969, p.239).

[99] Poder-se-ia perguntar se a mesma finalidade não poderia ser alcançada por meio de uma disposição constitucional que exigisse várias leituras sucessivas, em intervalos apropriados, de qualquer peça de legislação. Entretanto, um sistema assim criaria uma grande frustração entre os legisladores que já tomaram uma decisão e só querem passar à ação; além disso, eles poderiam não querer ser flagrados (por si mesmos ou por outros) mudando de opinião.

Entretanto, a maioria dos sistemas de duas Câmaras costuma ser também justificada por alguma diferença qualitativa entre os senadores e os representantes em virtude da qual a Câmara Alta seria mais prudente e conservadora e, assim, agiria como um freio sobre a Câmara Baixa, mais impetuosa. Diversos mecanismos de filtragem foram concebidos. A idade mínima para senadores podia ser mais elevada.[100] Os senadores podiam ser escolhidos por eleições indiretas (a solução norte-americana). Eles podiam ter de passar períodos mais longos no cargo, o que dificultava as renovações (também parte da solução norte-americana). De modo mais polêmico, podiam estar sujeitos a severos pré-requisitos de elegibilidade quanto a propriedades e rendimentos. De um lado, esses últimos critérios eram encarados como substitutos de segunda ordem para a sabedoria.[101] De outro, é claro, o critério da propriedade servia simplesmente para proteger a propriedade.

O bicameralismo é a solução para o problema dos legisladores com interesses próprios

O mecanismo por trás desse argumento é do tipo "dividir e conquistar": uma Assembleia homogênea tem maior probabilidade de formar uma frente única contra o Executivo do que uma Assembleia dividida internamente. Na Convenção, "o sr. Dickinson não estava preocupado que o Legislativo, composto de diferentes ramificações construídas sobre princípios tão diferentes, se unisse de modo impróprio para afastar um juiz" (II, p.429). Mason alegava que um Parlamento único, como proposto no plano de Nova Jersey, continha as sementes do "despotismo legislativo" (I, p.254). Na *Assemblée Constituante*, Lally-Tolendal abordou a questão de forma geral:

---

[100] Clermont-Tonnerre, 8, p.574; Malouet, 8, p.591.

[101] "'A integridade', disse Jefferson, não era, em sua experiência, 'característica da fortuna'. Mas tanto Madison quanto Jefferson ficaram desconcertados com a aparente inabilidade do povo de perceber o verdadeiro talento, e foram então compelidos relutantemente a endossar a propriedade como a melhor fonte possível de distinção nas novas repúblicas" (Wood, 1969, p.218).

Um poder único acabará necessariamente devorando tudo. Dois poderes lutarão até que um deles tenha esmagado o outro. Mas três se manterão em perfeito equilíbrio, se estiverem combinados de tal maneira que, quando dois lutarem entre si, o terceiro, estando igualmente interessado na manutenção de um e de outro, se juntará ao oprimido contra o opressor, e assim restaurará a paz entre todos. (8, p.515)

Em ambas as Assembleias havia o temor de que a Câmara Alta pudesse se tornar uma aristocracia. Na Filadélfia, Gerry disse que, da forma como "[o novo sistema] está agora, temos a mais completa aristocracia que já se viu. Se grandes poderes forem dados ao Senado, seremos governados na realidade por uma Junta, como temíamos" (II, p.286). De forma semelhante, Wilson disse que "era obrigado a considerar o todo como tendo uma tendência perigosa à aristocracia, jogando um poder perigoso nas mãos do Senado" (II, p.522). Esse argumento tinha um apelo ainda mais forte em Paris, onde a própria ideia de uma Câmara Alta lembrava muito às pessoas o antigo sistema de ordens. Entretanto, o argumento pode ser invertido: é precisamente a fim de impedir a formação do *Legislativo como uma aristocracia* que é preciso aceitar uma *aristocracia dentro do Legislativo*.[102] Embora um tempo mais longo no cargo para o Senado possa transformar seus membros em uma aristocracia, a permanência mais longa é também necessária para ser um freio apropriado à Câmara Baixa (Madison, I, p.218-9).

O papel do bicameralismo como freio para a tirania legislativa não estava isento de controvérsias. Gouverneur Morris argumentou que

o freio proporcionado pelo 2º braço não era para ser um freio sobre a usurpação do poder por parte do Legislativo, mas sobre o abuso de poderes legais, sobre a propensão do 1º braço a legislar demais sobre projetos que envolvessem papel-moeda & expedientes similares. Não é nenhum freio sobre a tirania

---

[102] "Quando, nos argumentos dos republicanos, a Câmara Alta se tornou meramente um dispositivo para avaliar um poder legislativo que de outra maneira não estaria sujeito a restrições, perdeu ao mesmo tempo a sua associação com qualquer tipo de aristocracia na sociedade. Como Arthur St. Clair, um líder republicano, insistiu em 1784, 'é porque detesto toda espécie de aristocracia que me oponho a um braço único no Legislativo'" (Wood, 1969, p.250).

legislativa. Pelo contrário, pode favorecê-la, e se o 1° braço pode ser seduzido, pode encontrar os meios de obter sucesso (II, p.52).

A ideia de que a divisão interna no Legislativo poderia não reduzir – mas na verdade aumentar – a tendência à tirania legislativa não aparece em nenhum outro lugar nesses debates, nem é particularmente plausível. A ideia de que uma divisão legislativa interna poderia não ser um obstáculo *suficiente* para a tirania legislativa é mais atraente. O veto executivo, como discutiremos na próxima subseção, pode ser necessário também.

O veto executivo é a solução para o problema das maiorias passionais

Um veto absoluto para o poder executivo não foi seriamente discutido na Assembleia norte-americana. Na Assembleia francesa, foi intensamente defendido por alguns dos *"monarchiens"*,* mas foi derrotado de forma decisiva ao final. Ora, há duas maneiras principais de se manter uma forma de veto executivo mesmo que um veto absoluto seja rejeitado. Por um lado, pode-se permitir que a Assembleia anule o veto, mas com a exigência de uma maioria qualificada. Essa foi a solução adotada na Filadélfia. Por outro, pode-se permitir que a Assembleia anule o veto executivo por uma maioria simples, mas com a exigência de que a decisão seja postergada até uma legislatura posterior. Essa foi a solução adotada em Paris, permitindo ao rei vetar uma proposta em duas legislaturas sucessivas antes que a terceira anulasse seu veto. Em ambos os casos, a solução foi defendida, entre outros motivos, devido ao impacto benéfico sobre as maiorias passionais.

Esse argumento foi apresentado diversas vezes nos debates nos Estados Unidos. Segundo Madison, "um veto do Ex. [executivo] não é somente necessário para a sua própria segurança, mas para a segurança de uma minoria em perigo de opressão por uma maioria injusta e movida pelo interesse próprio" (I, p.108).[103] Gouverneur Morris foi mais específico. Em 19 de julho ele argumentou que a Câmara Alta é necessária como

---

* Monarquistas. Em francês no original. (N.T.)
[103] Aqui e mais tarde eu violo os limites da distinção entre interesse e paixão.

uma forma de avaliação "sobre a propensão do 1º braço a legislar demais sobre projetos envolvendo papel-moeda e expedientes similares" (II, p.52). Dois dias mais tarde ele citou os mesmos fenômenos – "emissões de papel-moeda, dádivas ao povo – anistia a dívidas e medidas semelhantes" (II, p.76) – como motivos para um forte controle do poder executivo.[104] Mason dizia, de forma similar, que "apesar das precauções tomadas na Constituição sobre o Legislativo, este se parecia tanto com o dos Estados individuais que se deve esperar que frequentemente aprove leis injustas e perniciosas" (II, p.78). Em outras palavras, o sistema tripartite fornecia um *freio duplo sobre o governo da maioria*.[105]

Na *Assemblée Constituante*, o argumento tomou formas diferentes. Para muitos deputados, o veto executivo era simplesmente visto como um dispositivo de atraso e esfriamento dos ânimos – um freio para as maiorias passionais. Para os membros mais radicais da Assembleia, era, em vez disso, um dispositivo que permitia à nação agir como um freio sobre seus representantes. Como afirmou La Salle, "o veto suspensivo é um tipo de apelo à nação, que lhe permite intervir como um juiz entre o rei e seus representantes" (8, p.529). O argumento assumiu duas versões. Alguns delegados queriam deixar a decisão para a legislatura seguinte ao veto final (Lameth, 8, p.572; Grégoire, 8, p.567). Outros queriam que as Assembleias primárias votassem diretamente a proposta que havia sofrido a oposição do veto real (La Salle, 8, p.534; Pétion, 8, p.581).

O veto executivo é a solução para o problema dos legisladores com interesses próprios

O papel do veto executivo como um freio sobre a tendência à tirania legislativa era um tema permanente nas duas Assembleias. Em Paris,

---

[104] Ele se refere a tais medidas como "usurpações legislativas", contradizendo assim a declaração citada anteriormente (II, p.52) de que elas não representavam uma usurpação do poder, mas sim abusos do poder legal.

[105] Em contraste com esse argumento conjuntivo, podemos citar o raciocínio disjuntivo de Duport na Assembleia francesa: "Se o freio sobre o Corpo Legislativo não é um monarca, um único indivíduo, deve ser um corpo de indivíduos como um senado ou um conselho executivo" (28, p.264).

Lally-Tolendal, citando a Inglaterra como precedente, afirmou que em 1688 as duas câmaras do Parlamento cederam alguns de seus poderes ao Executivo a fim de impedir a tirania legislativa:

> Foi para defender a liberdade que as duas Câmaras fizeram que o rei sancionasse o *habeas corpus*, e foi também para defender a liberdade que concentraram todos os poderes executivos na mão do rei. Removendo todos os meios de tirania real, não quiseram reservar nenhum para si mesmas. No passado recente, o povo fora oprimido pelo Parlamento, assim como este havia sido oprimido pelo exército. As Câmaras queriam defender o povo contra elas mesmas; queriam impedir toda opressão e limitar a liberdade de *enchaîner*[*] todos os opressores. Entre os privilégios que haviam usurpado e agora removiam de si mesmas, estava o poder absoluto de legislarem sozinhas. Era proibido por lei, sob a pena de *praemunire*,[**] sustentar que uma ou outra das Câmaras, ou que as duas juntas, tinham poder legislativo sem a participação do rei. (8, p.517-8)

Muitos outros oradores na *Assemblée Constituante* defenderam a necessidade de um veto real para controlar a tendência à dominação legislativa. Ao fazê-lo, eles se permitiram uma alta dose de hipocrisia, exigindo ou uma perfeita harmonia de interesses entre o rei e o povo que possibilitaria ao primeiro controlar as tendências aristocráticas do Legislativo (Mirabeau, 8, p.539) ou uma perfeita coincidência entre a vontade do rei e a felicidade geral (Malouet, 8, p.535-6). No outono de 1789, ninguém disse explicitamente que mesmo um rei fraco ou corrupto seria um freio útil sobre a tirania legislativa. Depois da fuga do rei para Verennes, tornou-se mais difícil sustentar a ilusão de sua benevolência e sabedoria. Nos debates sobre a imunidade do rei, Duport e Barnave argumentaram que o rei não podia servir sua função constitucional como um controle sobre o Legislativo a menos que sua pessoa fosse inviolável (28, p.263ss., p.326ss.): "Se o monarca dependesse do corpo legislativo,

---

[*] Em francês no original: "acorrentar, escravizar, prender". (N.T.)

[**] Ofensa contra o rei ou contra o Parlamento, na antiga lei inglesa. (N.T.)

CAPÍTULO DOIS

seguir-se-ia que o último poderia destruir seu próprio freio" (Duport, 28, p.265). Retornarei a esse tema em breve.

Os norte-americanos também se referiram à experiência britânica: "Quando o Executivo era o guardião da liberdade, as palavras *rei* e *tirano* estavam naturalmente associadas nas mentes das pessoas; não *Legislativo* e *tirania*. Mas quando o Executivo não era intimidador, as duas últimas eram muito justamente associadas. Após a extinção do rei na Grã-Bretanha, nasceu no Parlamento uma tirania mais pura e genuína do que a que tinha sido exercida pelo monarca" (Wilson, II, p.301). Outros precedentes históricos foram citados por Gouverneur Morris. Tendo primeiro reiterado sua proposta em favor do veto absoluto, derrotado na semana anterior, ele foi adiante e disse:

> Os mais virtuosos cidadãos, como membros de um corpo legislativo, muitas vezes concordarão com medidas de que mais tarde, em sua esfera privada, se envergonharão. É preciso cautela contra intrusões da ala popular do governo. Os éforos em Esparta tornaram-se absolutos no fim ... Se o Executivo for derrubado pela ala popular, como aconteceu na Inglaterra, a tirania de um homem sobreviverá. Em Roma, onde a aristocracia derrotou o trono, as consequências foram diferentes. Ele* continuou falando a respeito da tendência da autoridade legislativa de usurpar o poder executivo e desejou que a sessão fosse adiada, a fim de considerar algum controle mais eficaz do que exigir 2/3 dos votos apenas para revogar a negativa do Executivo. (II, p.299-300)

Para estabelecer os controles enumerados na Tabela 2.2, devem-se solucionar dois problemas intimamente relacionados e inerentes a qualquer sistema de freios e contrapesos. Primeiro, há a questão de quem deve guardar os guardiões. Os freios devem eles mesmos ser mantidos sob freios; de outra forma não haveria um sistema de freios *e contrapesos*. Em Paris, os defensores do veto absoluto para o rei argumentaram que

---

* Esse texto, como vários outros citados neste capítulo, vem de atas redigidas em estilo taquigráfico em que as declarações se misturam à narração. O "ele" aqui é o próprio Gouverneur Morris. (N.T.)

a Assembleia sempre poderia derrotar o rei, recusando-se a pagar impostos (d'Antraigues, 8, p.544; Mirabeau, 8, p.539; Mounier, 8, p.561). Na Filadélfia, os freios sobre o poder executivo incluíam anular seu veto por maioria de dois terços, o *impeachment* e os incentivos advindos da reelegibilidade.

Segundo, há a questão de quem deve indicar os guardiões e, se necessário, removê-los de seus cargos. Os freios devem ser genuinamente independentes das instituições contra as quais se supõe que agirão. Já citei a observação de Duport na *Assemblée Constituante* de que o rei não pode servir de freio ao Legislativo se a Assembleia puder removê-lo quando bem entender. Na Convenção Federal, essa questão surgiu em relação tanto ao Executivo quanto à Câmara Alta. A respeito desta última, Sherman argumentou contra a proposta de Randolph de que "o primeiro braço do Legislativo federal deveria ter a indicação dos senadores" sob a alegação plausível de que, "se o Senado fosse indicado pelo primeiro braço e escolhido entre os membros do Legislativo ... isso os tornaria dependentes demais, e assim destruiria a finalidade para qual o Senado deve ser indicado" (I, p.60). Quanto ao primeiro, Gouverneur Morris afirmou que, se o Executivo for escolhido pelo Congresso, "ele será dependente do Legisl., se indicado, & passível de *impeachment* por esse corpo" (I, p.29). Também argumentando contra a escolha do Executivo pelo Legislativo, Madison afirmou: "O candidato criaria intrigas com o Legislativo, deveria sua indicação à facção predominante e estaria propenso a tornar sua administração subserviente às visões desta" (II, p.109).

Autorrestrição na assembleia

Concluo observando que os constituintes norte-americanos e franceses também se pré-comprometeram *eles mesmos* contra as tentações da paixão e do interesse. Na Convenção Federal, os constituintes decidiram manter seus procedimentos fechados e secretos. A razão para isso, como declarou Madison mais tarde, foi que

se os membros tivessem se comprometido publicamente a princípio, posteriormente teria sido exigida deles uma suposta coerência de opinião, enquanto, em discussões secretas, nenhum homem se sentiu obrigado a conservar suas opiniões senão enquanto estivesse satisfeito com a sua correção e verdade, e estavam todos assim abertos à força da argumentação (III, p.379).

Os constituintes, em outras palavras, escolheram a discrição para se pré-comprometer contra sua própria vaidade. Ao contrário dos constituintes franceses, os norte-americanos não deram ênfase à vaidade como motivação dos agentes políticos futuros cujo comportamento seria regulamentado pela Constituição que estavam redigindo.

Diferentemente da Convenção Federal, a *Assemblée Constituante* também funcionou como uma legislatura ordinária. Esse arranjo, porém, pode ser indesejável. Uma das principais tarefas de uma Assembleia Constituinte é obter o equilíbrio adequado de poder entre os braços legislativo e executivo do governo. Atribuir essa tarefa a uma Assembleia que também serve de corpo legislativo seria pedir-lhe para agir como juiz em causa própria. Esperar-se-ia que uma Constituição escrita por uma Assembleia Legislativa cedesse poderes excessivos ao Legislativo (2.11). Em tese, esse problema poderia ser resolvido por meios similares aos utilizados em corpos legislativos, com freios e contrapesos. Um veto do rei à Constituição, por exemplo, poderia ter mantido sob controle a tendência do Legislativo à ampliação de seus próprios poderes.[106] A *Assemblée Constituante* adotou outra solução, votando que seus membros seriam inelegíveis para a primeira legislatura ordinária. Foi Robespierre quem, em seu primeiro grande discurso, convenceu a Assembleia a adotar uma "cláusula de renúncia" – o pré-compromisso dos constituintes contra seus próprios interesses (26, p.124).

---

[106] Essa dificilmente seria uma solução perfeita, porém: em geral, não há razão para esperar que a força relativa dos poderes de barganha do Executivo e do Legislativo no corpo constituinte correspondam à divisão normativamente desejável que se desejaria inscrever na Constituição.

2.8 Inconsistência temporal, descontos e atrasos

Em 2.3, vimos que muitas constituições impõem um *atraso* entre a primeira proposta de emenda e sua adoção final. Em 1.3, argumentei que os atrasos podem servir para superar problemas associados ao desconto hiperbólico. Certamente não podemos inferir que as cláusulas de atraso existem para impedir inversões ao longo do tempo, causadas por desconto hiperbólico. Mesmo após ser identificado e caracterizado por Strotz em 1955, esse mecanismo, até onde sei, nunca foi citado como motivo para o pré-compromisso constitucional. Os atrasos têm sido introduzidos para conter a paixão, não para compensar o desconto hiperbólico. Mas, embora essa ideia não possa servir de exemplo de pré-compromisso intencional, sugere que alguns procedimentos de atraso podem servir de restrições incidentais que impedem uma conduta de inconsistência temporal.

Pré-compromisso com os direitos

Considerem-se primeiro as disposições constitucionais dos impropriamente chamados "direitos positivos", como o direito a sistemas gratuitos de saúde ou ensino. Supõe-se algumas vezes que estes sejam formas de consumo social, que deve ocorrer à custa do investimento social e da eficiência. Os países em desenvolvimento, mesmo os países em transição para um sistema de mercado, não têm como "pagar" por essas coisas. Isso não pode ser totalmente verdade, pois a educação e o sistema de saúde também são investimentos em uma força de trabalho produtiva.[107] Se não são fornecidos, o motivo pode ser que o governo é propenso ao

---

[107] Se a educação e o sistema de saúde fossem vistos exclusivamente por essa perspectiva, esses bens não seriam fornecidos como o são nas sociedades ocidentais de hoje. Mais ênfase seria dada ao tratamento de membros atuais e futuros da força de trabalho. O fumo poderia ser encorajado, em vez de desencorajado (os fumantes poupam à sociedade uma grande quantia ao morrerem mais cedo). O financiamento das ciências humanas e (provavelmente) sociais sofreria. Embora os sistemas de saúde existentes possam ser explicados por uma combinação de considerações sobre segurança e eficiência, os sistemas de educação existentes podem ser explicados por uma combinação de considerações sobre consumo e investimento. Sobre essas questões, ver também Elster (1995d).

CAPÍTULO DOIS

desconto hiperbólico. O governo pode reconhecer plenamente o valor dos investimentos em educação e saúde, mas decidir adiá-los para uma data futura. Entretanto, quando a data chega, a prioridade é mais uma vez dada a projetos de benefícios imediatos. Para contornar esse problema, poderia ser útil constitucionalizar os direitos à educação e à saúde, talvez até petrificá-los como direitos não emendáveis. "As pessoas no poder quase sempre querem liberdade de ação, ao menos no curto prazo, e programas de direitos atam suas mãos. A Carta de Direitos também é uma forma de atar as mãos do governo".[108]

O pré-compromisso com um orçamento equilibrado

Existe atualmente nos Estados Unidos uma demanda não apenas por um orçamento equilibrado, mas por uma emenda sobre orçamento equilibrado na Constituição. (Suponho aqui, para os propósitos desta discussão, que tal emenda seria de fato capaz de restringir o Congresso.)[109] Um dos principais argumentos em favor da emenda é que, sem a constitucionalização dessa meta, o Congresso não será capaz de resistir aos muitos grupos de interesses que fazem *lobby* em favor de verbas para esta ou aquela atividade. Os representantes precisam ser capazes de dizer a seus constituintes que suas mãos estão atadas.[110] No entanto,

---

[108] O'Flaherty (1996), p.285.

[109] Sobre dúvidas a respeito da possibilidade de impingir pré-compromissos orçamentários, ver Keech (1995), p.172-4.

[110] Diz Russell Baker: "Temos, então, a emenda do orçamento equilibrado à Constituição. Se promulgada, forçará todos os membros do Congresso a pensarem antes de gastar de novo. Esses pobres patéticos estão tão afundados em seu vício que agora buscam a salvação, mutilando a Constituição. Eles propõem que o governo fique de olho no próprio governo, de forma que a sua incapacidade de se controlar sofra restrições" (*International Herald Tribune*, 30 de novembro de 1994). De forma semelhante, ele explica a proposta de veto de artigos específicos como o "autodesprezo que agora aflige o Congresso. Ultimamente os congressistas têm tido o hábito de choramingar sobre suas fraquezas. Dizem que são fracos demais para resistir à tentação de distribuir por aí os fundos federais. Uma emenda constitucional passou. Os srs. Gingrich e Dole alardearam-na como a palavra divina. Sem dúvida, esses perdulários infelizes e pecaminosos que queriam – sinceramente queriam – se reformar, poderiam controlar seu vício maligno se ao menos este fosse proibido por aquele sagrado documento, a Constituição" (ibidem, 31 de março de 1995).

é no mínimo concebível que o Congresso – ou antes, os representantes individuais – também sofram da tendência à procrastinação, inerente ao desconto hiperbólico. Dado o predomínio do presente sobre todas as datas futuras, o Congresso, assim como fez Santo Agostinho, dirá a si mesmo que equilibrar o orçamento é uma boa ideia – no futuro. Mas quando o futuro chega, sempre o faz na forma de um novo presente, ao qual se aplica o mesmo raciocínio. A emenda do orçamento equilibrado poderia superar essa tendência ao adiamento.

Para fazer que a emenda seja aprovada, porém, teria de ser estipulado que ela só teria efeito no próximo Congresso, ou em um futuro ainda mais distante.[111] A ideia do atraso, na realidade, serve a duas funções aqui. Uma vez que uma emenda é aprovada, um atraso *entre a proposta e sua aprovação* a protegerá de ser abolida. Para que seja aprovada, um atraso artificial poderia ser imposto *entre a aprovação e sua implementação*. O caso norte-americano não é o ideal para ilustrar esse ponto, devido à duração variável e incerta do processo de emendas. Suponha, portanto, que uma emenda de orçamento equilibrado foi proposta ao Parlamento sueco. Para ser adotada, a emenda deve ser aprovada tanto na legislatura atual quanto no início da seguinte. O desconto (hiperbólico) dos legisladores é tal que eles preferem, a qualquer momento, ter um déficit orçamentário na legislatura atual e na próxima, mas depois nunca mais. Por essa suposição, a emenda não será aprovada a não ser que seja possível especificar que entrará em vigor na quarta legislatura.

Implementação retardada

Os constituintes poderiam também querer incluir na Constituição um atraso entre a eleição de um novo governo e sua posse. Na América Latina (Peru, Argentina) e na Europa Oriental (Polônia, Hungria), observaram-se recentemente disputas eleitorais entre um partido liberal, comprometido com a eficiência e com uma política de austeridade inicial seguida por

---

[111] Tabellini e Alesina (1994), p.171. No modelo deles, porém, a fonte da inconsistência temporal é mais a incerteza sobre as preferências futuras do eleitorado do que o desconto hiperbólico.

CAPÍTULO DOIS   185

crescimento, e um partido populista, prometendo uma previdência social e seguros-desemprego de alto nível. Em alguns casos, o partido liberal tem mais seguidores nas pesquisas iniciais, mas, com a aproximação das eleições, a preferência se volta para o partido populista, que acaba vencendo as eleições. Esses fatos estilizados correspondem exatamente ao que se esperaria se os eleitores descontassem o futuro hiperbolicamente.[112] Além disso, o problema poderia ser superado com a estipulação de um atraso de, digamos, seis meses antes de o novo governo tomar posse. É claro, seis meses poderiam não ser suficientes. Ou ainda, seis meses poderia ser tempo demais, no sentido de que o país talvez não conseguisse tolerar um governo *lame duck** por tanto tempo. Dito isso, o problema é real e uma solução desse tipo seria pelo menos abstratamente concebível.

A ideia de um atraso entre a adoção e a implementação poderia também ser defendida com argumentos inteiramente diferentes. Um problema que tem atormentado a maior parte das legislações constitucionais, seja no estágio de elaboração, seja no processo de discussão de emendas, é que os constituintes invariavelmente se veem em conflito. Por um lado, a própria natureza de uma Constituição requer que legislem no interesse de todos e para um futuro indefinido. Por outro, eles também têm motivações partidárias e de curto prazo que lhes são impostas por seus eleitores. Estas últimas seriam consideravelmente menos importantes se a legislatura transcorresse sob um véu artificial de ignorância criado pela exigência de que as decisões não entrassem em vigor antes de, digamos, dez ou vinte anos.

---

[112] De forma mais conjetural (bastante conjetural, na realidade), o desconto hiperbólico poderia ser relacionado a outro fato estilizado, descoberto e analisado por Stokes (1997, 1999), a saber, logo após a eleição, muitos governos que foram eleitos com uma plataforma populista começam a implementar o programa liberal de seus rivais. Antes da eleição, há uma mudança de preferência no eleitorado; após a eleição, uma mudança política no governo. Os dois fenômenos podem estar relacionados, se o governo acreditar que, implementando o programa liberal, está fazendo o que os eleitores, em algum sentido, "realmente" querem e que não tem nenhum motivo, portanto, para temer uma derrota na próxima eleição.

* *Lame duck* é o termo usado para funcionários eleitos que, embora ainda em seus cargos, perderam o poder político, como no caso daqueles cujos sucessores já foram eleitos, mas ainda não tomaram posse. (N.T.)

Esse raciocínio do "véu de ignorância" foi empregado várias vezes na Convenção Federal, de forma mais impressionante em uma intervenção de George Mason:

> Devemos atender aos direitos de todas as classes de pessoas. Ele muitas vezes se espantara com a indiferença das classes superiores da sociedade em relação a essa máxima de humanidade e política, considerando que, por mais bem-afortunadas que fossem as suas circunstâncias, ou elevadas as suas situações, o curso de alguns poucos anos não apenas poderia mas certamente iria distribuir sua posteridade pelas classes mais inferiores da sociedade. Todas as motivações egoístas, portanto, todas as ligações familiares, deveriam recomendar tal sistema de política, já que favoreceria com o mesmo cuidado os direitos e a felicidade, tanto das ordens inferiores dos cidadãos quanto das mais altas. (I, p.49)

Gouverneur Morris sugeriu, em tom similar, que

> as ligações de Estado e a importância do Estado têm sido a maldição deste País. Não podemos aniquilar, mas podemos talvez arrancar os dentes das serpentes. Ele desejava que nossas ideias se estendessem ao verdadeiro interesse do homem, em vez de ficarem circunscritas ao âmbito estreito de um ponto em particular. E, afinal, quão pequena pode ser a motivação produzida pelo egoísmo de tal política. Quem pode dizer se ele mesmo, e menos ainda se seus filhos, serão no ano que vem habitantes deste ou daquele Estado. (I, p.530)

Esse argumento se refere aos treze Estados então em existência, mas foi também usado para se referir à inclusão de futuros Estados. Contra a proposta de Gerry de "limitar o número de novos Estados a serem admitidos na União, de tal maneira que nunca superem o número de Estados Atlânticos" (II, p.3), Sherman replicou: "Estamos cuidando da nossa posteridade, de nossos filhos e netos, que podem tanto ser cidadãos dos novos Estados do oeste como dos velhos Estados" (ibidem).

O argumento que sugeri anteriormente reforçaria este pelo aumento da incerteza. Se a Constituição entrar em vigor amanhã, poderei prever com certeza que meus netos estarão em situação melhor sob o arranjo A que sob o arranjo B. O fato de que a utilidade esperada dos meus netos e bisnetos possa ser maior sob B poderia não compensar essa preferência. Mas se a entrada em vigor da Constituição é adiada em vinte anos, o destino de meus netos e bisnetos pode se tornar a consideração mais importante, por dois motivos. Por um lado, o véu da ignorância agora cobre uma parte maior do período relevante. Por outro, se os constituintes são propensos ao desconto hiperbólico, o adiamento diminuirá o impacto do que chamo de a "forte preferência pelo presente em relação a todas as datas futuras" (1.3).

É desnecessário dizer que a ideia é utópica e provavelmente indesejável por outros motivos. Demandas de elaboração de uma Constituição ou de uma revisão constitucional tendem a surgir em tempos de crise nos quais a espera é um luxo inviável. Entretanto, acredito que esse uso dos atrasos poderia valer a pena se considerado em outros contextos de tomada de decisão. Um argumento típico em favor dos atrasos é que, ao dar tempo para o esfriamento dos ânimos, combatem os efeitos perniciosos da *paixão*. Tenho argumentado que, ao aumentar a incerteza, os atrasos também criam um véu de ignorância que força um agente a se colocar no lugar de todos os outros e, assim, reduzem a importância do *interesse*.

2.9 Onipotência, comportamento estratégico e separação dos poderes

Nesta seção analiso as ideias de que o poder, para ser eficaz, precisa ser dividido, e de que a onipotência, longe de ser uma bênção, pode ser uma maldição.[113] Discuto essa ideia notadamente em termos de incon-

---

[113] Embora o foco aqui esteja nos fatores institucionais, a posse do poder absoluto também tem um aspecto psicológico. O tirano não confia nem acredita em ninguém; assim, Tibério "odiava a bajulação tanto quanto temia a sinceridade". (Veyne, 1976, p.720). De forma similar, Heródoto (3.80): o tirano "é a mais contraditória de todas as criaturas; se alguém lhe oferece admiração em quantidades moderadas, ele se enfurece por não estarem lhe dando a máxima atenção, e se alguém lhe dá a máxima atenção, ele se enfurece com este por ser um bajulador".

sistência temporal e credibilidade, mas ela é, de fato, mais geral. Assim, uma consequência de ter poder demais é resumida em uma máxima mencionada a Napoleão por um de seus conselheiros: *"On ne s'appuie que sur ce qui résiste"* ("Apoiamo-nos apenas sobre o que resiste"), uma frase que Tocqueville poderia ter usado como epitáfio em seu *O Antigo Regime e a revolução*. A seguinte passagem dá uma ideia do argumento principal desse trabalho:

> Uma das perguntas feitas aos intendentes é a seguinte: "Os gentis-homens de sua província gostam de ficar em sua casa ou preferem ir embora?" Temos a carta de um intendente respondendo a esta pergunta: queixa-se que os gentis-homens de sua província gostam de ficar com seus camponeses, em vez de cumprir suas obrigações para com o rei. E notem bem isto: a província em questão era Anjou; foi desde então Vendeia. Esses gentis-homens que se recusavam, segundo se dizia, a cumprir seus deveres para com o rei são os únicos que defenderam com as armas a monarquia na França e arriscaram sua vida ao combater por ela.[114]

O livro de Tocqueville é um estudo sobre a *ruína pelo sucesso*, para usar uma frase que Stephen Holmes cunhou para resumir os eventos de 1848 descritos por Tocqueville em seu *Lembranças*.[115] Tendo reduzido a nobreza e a burguesia a um estado de impotência, a monarquia não tinha nenhum aliado com quem contar quando ela mesma se encontrou sob ataque. Na discussão que se segue, porém, a ênfase estará na divisão de poderes entre os braços do governo em vez de entre as classes. Embora as duas questões estejam intimamente ligadas na concepção inglesa tradicional de separação de poderes, estão inteiramente dissociadas nas sociedades modernas.

---

[114] Tocqueville (1998), p.181 [Tocqueville, Alexis de. *O Antigo Regime e a revolução*. Brasília: Universidade de Brasília, 1979, p.124].

[115] Holmes (1992). Em *Lembranças*, o padrão percebido por Holmes é que, se A se alia a B para combater seu inimigo comum C, A deveria evitar destruir C completamente, para que B então não se volte contra ele. Em *O Antigo Regime e a revolução*, o padrão é que, se A mina o poder de B e C por meio de táticas de dividir-e-conquistar, ele não pode pedir o auxílio destes quando for atacado por D.

O paradoxo da onipotência

No nível mais geral, um ser onipotente é uma contradição de termos. "Se uma entidade tem o poder de fazer qualquer lei ou de cometer qualquer ato a qualquer momento, poderia limitar seu próprio poder de agir e fazer leis? Se pode, então não pode, e se não pode, então pode."[116] O paradoxo, originalmente proposto em respeito à onipotência divina, também se aplica à soberania política. Assim segundo Hobbes,

> O soberano de um Estado, quer seja uma Assembleia ou um homem, não se encontra sujeito às leis civis. Dado que tem o poder de fazer e revogar as leis, pode quando lhe aprouver libertar-se dessa sujeição, revogando as leis que o estorvam, e fazendo outras novas; por consequência, já antes era livre. Porque é livre, quem pode ser livre quando quiser. E a ninguém é possível estar obrigado perante si mesmo, pois quem pode obrigar pode libertar, portanto quem está obrigado apenas perante si mesmo, não está obrigado.[117]

Como uma proposição abstrata, a última declaração poderia parecer impecável. Aplicada à política na vida real já não é, como demonstrado pela passagem de Espinosa que citei ao início deste capítulo. Embora o rei em questão (Dario, o meda) fosse onipotente em relação às leis que podia outorgar, ele *não tinha o poder de revogar* o decreto que seus sátrapas, enganando-o a fim de montar uma armadilha para Daniel, conseguiram que outorgasse. A explicação dessa irrevogabilidade não é clara no texto bíblico. Também não podemos consultar outras fontes, já que a própria existência de Dario, o meda, está envolta em incerteza. De forma bastante conjetural, é possível supor que algo como uma convenção metaconstitucional (2.3) estivesse em vigor. Se houvesse revogado seu próprio decreto, Dario poderia ter incorrido em uma perda de legitimidade religiosa.

---

[116] Suber (1990), p.12.

[117] *Leviathan*, parte II, cap. 26 [Hobbes, Thomas. *Leviatã ou matéria, forma e poder de um Estado eclesiástico e civil*. São Paulo, Abril Cultural, 1979, p.162]. Holmes (1988), que também cita essa passagem, traça o histórico dessa ideia remontando a Sêneca e avançando até Rousseau e outros.

Entretanto, essa ideia pressuporia que o sacerdócio era uma fonte rival de poder e que o rei não era, de fato, onipotente.

A razão por que o argumento de Hobbes não pode ser diretamente aplicado à política na vida real deriva da irreversibilidade das promessas. Não é verdadeiro que "aquele que pode acorrentar pode libertar", se essa afirmação implica que acorrentar e libertar são igualmente fáceis. Em política, como em tudo o mais, fazer uma promessa e depois quebrá-la é pior que não fazê-la (ver também o discurso de Clêon no debate sobre os mitilênios citado em 2.6). Na primeira Assembleia Constituinte francesa, o anúncio de medidas radicais tomadas na noite de 4 de agosto de 1789 tornou impossível voltar atrás. Em uma maravilhosa frase no estilo da época, "as pessoas estão penetradas com os benefícios que lhes foram prometidos; não se permitirão ser despenetradas".[118] Tocqueville chega a uma conclusão semelhante em sua análise do processo de elaboração da Constituição de 1848. Inicialmente, antes da insurreição de junho de 1848, mas apreensivo com sua chegada iminente, ele sentia que "[a nação] precisava não tanto de uma boa Constituição, mas de uma Constituição qualquer".[119] Agindo sob a pressão do tempo, ele estava "muito mais preocupado com o desejo de conseguir colocar rapidamente um líder poderoso no comando da República do que em organizar uma Constituição republicana perfeita".[120] Após os dias de junho, ele continuou defendendo essa proposta, mas agora pelo motivo de que "depois de haver anunciado à nação que lhe seria concedido o direito que ela sempre havia desejado ardentemente, não era mais possível voltar atrás".[121] Promessas feitas perante o público são muitas vezes irreversíveis.

Suponha, porém, que estamos lidando com um soberano – tal como um monarca absoluto, um déspota oriental, um *politburo*, ou uma junta – que não precise temer o desapontamento de expectativas frustradas. Suponha, além disso, que este queira se pré-comprometer com uma política fixa de longo prazo que crie um ambiente que leve ao crescimento

---

[118] Citado em Mathiez (1898), p.265, nota 4.

[119] Tocqueville (1986), p.826 [(1991, p.176)]. A sentença é omitida na tradução inglesa (Tocqueville, 1990).

[120] Tocqueville (1990), p.178 [(ibidem, p.185)].

[121] Ibidem.

econômico sustentado. Um exemplo é o da China na década de 1980. Quando a economia chinesa foi liberalizada e permitiu-se à propriedade privada se desenvolver, os agentes econômicos não poderiam saber se essa situação duraria e se lhes seria permitido manter seus lucros. Em consequência, seu horizonte temporal foi encurtado, e muitas vezes eles preferiram usar seus lucros em habitação e no consumo de luxo em vez de reinvesti-lo nos negócios. Os líderes chineses podem muito bem ter desejado se pré-comprometer com uma política de não envolvimento, mas não havia nenhuma maneira de fazê-lo com credibilidade. Como tinham todo o poder, eram *incapazes de se fazer incapazes de interferir*.[122]

Credibilidade

Os compromissos podem ser críveis quando o poder é dividido entre o Executivo, um Judiciário independente e um Legislativo eleito democraticamente. Essa é a parte central da história contada por Douglass North e Barry Weingast em sua reconstrução da economia política inglesa no século XVII. Após a Revolução Gloriosa, a "ameaça de deposição que [ganhou credibilidade com a revolução de 1648] limitou a capacidade da Coroa de ignorar" o Parlamento. Ao mesmo tempo, "a criação de um Judiciário politicamente independente expandiu enormemente a capacidade do governo de prometer honrar seus acordos, isto é, se comprometer". Finalmente, ao criar um equilíbrio entre o Parlamento e a monarquia – em vez de eliminar a última como ocorreu após a Guerra Civil – os interesses parlamentares asseguraram limites a suas próprias tendências à ação arbitrária.[123]

Pode-se imaginar um teste, que careço de competência para executar, para confirmar a conexão entre a democracia e o pré-compromisso eficaz. Em estudos sobre a relação (discutida em detalhes mais adiante) entre a independência do Banco Central e o crescimento econômico, a primeira variável costuma ser medida tanto por critérios formais, como

---

[122] Elster (1989c), p.199.

[123] North e Weingast (1989), p.817, 819, 829. Eles não esclarecem se isso foi um pré-compromisso intencional ou meramente uma restrição incidental.

a independência que o Banco detém por estatuto, quanto por critérios comportamentais, tais como a taxa de substituição dos presidentes do Banco. Descobriu-se que esses dois aspectos da independência do Banco Central estão altamente correlacionadas dentro do grupo de países industrializados, mas não dentro do grupo de países em desenvolvimento.[124] Concluir-se-ia, a partir do meu argumento, que a correlação também deveria ser maior no grupo de países democráticos do que no de países não democráticos.

Há uma complicação, porém, pelo fato de que alguns regimes autoritários podem, na verdade, se comprometer de forma crível. Mais especificamente, José Campos e Hilton Root argumentam que os regimes mais ou menos autoritários nas economias de alto desempenho da Ásia ganharam a credibilidade necessária por meio de uma "Constituição implícita" na qual a instituição especificamente asiática dos *Conselhos Deliberativos* servem de "dispositivos de pré-compromisso".[125] Esses conselhos são corpos não democráticos, com membros tanto do setor público quanto privado, com autoridade quase legislativa para decidir questões dentro de uma dada indústria ou até mesmo em níveis mais altos de uma agremiação. Entre suas diversas funções, talvez a mais importante seja a de reduzir a liberdade de ação do governo:

> Um ditador, por sua natureza, geralmente não aceita freios (e contrapesos) contra a sua autoridade. Mas essa ausência mina sua credibilidade a longo prazo: como as empresas podem saber que ele não alterará as políticas amanhã? Se os ditadores querem informações para determinar a escolha apropriada de políticas, devem assegurar que a revelação de informações não resultará no confisco direto (por meio da expropriação) ou indireto (por meio de mudanças adversas de política) de bens. Para solucionar esse problema de compromisso ... os líderes da Ásia Oriental trocaram autoridade por informação, efetivamente atando suas próprias mãos ao estabelecer instituições que restringem seu campo de ação arbitrária.[126]

---

[124] Cukierman (1992), p.421, 453-4.

[125] Campos e Root (1996), p.103.

[126] Ibidem, p.77-8.

CAPÍTULO DOIS

Embora o sistema se apoie em uma convenção constitucional não escrita ao invés de uma constituição escrita, o argumento básico é similar ao que expus anteriormente. Para ser eficaz, o poder precisa ser dividido. No resto desta seção utilizo a questão da independência do Banco Central para ilustrar essa ideia.

Bancos centrais independentes

Em anos recentes, tem emergido uma espécie de consenso sobre a necessidade de um Banco Central independente. Pelo menos um país (a República Tcheca) optou por registrar a independência de seu Banco Central na Constituição. Em outros países, a independência é assegurada por estatuto e cimentada por uma convenção constitucional, ou fundamentada apenas em uma convenção constitucional. Na parte que se segue, desprezo essas diferenças, e apenas suponho que, por uma razão ou outra, o Banco tem de fato ampla independência.

O argumento habitual é que um Banco Central independente é um dispositivo de pré-compromisso para superar a inconsistência temporal causada pela interação estratégica.[127] Há várias maneiras em que tais inconsistências podem surgir. Concentrar-me-ei aqui na versão do argumento em que os atores principais são o governo e o público, incluindo-se empresários e um sindicato central. Suponho que a função objetiva do governo dependa negativamente da inflação e positivamente do nível de emprego. Suponho, além disso, que essa função objetiva deriva mais de sua concepção do interesse público do que de motivos partidários ou eleitorais. O governo pode agir diretamente sobre a primeira variável, utilizando seu poder para estabelecer a taxa de expansão monetária e, portanto, da inflação. Ao criar inflação para aumentar o nível de emprego (ver discussão adiante), pode também agir indiretamente sobre a segunda variável. O sindicato importa-se apenas com o salário real de seus mem-

---

[127] Ver em especial Cukierman (1992), em quem baseio muito do que se segue. O argumento-chave foi primeiro sugerido por Kydland e Prescott (1977). Um ataque frontal a essa linha de raciocínio pode ser encontrado em Blinder (1998). Argumento mais adiante que algumas de suas críticas são tendenciosas.

bros, que é uma função do salário nominal e da taxa de inflação. A regra é que primeiro os sindicatos e os empresários negociem sobre os salários nominais, dada a expectativa de ambos a respeito da taxa de inflação. A seguir, o governo estabelece a taxa de expansão monetária e, dessa forma, a taxa real de inflação.

Suponha ainda que (i) o governo anuncie que seguirá uma política de inflação zero, (ii) que o sindicato e os patrões acreditem no anúncio e estabeleçam um salário nominal de acordo com ele, e (iii) que o governo se mantenha fiel à política anunciada. A taxa de desemprego então produzida é chamada de "taxa natural de desemprego". Por motivos variados, o governo pode acreditar que essa taxa seja alta demais.[128] Supondo (i) e (ii), o governo pode então decidir criar empregos expandindo a oferta de moeda, que levará a salários reais mais baixos e a uma taxa de emprego mais alta. Se o sindicato e os patrões souberem do objetivo do governo, porém, essa política não funcionará. Antecipando que o governo usará seu controle arbitrário sobre a política econômica para criar mais empregos, eles ajustarão o salário nominal em nível mais alto para compensar a inflação. Especificamente, estabelecerão o salário nominal na expectativa de que o governo estabelecerá a taxa de inflação máxima, dado aquele salário nominal. As inflações reais e esperadas serão iguais, e a ação do Banco Central não terá efeito no nível de emprego. A taxa de inflação, porém, é positiva, em detrimento de todos.

Para o governo, o melhor resultado seria fazer um anúncio com credibilidade de inflação zero e então incentivar a inflação; o segundo melhor resultado seria fazer um anúncio crível de inflação zero, e então desestimular a inflação; e o pior resultado possível é um anúncio crível – porque autorrealizável – de uma taxa positiva de inflação. Como um anúncio de inflação zero nunca tem credibilidade, o governo está fadado ao pior resultado. A mesma conclusão é obtida ao se examinar outros motivos pelos quais o governo poderia querer expandir a oferta de moeda, como o desejo de aumentar os rendimentos ou o desejo de reduzir o déficit no balanço de pagamentos. Como todos esses casos dão origem a uma versão

---

[128] Cukierman (1992), cap. 3.

dinâmica do Dilema do Prisioneiro,[129] similar ao caso da "Promessa" na Figura 1.3, estão sujeitos à inconsistência dinâmica.

Se os constituintes ou os legisladores viessem a entender esse problema, poderiam responder com uma política de pré-compromisso, que teria uma de duas formas. A primeira seria optar por regras em lugar da liberdade, incluindo-se uma política monetária específica diretamente na Constituição. Essa opção, se refletirmos, é indesejável ou impossível. Uma simples regra mecânica como o crescimento zero da oferta de moeda, embora talvez possível, daria muito pouca flexibilidade de ajustes diante de eventos imprevisíveis. Por outro lado, uma regra que tentasse especificar as melhores respostas para todas as contingências seria impossivelmente complexa.

A segunda opção seria dar liberdade a um Banco Central independente em vez de ao governo. Para assegurar que o Banco tenha verdadeira independência em relação ao governo,[130] diversas medidas têm sido adotadas. Quando o Banco Central da Noruega foi criado, em 1816, localizava-se em Trondheim, a centenas de quilômetros de distância da capital, a fim de assegurar sua independência do governo. Mais recentemente, um raciocínio semelhante foi a base da decisão de situar a sede do Bundesbank alemão em Frankfurt em vez de em Colônia.[131] Em países com um poder executivo dual, o presidente do Banco pode ser indicado pelo presidente em vez de pelo governo, supondo que o primeiro tenha mais probabilidade de ser um conservador que um ativista, isto é, que dê maior valor à estabilidade de preços do que ao nível de emprego. A Constituição pode

---

[129] Ibidem, p.17.

[130] A razão pela qual os políticos poderiam querer proteger o Banco de pressões não precisa ser uma vontade magnânima de promover o bem-estar do país. Eles poderiam abdicar desse poder simplesmente para poderem jogar a culpa em outros quando algo sai errado (Cukierman, 1992, p.213).

[131] "Em setembro de 1956, o chanceler [Adenauer] despertou preocupação em Frankfurt ao sugerir que o Bundesbank deveria ser estabelecido em Colônia para ficar mais perto de Bonn. Ao fim, o Bundesbank permaneceu em Frankfurt, a uma distância segura do governo" (Marsh, 1992, p.167). Muitos países também colocaram seus tribunais constitucionais fora da capital: o tribunal alemão se localiza em Karlsruhe, o tcheco em Brno, o estoniano em Tartu, e o eslovaco em Kosice. Não sei se o motivo, em qualquer um desses casos, foi um desejo explícito de isolar o tribunal da pressão de outros ramos do governo.

também proibir explicitamente o governo de dar ordens ao Banco ou (como na Noruega) exigir que, caso o faça, torne essas ordens públicas. Além disso, pode-se constitucionalizar a estabilidade de preços como a meta do Banco. No espírito de Schelling, pode-se também tentar fortalecer o Banco reduzindo alguns de seus poderes. Assim, para protegê-lo da pressão informal do governo, pode-se, como na Argentina, proibir explicitamente o Banco de atuar no financiamento de déficits.[132]

A criação de Bancos Centrais independentes ilustra a ideia da separação dos poderes como um dispositivo de pré-compromisso para superar a inconsistência temporal. A separação dos poderes pode, naturalmente, servir também a outros propósitos. Ao assegurar a especialização funcional, a separação dos poderes pode aumentar a eficiência. A necessidade de um braço executivo do governo se origina, entre outras coisas, do fato de que não seria eficiente confiar a um corpo legislativo o comando em caso de guerra. Além disso, a separação dos poderes pode reduzir a corrupção e impedir que um braço do governo interfira indevidamente nas tarefas dos outros. Um exemplo desta última ideia é a indicação aleatória de juízes para cada caso, para impedir que um ministro da justiça selecione juízes "confiáveis" para casos "delicados". Um argumento semelhante pode, de fato, ser usado em apoio da independência do Banco Central. Se o governo tem controle direto sobre a política monetária, ele pode utilizar esse instrumento para aumentar suas possibilidades de reeleição em vez de servir ao interesse público. Nesse caso, a separação dos poderes serve para contrabalançar o interesse partidário. O argumento anterior mostra, porém, que um Banco Central independente pode ser necessário, mesmo que o governo seja motivado somente por considerações de interesse público.[133]

---

[132] G. Miller (1993).

[133] A versão da análise de Kydland e Prescott criticada por Blinder (1998) é quase uma caricatura. Ele ridiculariza o argumento deles, dizendo: "A visão de políticos altamente disciplinados e de longa visão curando as instabilidades de Bancos Centrais libertinos e míopes parece uma estranha inversão de papéis" (p.46). Três comentários parecem apropriados. (i) O argumento de Kydland e Prescott se baseia na suposição de que políticos e banqueiros têm os *mesmos* valores, mas podem ser incapazes de implementá-los devido ao problema de inconsistência temporal. Pode-se questionar essa suposição em termos empí-

CAPÍTULO DOIS

2.10 Eficiência

De 2.7 a 2.9 considerei os motivos para o pré-compromisso constitucional – a paixão e duas formas de inconsistência temporal –, análogos aos casos de pré-compromisso individual discutidos no Capítulo 1. Aquele que é provavelmente o motivo mais importante para a autorrestrição constitucional, porém, não tem paralelo no caso individual. Seria a ideia de utilizar disposições constitucionais para eliminar ou reduzir certas formas de desperdício ou ineficiência que prevaleceriam se toda a legislação tomasse a forma de leis ordinárias que pudessem ser alteradas por maioria simples. Distinguirei entre três variedades de ineficiência que podem ser remediadas desse modo: a diminuição do horizonte temporal, o parasitismo e a inconsistência agregada. Nesses três casos, a solução principal é a exigência de uma maioria qualificada para emendar a Constituição. Embora atrasos e a necessidade de submeter emendas à aprovação por referendos possam apresentar alguns dos mesmos efeitos, é pouco provável que sirvam tão bem. Um maioria discreta, porém persistente, poderia sobreviver a um atraso, e um referendo não seria um obstáculo se a maior parte da população compartilhasse da visão da Assembleia.

Estendendo o horizonte temporal

A estabilidade é um meio geral de promover muitos fins importantes. Dentro de certos limites, é mais importante ter *alguma* Constituição que não esteja à mercê de maiorias flutuantes do que ter qualquer Constituição

---

ricos. Talvez a necessidade de se ter um Banco Central independente a fim de neutralizar governos partidários ou míopes seja mais importante na prática do que a necessidade de independência a fim de neutralizar a inconsistência temporal em um governo que não seja partidário ou míope. Mas não se deve distorcer o argumento. (ii) O próprio Blinder admite que políticos possam agir de forma apartidária ao escrever: "Talvez o motivo principal pelo qual se dá aos Bancos Centrais independência dos políticos eleitos é que o processo político pode ser míope demais. Sabendo disso, os políticos voluntária e sabiamente cedem a autoridade diária sobre a política monetária a um grupo de banqueiros centrais independentes" (p.61). (iii) Entretanto, como políticos míopes podem ter visão longa o suficiente para se proteger de sua miopia? Abordo essa mesma questão em 1.3 e discuto-a mais detalhadamente em 2.11.

em particular. Como disse Leibniz, não importa se as abelhas que escapam de minha propriedade pertencem a mim ou ao meu vizinho que as captura; enquanto as leis forem fixas, posso regular meu comportamento de acordo com elas.[134] O planejamento e o investimento feitos por indivíduos terão um horizonte temporal e gerarão mais frutos se estes puderem ter uma boa certeza de que os direitos de propriedade, até mesmo o direito à indenização por expropriação, serão mantidos. Os partidos políticos também operam com mais eficiência se puderem contar com o sistema de eleições e instituições como um fato. Como afirma Stephen Holmes: "As regras constitucionais são elaboradas para facilitar, não para dificultar; não é correto, portanto, identificar o constitucionalismo exclusivamente com as limitações ao poder".[135] Pode-se obviamente negar que o que é bom para os partidos políticos existentes seja também bom para a sociedade. Nos Estados Unidos, por exemplo, uma reforma completa do sistema político pode permitir que novas forças políticas venham a emergir e aumentar o nível de participação acima do triste nível atual. Embora isso possa ser verdade, não há razão para se acreditar que um sistema em *constante* mudança teria esses efeitos benéficos. Seria mais provável, em minha opinião, que levasse à fadiga e à anarquia.[136]

O efeito de estabilização da exigência de maiorias qualificadas para emendar a Constituição é talvez o aspecto mais importante do pré-compromisso constitucional. Ele fornece uma justificativa para o procedimento aparentemente arbitrário de permitir que uma pequena maioria na Assembleia Constituinte aprove um documento que só pode ser alterado por uma maioria substancialmente maior. Não estou dizendo que esse procedimento seja justificado em todos os casos. Em 2.11, por exemplo, discuto os perigos de uma maioria impondo sua vontade sobre uma minoria em questões como religião e etnia. Entretanto, acredito que o procedimento é justificado sempre que a minoria ache melhor viver sob um regime que é preferido pela maioria e protegido por uma exigência de maioria qualificada do que viver sob um regime que a própria minoria prefere,

---

[134] Ver discussão em Elster (1975), p.142.

[135] Holmes (1988), p.227.

[136] Holmes (1993), cap. 6 (criticando Roberto Unger).

mas sob o qual não tem a mesma proteção. Os protestantes certamente preferiram viver sob um sistema protestante não muito rígido do que sob um rígido sistema católico, mas os defensores do bicameralismo poderiam preferir um sistema rígido de câmara única a um bicameralismo não muito rígido. O argumento está relacionado à ideia de que mesmo os fracos preferem um regime legal que favoreça os interesses dos fortes a uma sociedade sem nenhuma lei, com a diferença de que aqui é a estabilidade das leis, mais do que a sua mera existência, que as redime aos olhos dos que preferiram um conjunto diferente de leis.

Reduzindo os custos de transação

Richard Posner observou que maiorias qualificadas são também úteis na redução dos custos de transação. A votação por maioria simples tende a encorajar o parasitismo. "Se o voto de uma maioria simples pudesse mudar a forma básica de governo ou expropriar a riqueza de uma minoria, enormes recursos seriam dedicados ao parasitismo e à resistência a tal legislação."[137] Note-se que essa afirmação sugere ou pressupõe que há uma diferença sistemática e substancial no potencial de parasitismo entre questões constitucionais e questões que estão sujeitas à legislação ordinária. Até onde vai meu conhecimento, essa alegação nunca foi verificada. Em qualquer caso, parece claro que a afirmação, se válida, trata constituições como restrições incidentais em vez de essenciais. Isso é ainda mais verdadeiro quanto ao terceiro argumento sobre a eficiência.

Eliminando ciclos

Sabemos, pelo paradoxo de Condorcet e o teorema de Arrow, que com votações por maioria simples, maiorias cíclicas podem surgir. Essa *inconsistência agregada*, embora diferente da inconsistência temporal, não é menos indesejável em seus efeitos subversivos. Já foi demonstrado que, se impusermos restrições relativamente fracas a combinações aceitáveis de preferências individuais, a exigência de uma maioria de 64% ou mais

---

[137] Posner (1987), p.9.

assegura que as preferências sociais nunca serão cíclicas.[138] Elas poderiam, porém, ser incompletas em muitos casos, se nenhuma proposta puder reunir a maioria necessária.[139] Na legislação ordinária sem um *status quo*, tal como a votação do orçamento anual, esse problema seria muito sério. No contexto constitucional, com um *status quo* bem definido, o fato de não serem completas é um problema menor.

2.11 Obstáculos e objeções

Como no caso da autorrestrição individual (1.8), o pré-compromisso constitucional, quando desejável, pode não ser possível ou eficaz; quando possível e eficaz, pode não ser desejável.

Os pré-compromissos podem não ser possíveis

Em relação à primeira questão, a distinção entre restrições essenciais e incidentais é relevante. Há casos em que uma política poderia se beneficiar de restrições e, mesmo assim, dificilmente imporia tais restrições sobre si mesma. A menos que as restrições sejam impostas por uma força externa ou por um subconjunto da sociedade politicamente organizada, a autorrestrição normativamente desejável pode não ocorrer de fato. Discutirei esse problema em relação a três conjuntos de problemas que poderiam ser superados no planejamento de constituições: as *standing* paixões duradouras, as paixões impulsivas e o interesse.

As paixões duradouras incluem animosidades nacionais, étnicas e religiosas; sólidos compromissos com a igualdade e a hierarquia, e outras disposições emocionais amplamente compartilhadas e profundamente arraigadas entre a população. Como essas paixões podem produzir a opressão das minorias e causar graves conflitos sociais, seria desejável ter alguma proteção constitucional contra elas, na forma de direitos pétreos da minoria ou do compartilhamento do poder entre os grupos. Concordo, portanto,

---

[138] Caplin e Nalebuff (1988).
[139] Devo essa observação a Aanund Hylland.

CAPÍTULO DOIS

com Cass Sunstein quando ele escreve: "As disposições constitucionais deveriam ser planejadas para atuar precisamente contra aqueles aspectos da cultura e da tradição de um país que tendem a causar danos por meio dos processos políticos desse país".[140] Entretanto, essas disposições são também *as menos prováveis de serem adotadas*, precisamente porque a cultura e a tradição agem contra elas. Em sociedades democráticas, pelo menos, não há motivo para se esperar que os constituintes sejam imunes à série de preconceitos que movem a maior parte da população.

Isso não é meramente uma preocupação abstrata. Devido ao forte preconceito contra os turcos na Bulgária, por exemplo, seria desejável ter uma sólida proteção às minorias étnicas escrita na Constituição. No entanto, como a maioria na Assembleia Constituinte também abrigava esses sentimentos, a Constituição búlgara de 1991 apresenta a mais fraca proteção dos direitos da minoria entre todas as novas constituições na Europa Oriental. Partidos com base étnica são banidos, e às minorias é dado somente o direito de aprenderem a própria língua em vez de aprenderem (todas as matérias) *em* sua própria língua. Para tomarmos outro exemplo, um dos motivos principais por trás do fracasso da Constituição espanhola de 1931 foram as severas cláusulas anticlericais.[141] Se a pequena maioria republicana na Assembleia Constituinte (a Constituição foi aprovada por uma maioria de 55%) tivesse contido seus golpes, os acontecimentos posteriores poderiam ter sido diferentes.

O ceticismo de Tocqueville em relação ao pré-compromisso pode ser entendido nessa perspectiva. Em *Democracia na América*, ele escreve

> Um fato apenas basta para mostrar que o teatro é pouco popular nos Estados Unidos. Os americanos, cujas leis autorizam a liberdade e até mesmo a licença da palavra em todas as coisas, não obstante submeteram os autores dramáticos a uma espécie de censura. As representações teatrais só podem realizar-se quando os administradores da comuna as permitem. Isso mostra claramente que os povos são como os indivíduos. Entregam-se, sem

---

[140] Sunstein (1991a), p.385.
[141] Bonime-Blanc (1987), p.102-3.

prudência, às suas paixões principais e, depois, tomam muito cuidado para de modo nenhum ceder à força de atração dos gostos que não possuem.[142]

Leio a primeira parte da última sentença como uma expressão da ideia que defendi anteriormente: as pessoas não se pré-comprometem contra suas paixões fortes e duradouras. A segunda parte pode ser ilustrada pela ideia de uma comunidade etnicamente homogênea aprovando leis que asseguram os direitos das minorias étnicas. É óbvio que ser livre para fazer coisas que não se quer fazer é menos valioso que ser livre para fazer coisas que se quer fazer.[143] De forma similar, ser proibido de fazer coisas ruins que não se queria mesmo fazer é menos útil do que ser proibido de fazer coisas que se poderia ser tentado a fazer. O problema é que, quando essas tentações são *permanentes*, há menor incentivo para estabelecer barreiras contra elas.

Uma exceção pode surgir se a maioria percebe que incorrerá em custos para si mesma se agir conforme seus preconceitos contra a minoria, por exemplo, ao causar distúrbios sociais que afetarão as capacidades produtivas do país ou sua posição no cenário internacional.[144] Dois outros fatores poderiam, porém, agir na direção contrária. Em primeiro lugar, é da natureza das paixões a capacidade de induzir pessoas a agirem contra seu interesse próprio. Em segundo lugar, se há uma história de opressão, o grupo dominante poderia ter medo de relaxar seu controle sobre a minoria. Claus Offe, por exemplo, refere-se à "lógica que os búlgaros aplicam contra as minorias turcas, e que Hitler proclamou no dia anterior à invasão alemã da União Soviética em 1941: 'Depois do que fizemos a eles, seremos punidos de modo arrasador a menos que continuemos a fazê-lo'".[145]

As paixões impulsivas são desencadeadas por acontecimentos súbitos e ameaçadores, como uma crise econômica, uma guerra ou o risco iminente

---

[142] Tocqueville (1969), p.430 [Tocqueville (1997), p.374].

[143] Isso não é o mesmo que dizer que a liberdade de fazer o que não se quer não tenha *nenhum* valor; ver Elster (1983b), p.128-9.

[144] Devo a James Fearon a sugestão de que uma tentação *permanente* de oprimir a minoria poderia ser mais custosa que um impulso de curta duração.

[145] Offe (1992), p.23.

CAPÍTULO DOIS 203

de guerra, e outros eventos desse tipo.[146] A ideia de que as constituições deveriam proteger os cidadãos de sucumbirem a tais impulsos foi expressa, como vimos (2.1), na sugestão de que elas são correntes impostas por Pedro quando sóbrio a Pedro quando bêbado. Entretanto, a premissa de um Pedro sóbrio pode não se cumprir na realidade. É uma irregularidade empírica impressionante que as constituições tendem a ser escritas em tempos de turbulência e revolta, em que paixões tendem a fervilhar.[147] As ocasiões para a elaboração de constituições incluem crises sociais e econômicas, como na elaboração da Constituição dos Estados Unidos de 1787 e da Constituição francesa de 1791; revoluções, como na elaboração das constituições francesa e alemã de 1848; queda do regime, como na elaboração das mais recentes constituições no sul e leste europeu; medo de que o regime venha a cair, como no caso da Constituição francesa de 1958, que foi imposta por De Gaulle sob a sombra de uma rebelião militar; derrota na guerra, como na Alemanha após a Primeira e Segunda Guerras Mundiais, ou na Itália e no Japão após a Segunda Guerra; reconstrução no pós-guerra, como na França em 1946; criação de um novo Estado, como na Polônia e Tchecoslováquia depois da Primeira Guerra; e independência do governo colonial, como nos estados norte-americanos após 1776 e em muitos países do Terceiro Mundo a partir de 1945.

Se as constituições são, em geral, escritas em tempos de crise, não é evidente que os constituintes estarão particularmente sóbrios. Aqueles que elaboraram a Constituição francesa de 1791, por exemplo, não eram famosos por sua sobriedade.[148] Na *Assemblée Constituante*, previu-

---

[146] Essas paixões, certamente, precisam ter raízes em disposições emocionais fundamentais, que são, porém, muito mais gerais do que o que chamo de paixões duradouras. A disposição de odiar os membros de uma outra religião ou de um outro grupo étnico é bem mais específica do que a disposição de temer um inimigo.

[147] Russell (1993), p.106. Holmes e Sunstein (1995), p. 284, argumentam que "nenhum grupo de constituintes, dada a inclinação universalmente reconhecida de todos os atores a cometerem erros colossais em circunstâncias turbulentas, pode monopolizar a autoridade sobre a estrutura da constituição". Em seus escritos sobre o pré-compromisso constitucional, porém, tanto Holmes (1988) quanto Sunstein (1991a, b) ignoram ou negam tacitamente esse ponto.

[148] Uma discussão sistemática do papel das paixões na Revolução Francesa está em Tulard (1996). Ele não menciona o medo e a vaidade, porém, embora estes certamente expliquem o resultado de muitas votações nas diversas assembleias constituintes.

-se inicialmente que a Assembleia se reuniria dois dias por semana, e trabalharia em subcomitês (*bureaux*) nos outros dias.[149] No entanto, os moderados e os patriotas tinham opiniões muito diferentes sobre esses dois procedimentos. Para Mounier, líder dos moderados, os comitês favoreciam "a razão fria e a experiência", ao isolar os membros de tudo o que pudesse estimular sua vaidade e medo.[150] Para o radical Bouche, os comitês tendiam a enfraquecer o fervor revolucionário. Ele preferia as grandes assembleias, onde "as almas tornavam-se fortes e inflamadas, e onde nomes, títulos e distinções não contavam para nada" (8, p.307). Por proposta dele, foi decidido que a Assembleia se reuniria *in plenum* a cada manhã e em comitês à tarde.

A importância dessa manobra, que assinalou o início do fim para os moderados, foi clara.[151] Ela foi reforçada pela adoção da votação por chamada, um procedimento que permitia aos membros e espectadores identificar aqueles que votavam contra as medidas radicais, e circular listas com seus nomes em Paris.[152] Dessa forma, nos debates cruciais sobre o bicameralismo e o veto real – dispositivos que visavam, em parte, restringir as paixões majoritárias (2.7) – muitos delegados foram movidos mais pela paixão do que pela razão (ou interesse). A retórica majoritária da Assembleia não combinava com a ideia de que a regra de uma maioria irrestrita pudesse ser perigosa. Como vimos ao fim de 2.7, os constituintes franceses foram capazes de se proteger contra seus interesses, mas, ao

---

[149] Tomou-se muito cuidado na formação dos subcomitês para impedir a emergência de facções (Castaldo, 1989, p.120, nota 65). Eles eram, basicamente, formados aleatoriamente (utilizando uma ordem alfabética) e renovados a cada mês para que os mesmos deputados nunca permanecessem juntos.

[150] Mounier (1989), p.926.

[151] Egret (1950), p.120. Mais tarde, Mounier (1989, p.927) repreendeu-se severamente por sua inatividade nessa ocasião. Castaldo (1989), p.202, nota 102, mostra que tanto Egret quando Mounier superestimam os aspectos políticos do fim dos *bureaux*. A Assembleia não apenas se transferiu para sessões plenárias, mas também substituiu os *bureaux* formados aleatoriamente e em constante mudança por comitês permanentes organizados por assunto.

[152] Sobre um estratagema similar na Assembleia Constituinte de Frankfurt de 1848, ver Eyck (1968), em particular as p.115-6, 120, 153ss.

CAPÍTULO DOIS

contrário dos constituintes norte-americanos, eles não tomaram medidas para se proteger contra suas paixões.

A ameaça à elaboração de constituições criada pelas paixões impulsivas é mais comum e difundida que o problema das paixões duradouras. Ainda que não haja motivos para se esperar que uma nação seja especialmente vulnerável a essas últimas durante o estágio de elaboração da constituição, há, como indiquei, uma tendência sistemática a que as constituições sejam escritas em circunstâncias turbulentas, quando o julgamento é obscurecido pelas paixões do momento. As condições sob as quais a *necessidade* da elaboração de uma constituição surge tendem a atrapalhar a *tarefa* de fazer a constituição. Em outros lugares argumentei: "As emoções dão uma noção de significado e sentido à nossa vida, mas também nos impedem de andar com firmeza nessa direção".[153] Embora ao fazer essa afirmação eu não tivesse a elaboração de constituições em mente, ela é perfeitamente ilustrada por esse processo.

Finalmente, os interesses dos constituintes podem obstruir o caminho do pré-compromisso a fim de restringir os interesses dos agentes políticos futuros. Para tomar um exemplo óbvio, uma assembleia constituinte que também serve de legislatura ordinária pode não ter interesse em criar freios aos interesses do legislativo (2.7). Os recentes processos de elaboração de constituições na Europa Oriental ilustram esse ponto.[154] Com algumas exceções, os constituintes na Bulgária, Tchecoslováquia e seus dois estados sucessores, Polônia e Romênia, evitaram cuidadosamente a adoção de alguns dos dispositivos que poderiam limitar os poderes do legislativo. Nenhum desses países adotou o voto construtivo de censura, que fortalece o poder do governo em relação à Assembleia. Exceto pela Tchecoslováquia, nenhum desses países criou um forte tribunal constitucional que pudesse derrubar uma lei como inconstitucional. Com exceção dos países que tiveram uma assembleia constituinte bicameral, nenhum deles criou uma casa superior que pudesse agir como contrapeso à casa inferior. (A República Tcheca também conta aqui como uma exceção parcial.) Com a exceção parcial da Romênia, nenhum deles tornou o referendo

---

[153] Elster (1989a), p.70.

[154] Detalhes em Elster (1993a, 1995e).

uma parte importante do processo de emenda da constituição. A única assembleia constituinte na região que abdicou de poderes importantes foi a húngara, que adotou o voto construtivo de censura e criou um tribunal constitucional do qual se diz ser o mais forte no mundo.

Sendo assim, concordo em grande parte com Adam Przeworski e Fernando Limongi quando observaram que "os defensores do compromisso ... não levam em consideração o processo político pelo qual tais compromissos são estabelecidos".[155] Entretanto, não posso concordar quando propõem esse argumento como exemplo contra a possibilidade de pré-compromisso em geral e contra o pré-compromisso antiarbitrário mais especificamente. Eles alegam que "as mesmas forças que levam o Estado a interferências arbitrárias ineficientes também levam o Estado a um compromisso ineficiente". Como um argumento geral, isso não pode estar correto.[156] Por um lado, as forças que levam à interferência ineficiente podem ser desencadeadas por uma crise urgente, em vez de serem aspectos permanentes do cenário político. Por outro lado, um Estado pode ser "levado" a interferências arbitrárias ineficientes mesmo quando não há crise e os agentes que determinam a política estão preocupados exclusivamente com o bem-estar da sociedade (2.9). Sem dúvida, as interferências arbitrárias, assim como os subsídios a indústrias em apuros, são muitas vezes resultado de pressões políticas, desejo de reeleição, e assim por diante. Entretanto, essa situação não é necessária para que um resultado ineficiente seja produzido. A falta de uma tecnologia para tornar um compromisso de restrição crível pode ter o mesmo resultado.

Mesmo quando um regime não quer se restringir, outros podem tentar restringi-lo. Sua motivação pode ser promover os interesses próprios, proteger o regime contra si mesmo, ou ambas. Na elaboração da Constituição da Alemanha Ocidental de 1949, por exemplo, as forças de ocupação ocidentais tentaram obrigar o país a adotar uma estrutura descentralizada que impedisse a reaparição do nacionalismo alemão.[157] Ainda mais drasticamente, a Constituição japonesa de 1946 foi escrita

---

[155] Przeworski e Limongi (1993), p.66.
[156] Essa pode, porém, ser uma resposta apropriada a Blinder (1998).
[157] Golay (1958), p.5.

CAPÍTULO DOIS

inteiramente pelas forças de ocupação norte-americanas. De forma seme-lhante, uma minoria que elabora uma constituição pode tentar proteger a maioria contra os interesses ou paixões duradouros que a animam. Essa foi a autointerpretação dominante entre os constituintes norte-americanos em 1787. Em tais casos de constituições impostas, lidamos com restrições incidentais, pelo menos se as restrições atuarem em benefício dos que sofrem as restrições e não somente dos que restringem.

O pré-compromisso pode não ser desejável

Mesmo quando possível e eficiente, o pré-compromisso constitucional pode não ser desejável. Há dois problemas principais, um criado pelo potencial de um conflito entre o pré-compromisso e a eficiência, o outro pelo potencial de um conflito entre o pré-compromisso e a democracia.

O primeiro problema pode ser expresso virando a metáfora do suicídio de ponta-cabeça. Em 2.1, citei a frase: "Constituições são correntes com as quais os homens se amarram em seus momentos de sanidade para que não morram por uma mão suicida em seu dia de frenesi". Contra isso, podemos citar uma famosa máxima do juiz Robert Jackson, sugerindo que *a constituição não é um pacto suicida*.[158] As autorrestrições constitucionais fortes podem ser incompatíveis com a flexibilidade de ação exigida em uma crise. Na Convenção Federal na Filadélfia, por exemplo, George Mason observou: "Embora ele tivesse um ódio mortal ao papel-moeda, como não podia prever todas as emergências, não estava disposto a atar as mãos do Legislativo. Ele observou que a última guerra não poderia ter prosseguido se essa proibição existisse".[159] De forma similar, quando em 1946 o Parlamento italiano decidiu contra a constitucionalização da

---

[158] Paráfrase da declaração de discordância do juiz Robert Jackson em *Terminiello vs. City of Chicago* (*Terminiello contra a cidade de Chicago*), 337 U.S. 1, 37 (1949). Um uso comparável da metáfora do suicídio ocorre em um comentário feito por Robert Reischauer, diretor do Departamento de Orçamento do Congresso: "A lição dos últimos cinco anos é que a reforma do processo, por si mesma, não pode garantir que haja uma redução significante do déficit. Nenhum processo de orçamento pode forçar aqueles envolvidos neste a cometer o que encaram como suicídio político" (citado em Keech, 1995, p.173).

[159] I, p.309.

estabilidade monetária, uma das objeções referia-se à necessidade do governo de ter liberdade de ação em tempos de guerra.[160]

Comentando sobre as disposições de um orçamento equilibrado, Guido Tabellini e Alberto Alesina dizem:

> Nenhuma maioria atual quer ser restrita pela regra, apesar de querer a regra para todas as maiorias futuras. Entretanto, uma regra de orçamento que passe a vigorar em alguma data futura pré-especificada seria irrelevante ... se a regra puder ser revogada por uma maioria simples ... Esse problema poderia ser superado com a exigência de uma maioria qualificada para revogar a regra, mas essa exigência reduziria em muito a flexibilidade com a qual se responderia a eventos inesperados. Uma regra de orçamento poderia conter cláusulas de escape, como para flutuações cíclicas de taxas de impostos ou guerras. No entanto, já que é muito difícil ou talvez impossível listar todas as contingências relevantes, exigir uma ampla maioria para abandonar (mesmo que temporariamente) o equilíbrio de orçamento pode ser contraproducente.[161]

Em tempos de guerra, apelar aos poderes de emergência enumerados em muitas constituições pode ser o suficiente para impedir que um pacto suicida monetário seja implementado. De forma mais geral, as disposições de emergência têm especificamente a intenção de serem dispositivos de prevenção ao suicídio. Contudo, embora essas disposições possam agir como uma válvula de segurança e, assim, estabilizar a constituição, elas também podem colocá-la em risco. Analisando diversas disposições de emergência desde a República Romana até a República de Weimar, Bernard Manin argumenta que, a menos que sejam planejadas com muito cuidado, elas podem ampliar os problemas que deveriam solucionar.[162] Assim, se as paixões e interesses constituem problemas de primeira ordem, as constituições uma solução de primeira ordem, a rigidez um problema de segunda ordem, os poderes de emergência uma solução

---

[160] Spinelli e Masciandaro (1993), p. 217.

[161] Tabellini e Alesina (1994), p.171.

[162] Comunicação pessoal.

CAPÍTULO DOIS

de segunda ordem e o golpe de estado um problema de terceira ordem, então soluções de terceira ordem podem ser necessárias. Manin sugere, por exemplo, que o risco de uma exploração aventureira das disposições de emergência pode ser reduzido ao se confiar a decisão de declarar o estado de emergência a um órgão diferente daquele que exercitará o poder durante a emergência.

No caso da política monetária, podem-se imaginar choques súbitos à economia, tais como a quadruplicação dos preços do petróleo em 1973, que não são emergências em nenhum sentido constitucional e, ainda assim, são importantes o suficiente para que a rígida fixação a uma regra monetária tenha um impacto desastroso no nível de emprego. Como foi dito anteriormente, nesse caso a sociedade pode ficar em situação melhor se tiver a política monetária confiada ao arbítrio de um presidente do Banco Central que, embora tendo como preocupação principal a estabilidade dos preços, também dê certa importância ao nível de emprego. A constituição poderia restringi-lo enfatizando a meta da estabilidade de preços, mas não a ponto de torná-lo o mero executor de uma política pré-programada. De novo há um risco, entretanto: poderia acontecer de o presidente do banco ter princípios inesperada e desastrosamente rígidos. Um exemplo é Nicolas Rygg, que foi o presidente do Banco Central da Noruega no período entre as guerras. A lembrança de suas políticas calamitosas explica por que a Noruega não seguiu os passos de outros países e estabeleceu um banco central completamente independente. Enquanto o Bundesbank da Alemanha conquistou sua independência como uma resposta ao choque inflacionário da década de 1920,[163] a lei de

---

[163] Esta é, pelo menos, a história tradicional (ver, por exemplo, Marsh, 1992, p.146). Déhay (1998) argumenta que isso pressupõe uma memória muito seletiva. Primeiro, o Banco Central da Alemanha era, na verdade, bastante independente durante o período de inflação alta. Segundo, a experiência deflacionária da década de 1930 foi no mínimo tão traumática quanto a inflação anterior. Terceiro, a legislação de 1957 que estabeleceu a independência do Bundesbank é melhor explicada por um compromisso entre o governo federal e os governos dos *Länder* (que assegurava a cada uma dessas duas partes que o banco seria independente da outra) do que por uma abdicação dos políticos que haviam aprendido a não confiar em si mesmos como guardiões da política monetária. Mesmo se Déhay estiver correto, porém, a história tradicional já se tornou um mito que tem força causal independente na explicação da manutenção (mesmo que não da origem) da independência do Bundesbank.

1985 regulamentando o Banco Central da Noruega "foi planejada como uma resposta social a um *choque deflacionário*".[164] Em vez de proibir o governo de intervir no banco, a Noruega optou pela estratégia indireta de subscrever a independência do banco aumentando os custos políticos para o governo que o fizesse (2.3).[165]

O conflito entre o pré-compromisso e a democracia surge quando os agentes que exercem as funções de pré-compromisso estão isolados do controle democrático.[166] Mesmo quando as decisões tomadas por um tribunal constitucional ou por um banco central não são ineficientes em nenhum dos sentidos técnicos do termo – situação Pareto-inferior ou maximização da não utilidade – elas podem ser radicalmente inapropriadas em relação às preferências arraigadas de uma ampla maioria dos cidadãos. Um tribunal constitucional pode proibir ou permitir o aborto contra os desejos arraigados de uma ampla maioria popular. Um banco central pode escolher, com suas decisões, uma taxa de desconto temporal que seja diferente daquela da maioria dos cidadãos. Na medida em que os cidadãos têm preferências de desconto hiperbólico e que o banco está simplesmente seguindo suas preferências temporais de longo prazo enquanto ignora os dilemas espinhosos de curto prazo, essa divergência não apresenta um problema normativo. Nesse caso, o banco está fundamentalmente ajudando os cidadãos a exercer o autocontrole (ver também 1.3). Uma vez que o banco tenta corrigir (aquilo que percebe como) a miopia excessiva das próprias preferências de longo prazo, ele pode ser alvo de críticas por questões democráticas.

Escotilhas de fuga

Se a separação dos poderes cria um risco de os presidentes dos bancos centrais serem rígidos, dogmáticos ou democraticamente irresponsáveis, ela pode ter de ser aumentada por meio de freios e contrapesos. Poder-se-ia, por exemplo, ter uma disposição constitucional permitindo que

---

[164] Sejersted (1994).

[165] Smith (1994), p.98.

[166] Devo a Bernard Manin e Pasquale Pasquino várias discussões sobre este tema.

uma maioria qualificada no legislativo deponha o presidente. Não sei se algum país já permitiu que isso acontecesse, mas há outros dispositivos que podem servir ao mesmo propósito. Alan Blinder argumenta que, no sistema da Reserva Federal dos Estados Unidos, o risco de "banqueiros centrais entusiásticos demais" é contido tanto pelos "sistemas internos de freios e contrapesos" que se originam do fato de que as decisões-chave são tomadas por um comitê em vez de um indivíduo, quanto pelos freios externos que se originam do fato de que o Congresso pode revogar as decisões da Comissão de Reservas Federais.[167] Embora o Congresso nunca tenha utilizado esse poder, o mero conhecimento de sua existência, em virtude da "lei das reações antecipadas", pode ter tido uma influência restritiva.

O argumento pode ser estendido aos juízes da Suprema Corte ou, na Europa, ao juízes dos tribunais constitucionais. Os juízes, como os presidentes dos bancos centrais, são conhecidos por abrigarem princípios dogmáticos e sectários, com aplicações e implicações potencialmente desastrosas. Dessa forma, em um discurso em 9 de março de 1937, um mês após haver anunciado seus planos de ampliar a Suprema Corte, o presidente Roosevelt declarou: "A maioria da corte tem-se investido do poder de julgar a sabedoria dos ... atos do Congresso. [N]ós devemos tomar medidas para salvar a Constituição da Corte".[168] Sua ameaça funcionou, e ele não precisou cumpri-la: a corte mudou de ideia em vez de aceitar a criação de seis novos juízes. Em resposta a Roosevelt, A. Mason recomendou, em vez disso, uma emenda que permitisse ao Congresso revogar decisões da Suprema Corte com uma maioria de dois terços.[169] Como observado anteriormente, tais disposições de fato existiam em algumas constituições do Leste Europeu. Além disso, o art. III da Constituição dos Estados Unidos confere jurisdição à Suprema Corte somente "com tais Exceções, e sob tais Regulamentações decididas pelo Congresso". Sob uma interpretação liberal, essa cláusula possibilitaria ao Congresso castrar a Corte completamente. Não é de surpreender que a Corte tenha

---

[167] Blinder (1998), p.21-2, 48, 68.

[168] Citado em Currie (1990), p.235, nota 158.

[169] Ibidem, nota 159.

evitado essa interpretação, embora a cláusula possa ter tido alguma influência pelo mero conhecimento de sua existência.

Poderia parecer que, em tais casos, o freio necessário aos que aplicam os freios já exista, pois sempre se pode emendar a constituição ou mudar as leis. Como temos visto, porém, emendar a constituição pode ser um procedimento trabalhoso. Em uma dada situação, poderia simplesmente não haver tempo suficiente. Além disso, o tribunal constitucional pode, como na Índia e na Alemanha, ter a opção de declarar as emendas inconstitucionais. Sempre que, por alguma razão, esse freio sobre o tribunal se mostre insuficiente, um procedimento especial para manter o tribunal sob controle pode ser necessário. De forma semelhante, não é possível livrar-se de um presidente do banco central irresponsável mudando-se as leis que regulamentam o seu mandato, a menos que se esteja disposto a permitir que as alterações sejam aplicadas retroativamente.

Contudo, esses métodos para tentar mitigar os problemas do pré-compromisso encontram uma dificuldade que mencionei ao fim do Capítulo 1, o problema de *como distinguir exceções genuínas de exceções espúrias*.[170] Em um contexto em que o desemprego é visto como um importante fator social, poderia haver uma ampla (mesmo que temporária) maioria no parlamento favorável à deposição de um presidente do banco central que se recusasse a aumentar a oferta de moeda a fim de criar mais empregos. Não há uma maneira confiável de distinguir entre o caso em que um tribunal constitucional deveria ser encorajado a agir contra as preferências arraigadas da maioria e o caso em que está simplesmente fazendo seu trabalho ao agir contra suas preferências temporárias. Até mesmo preferências temporais podem ser dependentes do Estado.[171] E se uma solução para o problema secundário criado pelos dispositivos de pré-compromisso simplesmente recriaria o problema que ela deveria solucionar, talvez se deva decidir não adotá-la.

---

[170] Ao discutir se a Alemanha deveria ter desvalorizado o marco em 1931, Temin (1991), p.72-3, escreve que o "governo alemão tinha de preservar o valor do marco em suas leis e nos Planos Dawes e Young. Será que a anulação dessa regra foi vista como uma resposta apropriada a uma emergência ou como mais um exemplo da pouca disposição da Alemanha a aceitar o julgamento da guerra?".

[171] Orphanides e Zervos (1998).

2.12 Ulisses liberto

Em *Ulysses and the Sirens* cheguei perto de admitir tanto que constituições *são* dispositivos de pré-compromisso (no sentido intencional) quanto que as sociedades *devem* se autorrestringir por dispositivos de pré-compromisso constitucionais. Como já disse diversas vezes anteriormente, essas alegações são altamente contestáveis, em termos conceituais, causais e normativos.

As sociedades não são indivíduos em escala ampliada

Permita-me, antes de mais nada, observar que a extensão da teoria do pré-compromisso de uma escolha individual para a elaboração de uma constituição é algo peculiar. Outras extensões de tomadas de decisão individuais para coletivas, tais como a aplicação da teoria dos jogos a relações entre Estados do sistema internacional, se apoiam na suposição de atores unitários. Supõe-se que os Estados, assim como os indivíduos, tenham preferências e crenças consistentes e arraigadas que explicam plenamente seu comportamento.[172] No presente caso, a base para a extensão é que se supõe que tanto o indivíduo como a coletividade são divididos em vez de unitários. Como vimos no Capítulo 1, muitos atos individuais de pré-compromisso são cometidos porque o indivíduo está de certa forma dividido, e uma parte de si quer proteger-se contra uma outra parte. Mesmo que o indivíduo não seja unitário, há uma parte que está no comando e que pode exercer um planejamento de longo alcance para restringir as tendências à ação míope ou impulsiva de outras partes. O motivo pelo qual as sociedades não são unitárias é bastante diferente. Elas são compostas por vários indivíduos, e nenhum deles ou nenhum subconjunto deles está "no comando".

Em séculos anteriores, sem dúvida, a elite culta tendia a pensar em si mesma como estando no comando, tendo a tarefa de restringir e conter as paixões da maioria. Na Filadélfia, por exemplo, James Madison argu-

---

[172] Há uma discussão sobre essa suposição e suas fraquezas no cap. 4 de Elster (1989b).

mentou que uma casa superior ou um Senado eram necessários, pois "as comunidades democráticas podem ser instáveis e serem levadas à ação pelo impulso do momento. Como os indivíduos, podem ser sensíveis a suas próprias fraquezas, e podem desejar os conselhos e freios de *amigos* para protegê-los contra a turbulência e violência da paixão incontrolável" (I, p. 430; os itálicos são meus). Em sociedades contemporâneas, essa analogia com a autorrestrição individual perdeu qualquer apelo que pudesse ter tido. Uma vez que as linhas divisórias dentro das sociedades são vistas como horizontais em vez de verticais, a ideia do pré-compromisso constitucional aparece sob uma luz diferente. Nenhum grupo tem uma pretensão inerente de representar o interesse geral. A sociedade não tem nem ego nem id.

Mesmo considerada como uma junção horizontal de indivíduos ou grupos, a sociedade é até certo ponto capaz de se autorrestringir, em um sentido parcialmente literal e parcialmente metafórico. Se a decisão em favor do pré-compromisso é unânime, é mais plausível atribuí-la a um ato de autorrestrição do que no caso de uma maioria impondo sua visão constitucional sobre uma minoria. E, mesmo neste último caso, a minoria poderia preferir a constituição da maioria a um sistema de leis meramente ordinárias. Se é esperado que os problemas para os quais a constituição é proposta como uma solução persistam indefinidamente, os constituintes podem dizer, com alguma justificativa, que estão agindo em prol de um "ser" temporariamente estendido que também inclui as gerações futuras. Entretanto, essas condições estão longe de serem sempre atendidas. Frequentemente, as constituições são impostas sobre as minorias e sobre as gerações futuras segundo o interesse de uma maioria da geração fundadora. Além disso, muitos atos aparentes de autorrestrição acabam revelando-se, ante um olhar mais atento, motivados por razões partidárias.

O problema da minoria

Essa questão surge mais claramente quando uma parte da população carece de direitos civis não só *de jure*, mas também na elaboração de uma constituição inteiramente democrática. Uma minoria na assembleia constituinte pode não ter a força para conseguir que a proteção de seus direitos e interesses seja escrita na constituição. Por outro lado, como escreve Richard Posner, "qualquer minoria poderosa o suficiente para obter proteção constitucional dificilmente precisa temer – imagina-se – uma legislação adversa".[173] Ele prossegue, porém, e cita vários motivos para se defender a visão oposta, sendo o mais importante o de que uma minoria pode obter proteção recorrendo à troca de favores na Constituição. Entretanto, essa é uma questão contingente. A minoria pode ou não estar em posição de negociar. Além disso, se a maioria tem um forte desejo de oprimir a minoria, como nos casos da Bulgária e da Espanha que citei anteriormente, ela pode não querer recorrer à troca de favores nessa questão.[174] Essa não é necessariamente uma questão de paixão e preconceito. Se o parlamento britânico decidir amanhã adotar uma constituição escrita, o Partido Conservador e o Trabalhista poderão unir-se para incluir a votação por maioria em distritos de um único membro no documento, perpetuando assim o papel marginal do Partido Liberal.

De qualquer forma, para barganhar votos em uma assembleia constituinte, é preciso estar presente e ter um voto com o qual negociar. A menos que os delegados da assembleia constituinte sejam escolhidos por alguma forma de representação proporcional, minorias importantes poderiam sofrer a perda *de facto* de seus direitos civis. Antes do surgimento de partidos políticos e da invenção da representação proporcional, não havia garantias de que uma assembleia seria representativa de seu eleitorado. A assembleia de Frankfurt de 1848, por exemplo, embora eleita (em princípio) pelo voto masculino universal, não incluía nenhum camponês, apenas alguns poucos lojistas, virtualmente nenhum artesão, e absolutamente nenhum operário industrial. Mesmo em tempos mais recentes, há uma variação considerável nos modos de eleição de membros de assembleias constituintes, e nenhuma garantia de que todas as minorias de tamanho considerável serão representadas.

---

[173] Posner (1987), p.10.

[174] Ver comentários sobre o caso da Espanha em Colomer (1995), p.79.

O problema da geração futura

Essa questão é menos séria quando o pré-compromisso toma a forma de dispositivos de atraso e estabilização. A necessidade de conter paixões impulsivas, superar a inconsistência temporal e impedir o desperdício que seria gerado por uma estrutura constantemente em mutação são preocupações perenes. É mais preocupante quando a constituição impõe direitos e deveres substanciais combinados com exigências de uma rigorosa maioria qualificada para emendas. É um procedimento arbitrário permitir que uma geração imponha um virtual banimento do aborto ou um direito ao aborto, um banimento de impostos de renda ou um direito de portar armas, a liberdade irrestrita de contrato ou um direito a uma renda adequada sobre suas sucessoras. Não há nenhum modo isento de hipocrisia pelo qual poderíamos nos referir a esses procedimentos como *autorrestrições*. O fato de que uma geração posterior pode apreciar ser alvo de restrições não vem ao caso, já que as gerações futuras raramente estarão em uma posição de antecipar essa preferência.

Groucho Marx sugeriu que as gerações futuras não tem nenhum poder de negociação ("O que a posteridade já fez por mim?"). Elas não podem barganhar votos com as gerações atuais. Sua única esperança, nessas circunstâncias, é que os constituintes sejam movidos pela preocupação com seus próprios descendentes a levar seus interesses em conta. Como foi mencionado em 2.8, vários delegados da Convenção Federal argumentaram que os interesses privados de longo prazo das famílias poderiam imitar a imparcialidade intertemporal. Contudo, mesmo essa motivação pode ser apenas um substituto imperfeito se atuar conjuntamente, como seria de se esperar, com uma taxa positiva de desconto temporal.

O problema da motivação partidária

Essa questão pode ser ilustrada por exemplos recentes da Noruega, França e Hungria. Na Noruega, os rendimentos extremamente altos do petróleo criaram uma tentação irresistível para o Estado de efetuar elevadas despesas. Com o motivo proclamado de garantir o bem-estar das gerações futuras, o "Partido Progressista", de direita, propôs então uma emenda

CAPÍTULO DOIS 217

constitucional estipulando que os rendimentos do petróleo, além de um certo nível, fossem destinados a futuros pagamentos de pensão. Um motivo mais importante, porém, foi atrair os votos dos idosos. A argumentação do interesse público teria mais credibilidade se o uso de fundos fosse restrito a um período que se iniciasse em vinte ou quinze anos.

A tentativa norueguesa falhou. Uma notável tentativa bem-sucedida de apresentar metas partidárias sob o disfarce de autorrestrições foi o fortalecimento do *Conseil Constitutionnel* francês pelo presidente Valéry Giscard d'Estaing em 1974. Até aquele ponto, o conselho tinha sido sobretudo um instrumento do governo vigente em suas interações com parlamentos rebeldes. A oposição não tinha nenhum poder para convocar o Conselho para examinar leis e verificar possíveis inconstitucionalidades. Como presidente, Giscard d'Estaing ofereceu essa arma à oposição numa bandeja, permitindo que qualquer grupo de sessenta deputados ou senadores levasse uma lei ao Conselho. Sua motivação, porém, não foi restringir sua própria liberdade de ação. Ele previu, corretamente, que a próxima maioria parlamentar seria socialista; previu, também corretamente, que uma de suas prioridades seria nacionalizar indústrias importantes; finalmente, previu, mais vez corretamente, que o Conselho revogaria tal legislação como inconstitucional.[175] Deliberadamente e com sucesso, ele procurou restringir a liberdade de ação de seus sucessores. Não conheço nenhuma ilustração melhor da máxima de Seip que citei no Prefácio.[176]

Um exemplo similar pode ser observado na elaboração da atual Constituição da Hungria. Como foi demonstrado por John Schiemann, alguns comunistas húngaros eram a favor de um forte tribunal constitucional, pois previram corretamente que, se o parlamento adotasse uma legislação

---

[175] Stone (1992), p.70-1. Noëlle Lenoir (em comunicação pessoal) sugere que, como Giscard d'Estaing tinha um compromisso pessoal com um sistema pluralista e com maior autonomia para instituições do Estado, sua filosofia política e seu interesse estratégico podem ter coincidido.

[176] Em sua discussão de "por que um conservador teimoso incorreria em déficit", Persson e Svensson (1989) fornecem um outro exemplo de como um governo pode ser motivado a agir contra suas próprias preferências a fim de restringir futuros governos de oposição a agirem de acordo com elas.

retroativa ou estendesse o estatuto das limitações com o propósito de levá-los à justiça, essas medidas seriam anuladas pelo tribunal.[177] Um delegado comunista da Mesa Redonda declarou: "Pensamos que esta seria uma das instituições que mais tarde poderiam impedir uma revolta contra a Constituição, um abandono da instituição, a criação de todos os tipos de leis inspiradas pelo desejo de vingança".[178] Contudo, deve- -se acrescentar que, diferentemente de Giscard d'Estaing, provou-se que eles estavam certos pelos motivos errados. Os comunistas húngaros imaginaram que seriam capazes de indicar juízes "confiáveis" como primeiros membros do tribunal, como um dispositivo de segurança no caso de eles se tornarem minoria no novo parlamento. O tribunal que foi de fato indicado tinha uma composição bastante diferente. O princípio que os juízes invocaram ao revogar as leis de retaliação, a saber, o de que elas violavam o princípio de certeza legal, não foi de forma alguma uma fachada para a autoproteção dos comunistas.[179]

Os motivos dos constituintes

Muito do trabalho sobre o pré-compromisso constitucional (até mesmo meus próprios textos anteriores) supõem uma dicotomia entre *constituintes* e *políticos*, ou entre a política constitucional de uma ordem mais alta e a política rotineira do dia a dia.[180] Supõe-se frequentemente que os constituintes e os políticos diferem não somente em relação a suas

---

[177] Holmes e Sunstein (1995), p.290, argumentam que uma motivação similar atuou na ela- boração das recentes constituições da Romênia e da Bulgária: "A 'profunda imutabilidade' das disposições constitucionais ... resulta da hegemonia dos ex-comunistas, ansiosos por 'consolidar' seus privilégios, no processo de elaboração da constituição". Eles não especi- ficam, porém, as disposições específicas cuja intenção era ter esse efeito de consolidação, nem quais privilégios elas pretendiam consolidar .

[178] Citado em Schiemann (1998).

[179] Ver especialmente Schwartz (em publicação), cap. 4. Eu poderia acrescentar que, na elaboração da Constituição italiana de 1947, o líder comunista Togliatti opôs-se à criação de um tribunal constitucional porque achava que a intenção era que este fosse utilizado como uma arma contra uma futura maioria da Esquerda (Pasquino, 1999). Independen- temente de ele estar certo ou não na avaliação das intenções de seus oponentes, ele estava definitivamente enganado em suas previsões eleitorais.

[180] Ver, por exemplo, Elster (1984), p.93, e Ackerman (1991).

CAPÍTULO DOIS

respectivas tarefas, mas também em relação a suas motivações. Supõe-se que os constituintes estejam isentos dos vícios dos políticos – paixões impulsivas, paixões duradouras e interesses privados – que constituem o próprio fundamento para a elaboração de uma constituição. Mas isso, mais uma vez, é hipócrita. A ideia de que os constituintes são *semideuses legislando para bestas* é uma ficção. O seguinte comentário de A. O. Lovejoy na Convenção Federal da Filadélfia vai direto ao ponto:

> Esse pressuposto do desinteresse dos constituintes – sua isenção das motivações que controlam o comportamento político do resto da humanidade – era psicologicamente indispensável na Convenção; certamente poucos admitiriam com franqueza que seus próprios argumentos eram simplesmente expressões do "espírito de facção". Mas que assim o era na verdade é, imagino, reconhecido agora por todos os historiadores competentes; há, com efeito, poucos exemplos melhores da tese de Madison – a formação das opiniões políticas por interesse privado, de classe ou setorial – do que os que são encontrados nos debates da Convenção.[181]

Não nego que os constituintes possam ser desinteressados e não passionais – na realidade, acho que muitos o eram na Convenção Federal. Nem afirmo que essas motivações sejam indispensáveis para a elaboração de uma boa constituição. O argumento da eficiência, por exemplo, não pressupõe motivos particularmente nobres. Estou dizendo simplesmente que muito da política constitucional é semelhante à política rotineira no que diz respeito aos motivos, e que não podemos, de maneira geral, esperar que constituintes imperfeitos criem constituições perfeitas que controlarão as imperfeições dos políticos futuros. De fato, em 2.11 argumentei que há uma *maior* probabilidade de que os constituintes sejam vulneráveis às paixões impulsivas do que aqueles cujo comportamento estão tentando regulamentar. Ao mesmo tempo, esses são também tempos em que o *interesse* partidário pode se expressar intensamente. Os partidos ou grupo políticos que são representados na assembleia saberão que seu futuro depende em grande parte dos arranjos institucionais específicos

---

[181] Lovejoy (1961), p.52, nota 16.

que são inscritos na constituição. Como essas decisões podem ser difíceis de reverter, eles têm um forte incentivo para assegurar que seus interesses sejam respeitados. Não foi de forma alguma acidental que, na Filadélfia, os pequenos estados eram os mais fortes defensores da representação igualitária dos estados no Senado.[182]

Os motivos dos constituintes influem na probabilidade que terão de se pré-comprometerem. Se eles são movidos por interesse próprio, por que deveriam se pré-comprometer contra sua tendência de defenderem seus próprios interesses? Esse é o ponto levantado por Przeworski e Limongi. Se são propensos a paixões duradouras, por que deveriam se pré-comprometer contra a tendência de agir sob essas motivações? Esse é o ponto que levantei contra Sunstein. Se são tomados de frenesi emocional, como podem encarnar Pedro quando sóbrio agindo para restringir Pedro quando bêbado? É especialmente no caso de os constituintes serem imparciais *e* saberem que lhes pode faltar imparcialidade em ocasiões futuras que terão um incentivo para se pré-comprometerem. Embora esse caso não possa ser excluído, tenho afirmado que não há razão para se pensar que seja típico ou frequente.

Prevenção do suicídio ou pacto suicida?

Permita-me retornar à analogia freudiana. Uma constituição é similar ao superego, no sentido de consistir em regras rígidas e inflexíveis que podem impedir o comportamento sensato mais adequado em ocasiões específicas. Assim como vimos que os problemas criados por uma regra privada podem ser piores do que aqueles que a regra deveria solucionar (2.8), os perigos de um banco central sectário ou de um tribunal constitucional dogmático podem ser piores do que o comportamento oportunista que essas instituições devem impedir. Em 2.11, discuti como a constituição poderia armar escotilhas de fuga para lidar com esses problemas

---

[182] Como assinalou Madison (I, p.447-8), os pequenos estados não tinham, na verdade, nenhum motivo para temer um pacto dos grandes estados contra eles; ver também Barry (1989), p.292-6. Entretanto, o medo dos estados menores de tais pactos parece ter sido genuíno o bastante.

CAPÍTULO DOIS

de segunda ordem, permitindo a suspensão da constituição ou de partes desta durante uma emergência e estabelecendo vários tipos de freios sobre os dirigentes dos bancos centrais e juízes dos tribunais supremos. No entanto, como também argumentei, essas cláusulas de válvula de escape podem interferir no impacto da constituição sobre os problemas de primeira ordem. *Se os constituintes tentarem impedir a constituição de se tornar um pacto suicida, ela pode perder sua eficácia como um dispositivo de prevenção do suicídio.*

Capítulo 3

Menos é mais: criatividade e restrição nas artes

3.1 Introdução

O escritor francês Georges Perec escreveu um romance, *La Disparition* [A disparição], em que a letra "e" nunca foi utilizada, e outro, *Les Revenentes*, em que não utilizou nenhuma vogal com exceção do "e".[1] Ernest Hemingway se gabava de ser capaz de escrever um conto comovente em seis palavras: "Vende-se. Sapatinhos de bebê. Nunca usados".[2] Além disso, em uma história de ficção científica que li certa vez, o protagonista – um escritor de ficção – encontra um alienígena que lhe dá um "ímã de adjetivos" que ele pode usar para limpar suas histórias. Se o segurasse a certa distância, apenas os adjetivos mais longos eram puxados para fora

---

[1] O objeto que desaparece em *La Disparition* é de fato a vogal "e". Segundo Jacques Roubaud, o grupo de escritores, Oulipo, a que Perec pertencia, às vezes seguia o princípio de que "um texto que é escrito de acordo com uma restrição fala sobre essa restrição" (Oulipo 1988, p. 90). Como esse é o caso apenas "às vezes", a regressão infinita que surgiria de outra forma (a necessidade de se referir à restrição é em si uma restrição, à qual uma referência deve ser feita, e assim por diante) é evitada. Diferentemente de *La Disparition*, *Les Revenentes* não respeita as regras da ortografia e sintaxe da língua francesa e, portanto, não pode realmente ser visto como um exercício de "restrição monovocálica" (Bellos, 1994, p. 517).

[2] Robbins (1997).

da página. Segurando-o muito perto, atrairia até os monossilábicos. Entre os dois extremos, presumivelmente, há uma distância que permitiria a prosa com a distribuição adequada.

Os romances sem "e" e somente com "e" e o conto de seis palavras são exemplos extremos da ideia mais geral de que os artistas podem impor restrições sobre si próprios, a fim de criarem melhores obras de arte. No caso de Perec, as restrições eram inteiramente idiossincráticas. Em outros e mais frequentes casos, as restrições tomam a forma de convenções que definem um gênero em particular. Embora livremente *escolhidas*, no sentido de que cabe ao artista submeter-se ou não às leis do gênero, não são inventadas pelo artista. Em outros casos ainda, as restrições são *impostas* por uma força externa, como quando o diretor de cinema recebe um orçamento e uma data até a qual a filmagem deve ser concluída. Restrições impostas e escolhidas frequentemente coexistem. Devido a duras restrições técnicas, gravações de jazz anteriores à Segunda Guerra não podiam exceder três minutos. Em virtude de uma convenção ou leve restrição, o solo típico nessas gravações não excedia 32 compassos.

Quando um artista escolhe sofrer restrições, devemos supor que é porque acredita que se beneficiará artisticamente por ter um conjunto menor de opções. Esses são casos de pré-compromisso típico ou intencional como definidos no Capítulo 1.1. Quando as restrições são impostas por uma força exterior, ele pode ou não se beneficiar. Se houver benefício, estamos lidando com uma restrição incidental como definida em 1.1. Às vezes, uma restrição incidental pode se transformar em uma restrição essencial, se o artista escolher aceitar a restrição mesmo quando não for mais obrigatória. Os diretores de cinema podem se abster de ter som e cor mesmo quando essas tecnologias estão disponíveis.

As restrições devem deixar a possibilidade de escolha. Para que exista algo para o artista *criar*, a obra de arte não pode ser como um jogo de palavras cruzadas em que há um e (idealmente) apenas um arranjo de letras que satisfaça a todas as restrições.[3] A criação de uma obra de arte

---

[3] Parte do trabalho do grupo Oulipo tem um leve ou não tão leve sabor de palavras cruzadas. O próprio Perec era um mestre criador de palavras cruzadas, criando, por exemplo, palavras

CAPÍTULO TRÊS

pode, de fato, ser encarada como um processo em duas etapas: a *escolha das restrições* seguida da *escolha dentro das restrições*. A influência mútua e a relação de ida e volta entre essas duas escolhas é um aspecto central da criação artística, no sentido de que as escolhas feitas dentro das restrições podem induzir o artista a voltar atrás e rever as próprias restrições.

Há uma exceção aparente à declaração de que as restrições devem deixar a possibilidade de escolha. Em muitas obras de arte temporalmente estendidas – literatura, cinema e música – o final transmite uma sensação profundamente satisfatória de inevitabilidade. Cada um dos desenvolvimentos anteriores restringe o que pode acontecer a seguir, até que, ao fim, apenas uma opção é deixada ao artista. (Estou simplificando: um tratamento menos simplista pode ser encontrado em 3.4.) Esse estreitamento de possibilidades é ilustrado com maior clareza, mesmo que de forma menos mecânica, pelo romance policial clássico. Entretanto, essa sensação de inevitabilidade ou singularidade resulta obviamente de escolhas que o artista fez com aquele propósito em vista. Uma outra exceção à mesma afirmação surge quando as restrições são tão fortes que *nenhum* conjunto de combinações de palavras, tons e assim por diante pode satisfazer a todas elas. Em 3.7, sugiro que o romance inacabado de Stendhal, *Lucien Leuwen*, pode ilustrar esse caso. Em vez de criar uma situação em que há apenas uma saída, ele se encurralou num beco sem saída.

A alegação de que a arte precisa de restrições está longe de ser novidade. É de fato constitutiva da posição artística clássica.[4] Seria errado dizer

---

cruzadas de 7 x 7 com apenas um único quadrado negro (reproduzido em Lecherbonnier et al., 1989, p.544).

[4] Ou, mais precisamente, constitutiva de uma forma fraca da postura clássica. A forma forte diz que os artistas deveriam obedecer a regras *específicas*, ou porque estas são necessárias para a *produção* de boa arte (Haugom Olsen, 1988, p.150) ou porque facilitam a *recepção* da obra de arte (Pavel, 1998, p.375). A forma fraca diz somente que os artistas deveriam ser restritos por *algumas* regras, sem afirmar que quaisquer regras específicas sejam superiores a outras. Assim, o classicista forte poderia recomendar a todos os dramaturgos respeitar as unidades de tempo, espaço e ação por causa de sua correção natural ou intrínseca, ou por exigirem menos esforço do espectador, enquanto o classicista fraco as recomendaria meramente como um dispositivo, entre outros, de focar a imaginação artística ao restringi-la.

que essa posição enfatiza a forma em prejuízo da expressão; a alegação é que *a expressão precisa da forma*. Em uma polêmica contra o verso livre, Roger Caillois argumentou que a eliminação completa das restrições da rima e da métrica criaria "uma prosa sem firmeza, tentando reter por artifício tipográfico o prestígio que desapareceu juntamente com as restrições que o fizeram surgir".[5] Os escritores de verso livre são parasitas do verso restrito; querem o prestígio sem a disciplina e o trabalho duro.

A poesia nunca foi nada além de restrições que a elevavam acima da prosa. Sem as restrições, a poesia se dissolve e evapora imediatamente. Que tirano caprichoso as poderia ter imposto? A que horas negras poderiam essas restrições arbitrárias e cansativas ter sido concebidas? E por qual mente pervertida? E se restrições não são nada além de inconveniências, por que os poetas as teriam aceitado unanimemente desde o início dos tempos, dado que nada os forçava a fazê-lo? ... Devemos nos livrar da fantasia de algum tipo de plano sinistro imemorial contra a liberdade dos inspirados. Os fardos sobre a poesia são contemporâneos a ela e constitutivos dela. Deles derivam seu poder sobre a memória e suas outras virtudes. Não se pode mexer neles sem consequências fatais. Suas correntes e seu poder seriam quebrados em um único golpe.[6]

Marx argumentou de modo semelhante contra a confusão entre a criatividade e o jogo irrestrito:

Parece bastante distante da mente de [Adam] Smith que o indivíduo, "em seu estado normal de saúde, força, atividade, habilidade e destreza", também precise de uma porção normal de trabalho e da interrupção do descanso. Certamente, o trabalho parece ser determinado por circunstâncias externas, pelo propósito a ser alcançado e os obstáculos a serem superados. Mas não ocorre

---

[5]   Caillois (1978), p.38. Peyre (1944) é uma útil coleção de declarações dessa posição clássica.

[6]   Ibidem, p.37. Ver também Greenberg (1999), p.48: "A métrica na poesia e na música, os padrões do balé, as necessidades ordenadas da progressão do drama, a ficção em prosa ou verso, e os filmes: eles dão poder à criação ao mesmo tempo em que a restringem – e exatamente porque a restringem".

a Smith que *essa superação dos obstáculos seja em si mesma um exercício de liberdade*. [O trabalho] se torna *trabalho atraente*, autorrealização do indivíduo, o que de modo algum significa que seja mera diversão, mero entretenimento, como concebia Fourier, com a ingenuidade de uma mocinha. Os trabalhos realmente livres, como por exemplo a composição musical, são ao mesmo tempo terrivelmente sérios e exigem o mais intenso dos esforços.[7]

Uma alegação menos usual e talvez mais controversa é que tanto a escolha das restrições quando a escolha dentro das restrições podem ser representadas como uma forma de maximização. Especificamente, os artistas tentam *maximizar o valor artístico*. Para defender essa afirmação, não tenho necessariamente que propor uma teoria do valor na arte. Para alguns dos meus propósitos, pelo menos, tudo o que preciso demonstrar é que os artistas tentam criar obras de arte que são o melhor que podem produzir. Ao fazê-lo, não preciso me referir ao *meu* conceito de valor artístico, mas apenas ao conceito que guia este ou aquele artista individual. Enquanto esse conceito for um que permita escolhas, a obra pode ser examinada em termos de até que ponto alcança as metas do artista, sejam elas quais forem. Devo esclarecer, sem dúvida, que os artistas estão tentando fazer obras que são boas *como obras de arte*, em oposição a obras que são boas como propaganda ou obras que lhes trarão muito dinheiro ou prestígio. Entretanto, uma vez que essa suposição seja satisfeita, não preciso perguntar se o conceito deles de uma boa obra de arte é defensável.

Contudo, ao adotar essa visão radicalmente subjetiva da racionalidade, pode-se não ser capaz de dizer muito que valha a pena ser dito. Identificar os aspectos do processo criativo que são comuns a todos os que aspiram a serem artistas é uma tarefa apenas moderadamente interessante. Em contraste, entender o processo criativo que culmina em uma grande obra de arte é uma tarefa de profundo interesse. Para obter algum progresso, devo esboçar um conceito de valor artístico, o conceito em virtude do qual afirmo que uma dada obra de arte é uma boa ou grande obra de arte. Por

---

[7]   Marx (1973), p.611; itálicos adicionados.

definição, todos os artistas tentam satisfazer aos *seus* critérios de uma boa obra de arte. Afirmo que bons ou grandes artistas tentam satisfazer aos *meus* critérios, ou, para colocar a questão de maneira mais contida e menos megalomaníaca, que os critérios a serem discutidos aqui captam importantes aspectos do que grandes artistas tentar conseguir.

Ao tentar argumentar a respeito do valor artístico, não estou equipado a fazê-lo a não ser de uma forma ingênua e dogmática. Até onde posso julgar, a teoria estética não é uma disciplina altamente desenvolvida e consensual.[8] Alguns críticos, por exemplo, levam a arte conceitual a sério, outros não, e não está claro para mim o que nos permitiria decidir quem está certo.[9] A experiência subjetiva de uma obra de arte pode ser influenciada demais por preconceitos e teorias para servir de base de comparação para avaliar todas aquelas teorias.[10] Além disso – um ponto independente – há consideráveis divergências sobre o valor artístico de obras de arte específicas. Os principais especialistas em Vermeer não só foram enganados pela falsificação de *A ceia em Emaús* de Van Meegeren, mas acreditaram que esta era melhor que outros trabalhos de Vermeer.[11] A vontade de achar beleza em uma obra de arte pode gerar o que se quer

---

[8] Os textos que acho mais aceitáveis são os de Budd (1985; 1995). Entretanto, seu primeiro livro é, em sua maior parte, uma crítica de outros escritores, e o segundo muitas vezes é muito abstrato para ser de grande ajuda na avaliação de obras de arte específicas.

[9] Ver em Elster (1983b), cap. 2.7, alguns comentários sobre essa questão; ver também Shattuck (1997) e Greenberg (1999).

[10] Como explicado em Rawls (1971) sobre o caso parcialmente análogo das teorias éticas, a estética pode ter múltiplos "equilíbrios reflexivos". Creio, porém, que o problema seja mais sério na estética, pois temos menos intuições firmes no domínio estético do que no ético. Para um exemplo prático dessa dificuldade, considere a crítica estética de Rudolf Arnheim da arte multidimensional: "A obra de Richard Wagner se aproxima de um equilíbrio de música e libreto, mas essa obra é discutível *e tão fortemente influenciada pela teoria* que por si mesma não representa um contra-argumento válido" (Arnheim, 1957, p.223; os itálicos são meus).

[11] Ver os ensaios reunidos em Dutton, ed. (1983). Deve-se dizer, porém, que o mais ilustre desses especialistas já passava dos oitenta anos e estava meio cego àquela altura; contudo, uma vez que ele "autenticou a *Ceia*, uma cadeia de eventos foi ativada que levou finalmente ao aparecimento da pintura em lugar de honra como o mais espetacular Vermeer de todos, em uma exibição de obras do século XVII" (Werness, 1983, p.32).

CAPÍTULO TRÊS

encontrar.[12] Embora eu acredite que algumas obras de arte sejam trans-histórica e transculturalmente melhores do que outras, e que a razão por que são melhores é que melhor satisfazem aos critérios a serem discutidos aqui, não sei como poderia convencer os que não compartilham dessa visão. Em vez disso, prosseguirei indutivamente, concentrando-me em obras de arte que são amplamente consideradas de grande valor, para ver o que elas apresentam em comum. Na verdade, as obras de arte amplamente consideradas defeituosas ou imperfeitas têm um papel ainda maior na minha argumentação. Muitas vezes é mais fácil identificar os critérios relevantes ao se olhar para casos em que eles *não* são satisfeitos. É desnecessário dizer que não estou alegando que a referência a "amplamente consideradas" me livre de problemas. *Quão* amplamente? *Quem* considera? Uma elite autoproclamada? E se houver – como certamente é o caso – elites em competição?

Minha adoção do que chamo de posição clássica poderia parecer implicar uma atitude antimodernista. Como modernismo pode significar muitas coisas, essa implicação pode ou não proceder. Ao fim de 3.2, discuto algumas variedades – e argumentos em favor – do modernismo que rejeito. Em 3.5, argumento que, no século XX, as convenções artísticas mudaram tão amiúde que os artistas nem sempre tiveram tempo de exaurir seu potencial, induzindo assim uma ênfase na originalidade em prejuízo da criatividade. Em 3.8, discuto e rejeito – como desprovidas de valor artístico – algumas das composições literárias e musicais de John Cage. Esses argumentos não têm a intenção de serem uma condenação geral da arte do século XX, ou da pintura não figurativa, da música atonal, da literatura experimental, e assim por diante. Não há dúvida de que me sinto mais à vontade com Stendhal do que com Robbe-Grillet, ou com Lester Young do que com Ornette Coleman, mas essas são mais preferências pessoais do que julgamentos estéticos. Como observa Malcolm Budd:

É possível ter uma base para julgar que uma obra que não se ache intrinsecamente recompensadora de experimentar proporcione uma experiência que

---

[12] Elliott (1972), p.119-23; também Walton (1988), p.353.

é intrinsecamente valiosa ... Além disso, podemos às vezes fazer distinções bastante precisas de valor artístico entre obras que não nos interessam.[13]

Dessa forma, quando discuto as restrições na narrativa no romance do século XIX, não alego que essas sejam aplicáveis a todos os textos de ficção – mas tenho realmente uma preferência por obras escritas sob essas restrições.

A seguir, meu plano de desenvolvimento das discussões a partir de agora. Em 3.2, discutirei um caso de criatividade sem restrições – o devaneio. A natureza e a importância das restrições artísticas serão mais detalhadamente discutidas em 3.3. Em 3.4, analisarei a relação entre restrições, valor estético e criatividade. Em 3.5, distinguirei criatividade (trabalhar com restrições) de originalidade (alterar as restrições), argumentando que esta última não tem nenhuma relação intrínseca com o valor estético. A seções seguintes apresentarão algumas ilustrações e desenvolvimentos dessas ideias. Em 3.6, analisarei o impacto da censura em Hollywood (o Código Hays) no valor artístico dos filmes, argumentando que, em alguns casos, as restrições levaram os diretores a atingir novos níveis de sofisticação. Em 3.7, proporei uma explicação de por que Stendhal deixou *Lucien Leuwen* em um estado inacabado (a última das três partes planejadas nunca foi escrita). Em 3.8, discutirei o papel da aleatoriedade na criação artística. Em 3.9, utilizarei o jazz pré-1940 como um veículo para desenvolver algumas das ideias sobre o valor estético e a criatividade definidas em 3.3 e 3.4. Em 3.10, finalmente, discutirei a visão de que as regras e restrições atrapalham a criação artística, e o argumento de que as realizações artísticas supremas podem depender mais da quebra das regras do que do respeito cego a elas.

3.2 Devaneio: criatividade sem restrições

Segundo Allen Parducci, "A maior parte dos prazeres e das dores parece ocorrer no meu mundo particular de expectativas, lembranças e

---

[13] Budd (1995), p.175.

fantasias".[14] Há duas razões pelas quais esses estados mentais "secundários" são capazes de fornecer prazer e dor. Por um lado, podem fazê-lo por causa do prazer e da dor dos estados "primários" correspondentes. A lembrança de uma boa experiência, por exemplo, é em si uma boa experiência. Por outro lado, eles podem aumentar ou diminuir o valor que derivamos de outras experiências primárias. Por exemplo, "a expectativa de melhora duradoura no futuro parece engendrar uma insatisfação com o próprio estado atual".[15] Podemos nos referir ao primeiro mecanismo como um *efeito de consumo* e ao segundo como um *efeito de contraste*.[16] Frequentemente uma dada experiência gerará efeitos de consumo e de contraste de sinais opostos. Embora a lembrança de uma refeição em um fantástico restaurante francês seja uma boa lembrança, pode diminuir o prazer que derivamos de refeições posteriores em restaurantes franceses medianamente bons. De maneira geral, não podemos dizer qual efeito será dominante – se deveríamos buscar experiências extraordinárias ou evitá-las.[17]

Os prazeres do devaneio

Para algumas pessoas, o devaneio é a mais potente fonte de prazer. "A vida secreta de Walter Mitty", de Thurber, fornece um exemplo de alguém cuja vida real era pouco mais do que um pretexto para o devaneio. Enquanto dirige seu carro sob uma tempestade, ele se transforma em um comandante da Marinha em um navio em meio a um furacão; ao dirigir em frente a um hospital, ele se torna um cirurgião mundialmente famoso, e assim por diante.[18] Além disso, bons devaneios não produzem necessariamente um efeito de contraste negativo quando retornamos à

---

[14] Parducci (1995), p.164.

[15] Elster e Loewenstein (1992), p.227.

[16] Ibidem. Sobre o caso especial da utilidade gerada pela lembrança, Tversky e Griffin (1991) utilizaram os termos "efeitos doação" (*endowment effect*) e "efeitos de contraste". Note que efeitos de contraste não devem ser confundidos com efeitos de abstinência (ver também Parduci, 1995, p.57, nota 3).

[17] Ver também Elster (1999a), cap. 1.6.

[18] Thurber (1996).

realidade.[19] A menos que o devaneio seja uma réplica de uma experiência real, não pertence ao mesmo campo da realidade e, portanto, não causa uma desvalorização desta quando retornarmos a ela. (De forma similar, as refeições em um bom restaurante mexicano não precisam ser desvalorizadas por uma fantástica refeição francesa.) A proposição oposta, contudo, não é tão bem acolhida. Mesmo quando nossa felicidade geral pudesse ser aumentada pela introdução de uma experiência negativa como o extremo inferior do espectro contextual, não podemos alcançar esse resultado simplesmente imaginando-o.[20] Enquanto a lembrança e a expectativa geram efeitos de contraste alterando os extremos superiores e inferiores, simples devaneios não o fazem.

Dito isso, pareceria ao menos que o devaneio sobre coisas boas é uma fonte não ambígua de prazer. Essa era aparentemente a opinião de Freud:

> Tomemos o caso de um pobre órfão que se dirige a uma firma onde talvez encontre trabalho. A caminho, permite-se um devaneio adequado à situação da qual este surge. O conteúdo de sua fantasia talvez seja, mais ou menos, o que se segue. Ele consegue o emprego, conquista as boas graças do patrão, torna-se indispensável, é recebido pela família do patrão, casa-se com sua encantadora filha, é promovido a diretor da firma, primeiro na posição de sócio do seu chefe e depois como seu sucessor. Nessa fantasia, o

---

[19] Embora Parducci (1995), p.39, afirme que a história de Thurber "descreve os triunfos imaginários de um homem para quem ser trazido de volta à sua modesta realidade era uma experiência desapontadora", a história na verdade não fornece nenhuma evidência de um efeito de contraste. Posso acrescentar, porém, que devaneios podem ter um impacto negativo nos prazeres da vida real por meio de outras vias como, por exemplo, preenchendo o tempo que poderia ser gasto mais produtivamente de outras formas e gerando metas vastas demais. Assim, Perec (1990, p.31) escreve sobre seu casal perdido em devaneios que "entre esses devaneios extravagantes em que se entretinham com estranho abandono e o fato de não fazerem nada na prática, nenhum plano racional que adequasse suas necessidades objetivas aos seus meios financeiros surgiu para preencher a lacuna. A vastidão de seus desejos os paralisava".

[20] Parducci (1995), p.177. Assim a alegação de Markman et al. (1993) de que as pessoas geram "contrafactuais descendentes" para se sentirem melhor sobre sua situação deveria provavelmente ser limitada a alternativas que tenham sido, em algum momento, reais.

CAPÍTULO TRÊS 233

sonhador reconquista o que possui em sua feliz infância: o lar protetor, os pais amantíssimos e os primeiros objetos do seu afeto.[21]

Saciedade prematura

Freud compreendeu a estrutura de muitos devaneios. Entretanto, eles apresentam um problema geral. Se o órfão tem a oportunidade de praticar seu devaneio, pode se impacientar ante a ideia de passar muitos anos como sócio de seu patrão antes de se tornar seu sucessor. Por que não fazê-lo morrer de uma doença assim que o casamento for assegurado? E aliás, por que não tomar uma rota ainda mais curta para a felicidade ao fazer com que o patrão o adote ao descobrir que o pai do órfão era seu amigo de infância com quem perdera o contato? Em uma frase maravilhosa de George Ainslie que inspirou muito do presente capítulo, os devaneios têm uma "carência de escassez", que os torna intrinsecamente insatisfatórios.[22] Thomas Schelling fornece um exemplo:

Os devaneios se intensificam em escalada. Antes que eu possa gastar os 10.000 dólares que meu parceiro de pôquer apostou porque imaginou que eu estava blefando, eu corrijo o número para 100.000 dólares; então deposito em ouro a 40 dólares a onça, passo uns dois anos caminhando para casa após meu avião cair no norte do Canadá, telefono para meu corretor para que ele venda e descubro que a onça agora vale 800 dólares, e começo a planejar como investir meus dois milhões em algo igualmente bom ... Mas então me dou conta de que é tudo falso, se posso inventar com tanta facilidade. Não há nenhum suspense, nenhuma surpresa, nenhum perigo.[23]

---

[21] Freud (1908), p.148 [Freud, Sigmund. "Escritores Criativos e Devaneio". In: *Edição standard brasileira das obras psicológicas completas de Sigmund Freud*. V.IX. Rio de Janeiro: Imago, 1976, p.153].

[22] Ainslie (1992), p.258.

[23] Schelling (1986), p.178. Brian Barry chamou a minha atenção para uma passagem impressionantemente semelhante em Lem (1994): "Sua depressão ... resultava de sua incapacidade de adormecer se primeiro se deitasse na cama e fantasiasse um pouco. No início, ele imaginava as ações que havia comprado subindo e as que vendeu caindo. Então se imaginava tendo um milhão de dólares. Quando conseguia um milhão, imaginava dois, e então três, mas depois de cinco a fantasia perdia seu encanto".

Uma descrição convincente de uma vida de devaneios é encontrada no primeiro romance de Georges Perec, *Les choses* [As coisas], em que um jovem casal ambicioso sem os meios de satisfazer seus desejos se refugia em devaneios extravagantes, mas acabam apenas com um gosto amargo na boca.

No princípio sentiam como se suas sensações tivessem sido multiplicadas por dez, como se seus sentidos de visão e tato tivessem sido amplificados a potências infinitas, como se uma felicidade mágica acompanhasse seus menores gestos, acompanhasse o ritmo de seus passos, cobrisse suas vidas: o mundo estava vindo ao encontro deles, eles estavam indo ao encontro do mundo, eles iriam em frente e o descobririam. Suas vidas eram amor e êxtase. Sua paixão não conhecia limites; sua liberdade não tinha restrições.

Mas sufocavam-se sob a massa de detalhes. As visões borravam-se, tornavam-se confusas; eles conseguiam reter somente uns poucos bocados vagos e turvos, traços tênues, persistentes, acéfalos, empobrecidos ... Achavam que era felicidade o que estavam inventando em seus sonhos. Achavam que sua imaginação era livre de correntes, esplêndida e que, a cada onda sucessiva, permeava o mundo todo. Achavam que tudo o que tinham de fazer era caminhar para que seus passos fossem bem-afortunados. Mas o que eram, no fim das contas, eram solitários, estáticos e um pouco superficiais. Uma planície cinzenta e gelada, tundra infértil.[24]

O devaneio é um pouco como jogar paciência. Aqui, também, há uma forte tentação de tomar atalhos. Se há uma carta que bloqueia todo o jogo, muitas pessoas trapacearão colocando-a em outro lugar. Da próxima vez, poderá haver duas cartas que precisem ser rearranjadas, e logo a trapaça será tão desenfreada que nenhum prazer advirá do jogo. Uma solução é mudar da paciência para um jogo de cartas que seja jogado com um ou mais parceiros. Além de propiciar o prazer da interação, jogar com outros ajuda a se evitar os ganhos rápidos obtidos com a trapaça e a atingir a satisfação mais duradoura gerada pela tensão e a resolução da tensão. Como veremos, a mesma estratégia pode também ser usada para

---

[24] Perec (1990), p.93-4.

CAPÍTULO TRÊS

tornar os devaneios mais robustos contra os atalhos e as intensificações em escalada.

Restringindo os devaneios

Primeiro, porém, permitam-me analisar duas outras estratégias. Quando uma criança brinca de faz de conta, "gosta de ligar seus objetos e situações imaginados às coisas visíveis e tangíveis do mundo real".[25] Quando brinca de casinha, uma criança dirá à outra, "Agora você é o pai", e apontará para a boneca, "Esse é o nosso bebê", e para um buraco no chão, "Aqui é a cama". Na brincadeira de faz de conta, as crianças controlam seu ritmo por meio da restrição de ter de combinar objetos fictícios um a um com objetos reais.[26] Freud comenta: "A criança em crescimento, quando para de brincar, só abdica do elo com os objetos reais; em vez de *brincar*, ela agora *fantasia*. Constrói castelos no ar e cria o que chamamos de *devaneios*".[27] Entretanto, essa estratégia de substituição pode fracassar, pois um castelo no ar é ainda menos sólido que os castelos de areia que as crianças constroem. Como pode ser ampliado e melhorado sem esforço e instantaneamente, o prazer fornecido por um devaneio é muito mais frágil.

Em segundo lugar, aquele que devaneia pode tentar impor algumas regras às narrativas internas. Ajuda se imponho a restrição de que o devaneio seja uma continuação plausível de minha vida passada (em devaneios contrafactuais) ou da minha presente situação (em devaneios subjuntivos).[28] Isso já exclui devaneios sobre os séculos XVIII ou XXII. Os acontecimentos no devaneio podem ser ainda mais restritos com a exigência de ocorrerem por meio da minha ação em vez de *ex machina*. Se não tenho como comprar um bilhete de loteria, não posso plausivelmente

---

[25] Freud (1908), p.144 [Freud (1976), p.150].

[26] Pavel (1986), p.145.

[27] Freud (1908), p.438 [Freud (1976), p.151].

[28] A distinção entre os dois tipos de devaneios é ilustrada em *Madame Bovary*. Após descobrir que havia casado com um homem muito limitado, Emma começa a ter devaneios sobre os homens com os quais poderia ter-se casado. Mais tarde, após dançar com um homem em um baile, ela constrói um mundo fictício com ele como seu foco central.

imaginar-me ganhando o grande prêmio. Além disso, eu poderia querer minimizar o número de acidentes e coincidências em meu devaneio, para torná-lo tão realista e, portanto, vívido quando possível. Mas isso se traduz em algo como uma prototeoria do romance, formalmente restrito por certos tipos de plausibilidade.[29]

Alguns romances são, sem dúvida, muito parecidos com devaneios. Segundo Freud, esse é de fato o caso típico.[30] Como devaneios, ele argumenta, os romances são exercícios em realização de desejos. Embora Freud discuta principalmente "os menos pretensiosos autores de novelas, romances e contos" que não são "os mais aplaudidos pelos críticos", ele sugere que "até mesmo os exemplos mais afastados daquele modelo podem ser ligados ao mesmo através de uma sequência ininterrupta de casos transicionais".[31] Em respeito aos autores mais populares, diz,

> Nas criações desses escritores um aspecto salienta-se de forma irrefutável: todas possuem um herói, centro do interesse, para quem o autor procura de todas as maneiras possíveis dirigir a nossa simpatia, e que parece estar sob a proteção de uma Providência especial. Se ao fim de um capítulo deixamos o herói ferido, inconsciente e esvaindo-se em sangue, com certeza o encontraremos no próximo cuidadosamente assistido e próximo da recuperação. Se o primeiro volume termina com um naufrágio do herói, no segundo logo o veremos milagrosamente salvo, sem o que a história não poderia prosseguir. O sentimento de segurança com que acompanhamos o herói através de suas perigosas aventuras é o mesmo com que um herói da vida real atira-se à água para salvar um homem que se afoga, ou se expõe à artilharia inimiga para investir contra uma bateria. Este é o genuíno sentimento heroico, expresso por um dos nossos melhores escritores numa frase inimitável "Nada *me* pode acontecer!". Parece-me que, através desse sinal revelador de invulnerabi-

---

[29] Sobre especificações de regras de plausibilidade para cenários contrafactuais, ver Kahneman e Tversky (1982) e Kahneman e Miller (1986).

[30] A recente comparação de Walton (1990) de devaneios, jogos infantis de faz de conta e ficção foi, como veremos, antecipada por Freud (1908).

[31] Freud (1908), p.149, 150 [Freud (1976), p.154, 155].

CAPÍTULO TRÊS

lidade, podemos reconhecer de imediato Sua Majestade o Ego, o herói de todo devaneio e de todas as histórias.[32]

O romance, na opinião de Freud, satisfaz a dois devaneios: aquele do escritor e aquele do leitor.[33] Creio que essa caracterização captura um aspecto importante de alguns romances, mesmo alguns dos melhores. Stendhal, por exemplo, usava seus romances como veículos para a satisfação indireta (ver 3.7). Para mim – talvez para outros leitores – o prazer de lê-los tem algo em comum com a experiência de devaneio que tinha quando, ainda menino, lia sobre as proezas heroicas de meninos fictícios da minha idade. O pensamento de Julien Sorel quando Mathilde de la Mole finalmente se rende – "La voilà, cette orgueilleuse, à mes pieds" ("Aí está, essa orgulhosa, aos meus pés") – tem o gosto triunfante de muitos devaneios. Contudo, é claro que há muito mais em Stendhal do que isso; e é claro que muitos outros romances – *pace* Freud – não se encaixam nesse padrão de forma alguma.

Devaneios conjuntos

Mesmo se os romances podem servir de devaneios, não se segue que os devaneios podem se tornar mais satisfatórios obedecendo às regras dos romances. Mais uma vez, não há nada que impeça alguém de trapacear ou tomar atalhos – de ir diretamente à recompensa em vez de armar um obstáculo e então superá-lo. Para superar esse obstáculo intrínseco, pode-se praticar o *devaneio conjunto*, como é memoravelmente descrito em "O padrão de vida",* de Dorothy Parker. Nessa história, duas funcionárias de escritório, Midge e Annabel, inventam um jogo que jogam em suas tardes livres:

---

[32] Ibidem, p.149-50 [ibidem, p.154-5].

[33] Em contraste, Walton (1990) vê a ficção exclusivamente como um substituto para os devaneios e os jogos de faz de conta *do leitor*. A função do autor é somente *autorizar*, isso é, fornecer escoras para um tipo específico de jogo de faz de conta.

* Parker, Dorothy. "O padrão de vida". In: *Big loira e outras histórias de Nova York*. São Paulo: Companhia das Letras, 1995. p.47, 52. (N.T.)

Annabel tinha inventado o jogo – ou talvez o tenha desenvolvido, de outro mais antigo. Basicamente, era o velho jogo de perguntar o-que-você--faria-se-tivesse-um-milhão-de-dólares? Mas Annabel tinha criado um novo código de regras para ele, tornando-o mais exato e restrito. E, como todo jogo, quanto mais difícil, mais fascinante.

A versão de Annabel era assim: suponha que alguém morra e lhe deixe um milhão de dólares, sem impostos. Mas há uma condição para se pegar a bolada: a de que você deve gastar o dinheiro todo com você.

Aí está o acaso do jogo. Se, ao jogá-lo, você se esquecer e relacionar, entre os seus gastos, o aluguel de um novo apartamento para sua família, por exemplo, perde a sua vez para o outro jogador. Era impressionante como tanta gente – mesmo os *experts* – conseguia perder tudo escorregando nesta cláusula.

Era essencial, é claro, que ele fosse jogado com toda a seriedade. Cada compra tinha de ser cuidadosamente considerada e, se necessária, apoiada em alguma razão.

Annabel e Midge estão ditando o ritmo uma da outra, cada uma servindo de restrição benigna aos devaneios da outra.[34] Entretanto, mesmo essa cuidadosamente construída *folie à deux* se desfaz no dia em que Annabel e Midge, diante da vitrine de uma joalheria, decidem entrar e perguntar o preço de um colar de pérolas. Conjeturando que poderia custar mil ou até mesmo dez mil dólares, ficam chocadas quando o vendedor lhes diz que o preço é duzentos e cinquenta mil:

– Francamente! – disse Annabel. – Já viu coisa igual?

---

[34] Walton (1990), p.18-9, 68, também discute o devaneio conjunto, mas com o propósito de expandi-lo em vez de restringi-lo às criações mentais: "Fantasiar conjuntamente permite às pessoas combinar seus recursos imaginários. Juntas, conseguem pensar em coisas mais excitantes de se imaginar do que conseguiriam separadamente". Na perspectiva presente, o efeito do devaneio conjunto o tornaria menos satisfatório em vez de mais, como ilustrado talvez pelo devaneio conjunto em *Les choses*. Em contraste, a objeção de Walton aos devaneios conjuntos – de que "sacrificam ... a vivacidade do imaginário espontâneo" – não se aplica ao jogo de Annabel e Midge.

– 250 mil dólares! – disse Midge. – Só isso já é quase meio milhão de dólares!

– Que descaramento! – disse Annabel.

Continuaram andando. Aos poucos o desprezo se desfez, como se tivesse sido levado pela carroça puxada a burros. Seus ombros se curvaram e seus pés se arrastaram, como os dos outros na rua; trombaram uma na outra, sem perceber ou pedir desculpas, e saíram carambolando. Não tinham nada a dizer e seus olhos estavam embaçados.

Subitamente, Midge aprumou-se, empinou o nariz e falou, com voz clara e firme:

– Escute, Annabel. Pense bem. Suponha uma pessoa tremendamente rica, entendeu? Você não a conhece, mas ela a viu em algum lugar e quer fazer alguma coisa por você. E é uma pessoa bem idosa, está percebendo? Bem, aí essa pessoa morre, como se estivesse dormindo, e lhe deixa dez milhões de dólares. Bem, qual seria a primeira coisa que você compraria?

A história termina aqui, mas é fácil imaginar que o jogo logo perderia a graça. Uma vez que se cede a uma intensificação, o que impede que se ceda a uma outra? Em contraste, um romancista sabe que, uma vez que o livro está nas livrarias, não há mais como modificá-lo. Saber que apenas uma oportunidade lhe é oferecida mantém sua mente concentrada, enquanto a maleabilidade indefinida do devaneio, mesmo conjunto, a dilui.

O papel do público

Podemos utilizar a história de Dorothy Parker para salientar um outro ponto sobre a arte do romance, ao imaginarmos a interação entre Annabel e Midge tomando uma forma levemente diferente, com uma delas sendo a narradora e a outra a ouvinte. A narradora seria mantida sob restrições – produzir uma narrativa plausível de como se poderia gastar um milhão de dólares consigo mesma – pelo conhecimento de que a ouvinte poderia interrompê-la se violasse as restrições. O romancista, de forma semelhante, está restrito por suas expectativas sobre as expectativas do leitor. "O papel do artista, propriamente dito, requer que o artista, na criação de seu trabalho, adote ou tenha em mente o papel do espectador."[35] Uma vez que o artista tenha construído sua ideia do leitor, é constrangido a escrever de maneira que o leitor considere instrutiva, interessante, intrigante, comovente, perturbadora, e assim por diante. Às vezes, o leitor construído será idêntico ao autor, roubado de sua história pessoal idiossincrática. Em outros casos, o leitor visado pode ser uma criatura bem diferente, como mostram os muitos casos de romancistas do sexo masculino escrevendo para um público feminino. No entanto, não importa como seja construído, o leitor visado de um texto serve para disciplinar o autor.[36]

Para o leitor ter essa função disciplinadora, o autor precisa acreditar que a liberdade do leitor de interpretar o texto é menos que absoluta. Sem dúvida, o autor deseja que o leitor tenha alguma liberdade. Como Laurence Sterne escreveu em *Tristram Shandy*,

> nenhum autor que compreenda as justas fronteiras do decoro e da boa educação presumirá conhecer tudo. O respeito mais verdadeiro que podeis mostrar pelo entendimento do leitor será dividir amigavelmente a tarefa com ele, deixando-o imaginar, por sua vez, tanto quanto imaginais vós mesmos.
>
> De minha parte, estou-lhe continuamente fazendo cortesias dessa espécie e empenhando-me o quanto posso em manter-lhe a imaginação tão ocupada quanto a minha própria.[37]

Entretanto, como essa passagem sugere, a liberdade é um presente do autor ao leitor em vez de uma característica inerente ao leitor. De fato, o que Sterne está dizendo é que *a necessidade de garantir a liberdade do leitor serve de restrição ao autor*.

Contudo, pode haver liberdade demais. Com "demais", estou implicitamente dirigindo uma crítica aos escritos modernistas. Wolfgang Iser e Thomas Pavel propõem duas considerações diferentes – não necessaria-

---

[35] Budd (1995), p.11. Isso é válido para qualquer tipo de comunicação. Digo a meus alunos de doutorado, por exemplo, que escrevam para um leitor que é ignorante, inteligente e motivado.

[36] O que chamo de leitor visado é também referido como "leitor virtual" (Prince, 1973).

[37] Apud Iser (1974), p.31 [Sterne, Laurence. *A vida e as opiniões do cavalheiro Tristram Shandy*. Rio de Janeiro: Nova Fronteira, 1984, p.136].

mente incompatíveis – da relação entre indeterminação e modernismo. Referindo-se ao fato de que qualquer ato de leitura deve preencher lacunas no texto, Iser afirma que

com textos "tradicionais" esse processo era mais ou menos inconsciente, mas textos modernos o exploram bastante deliberadamente. Eles são muitas vezes tão fragmentários que a atenção do leitor é quase exclusivamente ocupada com a busca de conexões entre os fragmentos; o objetivo disso não é complicar o "espectro" de conexões, mas nos tornar conscientes da natureza de nossa própria capacidade de fornecer ligações.[38]

Na análise de Pavel, o objetivo da indeterminação não é tanto aumentar a consciência do leitor de sua própria contribuição interpretativa quanto a de espelhar a natureza fragmentária da realidade que a obra descreve:

Períodos de transição e conflito tendem a maximizar a incompletude das obras de ficção, que supostamente espelham aspectos correspondentes fora da ficção. Em tais situações espreita a tentação de banir gradualmente todas as restrições sobre a determinação e deixar a incompletude causar a erosão da própria textura dos mundos fictícios. O modernismo cede de bom grado a essa tentação.[39]

Embora nem Iser nem Pavel apresentem essas considerações como *defesas* do modernismo ou da vanguarda, pode ser instrutivo ver por que as passagens citadas falhariam se lidas em termos normativos. Na primeira consideração, o modernismo fracassa em fornecer qualquer razão pela qual o leitor se *motivasse* a encontrar conexões e aprender sobre sua contribuição à empreitada conjunta. Para o leitor ser assim motivado, ele precisa acreditar que, uma vez que as ligações sejam feitas, algo de interesse emergirá *além e acima da mera atividade de fazer ligações*. Na

---

[38] Ibidem, p.280. Em 3.8, cito a teoria da "arte inferencial" como uma expressão extrema dessa visão.

[39] Pavel (1986), p.109.

segunda consideração, o modernismo falha porque se apoia no critério errôneo de adequação de um texto ao seu objeto. Assim como um mundo defeituoso não é melhor representado por um texto defeituoso,[40] um mundo fluído ou caótico não é melhor representado por um texto fluído e caótico. Os aspectos em virtude dos quais o mundo pode ser fluído ou caótico são muito diferentes daqueles em virtude dos quais um texto pode ser fluído ou caótico.

3.3 Restrições e convenções nas artes

As restrições impostas sobre o artista ou escolhidas por ele podem tomar muitas formas. Uma distinção básica é entre as *restrições rígidas* e as restrições suaves ou *convenções*. Restrições rígidas são restrições formais, materiais, técnicas ou financeiras sobre a seleção e combinação das unidades constituintes de uma dada mídia. Convenções, como a palavra indica, são restrições que constituem um gênero específico, tal como o soneto ou a sinfonia clássica. Discuto-as em ordem. (A discussão do que chamo de restrições formais será adiada para a Seção 3.4.)

Restrições intrínsecas

Restrições intrínsecas óbvias surgem na música, em que os compositores devem levar em conta as limitações físicas dos executores humanos.

---

[40] Um exemplo é fornecido pelos comentários sobre uma nova edição de *Ulisses* de Joyce feitos por Fritz Senn, diretor da Fundação James Joyce de Zurique: "Joyce tomou um extremo cuidado com alguns detalhes, mas se ele não cuidou o bastante de outros, será que é tarefa de alguma outra pessoa transformá-lo em um tipo diferente de escritor do que ele é? Por que se deveria mudar um autor quando ele não é infalível? 'Ulisses' é uma obra sobre um mundo deficiente, falho" (Sarah Lyall, "'Ulysses' in Deep Trouble Again: A New Edition Purges What May Have Been Joyce's Errors and Enrages Critics" – "'Ulisses' em Grandes apuros mais uma vez; uma nova edição corrige o que podem ter sido erros de Joyce e enfurece críticos" –, *New York Times*, 23 de junho de 1997). Em Elster (1978), p.91, cito vários exemplos da visão de que declarações contraditórias sobre o mundo refletem contradições no mundo e são, portanto, de certa forma mais adequadas a ele que uma consideração coerente seria.

CAPÍTULO TRÊS

Os arquitetos também são limitados pelas restrições estruturais de seus materiais. A intenção por trás da catedral de Beauvais não poderia ser realizada, dadas as técnicas disponíveis na época. Restrições mais sutilmente intrínsecas derivam da relação com o público. Nas artes temporalmente estendidas, como a literatura e a música, os leitores ou ouvintes absorvem um elemento de cada vez. Se o fazem em suas próprias casas ou em algum outro contexto em que estão livres para parar de ler ou de ouvir quando sua atenção esmorecer, o autor ou compositor é, até certo ponto, constrangido a prender a sua atenção continuamente. Para um romancista, por exemplo, é arriscado usar estratégias do tipo "Um passo para trás, dois para frente" – utilizando os primeiros capítulos para criar um pano de fundo e então começar a desenvolver o enredo. A menos que a apresentação do pano de fundo seja intrinsecamente interessante, ele pode perder o leitor. A restrição se torna menos importante se o autor ou compositor conta com um público cativo. Aqueles que pagaram para assistir à execução de uma sinfonia dificilmente sairão após o início do primeiro movimento se o acharem estranho ou tedioso. Embora crianças para quem se leia em voz alta possam se mostrar irrequietas durante os capítulos de abertura, elas geralmente se sentem mais dispostas a resistirem ao tédio do que se estivesse a cargo delas a decisão de quando parar.

Antes dos tempos da audição dentro de casa, propiciada pelo rádio e pelos discos, os compositores podiam contar com um público cativo na sala de concerto. Embora os liberasse da pressão de terem de fornecer um fluxo contínuo de satisfação, esse arranjo – similarmente às transmissões de rádio, mas diferentemente das gravações – constrangia-os a não se repetirem. Ao ler um romance, pode-se sempre voltar a uma passagem anterior caso se ache que se perdeu alguma coisa. Como o *replay* instantâneo não é possível em apresentações musicais ao vivo, os compositores são incentivados a usar variações repetidas do mesmo tema básico. Se essa explicação – conjetural e no máximo parcial – de por que a música faz uso proeminente da repetição tem alguma relevância, esperaríamos que a literatura oral também fosse mais repetitiva do que a literatura escrita, o que realmente parece ser o caso.

Os "finais" na literatura e na música apresentam estruturas diferentes e impõem restrições diferentes ao artista. Nos romances, o que Jane

Austen chamava de a "reveladora compressão das páginas",[41] que permite ao leitor inferir que o fim está próximo,[42] é uma restrição que torna mais difícil para os romancistas usar o recurso musical do final falso.[43] Como essa restrição não existe na literatura oral, esperaríamos que esse gênero usasse finais falsos mais frequentemente. Não sei dizer se esse é mesmo o caso. Levanto a possibilidade simplesmente para sugerir como alguns aspectos bastante elementares da relação entre uma obra de arte e seu público podem restringir o artista, supondo naturalmente que a obra é de fato moldada pelas expectativas acerca de um público.

Restrições impostas

Esse tipo de restrição é especialmente importante no cinema. Antes de 1926-1927, não havia som no cinema. Antes de meados da década de 1930, não se dispunha facilmente de cor. Os diretores de cinema não tinham alternativa a não ser trabalhar sob essas restrições. Em todas as épocas, os filmes têm restrições de orçamento que criam severos limites sobre a liberdade do diretor. Esta pode também ser limitada pela exigência de que o filme obtenha o maior lucro possível, mas esse é um *objetivo* a ser realizado dentro das restrições, não uma restrição em si. Um diretor independente pode ser capaz de transformar uma exigência em uma restrição e substituir seu próprio objetivo, almejando algum nível "satisfatório" de lucros em vez de um lucro máximo. Uma restrição relacionada mas parcialmente independente é que os filmes sejam realizados dentro de um prazo, porque, por exemplo, os atores principais estão escalados para trabalhar em um outro filme em alguma data específica. Os diretores de cinema britânicos

---

[41] *A abadia de Northanger*, v.II, cap. 16. Em muitas edições modernas, o livro é publicado em um único volume juntamente com *Persuasão* e precedendo-o, o que torna a referência à compressão das páginas difícil de entender.

[42] Como Delia Laitin me apontou, os romances "de bolso" que anexam as primeiras páginas do próximo romance em capa dura do autor podem produzir fins que chegam *cedo demais*, em relação às expectativas do leitor.

[43] Eles podem usar e de fato usam finais *surpreendentes* – finais que vão contra as expectativas que são estabelecidas pelo próprio romance, dadas as convenções do gênero. Mas essa é uma questão mais complicada (Kermode, 1967).

CAPÍTULO TRÊS 245

precisam contratar uma certa proporção de atores e membros de equipe britânicos a fim de obter subsídios. Como será discutido mais detalhadamente em 3.6, o Código Hays estabeleceu restrições sobre a descrição de relações românticas e sexuais. Finalmente, o cinema, assim como o teatro, deve "obedecer a restrições psicológicas: uma peça não consegue normalmente manter a atenção do público por mais do que duas horas; a duração de um filme depende da tolerância do olho à tensão".[44]

Muitos romancistas do século XIX, até mesmo Dickens, George Eliot e Dostoievski, enfrentaram a restrição de escrever para uma publicação seriada. Um efeito óbvio desse formato é que o escritor está constantemente sob a pressão de um prazo. Um efeito mais importante é que isso não deixa nenhum espaço para revisões e reorganizações do diálogo e do enredo, que são, em outras circunstâncias, partes essenciais do trabalho do romancista. Proust reescreveu inúmeras vezes o manuscrito de *Em busca do tempo perdido*, e também acrescentou bastante na fase de revisão. Autores de séries podem inventar o enredo básico antes de começar a escrever ou escrever cada parte de cada vez. (Eles não são os únicos a enfrentar essa escolha. Como veremos em 3.7, Stendhal, que não escrevia para publicação em série, adotou o primeiro método em *O vermelho e o negro* e o segundo em *Lucien Leuwen*.) Se utilizarem o segundo método, são como o músico em um improviso a quem uma frase inventada livremente ou mesmo um erro não intencional passa a servir de restrição sobre a próxima invenção (3.8). O risco de perder o controle artístico é obviamente maior quanto mais curto o intervalo entre as partes. Esse pode ser o motivo pelo qual Dickens, por exemplo, preferia o formato mensal ao semanal,[45] o que não impede que intervalos mais curtos possam, restrições incidentais, fornecer maiores benefícios.[46] O controle artístico

---

[44] Pavel (1986), p.98.

[45] "O testemunho eloquente de Dickens sobre sua sensação de limitação e constrição no formato mais curto é de importância crucial. Durante uma fase anterior da escrita de *Tempos difíceis*, ele disse a Forster que 'o problema do espaço é ESMAGADOR' para alguém que 'já teve alguma experiência de escrever ficção pacientemente com alguma liberdade de movimento e a perspectiva de espaços abertos" (Engel, 1967, p.170).

[46] "*Tempos difíceis* satisfaz ao gosto moderno (nas artes somente) por economia – na ficção, pela escrita contida e a forma claramente demonstrável. Dickens era capaz de ambas, mas

é ainda mais difícil de se obter, é claro, em séries sem fim como as *soap operas* da televisão norte-americana.

A gravação de música foi, por muito tempo, restrita ao formato de 78 rpm e de discos de oito polegadas e, assim, limitada a três minutos. Os produtores lançavam ocasionalmente discos de doze polegadas, mas, como estes não se encaixavam em todos os toca-discos, eram comercialmente menos interessantes. Peças mais longas de música podiam, naturalmente, ser distribuídas em vários discos, mas não sem a interrupção do fluxo musical e consequente perda de valor estético. Nos primórdios do jazz, tanto discos de doze polegadas quanto gravações em discos múltiplos eram extremamente raros. Na prática, os músicos de jazz estavam limitados a três minutos. Em outro texto, argumentei que "A improvisação do jazz em um alto nível de qualidade é tão difícil de se sustentar que o disco de 78 rotações com três minutos de música era o mais adequado".[47] Desenvolvo essa afirmação em 3.9.

Em seu estudo sobre a dança de Fred Astaire, John Mueller observa que "ele trabalhava dentro de consideráveis restrições, algumas delas autoimpostas".[48] Ele enumera cinco tipos de restrições. Em primeiro lugar, há restrições de coreografia; por exemplo, Astaire quase nunca usava quedas, e nem mesmo ficava de joelhos até seu décimo segundo filme. Em segundo lugar, há as restrições emocionais que seguem o formato da comédia romântica. Em terceiro lugar, há as restrições musicais inerentes às melodias populares de sua época. "Astaire pode ter encontrado a eficiência da forma e do estilo da canção popular ao cultivar sua abordagem econômica da coreografia."[49] Em quarto lugar, havia restrições financeiras.

---

estas não lhe eram naturais ou agradáveis, e ele escolheu empregá-las sob a pressão do espaço limitado" (ibidem, p.172).

[47] Elster (1983b), p.80.

[48] Mueller (1985), p.19.

[49] Ibidem. Arnheim (1957), p.222-3, propõe um argumento mais geral: "Grandes atores muitas vezes preferem peças medíocres que lhes permitem trabalhar quase que por improvisação e, assim, concentrar a apresentação essencialmente na expressão do corpo e da voz, enquanto, por outro lado, sua genialidade muitas vezes põe em perigo as grandes obras da literatura dramática. De forma semelhante, bons dançarinos e produtores de filmes mudos têm uma preferência pela música simples, bem definida, que pode não ser de primeira classe".

Astaire aceitava plenamente que seus filmes tinham que gerar lucros, mais como uma restrição do que como um objetivo. Finalmente, o cinema como meio em si impõe restrições. Astaire normalmente se mantinha perto de sua parceira, por exemplo, porque a câmera não lida bem com espaços abertos. Ele também utilizava acessórios – "armando obstáculos que ele parece sentir um prazer *à la* Buster Keaton ao superar".[50] Na opinião de Mueller, porém, a coreografia às vezes sofria quando Astaire se concentrava no efeito, como em uma famosa cena de *Núpcias reais* em que Astaire dança nas paredes e no teto.

As artes performáticas eram tradicionalmente sujeitas à restrição de que erros não podiam ser corrigidos: não havia botão de "Desfazer". A tecnologia de gravação moderna removeu essa restrição, permitindo diversas tomadas do mesmo trecho de música. A produção de filmes envolve rotineiramente tomadas repetidas de cada cena, das quais a melhor pode ser selecionada para exibição. Fred Astaire, por exemplo, chegava a filmar suas cenas de dança até cinquenta vezes. Além disso, enquanto uma atuação ao vivo não pode ter remendos, a tecnologia permite que se extraiam trechos e partes de várias tomadas a serem coladas para formar um todo coerente. Astaire sentia uma forte aversão a essa prática. Ele insistia em que suas cenas de dança fossem filmadas em uma tomada contínua ou, pelo menos, em um pequeno número de trechos ininterruptos. Antes que Astaire entrasse em cena, uma cena de dança de noventa segundos podia utilizar cerca de doze tomadas; com Astaire, a norma era de duas a três tomadas em uma dança de três minutos.[51] Por exemplo, "a bengala sendo atirada no porta-guarda-chuva em um solo é vista em uma única tomada, embora tivesse sido muito mais fácil dedicar uma tomada à bengala sendo atirada e uma outra para um plano próximo de sua aterrissagem".[52]

Muitas vezes a pessoa ou instituição que encomenda uma obra de arte está em posição de impor restrições. Uma peça de música escrita para alguma ocasião específica pode precisar ter uma duração específica. Na

---

[50] Ibidem, p.22.

[51] Ibidem, p.27.

[52] Ibidem, p.34.

verdade, os compositores podem exigir restrições. Dessa forma, quando lhe perguntaram se poderia escrever uma música de balé para um circo, diz-se que Igor Stravinsky mandou o seguinte telegrama: "Aceito: quantos minutos?".[53] Um pintor que pinta o retrato de um mecenas ou de sua esposa é constrangido a fazê-los aparecer bem – ao menos aos olhos deles próprios. A despeito dessa restrição, bons pintores também conseguem comunicar algo sobre as pessoas retratadas que elas não apreciariam se tivessem percebido – o fato, por exemplo, de que não são perceptivas o suficiente para notá-lo. Assim como um autor escreve para um leitor visado, um pintor deve pintar para um observador visado. Em geral, não há razão para que a pessoa retratada deva ser esse observador.[54] Os arquitetos quase sempre enfrentam pesadas restrições – financeiras, funcionais e às vezes estéticas. Se o comitente pede ao artista que apresente vários planos, ou que vários artistas apresentem planos, e então seleciona um, ele não está impondo uma restrição, mas convidando o artista a antecipar seus critérios de seleção.

Restrições autoimpostas

De maneira geral, as restrições essenciais são em parte menos importantes que as incidentais, mas não são insignificantes. Uma restrição autoimposta importante é a escolha do formato. Uma vez que o pintor tenha escolhido uma tela de um dado tamanho, está preso a ela. A decisão de desenhar com carvão, que não pode ser apagado facilmente, é um pouco como a restrição autoimposta de Astaire de ter suas danças filmadas em sequência contínua. Em ambos os casos, o artista aumenta deliberadamente o custo de cometer erros, na esperança de que menos erros serão cometidos. Um compositor de canções pode se restringir por meio de sua escolha do texto. A estratégia de autorestrição é também ilustrada pelos romances de Perec que mencionei no começo deste

---

[53] Devo essa história a Edmund Phelps. Veja outros exemplos em "Route to Creativity: Following Bliss or Dots?" ("Rota para a criatividade: seguir o coração ou ligar os pontos?"), *New York Times*, 7 de setembro de 1999, Seção F3.

[54] Brilliant (1991), p.40.

CAPÍTULO TRÊS 249

capítulo. Outros exemplos incluem a decisão de Woody Allen de filmar *Manhattan* em preto e branco, embora pudesse dispor de cor, e a decisão de Mel Brooks de fazer de *A última loucura de Mel Brooks* um filme mudo, embora pudesse dispor de som. Ao permitir que Marcel Marceau, o mímico, falasse as únicas palavras do filme, Brooks torna claro que a falta de som em todo o resto foi uma opção e não uma necessidade. Jejuar não é o mesmo que passar fome.[55]

Convenções

Entretanto, embora tais *invenções* de restrições possam não ser comuns, a *escolha* de se sujeitar a uma convenção artística é de fato muito comum. Um alcoólatra, por exemplo, pode impor restrições duras a si mesmo ao se mudar para um país onde a bebida alcoólica esteja totalmente indisponível. Ele não pode inventar um país com essas limitações, mas pode escolher viver em um. De forma similar, um artista pode escolher ser restrito ao trabalhar em um gênero com regras e normas definidas por convenções. Essa opção é, na verdade, muito mais repressora do que as restrições inventadas livremente. Na poesia, por exemplo, há somente um número finito de formas convencionais (soneto, balada etc.) e um número finito de formas de verso (hexâmetro, alexandrino etc.). Em contraste, o número de limitações autoimpostas é, sem dúvida, muito grande. Se Perec quisesse escrever um romance excluindo duas vogais, ele poderia escolher entre quinze combinações; com três vogais, há vinte possibilidades; com as consoantes também incluídas, os números se tornam ainda maiores. Portanto, mesmo se as restrições servem para limitar o conjunto possível a um tamanho gerenciável e, assim, permitir ao artista fazer escolhas significativas, permitir-lhe total liberdade para escolher as restrições pode apenas recriar o *embarras de richesses** em um estágio anterior.

As convenções regulamentam muitos aspectos das obras de arte. Na música, as convenções são puramente formais: não há nenhum conteúdo

---

[55] Sen (1993), p.40

* Confusão devido à multiplicidade de escolhas. Em francês no original. (N.T.)

musical que seja aconselhado ou proscrito. Na literatura, as convenções regulamentam tanto a forma quanto o conteúdo. Assim, consideremos duas convenções do teatro do século XIX (pré-Pirandello). Uma é que a resolução final da ação não ocorre antes do absoluto fim da peça. A outra é que os personagens da peça nunca devem parecer ter consciência do fato de que não são nada além de personagens de uma peça. Ao fim de *Peer Gynt*, de Ibsen, quando Peer tem medo de se afogar, o estranho passageiro lhe diz que "não se morre no meio do quinto ato", assim violando a segunda convenção e explorando a primeira simultaneamente. Na pintura, as convenções obviamente regulamentam a forma, mas também o tema: não apenas ao definir o repertório de temas, notavelmente na pintura religiosa, mas também na criação de significados simbólicos artificiais para elementos específicos da pintura. Não se poderia, por exemplo, suspeitar da importância da sedução nas pinturas de Vermeer se não se soubesse que esta era convencionalmente associada aos *topoi* do vinho, da música e da escritura de cartas que retratam abundantemente. Noël Carroll argumenta que as "piadas visuais" em filmes eram regulamentadas por uma convenção de que a capacidade de percepção dos personagens no filme é a mesma que a do público. Sem essa convenção, não veríamos sentido em uma piada em um filme em preto e branco de Jacques Tati em que um pneu com folhas molhadas grudadas a ele é confundido com uma coroa fúnebre. "Em um filme colorido, um pneu com folhas molhadas grudadas não seria visualmente confundido com uma coroa fúnebre; essa piada visual é persuasiva somente porque o filme é em preto e branco".[56]

---

[56] Carroll (1996), p.56-7. Um exemplo similar é a convenção de que quando personagens que não são ingleses aparecem em um romance inglês, eles falam como se fossem ingleses. Assim, em Hill (1998), p.17, um trecho do diálogo entre dois policiais italianos é reproduzido como se segue: "'Well,' he enquired, 'is our peerless poet packed?' He added with a grin, 'Note the alliteration. I worked it up on the way over in the car.'"[" – E então, estará o nosso proeminente poeta pronto? – perguntou ele. E acrescentou, sorrindo: – Repare na aliteração. Eu a compus no carro, quando estava a caminho."]

Duas visões das convenções artísticas

As convenções e as restrições existem por razões inteiramente diferentes. Se os dramaturgos na França do século XVII escreviam em versos alexandrinos e respeitavam a unidade de espaço, tempo e ação, a explicação não será encontrada na tecnologia, dinheiro, tempo ou escolha. Em vez disso, a convenção obviamente tem algo a ver com as expectativas de outros artistas e do público. Há duas maneiras de ver a questão. Em uma visão, as convenções artísticas são como normas sociais – regras não instrumentais de comportamento mantidas pelas sanções que outros impõem sobre os violadores. Em uma outra visão, as convenções são como equilíbrios de coordenação – dispositivos úteis mas arbitrários, semelhantes à regra de dirigir do lado direito das ruas. Enquanto as normas sociais são impingidas por outros, os equilíbrios de coordenação são autoimpingidos.

As normas sociais vão do aparentemente trivial a questões de vida ou morte. Incluem tanto regras de etiqueta descritas por Bourdieu e Proust quanto códigos de *vendetta* entre famílias ainda em vigor em alguns países mediterrâneos.[57] São caracterizadas por quatro aspectos. No primeiro, são injunções à ação não orientadas pelo resultado. No segundo, são compartilhadas com os outros membros da sociedade ou do mesmo subgrupo relevante. Além disso, todos os membros sabem que estão sujeitos às normas, e sabem que sabem disso, e assim por diante. No terceiro, como todos compartilham das normas, os membros dos grupos podem impingi-las punindo os violadores. As sanções vão de várias formas de se evitar os violadores, passando pelo ostracismo social e até a franca perseguição. Por último, as normas também são sustentadas pela emoção internalizada da vergonha.

Um argumento em favor de se considerar as convenções na arte como normas sociais poderia ser o seguinte: os artistas, os críticos e o público veem convenções como normativamente importantes. Elas encarnam a maneira correta de se fazer as coisas. As unidades de tempo, espaço e ação, por exemplo, são vistas como restrições naturais. Os dramaturgos ou pintores que violam as convenções estão sujeitos a um amplo espectro

---

[57] Elster (1989c, cap. 3; 1999a, cap. 3).

de penalidades ou sanções. Seus livros não apenas não serão comprados, mas, como *Ulisses* de Joyce, banidos. Suas pinturas serão estigmatizadas como feitas por *fauves*. Ibsen teve de produzir uma versão com final feliz de *A casa de bonecas* para poder montá-la na Alemanha, pois seu editor alemão a considerou chocante. De forma semelhante, "o público do século XVIII não podia aceitar a morte de Cordélia em *Rei Lear* e preferiu a versão modificada por Nathum Tate em que Cordélia sobrevive e se casa com Edgar".[58] Além disso, "em um período neoclássico, Shakespeare é condenado por apresentar um soldado ingrato e calculista em Iago (pois soldados costumam ser honestos e francos)".[59]

Em uma outra visão, uma convenção artística é um tipo especial de equilíbrio, muitas vezes referido como um "equilíbrio de coordenação" e caracterizado por dois aspectos.[60] No primeiro, como em todos os equilíbrios, quando todos seguem a convenção, ninguém quer se desviar. No segundo, quando todos seguem a convenção, ninguém quer que ninguém mais se desvie também. A escolha entre dirigir do lado esquerdo ou direito da rua ilustra essa situação. Um exemplo mais fantástico é dado pela regra que governa a vida noturna dos mafiosos do Brooklyn:

> Todos os que tinham uma namorada saíam com ela na noite de sexta-feira. Ninguém saía com a esposa na noite de sexta. As esposas saíam na noite de sábado. Desse modo, não havia acidentes de se topar com a esposa de alguém quando se estava com a namorada.[61]

Claramente, tudo o que importa é a coordenação em uma regra. Sair com as namoradas nos sábados e com as esposas nas sextas-feiras funcionaria igualmente bem, conquanto todos fizessem o mesmo. O desastre social

---

[58] Pavel (1986), p.34. Schelling (1986), p.177, diz, se o entendo corretamente, que tais finais substitutos teriam de ser preventivos em vez de reativos. Não faria sentido, segundo ele, para um espectador da peça original exigir uma revisão de forma que possa assisti-la com um final feliz. Se esse raciocínio for correto, como acredito que é, a "arte interativa" sofreria da mesma falta de restrições que sofrem os devaneios.

[59] Haugom Olsen (1998), p.150.

[60] Lewis (1969).

[61] Pileggi (1987), p.90.

se abateria, porém, se as pessoas seguissem convenções diferentes, pois então haveria o risco de se encontrar um amigo com a esposa ao sair com a namorada. Como se queixou Harold Macmillan: "Nos velhos tempos você podia ter certeza de que podia ir a um restaurante com sua mulher e não ver um conhecido almoçando com uma prostituta. Era tudo mantido em separado, mas isso não parece acontecer hoje em dia".[62]

Um argumento em favor de ver as convenções na arte como equilíbrios de coordenação poderia ser o seguinte: a arte, como outras formas de autorrealização, exige juízes competentes; de outra forma, torna-se uma "linguagem privada", um pântano de subjetividade.[63] Se a arte variasse muito em forma e assunto, a qualidade seria difícil de avaliar e apreciar. Mesmo se cada artista trabalhasse sob severas restrições autoimpostas, os padrões intersubjetivos seriam fracos se diferentes artistas escolhessem restrições diferentes. No entanto, se todos os artistas trabalharem sob as mesmas restrições, suas obras podem ser comparadas e padrões podem ser estabelecidos pela comunidade de artistas e críticos. Dessa forma, as convenções na arte possuem ambos os aspectos dos equilíbrios de coordenação. Como todo artista quer ser julgado pelos outros, ele não tem nenhum incentivo para se desviar da estrutura comum que torna a apreciação competente e a autorrealização possível. Como o artista quer que seus juízes sejam competentes, ele também não tem nenhum motivo para desejar que outros se desviem.

A distinção entre equilíbrios de coordenação e normas sociais não é rígida. Quando uma convenção serve de equilíbrio de coordenação, ela geralmente se torna uma norma social.[64] Se tomamos o exemplo de dirigir do lado direito das ruas, aqueles que unilateralmente dirigem do lado esquerdo não apenas correm o risco de um acidente, mas também se expõem à desaprovação de outros motoristas que poderiam se ferir graças a seu comportamento imprudente. De forma similar, um artista que se desvia de uma convenção impõe um custo sobre os outros artistas, na

---

[62] De um trecho de seu diário, publicado como uma série no *The Sunday Times*, 11 de junho de 1989.

[63] Ver Elster (1986a) e Greenberg (1999), p.47.

[64] O que se segue se baseia em Elster (em publicação).

forma da perda de um juiz competente. O inverso não se aplica, porém. Nas artes e em outras áreas, há muitas normas sociais que não servem para coordenar nada.

3.4 Restrições, valor e criatividade

O processo da criação artística é guiado pela meta de *maximizar o valor estético sob restrições*.[65] (De agora em diante utilizarei "restrição" em um sentido amplo que inclui tanto convenções quanto restrições como definidas estritamente antes.) A criatividade é a habilidade de ter sucesso nessa empreitada. Para explicar o que quero dizer com essas afirmações, devo primeiro falar um pouco mais acerca de restrições; a seguir, defenderei a ideia de que os artistas de fato praticam um processo de maximização; por fim, explicarei o que quero dizer com valor estético. Sobre esse pano de fundo, prosseguirei discutindo a relação entre restrições, valor e criatividade.

A escolha de restrições e dentro das restrições

Escrevi em outro texto que

---

[65] Um atento analista do presente livro questionou o valor de aplicar a ideia de maximização da criação artística. Os seguintes comentários servirão tanto como uma resposta à pergunta, quanto como uma prévia dos argumentos desenvolvidos aqui. (1) A ideia de maximização implica que, em uma boa obra de arte, "nada pode ser adicionado e nada pode ser subtraído" sem perda do valor estético. A ideia de uma boa obra de arte como a incorporação tanto da plenitude quanto da parcimônia parece naturalmente representada pela ideia da maximização. (2) Ao argumentar que os artistas têm como meta produzir um máximo *local* em vez de "o" melhor que puderem fazer, creio que posso dar sentido a várias propriedades das obras de arte e de sua criação. (a) Muitos artistas experimentam pequenas variações antes de decidirem a versão final. (b) A noção de "uma obra-prima menor" tem uma interpretação natural nesta estrutura. (c) A noção de uma "obra-prima imperfeita" também recebe uma interpretação natural. (3) Ao argumentar que artistas escolhem tanto as restrições *quanto* dentro das restrições, minha meta é impor alguma estrutura à criação artística, ao vê-la como um processo em duas etapas. Não é meramente uma questão dos artistas produzirem a melhor obra que puderem, mas de escolher a estrutura que é a mais adequada para permitir-lhes fazê-lo.

CAPÍTULO TRÊS

qualquer parte dada do comportamento humano pode ser vista como o resultado final de dois dispositivos sucessivos de filtragem. O primeiro é definido por um conjunto de restrições estruturais que cortam o conjunto de cursos de ação abstratamente possíveis e reduzem-no ao subconjunto notavelmente menor de ações factíveis. O segundo processo é o mecanismo que isola qual membro do conjunto factível deverá ser concretizado. As teorias de escolha racional afirmam que esse mecanismo é a opção deliberada e intencional com o propósito de maximizar alguma função objetiva.[66]

Aplicada ao presente conjunto de questões, essa estrutura geral sugere duas perguntas. A primeira: dado que algumas das restrições podem elas mesmas ser selecionadas em vez de impostas por uma força exterior, qual é o mecanismo pelo qual são selecionadas? A segunda: qual é a relação entre esse mecanismo e aquele que seleciona um elemento do conjunto factível? Na caso de uma obra de arte, ambas as seleções deveriam, idealmente, tomar a forma de uma escolha intencional com o propósito de maximizar o valor estético. Na prática, como veremos, não é possível que seja assim. Contudo, até o ponto em que essa ideia captura um aspecto da criação artística, fica claro que não estamos lidando com dois filtros sucessivos e independentes. Em vez disso, a escolha das restrições e a escolha dentro das restrições interagem. Um escritor pode planejar inicialmente desenvolver uma ideia em um longo romance, e então, ao perceber que ela não se adapta a esse formato, transformá-la em um conto de trinta páginas. (Por razões convencionais ou intrinsecamente estéticas, a distribuição do comprimento do texto de ficção parece ser bimodal. O formato de novela[*] é mais raro que o de romance e o de conto.) De forma similar, um pintor pode experimentar com a escolha das restrições tanto quanto com a escolha dentro das restrições. Ele pode, por exemplo, experimentar pintar o mesmo assunto tanto em um formato pequeno quanto em um grande,

---

[66] Elster (1984), p.113.

[*] "Novela" aqui se refere ao gênero literário, geralmente mais longo do que um conto e mais curto do que um romance. (N.T.)

e escolher um ou outro como uma função da experimentação dentro de restrições.[67] A seguir, porém, ignorarei essa complicação.

A criação como maximização restrita

O que quer que o artista esteja maximizando, ele pode almejar apenas um *máximo local*. Um romancista, por exemplo, não parte para criar um máximo global, como *o melhor* romance de um certo tipo. Permita-me antes de mais nada argumentar que os artistas estão, na realidade, esforçando-se para concretizar um máximo, e então explicar por que o máximo que buscam deve ser local ao invés de global.

Uma evidência da visão de que os artistas estão empenhados em uma maximização é a crença comum de que nada pode ser adicionado a uma boa obra de arte ou subtraído dela (Aristóteles, *Poética* 1451a 33-35). Por exemplo, "cada cena em um bom filme deve ser tão bem planejada no roteiro que tudo o que é necessário, e apenas o que é necessário, ocorra dentro do mais curto espaço de tempo".[68] O ideal de *plenitude e parcimônia simultâneas* é apenas uma outra maneira de expressar a ideia de um máximo.[69] Outra evidência é a prática comum dos artistas de *experimentar com pequenas variações* até "acertarem". A seleção natural – o paradigma de um processo que tende a produzir máximos locais – opera exatamente desse modo, filtrando pequenas mutações sucessivas até que é alcançado um estado em que qualquer mutação factível a mais diminuiria a aptidão reprodutiva. Por causa do fluxo genético e do ambiente constantemente

---

[67] A escolha do formato segue regras diferentes nas diversas artes. Um pintor escolhe o tamanho da tela antes de começar a preenchê-la; um escritor não. A distribuição do tamanho em telas é unimodal; a de textos é bimodal. A música é como a escrita no primeiro aspecto e como a pintura no segundo.

[68] Arnheim (1957), p.23. Como ele também observa, "Exibir incidentes completos seria muitas vezes tedioso e não artístico, já que supérfluo" (ibidem). Uma diferença entre filmes românticos tais como *Jules et Jim* (*Uma mulher para dois*) e filmes sentimentais como *O paciente inglês* é que, no primeiro, a câmera nunca se demora em uma cena uma vez que se tenha dito o que se queria dizer.

[69] Para uma discussão mais detalhada da ideia de máximo local, ver o cap. 1 de Elster (1984).

em alteração, esses máximos não são imunes a mais mudanças, mas isso é irrelevante para o presente argumento.

Um modelo ainda melhor para a criação artística é dado por Eilert Sundt, um sociólogo norueguês do século XIX que aplicou os princípios darwinistas à evolução do *design* dos barcos:

> Um construtor de barcos pode ser muito habilidoso e, ainda sim, nunca fará dois barcos exatamente iguais, mesmo que se esforce para isso. As variações que surgem desse modo podem ser chamadas de *acidentais*. Entretanto, mesmo uma pequena variação geralmente é notável durante a navegação, e então *não é acidental* que os marinheiros venham a *notar* que barco se tornou melhor ou mais conveniente para seus propósitos, e que deveriam recomendar que esse seja *escolhido* para ser *imitado* ... Pode-se acreditar que cada um desses barcos é perfeito a seu próprio modo, já que alcançaram a perfeição pelo desenvolvimento unilateral em uma direção particular. Cada tipo de melhoria evoluiu ao ponto em que mais desenvolvimentos implicariam defeitos que mais do que compensariam a vantagem ... E concebo o processo da seguinte maneira: quando a ideia de formas novas e melhoradas surgiu pela primeira vez, *uma longa série de experimentos prudentes*, cada um envolvendo alterações extremamente pequenas, poderiam levar ao bom resultado de que do galpão daquele construtor de barcos saísse um barco que todos desejariam. [70]

Discuto mais tarde que, na arte, as pequenas variações são em parte buscadas conscientemente e em parte geradas pelo inconsciente. A seleção é sempre o trabalho da mente consciente. A prática de experimentar com pequenas variações é, de fato, extremamente comum em todas as artes. Alguns artistas obedecem à máxima *"Conception lente, exécution rapide"* ("Concepção lenta, execução rápida"), mas para cada Picasso, Mozart ou Stendhal deve haver dez ou cem que fazem e refazem rascunhos, descartam e começam de novo, até acharem que acertaram. Nas artes performáticas, os ensaios e apresentações repetidas têm uma função similar de aperfeiçoamento e ajuste fino. Em 3.9 discuto a importância

---

[70] Sundt (1976), p.211-2.

das pequenas variações no jazz, não na improvisação mas na construção do que chamo de "solos esculpidos" ao longo do tempo.

Podemos interpretar algumas outras expressões normalmente usadas como evidência de que os artistas se esforçam para atingir os máximos *locais*.

Figura 3.1

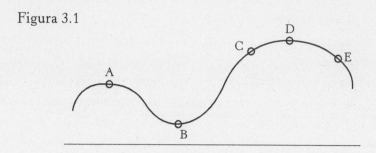

Na Figura 3.1, a dimensão vertical representa o valor estético. O eixo horizontal é uma medida quantitativa das obras de arte ao longo de uma dimensão relevante. Especificamente, podemos pensar nos vários pontos da curva como representações dos desenvolvimentos do mesmo tema literário em obras de ficção de várias extensões. O conto A e o romance D são ambos máximos locais. No diagrama, o romance é também o máximo global (embora é claro que outros romances, medidos ao longo de outras dimensões, poderiam ser ainda melhores). O conto pode ser caracterizado pela expressão comum "uma obra-prima menor": é uma obra-prima porque é um máximo local, e menor porque é um máximo local de baixo nível. Todo um gênero pode de fato ser menor, tal como o romance policial e, ainda sim, pode haver dentro dele algumas obras-primas.

Os romances insuficiente ou excessivamente desenvolvidos tais como C e E podem ser caracterizados por uma outra expressão comum, "uma obra-prima imperfeita".[71] Um romance desenvolvido insuficientemente poderia ser um em que as tensões do enredo são resolvidas prematuramente, antes que as fundações tenham sido assentadas para tornar a conclusão plausível. Imaginem uma versão truncada de *Orgulho e preconceito* em que Elizabeth Bennet aceita Darcy na primeira vez em que ele lhe propõe

---

[71] Ver também a discussão sobre um "grande filme imperfeito" em Truffaut (1985), p.327.

CAPÍTULO TRÊS

casamento. Um enredo excessivamente desenvolvido seria se, depois do fim do romance como o conhecemos, Jane Austen continuasse descrevendo sua felicidade doméstica.[72] (Ver também os comentários sobre *Scarface* em 3.6.) As duas obras-primas imperfeitas mostradas no diagrama são superiores à obra-prima menor. Citando um comentário de T. S. Eliot a respeito de Akenside, Malcolm Budd escreve: "Um poeta que não tem nada de valor a dizer pode, em certo sentido, escrever melhor do que outro que tem algo interessante a dizer, mas o que ele escreve pode ser um poema de menor valor".[73] A obra-prima menor é, por sua vez, superior à novela B, que não tem nem a concisão de um conto nem a riqueza de um romance.[74] (Aqui suponho que a raridade da novela é devida a suas limitações artísticas intrínsecas, e não a uma convenção.)

É desnecessário dizer que isso tudo é extremamente esquemático, mas acho que capta um aspecto de como nós (e os artistas) pensamos sobre a arte. O perene debate francês sobre os respectivos méritos de Racine e Shakespeare, por exemplo, pode ser visto dessa perspectiva. Para críticos como Gide, a perfeição das peças de Racine e os defeitos formais de Shakespeare fazem que prefira o primeiro. Contudo, embora as melhores obras de Racine provavelmente encarnem de fato a ideia de um máximo melhor do que quase todas as outras peças, poderia ser um máximo local em vez de um global. Racine estaria para Shakespeare como A no diagrama está para C ou D. De forma similar, Tyler Cowen (em comunicação

---

[72] Kermode (1967, p.23), escrevendo sobre *O idiota* de Dostoievski, implica que este seja excessivamente desenvolvido e seria melhor se não fosse pela "[conclusão] completamente superficial e tradicional, em que ele lhe diz o que aconteceu com os personagens sobreviventes". De forma semelhante, os artistas que se especializam em desenhos a carvão, que não pode ser apagado facilmente, correm o risco de errar o alvo indo além de D no diagrama e atingindo E ao adicionar muitas linhas a seus retratos. Algumas vezes eles foram salvos pela morte do modelo ao atingirem C, que, embora aquém do adequado, está mais próximo do mais adequado que E.

[73] Budd (1995), p.105.

[74] Em vez de dizer que a novela não tem nem as virtudes do conto nem as do romance, poderíamos afirmar que ela consegue ter ambos os conjuntos de virtudes. Essa é, de fato, a sugestão feita por Richard Ford (1998), em sua introdução editorial a *The Granta Book of the American Long Story* [livro da Granta de novelas norte-americanas]. (Na verdade, sua afirmação é que a novela está livre dos problemas que acossam, respectivamente, o conto e o romance.) Mas se é assim, por que existem tão poucas novelas?

pessoal) pergunta se *"A casa soturna* de Dickens não alcança picos mais altos que qualquer obra de Austen, e por motivos relacionados ao gosto imperfeito de Dickens". A sugestão implicada é que a falta de gosto pode ser uma condição para conquistas mais elevadas, talvez porque vai com a imprudência e a disposição a correr riscos que não encontramos em escritores mais controlados. Uma afirmação mais fraca poderia ser a de que *A casa soturna* é melhor do que qualquer dos romances de Austen apesar (e não por causa) da falta de gosto de Dickens. Não estou endossando qualquer dos julgamentos de valores discutidos neste parágrafo nem discordando deles, mas apenas sugerindo que a linguagem dos máximos locais e globais parece ser apropriada para declará-los.

A emoção e o valor artístico

Agora me volto à natureza do maximando, ou valor estético. A arte, como a entendo, pode ter valor de percepção, cognitivo ou emocional. Em última análise, porém, acredito que o valor principal da arte é emocional. Mais acuradamente, talvez, enquanto o valor de uma obra de arte pode ser exclusivamente emocional, não pode ser exclusivamente cognitivo. Assim, discordo de Noël Carroll quando ele escreve:

> Algumas pinturas podem tratar da natureza da pintura – talvez muito da obra de Frank Stella seja sobre a convenção do enquadramento, e alguns filmes, como *Zorn's Lemma* [O lema de Zorn], de Hollis Frampton, sobre a natureza do cinema. Essas obras podem ser articuladas de tal forma que se refiram exclusivamente à cognição.[75]

Minhas razões para discordar são simples: se o artista quer apenas transmitir uma nova cognição, deveria utilizar os meios talhados para esse propósito, ou seja, o argumento lógico e a exposição factual. A alternativa, me parece, seria dizer que a arte pode oferecer "percepções inefáveis" – uma alegação que, por sua própria natureza, não se presta ao exame ou crítica. E podem as percepções ser não proposicionais? ("O que não

---

[75] Carroll (1997), p.193.

pode ser dito não pode ser dito, e você não pode assobiá-lo também.") E se as percepções são – como imagino – necessariamente proposicionais, precisamos da arte para expressá-las?[76]

Faço uma distinção entre duas fontes de satisfação emocional por meio das artes. Por um lado, *muitas* obras de arte podem gerar emoções não estéticas – alegria, tristeza, e assim por diante. Por outro, *todas* as obras de arte, se tiverem qualquer valor artístico, induzem emoções estéticas específicas por meio do ritmo, de ecos, simetrias, contrastes, repetições, proporção e dispositivos similares que se encaixam sob a denominação de "complexidade ordenada". O paradigma, para mim, são as *Variações Goldberg* como tocadas por Glenn Gould. (É também uma obra desprovida – para mim, pelo menos – de emoções não estéticas.) As emoções especificamente estéticas incluem assombro, encanto, surpresa, humor, alívio e liberação. Algumas delas podem até ser parecidas com as emoções que experimentamos após entender um teorema matemático – um sentimento de assombro diante de um *dénouement* que é tanto um surpreendente *ex ante* e um inevitável *ex post*. Note-se, porém, que a capacidade da cognição de gerar emoções estéticas não justifica a alegação de que o único valor de uma obra de arte pode ser o cognitivo.

Na literatura e na música, efeitos artísticos sublimes são criados quando esses dois efeitos emocionais se juntam e se reforçam mutuamente. Como que por mágica, o prazer da rima que se encaixa perfeitamente aumenta a eloquência das palavras. Embora os componentes sejam analiticamente separados, não são experimentados separadamente.[77] A sinergia está

---

[76] Tenho consciência de que com esses breves comentários refiro-me, em um nível muito superficial, a questões que vêm preocupando as melhores mentes por séculos. Para torná-las ligeiramente menos superficiais e mais claramente relevantes, eu deveria deixar claro que não me refiro a noções de *beleza* que poderiam se aplicar tanto a objetos naturais tais como o pôr do sol quanto a objetos feitos pelo homem. Além disso, dentro da classe de objetos feitos pelo homem, concentro-me somente nos que são feitos com a *intenção* de induzir uma experiência estética em um público.

[77] Budd (1995), p.53, 153. Fry (1921), p.198-9 [Fry, Roger. *Visão e forma*. São Paulo: Cosac & Naify, 2002, p.312], sugere que a fusão poderia ser ilusória. Referindo-se à "Pietà" de Giotto, ele escreve, "Minha emoção diante da ideia dramática parecia intensificar a emoção diante do desenho plástico. Contudo, hoje eu estaria inclinado a dizer que essa fusão de dois conjuntos de emoções era apenas aparente, devida à análise imperfeita que fiz de meu

além da análise exata, mas podemos reconhecê-la quando em operação. Como disse Montaigne, "Assim como o som, comprimido no estreito canal de uma trombeta, sai mais agudo e mais forte, assim me parece que a frase, pressionada nos pés numerosos da poesia, se lança bem mais impetuosamente".[78] Para um exemplo específico, considere o seguinte comentário sobre a dança de Astaire:

Astaire ... tem muita consciência do drama sugerido pela forma da canção popular. A maioria das canções em seus filmes tem forma AABA – isso é, feitas de uma ideia melódica central repetida três vezes, com a terceira seção separada da segunda por um trecho (chamado de *"release"*) de material musical contrastante. O ponto alto dramático em tais canções tende a ser o início da última seção do trecho A, sua reaparição sendo engenhosamente atrasada pelo trecho de *"release"*. Astaire muitas vezes faz uso coreográfico específico dessa característica formal: é nesse ponto, por exemplo, que ele, pela primeira vez, puxa sua parceira com firmeza para junto de si em cada um dos duetos sedutores, *"Change partners"* em *Dance Comigo* e *"They can't take that away from me"* em *Ciúme, sinal de amor*.[79]

Uma obra de arte pode também ajudar-nos a ver ou entender o mundo diferentemente, reagir a ele diferentemente, e entender nossas próprias reações a ele diferentemente. Uma percepção ou entendimento diferente do mundo é valioso porque nos permite ter emoções que, de outra forma, poderiam ter permanecido dormentes ou desfocadas. As emoções se ligam a objetos; os objetos emocionais existem somente percebidos ou concebidos; assim, novas percepções e concepções abrem a possibilidade de novas ligações emocionais. Isso não é o mesmo que dizer que o novo entendimento pode não ser valioso em si mesmo, em termos puramente intelectuais, apenas que esse valor é extra-artístico e pode ser encontrado em outras criações mentais também. *Lembranças de 1848*, de Tocqueville,

---

próprio estado mental". Para uma questão mais geral de se as emoções perdem ou retêm sua identidade quando misturadas às emoções compostas pela forma, ver Elster (1999a), p.242, notas 7 e 8.

[78] Montaigne (1991), p.164 [(2000, I) p.218].

[79] Mueller (1985), p.20.

ajuda-nos a entender a natureza da Monarquia de Julho tanto quanto *Lucien Leuwen*, de Stendhal, mas apenas o último é uma obra de arte. (Isso não significa que o primeiro não tenha valor emocional.) A substância da fala do Grande Inquisidor poderia facilmente ser traduzida em uma linguagem sociológica, mas no contexto do romance de Dostoievski ela também adquire importância emocional.

Nem toda criação mental capaz de gerar reações emocionais é uma obra de arte. Discursos políticos e outras mensagens persuasivas podem produzir fortes emoções, mas isso não as transforma em arte. A diferença não é que não são acompanhadas de emoções especificamente estéticas. Na realidade, a boa retórica política se inspira em muitos dispositivos formais que mencionei dois parágrafos atrás. O que acontece é que a arte e a retórica diferem na natureza das emoções não estéticas que geram. Com a exceção do gênero epidíctico (elogio de grandes indivíduos ou feitos), a retórica tem como objetivo gerar a emoção que induzirá à ação; a arte não.[80] Do ponto de vista do artista, a arte pode ser a emoção lembrada na tranquilidade; do ponto de vista do leitor, observador ou ouvinte, é a emoção experimentada na tranquilidade.

A natureza das emoções não estéticas geradas pela arte varia em cada forma de arte. A pintura – notavelmente a pintura não figurativa – não precisa gerar nenhuma dessas emoções.[81] No caso da literatura, confrontamo-nos – como defende Robert Yanal – com o aparente paradoxo de que todas as seguintes proposições parecem ser verdadeiras, mas pelo menos uma delas deve ser falsa:

(1) Sentimos emoções em relação a personagens e situações de algumas obras de ficção.

(2) Sentimos essas emoções apesar de acreditarmos que tais personagens e situações são fictícias e irreais.

---

[80] Fry (1921), p.18.

[81] Assim, enquanto Budd (1995) discute as emoções não estéticas longamente em seus capítulos sobre literatura e música, elas são apenas brevemente mencionadas em seu capítulo sobre pintura.

(3) Sentimos emoções em relação a personagens ou situações apenas quando acreditamos que são reais e não fictícios.[82]

Como já argumentei em outro texto,[83] a resolução mais plausível do paradoxo é negar (3). Embora as emoções tipicamente tenham antecedentes cognitivos, esses não precisam tomar a forma de crenças absolutas de que algo é o caso. Enquanto esperamos que um filho volte para casa da escola, o pensamento passageiro de que ele possa ter sofrido um acidente de carro pode desencadear emoções fortes mesmo quando firmemente acreditamos que as probabilidades são virtualmente nulas. Como não acreditamos que algo esteja errado, não chamamos a polícia; dessa forma, a essa emoção falta a tendência à ação que é característica da maioria das emoções. De forma similar, as emoções que sentimos ao ler sobre personagens fictícios não nos induzem a tomar qualquer tipo de ação; fora isso, porém, elas podem ter todos os aspectos normalmente associados às emoções. Como é sugerido por Roger Fry, porém, a própria falta de uma tendência à ação pode aumentar o valor estético da emoção.

Se a cena mostrada for a de um acidente, nossa compreensão e nosso horror, embora fracos, ... são sentidos de maneira bastante pura, pois não se trata, como na vida real, de nos empenharmos de imediato em algum tipo de socorro.[84]

A questão das emoções não estéticas geradas pela música é muito mais complexa. O melhor enfoque que conheço é o de Malcolm Budd no capítulo sobre música em *Values of Art* [Valores da arte], e mesmo essa discussão é proibitivamente abstrata. Em sua visão, "Quando se ouve música como sendo expressiva da emoção E – quando se ouve E na música – ouve-se a música soando do modo como E é sentida".[85] Entretanto, ao prosseguir ele diz:

---

[82] Yanal (1994), p.54-5.
[83] Elster (1999a), cap. 4.2.
[84] Fry (1921), p.13; também Budd (1995), p.77. [Fry (2002), p.55-6].
[85] Budd (1995), p.136.

CAPÍTULO TRÊS

O ponto de semelhança pode estar abaixo do nível da consciência (como, talvez, com o som melancólico de uma terça menor em contraste com o de uma terça maior), de forma que não importa o quanto reflitamos sobre como a música soa e como uma emoção é sentida, podemos ser incapazes de identificar uma propriedade comum que seja responsável pela percepção de semelhança.[86]

A partir dessa observação básica, Budd prossegue discutindo vários modos diferentes em que as emoções podem inspirar e enriquecer a experiência de ouvir música. Para os meus propósitos, o ponto mais útil de suas observações é que, embora a qualidade emocional de uma obra de arte seja um componente de seu valor estético, não é o único. Duas obras musicais de diferentes valores estéticos podem expressar a mesma emoção.[87] A Figura 3.2 (na Seção 3.9) é uma tentativa de ilustrar essa ideia.

Restrições e valor estético

Agora passarei a discutir a relação entre as restrições e o valor estético. Por um lado, as restrições preexistentes ou presentes aumentam e estimulam o processo criativo. Por outro, a criação de restrições em si parte desse processo.

Considere-se primeiro a capacidade das restrições de estimular a criatividade. Como comentei em 1.1, a ideia principal é simplesmente que ter opções demais atrapalha a criatividade. O que importa é eliminar *algumas* opções, não eliminar quaisquer opções específicas. Desse ponto de vista, faz pouca diferença se um escritor está restrito pela exigência de que os versos tenham onze sílabas (Dante) ou doze (Racine).[88] Nenhuma é, intrinsecamente, superior à outra. Contudo, nem todas as restrições funcionarão igualmente bem.[89] A restrição de escrever um romance sem a letra "e" pode não tornar a tarefa do escritor mais difícil do que escrever

---

[86] Ibidem, p.142.
[87] Ibidem, p.146.
[88] Agradeço a Pasquale Pasquino por essa observação.
[89] Agradeço a John Ferejohn e John Roemer por me convencerem desse ponto.

sob a forma exigente da *terza rima*. Contudo, a última restrição, diferentemente da primeira, pode contribuir diretamente para o valor estético, além e acima da contribuição indireta acarretada pelo efeito de aumento do foco. Como o ritmo e a métrica geram uma forma organizada, eles têm um potencial estético intrínseco; a ausência de uma dada letra do alfabeto não tem.

Não estou afirmando que o efeito de aumento do foco das restrições depende de elas também terem um potencial estético independente. A brevidade, por exemplo, não tem nenhum interesse estético independente. No jazz, o solo de trinta e dois compassos não é intrinsecamente superior a um solo de noventa e seis compassos. Um artista superior seria capaz de criar um solo de complexidade e estrutura suficientes para preencher noventa e seis compassos sem se repetir ou apelar a clichês. Devido às limitações da mente humana, a densidade – que é intrinsecamente valiosa – pode *de facto* exigir a brevidade, mas em momentos de inspiração excepcional essas limitações podem ser transcendidas. Contudo, a restrição do romance sem a letra "e" difere da restrição da brevidade. Para a maioria dos escritores, ter de evitar a letra "e" seria uma distração irritante em vez de um estímulo, um obstáculo a ser superado em vez de um desafio a ser enfrentado. Em 3.9, observo que muitos pianistas de jazz tocam bem em um piano mal afinado simplesmente evitando certas teclas. Também acrescento, porém, que até onde sei a presença dessa restrição não melhora o seu desempenho. Não posso excluir a possibilidade de que, para alguns escritores, a restrição de não utilizar a letra "e" poderia ser equivalente a ter de usar o verso de doze sílabas, estimulando sua imaginação e focalizando sua atenção. No entanto, mesmo esses escritores poderiam se sair melhor sujeitando-se a restrições que tivessem um potencial estético independente, além da capacidade de focalizar a atenção.

As restrições devem ser rígidas, mas não tão rígidas. A busca pela palavra certa, pelo tom certo, e assim por diante, é impedida tanto se o conjunto possível for grande demais quanto pequeno demais. Como Jacques Hadamard diz em uma discussão sobre a invenção na matemática, "É bem sabido que os bons cartuchos de caça são aqueles que têm uma boa dispersão. Se essa dispersão é muito ampla, é inútil para a mira; mas se for muito estreita, a probabilidade de que se erre o alvo por um fio é muito grande".[90] Quando o conjunto é muito grande, a busca leva tempo demais e torna-se ingerenciável. É certamente discutível se a *expansão* deliberada do conjunto possível em *Finnegans Wake* foi acompanhada de um ganho artístico; pelo menos é justo dizer que, nas mãos da maioria dos outros, o método de Joyce seria desastroso. Para um diretor de cinema, um orçamento ilimitado pode ser desastroso.[91] Para um produtor de TV, ter tempo demais pode minar a criatividade.[92] Sob o título "How the absence of limits may itself be a limitation" ["Como a ausência de limites pode em si ser uma limitação"], Paul Griffiths escreveu o seguinte em uma crítica de um concerto de música eletrônica organizado pelo Ircam (Instituto de Pesquisa e Coordenação de Acústica Musical) da França:

> O problema é que se pode exagerar no apoio. A necessidade, e não a oportunidade, é a mãe da invenção. A melhor música, eletrônica ou não, luta com o limite do que é possível, e os limites do Ircam são difíceis de encontrar. Nos painéis eletrônicos há simplesmente botões demais. Isso ficou claro em um dos concertos, no Théâtre du Châtelet, pelo grupo ASKO. No início era uma nova obra de Luca Francesconi ... Seu 'Sirene/Gespenster' é aparentemente uma aproximação de uma ópera sobre "The Rime of the Ancient Mariner",* e a música é apropriadamente marinha, sonhadora e um pouco

---

[90] Hadamard (1954), p.48.

[91] Criticando Bogdanovich (1997), Clive James (1997), p.72, escreve: "Os caras da velha guarda tinham de contar uma história porque não podiam explodir o mundo. Havia limitações das quais não se podia livrar com gastos, e em superá-las estava a essência do trabalho, sua economia, seu brio ... Aceitar e transcender limitações pode ser uma fonte de vitalidade criativa, enquanto eliminá-las com dinheiro quase sempre leva à inércia".

[92] Em um comentário sobre a *sitcom* Seinfeld (duração de vinte e dois minutos, excluindo comerciais), O'Brien (1997), p.13-4, escreve: "Seus melhores episódios parecem-se com longas-metragens e têm realmente narrativas mais corridas que a maior parte dos filmes. (Os episódios periódicos de uma hora, em contraste, às vezes são bem fracos.) ... As oportunidades cômicas que a maioria das séries explorariam são lançadas em uma linha ou duas. A tensão e a densidade de trabalhar contra a restrição de tempo é um lembrete do quão proveitosas tais restrições podem ser. Se Count Basie não tivesse sido limitado à duração de um disco de 78 rotações, será que teríamos a compressão estonteante de '*Every Tub*' (três minutos, catorze segundos) ou '*Jumpin' at the Woodside*' (três minutos, oito segundos)?".

* Longo poema de Samuel Taylor Coleridge.

sinistra. Metais e percussão chamam do palco; sons eletrônicos banham o espaço, e de cantoras, tanto em solos quanto em grupos, emanam as vozes das sereias. Quaisquer 30 segundos daquilo teriam sido maravilhosos, mas havia 2000 deles (cerca de meia hora). Por outro lado, as duas obras de Edgar Varese explodiam de urgência – talvez em parte porque explodiam também os limites da música eletrônica de 40 e 60 anos atrás.[93]

Por outro lado, quando o conjunto possível é muito pequeno, pode não conter a unidade correta. *A priori*, não esperaríamos que um romance escrito rigorosamente sob as restrições de *Les Revenentes* tivesse sucesso. Na medida em que o livro é um sucesso, é talvez porque Perec não obedeceu a outras restrições da língua francesa. Além disso, a tarefa de traduzir poesia de um modo que reflita tanto as propriedades formais do original como seus significados literais, ao mesmo tempo que se evitam jogos de palavras artificiais, pode em alguns casos ser difícil demais. Como argumento em 3.10, criar um drama psicológico dentro da restrição do filme mudo também pode ser difícil demais.

Essa característica da busca pela unidade correta interage com duas outras características. Na primeira, quando o conjunto é muito grande, os critérios do que é correto podem ser relaxados um pouco. Nem todos os romancistas são como Flaubert, que polia cada frase até a perfeição. Em contraste, em contos e especialmente em poemas, a otimização a um nível de alta qualidade é muito importante. Na segunda característica, que é muito importante, o tamanho do conjunto possível está relacionado à motivação artística. Como em todas as formas de autorrealização, a motivação é maximizada se a tarefa não é nem fácil demais nem difícil demais. Os equilibristas na corda bamba se concentram melhor quando não há rede de proteção. Como foi sugerido anteriormente, se Astaire soubesse que quaisquer erros que cometesse em uma sequência de dança poderiam ser cortados na montagem, ele teria cometido mais erros. As gravações de jazz que passam por edição tendem, na verdade, a ser

---

[93] *New York Times*, 3 de julho de 1997, p. C11. Sobre a confirmação experimental dos perigos da liberdade excessiva, ver Goldenberg, Mazursky e Solomon (1999).

CAPÍTULO TRÊS   269

artisticamente inferiores, mesmo se permitem ao músico apagar quaisquer erros técnicos que tenham cometido.

O lugar da inspiração

Até aqui, apresentei a criação artística como uma escolha totalmente consciente e racional dentro de restrições. É desnecessário dizer que essa não é a história toda. Todos os artistas sabem que as ideias – conexões, associações, padrões – muitas vezes lhes vêm de uma forma completamente espontânea. Eles se percebem como médiuns ou como veículos de ideias que não devem nada à sua escolha consciente. E. R. Dodds defende que, para os gregos do período homérico, essa experiência era uma de três fontes de sua crença na ação divina.

> O reconhecimento, a intuição, a memória, a ideia perversa ou brilhante, possuem isso em comum: eles chegam repentinamente "à cabeça de um homem". Frequentemente ele não tem consciência de nenhuma observação ou raciocínio que o tenha levado a tais conclusões. Mas se é esse o caso, como ele pôde designá-las como "suas"? Há um instante atrás elas não estavam na sua mente e agora estão. Alguma coisa as colocou ali, e este algo é diferente de si próprio.[94]

Minha conjetura é que a inspiração – definida como a taxa em que as ideias se movem da mente inconsciente para a consciente – é uma função em formato de U invertido da severidade das restrições.[95] Os "neurônios da inspiração", se existe tal coisa, são ativados mais intensamente

---

[94] Dodds (1951), p.11 [Dodds, E. R. *Os gregos e o irracional*. São Paulo: Escuta, 2002, p.19-20]. As outras duas fontes são "o inexplicável e repentino sentimento de potência" e "a inexplicável e repentina perda da capacidade de julgar" (ibidem, p.14) [ibidem, p.22].

[95] É também, como convincentemente defendido por Caillois (1943), p.208-9, uma função do passado do artista. "Quando se estuda a natureza da inspiração, torna-se evidente que não é nunca um dom, mas uma restituição. Quando o poeta é surpreendido por uma imagem, uma estrofe, que alguma influência estranha parece ter-lhe trazido sem motivo aparente e que seus próprios esforços nunca teriam encontrado, é porque ele não parou para se lembrar de como o milagre de hoje é a recompensa de seu próprio esforço anterior. Ele não vê a conexão entre o esforço do passado e a facilidade do momento."

quando as exigências da mente consciente são severas mas não severas demais. Exatamente como isso acontece, não sei. A evidência principal que posso oferecer para essa conjetura vem da fenomenologia da criação artística. Pode ser o que Byron tinha em mente quando disse: "Nada é mais difícil na poesia que o início, a não ser talvez o fim"; no início as restrições são fracas demais, e próximo ao fim são fortes demais. A maioria dos escritores conhece a paralisia induzida pela página em branco – as ideias simplesmente não vêm. Uma paralisia similar pode ser induzida pelo desafio de levar um enredo complexo a uma conclusão satisfatória. Segundo Michael Baxandall, "Uma história abreviada da arte europeia poderia ser escrita em torno da agonia do 'término'".[96]

A mente consciente, nesse processo, faz duas coisas. Até certo ponto, opera em paralelo com o inconsciente, mapeando o conjunto possível para uma escolha adequada. Os escritores podem apelar a um dicionário de ideias afins ou de rimas. Os compositores e pintores podem buscar procedimentos mais ou menos formais para assegurar a harmonia entre as várias partes da composição. Além disso, o desenho geral e a arquitetura da obra de arte vêm em grande parte da mente consciente. Retornarei a essa questão mais tarde.

Além disso, e ainda mais importante: a mente consciente tem um papel significativo no exame, rejeição ou aprovação da miscelânea de ideias lançadas pelo inconsciente. Em *Os dragões do Éden*, Carl Sagan

> descreve o hemisfério direito como um reconhecedor de padrões que descobre padrões, às vezes reais e às vezes imaginários, no comportamento das pessoas, assim como nos eventos naturais. O hemisfério direito tem um tom emocional suspeitoso, pois vê conspirações onde estas não existem, assim como onde existem. Precisa do hemisfério esquerdo para analisar criticamente os padrões que gera a fim de testar sua realidade.[97]

Essa descrição combina com a de Poincaré em sua análise da invenção matemática. Ele argumenta que a análise consciente é precedida de uma

---

[96] Baxandall (1985), p.66.
[97] Springer e Deutsch (1989), p.301.

CAPÍTULO TRÊS

classificação inconsciente ou subliminar, que é guiada especialmente pelos critérios estéticos de beleza, elegância, parcimônia e harmonia. Esses critérios podem, porém, ser ilusórios.

Quando uma iluminação súbita invade a mente do matemático, geralmente esta não o engana. Contudo, pode também ocorrer que não se mostre correta; em quase todos esses casos, descobrimos que a ideia falsa, se fosse verdadeira, teria satisfeito nosso instinto natural pela elegância matemática.[98]

Entretanto, há uma diferença entre o processo descrito por Sagan e Poincaré e os que estão em operação na criação artística. Sagan acerta bem no alvo quando sugere que os cientistas podem ser levados equivocadamente pelos padrões a encontrar conspirações onde não há nenhuma. Os cientistas sociais podem ser particularmente vulneráveis a essa falácia,[99] mas em séculos anteriores os cientistas naturais também foram vítimas da busca falaciosa de sentido em todas as coisas.[100] Seria estranho dizer, porém, que um artista pode ser iludido pela beleza ou por padrões. Obras de arte obsessivas e quase alucinatórias, porém, como *The Yawning Heights* [As colinas bocejantes], de Alexander Zinoviev; *Ardil 22*, de Joseph Heller, ou as pinturas de Hieronymus Bosch e Francis Bacon não são, de forma alguma, invalidadas por seus exageros ou distorções. Apreciamos essas obras, talvez relutantemente, porque enriquecem nossa vida emocional, isolando e purificando linhas de experiência que geralmente não conseguimos ou não queremos reconhecer. Dito isso, não se pode confiar na mente inconsciente para gerar padrões que sejam consistentemente satisfatórios. Ela pode se utilizar de similaridades e aproximações que, quando examinadas pela mente consciente, revelam-se parciais, superficiais, ilusórias ou irrelevantes.[101]

---

[98] Poincaré (1920), p.59.

[99] No cap. 2 de Elster (1983b), cito Michel Foucault e Pierre Bourdieu como exemplos dessa tendência. De maneira mais geral, a explicação funcional e a teoria psicanalítica encarnam a tendência a achar sentido em tudo.

[100] Muitos exemplos em Thomas (1973).

[101] Parto do pressuposto de que a mente consciente é duplamente relacionada ao inconsciente, impondo restrições na busca e examinando os resultados da busca. Breton (1972, p.26)

Restrições formais

Passarei agora a discutir o uso do que chamo de restrições formais dentro da própria obra de arte como um meio de aumentar seu valor estético. Essa questão está relacionada de perto ao que chamo de emoções especificamente estéticas, geradas pelas características formais da obra. (Em 3.9 discutirei essas emoções no jazz sob o título de "bom gosto".) O que tenho a dizer sobre esse tópico está limitado às obras de arte temporalmente estendidas (em especial a música, o cinema e a literatura) ou, mais precisamente, às obras em que as várias partes foram criadas para serem percebidas em uma sequência canônica. (Para ver a diferença entre as duas caracterizações, note-se que não há a intenção de que os elementos na música ou na literatura aleatória (3.8) sejam percebidos em uma ordem em particular. Por outro lado, "em certas pinturas chinesas, o comprimento é tão grande que não conseguimos abranger de uma vez toda a imagem, nem se pretende que façamos isso. Por vezes, uma paisagem é pintada sobre um rolo de seda tão longo que só podemos contemplá-la em segmentos sucessivos".)[102]

As restrições formais sobre o criador originam-se de sua antecipação das percepções do público. Antes de iniciar a leitura de um novo livro ou sentar-se para ouvir uma peça musical pela primeira vez, o leitor ou ouvinte enfrenta um grande número de experiências possíveis. Mesmo se excluirmos as combinações de unidades elementares que violam as restrições de ortografia, gramática e harmonia, o número remanescente de combinações é incrivelmente alto. E mesmo se ignorarmos a diferença entre combinações que contam a mesma história básica (uma frase que pode ser interpretada tanto estreita quanto amplamente), o número remanescente de histórias é sem dúvida muito alto. Não definirei o que

---

oferece uma definição formal do surrealismo em que a mente consciente não faz *nenhuma* contribuição *ex ante* ou *ex post*: "o automatismo psíquico em seu estado puro, pelo qual se propõe expressar – verbalmente, por meio da palavra escrita, ou de outra maneira, o verdadeiro funcionamento do pensamento. Ditado pelo pensamento, na ausência de qualquer controle exercido pela razão, isento de qualquer preocupação estética ou moral". A prática real da escrita automática, porém, era mais complexa (Abastado, 1975, p.74-80).

[102] Fry (1921), p.21 [Fry (2002), p.66].

CAPÍTULO TRÊS 273

quero dizer com uma história. No que se refere à literatura, na qual me concentro a seguir, a ideia intuitiva que provavelmente compartilho com a maioria dos leitores será suficiente para os meus propósitos. No que se refere à noção de uma história na música, remeto o leitor a alguns breves comentários em 3.9.

À medida que o leitor mergulha em um romance, o universo de possibilidades se torna constantemente menor. Algumas são eliminadas simplesmente em virtude do cenário. Uma vez que descobrimos que estamos na França em 1830 (e sabemos que estamos lendo um romance realista), podemos rejeitar um grande número de mundos fictícios. Dentro do mundo que foi estabelecido, as convenções do gênero podem nos permitir rejeitar diversos desenvolvimentos em potencial. Peer Gynt não pode morrer no meio do quinto ato; o assassinato em uma história policial precisa ser resolvido; uma heroína de Jane Austen precisa se casar ao fim do livro. Mais interessante, porém, é o estreitamento do conjunto possível pelas restrições autoimpostas da narrativa. No momento 1, os personagens são apenas esboçados: podem dizer ou fazer qualquer coisa. O que então passam a dizer ou fazer no momento 2, porém, restringe o que podem dizer ou fazer no momento 3, e assim por diante. As restrições derivam das concepções de plausibilidade ou verossimilhança psicológica que o romancista pode esperar que os leitores partilhem com ele. Uma pessoa tímida não pode subitamente comportar-se como uma libertina, mesmo se fazendo-a comportar-se assim permitisse ao autor avançar com a história (3.7).

Ao mesmo tempo, o que os personagens dizem e fazem é a história do romance. O preenchimento dos retratos individuais e o desenvolvimento da história caminham de mãos dadas. Os discursos e ações de um personagem têm efeitos causais dentro do romance assim como fora dele. Em suas notas de margem em *Lucien Leuwen*, Stendhal lembra a si próprio: "Ao reler, sempre perguntar a dupla questão: como o herói vê os eventos? Como o leitor os vê?".[103] A esperteza vivaz de Elizabeth Bennet ao conversar com Darcy leva tanto o leitor quanto Darcy a perceber sua "doçura e brejeirice". Assim, não é somente mais convincente mas tam-

---

[103] Stendhal (1952), p.1492.

bém mais eficaz deixar que os personagens em um romance revelem-se ao leitor mais pelo que dizem do que pelo que o autor diz sobre eles.[104] É também, obviamente, muito mais difícil. Dessa forma, nos primeiros romances de Rex Stout tendo Nero Wolfe como protagonista, o autor usou o truque de fazer que um professado gênio falasse como um gênio. Em romances posteriores, Stout se contentou em ter Archie Goodwin nos contando que Wolfe é um gênio. Quando parou de impor sobre si a restrição de "mostrar" em vez de meramente "contar", os romances perderam um pouco de seu interesse. E não acho que o simples "contar" poderia ter dado vida à tia Norris em *O parque de Mansfield* ou à srta. Bates em *Emma* como faz Jane Austen ao relatar o que dizem.

À medida que os personagens se revelam e a história se desenvolve, as restrições se tornam – são feitas de forma que se tornem – mais e mais rigorosas. A qualquer ponto do romance, há várias coisas que um personagem pode dizer ou fazer que seriam coerentes com o que o leitor sabe sobre ele. A escolha de um item em particular no que se poderia chamar de "conjunto plausível" pode ter duas consequências. Ao revelar mais sobre o personagem, pode reduzir ainda mais o tamanho do conjunto plausível. Com o impacto que o discurso ou ação tem sobre os outros, muda a situação na qual o personagem terá de fazer escolhas no futuro. O trabalho do romancista está em fazer escolhas artísticas que levarão os personagens, como resultado de suas próprias escolhas plausíveis, a uma situação em que, dado o que sabemos sobre eles, há apenas uma escolha plausível que podem fazer, ou uma única escolha maximamente plausível. A inevitabilidade percebida da escolha induz, assim, a emoção especificamente estética de *alívio* que experimentamos quando as coisas se encaixam. A natureza da escolha – a heroína se casa, como em Jane Austen, ou se recusa a casar, com em *A princesa de Clèves* – induz a emoção não estética apropriada de alegria, tristeza, e assim por diante.

---

[104] Se a aparente preferência por "contar" a "mostrar" em Pavel (1986), p.104, tem como intenção um julgamento estético geral, devo discordar. Embora possa ser verdade que, em romances que se baseiam no relato, "nenhum detalhe pode ser ignorado sem uma importante perda de informação", isso responde somente à exigência de *parcimônia*. Para satisfazer a exigência de *plenitude*, o autor deve construir a personalidade dos personagens mostrando como falam e se comportam. Proust era um mestre em ambos.

O conjunto plausível

A ideia de plausibilidade requer alguns comentários adicionais. Em primeiro lugar, não consigo entender muito bem Thomas Pavel ou Marie--Laure Ryan quando sugerem que "o poeta deve fazer ou proposições verdadeiras em cada alternativa do mundo verdadeiro ... ou proposições verdadeiras pelo menos em uma alternativa do mundo real".[105] Mas essa alternativa entre a inevitabilidade e a mera plausibilidade é absoluta demais.[106] Como diz a própria Ryan: "Inventar eventos improváveis é simplesmente fácil demais".[107] No mundo real, "homem morde cachorro" é uma ótima história de noticiário. No mundo da ficção, é tediosa.[108] Seguindo Aristóteles (*Poética*, 1456a, 24-5; 1461b, 13-5), poder-se-ia talvez abrir espaço para *alguns* eventos improváveis: a situação mais improvável seria se eventos de baixa probabilidade nunca acontecessem. À questão de se a plausibilidade restringe cada passo no desenvolvimento do romance ou apenas o enredo como um todo, minha resposta hesitante é que os eventos de baixa probabilidade são aceitáveis para o propósito de gerar um enredo, mas não para o propósito de ajudar o autor a se desembaraçar de um erro em seu planejamento do enredo (ibidem, 1460a, 33-5). No caso especial dos romances ou filmes de suspense, a ocorrência de um evento de baixa probabilidade para impedir um desastre e produzir a conclusão

---

[105] Pavel (1986), p.46; também Ryan (1991), p.17. Ambos citam a *Poética* de Aristóteles como afirmando que "não é função do poeta contar o que aconteceu, mas o tipo de coisas que aconteceriam – o que é possível de acordo com a possibilidade e a necessidade". As palavras reais de Aristóteles, porém, se referem ao que é "possível dentro da *probabilidade* [eikos] ou da necessidade" (1451a 36-37; os itálicos são meus). Embora as traduções de Oxford e Loeb usem ambas "probabilidade", Bernard Manin e Stephen Holmes sugerem-me que "plausibilidade" poderia ser uma interpretação melhor de "eikos" neste contexto.

[106] No cap. 1 de Elster (1978) argumento que a redução de todas as modalidades à alternativa absoluta do necessário e possível tem um certo valor, mesmo que limitado, para a análise de fenômenos sociais. Em retrospecto, impressiono-me especialmente com as limitações.

[107] Ryan (1991), p.152.

[108] Por outro lado, a descrição de eventos que teriam sido tediosos de observar não precisa por si ser tediosa (Spacks, 1995, p.170). Na pintura, a natureza-morta mostra com especial claridade que uma representação interessante não precisa ser a representação de uma cena que teria sido interessante de observar (Budd, 1995, p.76-80).

moralmente desejável é, sem dúvida, obrigatória.[109] No entanto, mesmo aqui "pode-se facilmente errar ao se adicionar fatores de improbabilidade em demasia em uma sequência de suspense, reduzindo assim a sensação de vertigem do público".[110]

Em segundo lugar, o critério de plausibilidade ou verossimilhança pode ter de ser interpretado fracamente, como não implausibilidade. Os personagens de Dostoievski, por exemplo, são opacos e impenetráveis, mas não implausíveis. A decisão de Julien Sorel de atirar na sra. de Rênal surge como uma surpresa, mas não contradiz a personalidade do personagem. Em terceiro lugar, como uma consequência desse segundo ponto, a condição de inevitabilidade é muitas vezes forte demais. T. S. Eliot exige, por exemplo, "que quando os fatos externos ... são dados, a emoção seja imediatamente evocada... A 'inevitabilidade' artística está nessa adequação completa do exterior à emoção".[111] Contra isso, eu citaria uma observação mais plausível de La Rochefoucault, que sugere que a mesma situação externa pode desencadear uma de duas reações emocionais opostas: "O ciúme se alimenta das dúvidas, e assim que a dúvida se transformar em certeza torna-se um frenesi, ou deixa de existir".[112]

Em quarto lugar, um outro ponto relacionado: o romance deveria abrir espaço para o comportamento irracional.[113] Para distinguir o comportamento irracional dos personagens de uma mera falha no enredo, o autor deve mostrar-nos que o comportamento, embora irracional, é ainda assim inteligível; ou, mais precisamente, o comportamento irracional

---

[109] Carroll (1996), p.101. Como ele também indica (ibidem, p.102), em alguns filmes de suspense o mal triunfa. Embora o espectador geralmente possa antecipar que o bem triunfará (ibidem, p. 106), de forma que em certo sentido é um evento de alta probabilidade ao invés de baixa, a existência de filmes em que o mal triunfa poderia ser usada para criar um suspense adicional sobre o que de fato acontecerá no filme, diferentemente do suspense sobre o que pode acontecer dados os eventos descritos no filme. Pode-se saber que a heroína não se afogará e, ainda assim, ficar-se angustiado quando sua morte parece inevitável; ao se suspeitar que ela poderia de fato se afogar, a emoção seria diferente.

[110] Ibidem.

[111] Eliot (1919), p.48.

[112] *Máxima 32*. Ver em Elster (1999a), cap. 4.2, discussões mais detalhadas de relações um--muitos entre os antecedentes cognitivos de uma emoção e a emoção em si.

[113] Ver Livingstone (1991), cap. 5, para uma análise de *A alegria de viver*, de Zola, em termos da irracionalidade do personagem principal.

CAPÍTULO TRÊS

deve ser visto como tal.[114] Em quinto lugar, o romance abre espaço não apenas para a revelação, mas também para a mudança do personagem. As ações de Emma, de Jane Austen, não apenas revelam os defeitos de seu caráter como têm um impacto sobre os outros, produzindo reações que a levam a fazer uma reavaliação de si mesma. Entretanto, tais mudanças também são governadas pela exigência de verossimilhança: nem mesmo uma mudança no personagem deve contradizer o personagem. Na maioria das produções de *A casa de bonecas* (a atuação recente de Janet McTeer é uma exceção), a conversão de Nora no último ato não é ancorada de forma plausível em seu comportamento anterior. Em sexto lugar, um ponto relacionado, como observou Aristóteles: "Ainda que a personagem a representar não seja coerente nas suas ações, é necessário, todavia, que [no drama] ela seja incoerente coerentemente" (*Poética*, 1454a, 26-8). Em sétimo lugar, a uma história pode faltar toda a causalidade determinista e, mesmo assim, ser convincente e plausível, se, como em *O homem dos dados*, a falta de determinismo estiver em si enraizada na história (3.8). Finalmente, o romance abre espaço para a expansão assim como para a restrição do conjunto plausível. Se um personagem inicialmente demonstra dissimulação ou hipocrisia, os leitores podem ser levados a formar uma crença sobre o que ele pode plausivelmente dizer e fazer que se desfaz quando descobrem mais em uma parte posterior do romance.[115]

Algumas implicações

Dados esses poréns, podemos tecer algumas conclusões. A primeira, com a exceção indicada anteriormente, é que o desenvolvimento da história não deveria se apoiar em eventos improváveis ou coincidências. Em histórias policiais, o sinal definitivo de fracasso é quando o autor precisa introduzir um irmão gêmeo até então desconhecido para sair de alguma armadilha em que se tenha encurralado.[116] Em *Middlemarch*, o encontro

---

[114] Devo esse esclarecimento a Thomas Pavel.

[115] Para um discussão dessa "técnica de múltiplos níveis" em *Vanity Fair*, ver Iser (1974), p.111-2.

[116] Caillois (1974), p.182 e outros trechos.

entre Raffles e o sr. Bulstrode – um elemento crucial no desenvolvimento da história – é tão artificial que enfraquece a progressão, de resto impecável, do romance. De fato, a artificialidade cria aqui mais danos do que o faz em um romance construído de forma mais solta, como *A princesa de Clèves*, que depende de *duas* coincidências: a descoberta acidental de uma carta e uma conversa ouvida acidentalmente.[117]

A segunda é que o desenvolvimento da história deve ser "empurrado por trás", e não apenas "puxado pela frente", uma distinção que foi expressa da seguinte forma:

> Suponha que queiramos saber "por que" na primeira parte de *Grandes esperanças* de Dickens ... Pip, então com seis ou sete anos, auxilia o condenado em fuga. Dois tipos diferentes de resposta são possíveis: (1) segundo a lógica de verossimilhança (ressaltada, de fato, pelo texto): a criança foi forçada a se submeter pelo medo; (2) segundo as necessidades estruturais do enredo: esse ato é necessário para que Magwitch seja grato a Pip de forma que deseje recompensá-lo; sem isso o enredo não seria do tipo que é.[118]

Embora a construção do texto possa ser teleológica ou vista em retrospecto, deveria prestar-se a uma *leitura* puramente causal ou prospectiva.[119] O autor, em outras palavras, age como Deus na teodiceia de Leibniz. Tudo o que acontece no mundo pode ser explicado duplamente,

---

[117] Discordo duplamente de Shattuck (1996), p.112 [Shattuk, Roger. *Conhecimento proibido*. São Paulo: Companhia das Letras, 1998, p.117], quando afirma: "Numa cena que se tornou famosa, a princesa consegue confessar seu amor ao marido sem revelar o objeto desse amor. A cada implausibilidade segue-se outra: o próprio duque de Nemours está à escuta do lado de fora da janela". Em primeiro lugar, não acho a confissão implausível. É extraordinária, mas não vai contra nada do que saibamos sobre a princesa ou sobre a natureza humana em geral. Em segundo lugar, mesmo se fosse implausível, não seria em virtude de ser uma coincidência engendrada. O dispositivo teleológico de fazer uma pessoa agir sem conformidade com sua personalidade enfraquece muito mais o valor estético de um romance do que apelar para uma coincidência.

[118] Rimmon-Kenan (1983), p.17-8.

[119] Como demonstrado por Genette (1969), p.78-86, a respeito de Balzac, algumas análises causais ou prospectivas não são nada além de mal disfarçadas construções teleológicas. Não consigo acompanhá-lo, porém, quando generaliza essa crítica para todos os romances em que o comportamento dos personagens é explicado por apartes autorais. Em *Middlemarch*,

CAPÍTULO TRÊS

primeiro como parte de uma cadeia causal e depois como parte de um perfeito planejamento. "São como dois reinos, um das causas eficientes, o outro das causas finais, e cada um separadamente é suficiente em detalhes para dar uma razão ao todo, como se o outro não existisse."[120] Um desenvolvimento puramente teleológico é artisticamente inferior (Aristóteles, *Poética*, 1454b, 30-5). Em 3.7 discutirei um exemplo flagrante de *Lucien Leuwen*.

A terceira é que algumas das ideias de 3.3 podem ser conectadas a essa estrutura. Lá, sugeri que o desenvolvimento insuficiente de uma obra de arte pode tomar a forma de uma resolução prematura da tensão. Conclui-se do que eu disse aqui que pode também tomar a forma da acumulação de tensão sem resolvê-la. Assim, ao produzir um filme baseado em *À beira do abismo* (*The Big Sleep*, traduzido em outra versão como *Sono eterno*) o diretor descobriu que Chandler não esclarecera uma das mortes no romance, deixando ambíguo se foi um caso de assassinato ou suicídio.[121] Também sugeri que o desenvolvimento excessivo pode tomar a forma do prosseguimento do romance após a tensão ter sido resolvida sem a introdução de uma nova. Na presente perspectiva, pode também tomar a forma de fazer que os personagens digam e façam coisas redundantes com respeito ao impacto causal tanto sobre o leitor quando sobre os outros personagens no romance.

3.5 Originalidade, autenticidade e criatividade

A noção de originalidade na arte pode ser entendida de muitas maneiras.[122] Considerarei duas delas. A primeira, a de que uma obra original

---

para citar apenas um exemplo, as análises de motivação são "lucros" e não apenas "custos", para usar a linguagem de Genette.

[120] Leibniz (1705), p.588. (Um exemplo pós-leibniziano é a equivalência das formulações newtonianas e lagrangianas da mecânica clássica.) Veja uma breve discussão da relação entre criação divina e invenção artística em Elster (1986b), p.102-3.

[121] Quando Howard Hawks lhe perguntou a respeito, Chandler respondeu que ele também não sabia. (Sperber e Lax, 1997, p.288-9.)

[122] Uma boa análise está em Vermazen (1991).

pode ser definida como uma obra genuína, não falsificada, autêntica – uma obra que é o que alega ser. A segunda, a de que uma obra de arte pode ser chamada original se for qualitativamente inovadora em algum sentido, rompendo com convenções existentes e talvez introduzindo algumas novas. Concentrar-me-ei no último sentido, e na relação entre criatividade e originalidade assim entendida. Primeiro, porém, direi algumas palavras sobre a originalidade como autenticidade, e sua relação com o valor e as restrições.

Autenticidade

Falsificações, isto é, obras de arte falsamente apresentadas como sendo de um artista ou escola específicos, podem ser grandes realizações. Van Meegeren teve esplêndido sucesso em sua meta de falsificar pinturas de Vermeer, no sentido de ser aceito pelos melhores especialistas da época.[123] De fato, quando finalmente confessou, ele teve dificuldades em fazer que os especialistas acreditassem em sua confissão. Não é claro se ele teria tido sucesso indefinidamente ou se teria sido descoberto após certo tempo. Tem-se discutido que as falsificações são sempre descobertas no fim, porque o falsificador está preso demais ao seu próprio tempo. Por outro lado, ele percebe o original de uma perspectiva moderna: "As falsificações são geralmente descobertas no fim porque foram planejadas, e só poderiam ter sido planejadas, para ter somente aquelas propriedades de que o falsificador e aqueles em seu círculo tinham consciência no objeto de falsificação".[124] Por outro lado, ele tem conceitos modernos próprios que o podem trair: "Os melhores falsificadores, contra suas intenções, partilham com seus colegas artistas a compulsão de impor seus próprios conceitos sobre a visão que tentam reproduzir".[125] O falsificador fracassa ou por fazer muito pouco, isto é, deixando passar algumas das qualidades do original, ou por fazer demais, isto é, acrescentando algo de si mesmo.

---

[123] Os ensaios colecionados em Dutton, ed. (1983), contêm uma boa quantidade de discussões sobre o caso Van Meegeren e suas implicações sobre a teoria estética.

[124] Sparshott (1983), p.248.

[125] Arnheim (1983), p.242.

CAPÍTULO TRÊS

Não precisamos pressupor que os especialistas serão algum dia capazes de distinguir, por inspeção visual somente, a falsificação do original. A detecção pode vir de análises técnicas da pintura e da tela, e então ser verificada por meios visuais, com olhos agora alertas. Um especialista "não verá que as pinturas têm ... qualidades bastante diferentes ... a menos que já saiba qual pintura é qual. Nada em nosso argumento, porém, requer que *esse* conhecimento seja baseado em questões visuais".[126] Ou considere-se o amante de jazz que "ficou chocado ao saber que Jack Teagarden não era negro, [e] parou de colecionar os discos de Teagarden imediatamente".[127] A reação foi provavelmente algo esnobe,[128] mas também pode ser que saber a cor de Teagarden lhe possibilitasse ouvir detalhes que antes lhe haviam escapado. Há analogias em outros campos menos subjetivos. Uma vez que alguém tenha provado uma antiga conjetura matemática, outros podem ser capazes de prová-la logo em seguida utilizando técnicas completamente diferentes.[129] Saber que a conjetura é verdadeira induz confiança e persistência que, de outra forma, faltariam. De forma semelhante, uma vez que saibamos que *A ceia em Emaús* é de Van Meegeren e não de Vermeer, podemos perceber diferenças que nos escapavam.[130] Entretanto, esses argumentos reconfortantes não podem

---

[126] Sagoff (1983), p.150.

[127] Zwerin (1985), p.46.

[128] Quando Teagarden chegou em Nova York em 1927, "os músicos negros, cronicamente céticos em relação aos jazzistas brancos naqueles tempos de segregação musical, receberam-no em seu meio, alguns até sugerindo que ninguém que não fosse da 'raça' conseguia tocar *blues* tão bem quanto ele" (Sudhalter, 1999, p.714-5).

[129] Um exemplo se segue. Na década de 1920, o matemático dinamarquês J. Nilsen provou que todos os subgrupos de grupos livres são eles mesmos grupos livres. Sua prova utiliza complexos métodos de álgebra. Poucos anos mais tarde, o norueguês I. Johansson obteve o mesmo resultado por meios geométricos diretos. Jens-Erik Fenstad (a quem devo esse exemplo) informou-me que Johansson provavelmente não teria obtido esse resultado se não soubesse que o teorema era verdadeiro. Nahin (1998), p.15, cita um exemplo do século XVI e compara-o ao dos recordes esportivos: "Poucos meses após Roger Bannister conseguir fazer uma milha em menos de 4 minutos, todos os bons corredores do mundo passaram a fazê-lo".

[130] Hadamard (1954), p.34, compara problemas em relação à autenticidade de imagens a problemas da descoberta científica.

ser comprovados empiricamente, já que não temos conhecimento de falsificações que tenham fugido à detecção.

Há algumas razões gerais, porém, pelas quais falsificações de sucesso de grandes artistas são provavelmente raras. O falsificador trabalha sob um conjunto mais estreito de restrições que o original. O compositor que desejasse falsificar uma até então desconhecida sinfonia de Mozart precisa se conformar não apenas a todas as convenções dentro das quais Mozart trabalhou, mas também aos padrões de opções de Mozart contidos em todas as suas obras conhecidas. Mesmo um gênio tem hábitos, cujos desvios podem ser reconhecidos por especialistas e computadores.[131] Dentro desse duplo conjunto de restrições, o falsificador precisa também produzir uma obra de arte de suficiente valor estético para ser plausivelmente atribuída a Mozart. É improvável que alguém bom o suficiente para fazer isso perdesse tempo falsificando outros. Embora poucos artistas possam ser literalmente inimitáveis (ver em 3.9 uma possível exceção), alguns podem ser tão difíceis de imitar que o esforço não valha a pena.

Criando novas restrições

Ao introduzir o segundo conceito de originalidade, permita-me primeiro distinguir entre rebelião e revolução na arte. As rebeliões violam as convenções existentes, enquanto as revoluções as abolem e criam novas. Uma revolução é geralmente precedida por uma rebelião, mas nem toda rebelião acarreta uma revolução. Nem é claro que todas as violações sejam iniciadas com uma revolução em mente. Por um lado, há um fenômeno identificado por Roger Caillois e Henri Peyre, discutido mais detalhadamente em 3.10: a violação rara e deliberada que, por seus efeitos, pressupõe que a convenção esteja firme em seu lugar. Por outro, há o rebelde anarquista que quer abolir todas as convenções em vez de propor uma nova. Contudo, o anarquista pode ganhar seguidores contra

---

[131] As falsificações literárias podem ser reconhecidas por análises de vocabulário e sintaxe por computadores. As falsificações musicais poderiam supostamente ser detectadas da mesma maneira. As pinturas, porém, não possuem uma estrutura digital que permita uma detecção computadorizada.

CAPÍTULO TRÊS

sua própria vontade, e sua rebelião ser consolidada em uma convenção. A história da arte conceitual de Duchamp até o presente ilustra essa tendência em direção à "institucionalização da vanguarda".

A originalidade, neste segundo sentido, pode ser definida mais como um rompimento durável com convenções existentes do que como um abandono momentâneo dessas convenções. A emergência do verso livre, da arte não figurativa e da música atonal são exemplos óbvios do século passado. A questão é por que os artistas não podem simplesmente se contentar com o meio dentro do qual foram treinados. Uma resposta é que "se os artistas se preocupassem somente em produzir imagens, poemas, sinfonias etc. que sejam belos, as possibilidades de criação de obras de arte esteticamente agradáveis logo se esgotariam. Teríamos (talvez) um certo número de pinturas adoráveis, mas logo nos cansaríamos delas, pois seriam todas mais ou menos parecidas".[132] Esse "argumento de esgotamento" afirma que, após certo tempo, não haveria mais belas obras de arte de um certo tipo a serem feitas, ou talvez que após certo tempo as belas obras de um certo tipo perdem seu poder de agradar. O argumento é implausível em ambas as formas. É absurdo argumentar que o romance realista saiu de moda quando e porque todos os bons enredos, personagens e diálogos já haviam sido inventados, e é igualmente implausível afirmar que, a uma certa altura por volta de 1900, os leitores se cansaram do realismo. Como diz Bruce Vermazen, mesmo a *técnica* mais convencional deve ter o poder de tornar o *mundo* menos familiar, ajudando-nos a vê-lo *"wie am ersten Tag"*.*[133] Também não acho que o realismo foi à falência quando e porque os romancistas se cansaram dele.[134]

Um exemplo alternativo poderia vir da análise marxista das relações capitalistas de produção.[135] Entre as muitas coisas que Marx via de errado no capitalismo estava sua alegada ineficiência ou subotimização no desenvolvimento de forças produtivas ou, em linguagem não marxista, de tecnologias.

---

[132] Lessing (1983), p.75.

* "Como no primeiro dia". Em alemão no original. (N.T.)

[133] Vermazen (1991), p.247.

[134] Como sugerido por Levenson (1968), v. I, p.41: "Uma forma de arte é 'esgotada' quando seus praticantes acham que está".

[135] Essa teoria é discutida mais profundamente no cap. 5 de Elster (1985).

Nessa concepção, a mudança de técnica é uma função tanto dos esforços na pesquisa de novas técnicas quanto da eficiência na seleção entre as técnicas geradas pela pesquisa. O capitalismo, dizia Marx, é inerentemente inferior ao comunismo quanto à seleção de novas técnicas, sendo motivado mais pelo lucro do que pelo desejo de reduzir o penoso trabalho humano. Em um baixo nível de desenvolvimento das forças produtivas, porém, o capitalismo é superior ao comunismo nos esforços na pesquisa de novas técnicas. O comunismo, para ser viável, pressupõe um alto nível de bem-estar material, no qual as pessoas espontaneamente praticariam atividades criativas, tais como a inovação artística, científica e técnica. Ao fornecer o lucro como motivo para estimular a pesquisa, o capitalismo permite à humanidade alcançar esse nível; mas, uma vez alcançado, o capitalismo se torna a escada que se pode chutar para longe. A ideia geral fundamentando essa análise é que um modo de produção continua existindo enquanto for historicamente progressivo, isto é, enquanto gerar novas técnicas a uma taxa mais alta do que seria possível em qualquer outro modo. Desaparece quando e porque outro modo se torna superior.

O argumento do esgotamento tem certa semelhança com a teoria marxista. Esta afirma que as relações de produção mudam quando e porque deixam de promover uma mudança técnica. O argumento do esgotamento diz que as convenções mudam quando e porque deixam de promover a criatividade. O valor da comparação é que sugere uma alternativa ao argumento do esgotamento. Para ver isso, note-se que a teoria marxista compara a taxa real de desenvolvimento das forças produtivas com o desenvolvimento hipotético sob outro regime, não com seu desenvolvimento anterior sob o mesmo regime. O que induz a mudança é a subotimização, comparada ao que poderia ser, e não a estagnação comparada ao que era antes. O argumento de esgotamento, como expresso e rejeitado, invoca a estagnação como a explicação para novas formas de arte. A comparação com a teoria marxista sugere que as novas convenções nascem quando e porque promovem a criatividade a um nível mais alto do que a forma anterior era capaz de fazer, um desenvolvimento que pode acompanhar a estagnação, mas que não necessariamente o faz.

Então devemos fazer uma nova pergunta: o que aconteceu para tornar as novas convenções mais férteis do que as anteriores? Uma resposta poderia ser que eventos extra-artísticos, tais como a Revolução Industrial ou o conflito de classes, criam uma necessidade de novas formas de expressão artística. O confuso clichê modernista de que "uma sociedade fragmentada requer uma arte fragmentada" (3.2) expressa essa visão. Uma outra resposta, mais satisfatória, se apoia nos desenvolvimentos dentro das próprias artes. As mesmas realizações conseguidas dentro das velhas convenções tornam outras convenções o veículo mais adequado para um desenvolvimento maior.[136] Como ilustrações dessa ideia, poder-se-ia citar a relação entre as últimas aquarelas de Cézanne e a pintura cubista, ou entre Lester Young e Charlie Parker. Além disso, as convenções podem deixar de aumentar a criatividade se houver uma sensação de "atulhamento". Frequentemente há uma tendência a que cada vez mais detalhes sejam regulamentados pela convenção, de forma que o artista experimenta uma paralisante falta de espaço para respirar e se mover.

Trotski observou: "As sociedades não são tão racionais na construção a ponto das datas para a ditadura do proletariado chegarem exatamente no momento em que as condições econômicas e culturais estejam maduras para o socialismo".[137] Em outras palavras, as relações socialistas de produção não são estabelecidas quando o capitalismo desenvolveu as forças de produção a um nível em que o socialismo seria o mais adequado para maior desenvolvimento. De forma semelhante, a evolução da arte não é tão racional que novas convenções venham a emergir quando e porque são os veículos mais adequados para maior criatividade artística. No século XX, por exemplo, a explicação mais natural para a emergência de novas artes é que muitos artistas trabalham sob uma simples confusão conceitual. É óbvio ao observador mais superficial que a taxa de decadência das convenções é muito mais alta hoje do que em qualquer época anterior. Muito da arte (e da crítica de arte) contemporânea se apoia sobre uma concepção errada fundamental – *a supervalorização da originalidade em prejuízo da criatividade*. Em vez de seguir o imperativo "Encante-me!", segue o "Surpreenda-me!" de Diaguilev. Como disse Mette Hjort, a

---

[136] Isso é também análogo à teoria de Marx sobre o desenvolvimento das forças produtivas, como interpretada por Van Parijs (1984).

[137] Trotski (1977), p.334.

proliferação de novas formas pode também ser devida à competição e às estratégias de competitividade, e não a essa confusão.[138] Em 3.8, discutirei o uso da aleatoriedade nas artes como um exemplo de originalidade estéril, mas há muitas outras.

Algumas observações mais ao longo dessa linha são as seguintes.[139] (i) Alguns artistas buscam ou acolhem bem restrições rígidas que aumentem e concentrem sua criatividade. Outros inventam-nas em nome da originalidade ou – uma tentação diferente – da virtuosidade. (ii) O esforço de ser original pode distrair e, assim, diminuir o poder de criar. No processo de mudança técnica, os inovadores podem sofrer "a punição por tomar a dianteira", deixando aos imitadores a colheita dos lucros.[140] Os artistas inovadores podem também sofrer por estarem envolvidos em dois processos criativos ao mesmo tempo: a criação de restrições e a criação dentro das restrições. (iii) Contudo, algumas obras de arte originais são, indiscutivelmente, grandes obras. Às vezes, os dois processos de criação auxiliam um ao outro em vez de se atrapalharem mutuamente. (iv) A evolução artística, como outras formas de evolução, ocorre ajustando-se a um alvo em movimento. Se o tempo que a comunidade artística leva para se ajustar à nova convenção é tão longo que a sua disposição de trabalhar dentro da convenção se esgota antes que a adaptação seja completa, cada nova forma de arte estará condenada a murchar antes que possa florescer, como tem sido dito sobre o capitalismo na Rússia antes da Revolução de Outubro.

---

[138] Hjort (1993). Como me lembra Thomas Pavel, a competitividade em algumas artes pode também estimular a criatividade, em vez da busca da originalidade. A arte grega, por exemplo, talvez deva algo de sua grandeza à busca pela glória. Ésquilo, por exemplo, "escreveu suas peças para serem apresentadas em uma competição dramática, na esperança de obter o primeiro prêmio"; assim, quando partiu de Atenas para a Sicília, "não causará nenhuma surpresa que um motivo sugerido na Antiguidade para sua partida de Atenas tenha sido o desgosto profissional, a derrota para o jovem Sófocles ou para Simônides" (Walcot, 1978, p.50, 51; ver também Elster, 1999a, p.210-1).

[139] Devo esse parágrafo a sugestões de John Alcorn.

[140] Veblen (1915).

3.6. O Código Hays

As Seções de 3.6 a 3.9 apresentam quatro estudos de casos que ilustram algumas das ideias desenvolvidas nas seções anteriores. O primeiro caso é o das restrições na produção de filmes. Concentrar-me-ei nas restrições relacionadas ao conteúdo como representadas pelo Código de Produção de Hollywood ("o Código Hays"), mas primeiro direi algumas palavras sobre as restrições materiais. Nesta seção tratarei exclusivamente da capacidade das restrições de *elevar* o valor artístico dos filmes, adiando para 3.10 uma discussão dos modos pelos quais elas podem ter efeitos negativos sobre o valor estético.

Som e cor

Em *A arte do cinema*, Rudolf Arnheim sistematiza a ideia de que, para o diretor de cinema, menos é mais. Embora ele esperasse (os ensaios compilados no livro foram escritos entre 1933 e 1938) que a pressão combinada do engenheiro e do público levasse os filmes em direção ao "cinema completo", com sua capacidade superior de imitar a natureza, argumentava que esse desenvolvimento seria acompanhado da perda do valor artístico. Para ele, os filmes em duas dimensões eram mais poderosos esteticamente do que os em três dimensões ou os estereoscópicos: "A falta de profundidade traz à película um elemento muito agradável de irrealidade. As propriedades formais, tais como o sentido evocativo de certas sobreimpressões, adquirem força para atrair a atenção do espectador".[141] De forma similar, "a redução dos valores da cor real a uma série de tons cinzentos (que vão do branco puro ao negro absoluto) produz uma feliz divergência do natural que torna possível a realização de belos e significativos filmes através de luz e sombra".[142] Além disso,

---

[141] Arnheim (1957), p.60 [Arnheim, Rudolf. *A arte do cinema*. Lisboa: Edições 70, 1989, p.54].

[142] Ibidem, p.66 [ibidem, p.59].

com uma tela larga, "artifícios de forma, como a montagem e a mudança de ângulos de câmara, deixarão de ser utilizados".[143]

A defesa mais apaixonada de Arnheim, todavia, é da superioridade dos filmes mudos sobre os filmes sonoros. Chaplin, por exemplo, obtém os efeitos mais impressionantes ao substituir a palavra falada pela pantomima.

> Ele não *diz* que se sente satisfeito por várias raparigas bonitas virem visitá-lo, mas representa a dança silenciosa, na qual dois pães espetados em dois garfos actuam como pés a dançarem na mesa *(A corrida do ouro)*. Não argumenta, luta ... O espantoso realismo visual de todas as suas cenas contribui para grande parte da arte de Chaplin.[144]

Como outro exemplo impressionante, ele cita uma

> cena da película *As docas de Nova York*, em que Sternberg sugeriu um tiro de revólver pelo levantar de um bando de pássaros. Tal efeito não é apenas uma ideia do realizador para superar o silêncio pela aplicação de um método visual indireto a fim de explicar à assistência que houve um tiro. Pelo contrário, desta paráfrase resulta um verdadeiro efeito artístico. Essa representação indireta de um acontecimento com um material que lhe é estranho, ou a apresentação das consequências da ação e não a própria ação é um método favorito em qualquer arte. Tomando um exemplo ao acaso: quando Francesca da Rimini conta como se apaixonou pelo homem com quem costumava ter sessões de leitura e diz apenas: "Já não lemos mais naquele dia", Dante sugere indiretamente, ao apresentar só as consequências, que nesse dia eles se beijaram. E este processo indireto é tremendamente expressivo.[145]

---

[143] Ibidem, p.156 [ibidem, p.125].
[144] Ibidem, p.106-7 [ibidem, p.88].
[145] Ibidem, p.107 [ibidem, p.89].

A censura nos filmes

O exemplo de Dante me traz diretamente ao caso principal que quero discutir, o Código de Produção que regulamentava os filmes de Hollywood entre 1930 (efetivamente apenas a partir de 1934) e a década de 1950.[146] Os diretores de cinema eram constrangidos pelo código a utilizar meios indiretos para representar certos temas, especialmente os sexuais. Em alguns casos, pelo menos, o efeito da restrição foi o de elevar em vez de diminuir o valor artístico da representação.

Em 2.9 citei Stephen Holmes, sugerindo que as constituições políticas podem ser facilitadoras, não apenas dificultadoras. Em uma formulação incrivelmente similar, Richard Maltby argumenta que o Código Hays "funcionava, embora perversamente, como um mecanismo facilitador ao mesmo tempo que era repressor".[147] Para ver como o código permitia aos diretores alcançarem níveis artísticos que talvez não tivessem atingido de outra forma, começaremos analisando a diferença entre três modos de censura na indústria cinematográfica dos Estados Unidos antes da Segunda Guerra Mundial. Em primeiro lugar, havia a *censura a jusante*, como quando países estrangeiros, Estados individuais ou municipalidades recusavam-se a passar filmes que eram considerados ofensivos de uma maneira ou de outra.[148] Em segundo lugar, havia a *censura intermediária*, que ocorria após a produção mas antes do lançamento, abrindo espaço para modificações "a fim de acalmar as preocupações de caráter cívico, religioso ou de produção".[149] Finalmente, havia a *censura a montante*, que ocorria no "local de produção" em vez de no "local de exibição". Era assim que o Código Hays operava. Os diretores tinham de enviar seus roteiros previamente à Administração do Código de Produção e entrar em longas negociações sobre ínfimos detalhes. Fritz Lang relata, por exemplo, sua batalha com o Departamento Hays a respeito do comportamento de um assassino:

---

[146] O texto integral desse código é reproduzido em Belton (Ed.). (1996). Maltby (1993) é um tratamento histórico completo de sua emergência e funcionamento posterior.

[147] Maltby (1993), p.41.

[148] Ibidem, p.42.

[149] Ibidem, p.43.

Após o assassinato, ele diz algo como "Oh, meu Deus!". Isso deu origem a *dois* dias de violenta discussão com o Departamento Hays: "Ele não pode dizer 'Ai, meu Deus!'" "Por que não?" "Bem, significa 'Ai, meu Deus, ajude-me a me safar de ser preso por assassinato'." Eu digo: "Certo, entendo seu ponto de vista, o que ele deveria dizer?". Então eles dizem: "Céus!". Digo: "Espera aí. Até eu, um estrangeiro, sei que isso não é uma boa ideia. Não quero que o público ria disso. 'Céus!'". Dois dias mais tarde o homem encarregado do departamento naquela época ... veio com uma solução: em vez de "Ai, meu Deus!" seria "Santo Deus" ou algo assim – praticamente a mesma coisa.[150]

A representação de relações românticas e sexuais era negociada de maneira igualmente refinada. Com o tempo, a relação entre o diretor e o censor evoluiu até se transformar em um jogo de esconde-esconde, em que o diretor se tornava cada vez mais habilidoso em transmitir fatos banidos por meios indiretos, e os censores cada vez mais habilidosos em detectar (o que acreditavam ser) insinuações. Fritz Lang conta como o "Código Hays insistia em que não podíamos mostrar ou exaltar uma prostituta – isso é impossível. Diziam que ela não podia balançar a bolsa de um lado para o outro. Sabe como superamos isso? Tivemos que mostrar, em destaque, uma máquina de costura no apartamento dela: assim ela não era uma prostituta, mas 'costureira'".[151] Entretanto, ao mesmo tempo que o diretor tentava encobrir qualquer referência à prostituição, o censor tentava apagar mesmo as mais obscuras referências a isso. "Em 1935, o Departamento de Administração de Produção insistiu na remoção de uma tomada mostrando chuva caindo sobre uma porta, de *Mulher satânica*, porque significava prostituição."[152]

Quando Darryl Zanuck estava planejando um filme que mencionava uma operação, deixou muito claro aos roteiristas que estes deveriam "enfatizar o ponto de que a operação não era um aborto, mas ao mesmo tempo o público deveria adivinhar que era um aborto". Um funcionário

---

[150] Em Bogdanovich (1997), p.210.

[151] Ibidem, p.200; ver também McGilligan (1997), p.277.

[152] Maltby (1993), p.66

CAPÍTULO TRÊS

do estúdio disse-lhe, porém, que quaisquer referências a abortos estavam fora de questão. Quando Zanuck respondeu que o filme não tinha nenhuma referência específica a aborto, o funcionário replicou que "o aborto ... seria a conclusão que o público e os censores tirariam da imagem" e que "a mera inserção de um termo médico para a operação para indicar que não se trata de um aborto não seria suficiente para escapar ao fato".[153] A única esperança que o diretor tinha era escrever para um público que fosse um pouco mais inteligente do que o censor.

Os benefícios da censura

Foi em virtude dessa relação estratégica íntima entre o diretor, o censor e o público que o código pôde exercer seus efeitos benignos sobre a criatividade. A censura meramente a jusante ou intermediária não poderia ter tido o mesmo impacto. A necessidade de um ajuste fino sensível e de vias indiretas levou a comédia, em particular, a novos níveis de sofisticação. Não soa verdadeiro, portanto, quando Maltby escreve: "Como uma influência sobre a produção, a regulamentação do conteúdo dos filmes pelo Código de Produção poderia ser melhor entendida como uma pressão genérica, comparável à pressão da convenção em uma comédia romântica ou um faroeste".[154] Antes do código, os filmes certamente estavam sujeitos às convenções gerais dos diversos gêneros, tais como a estrutura tripartite das comédias (o rapaz conhece a moça – eles rompem – eles ficam juntos de novo). Entretanto, essas convenções eram gerais e grosseiras demais para representar qualquer tipo de *desafio*. Na verdade, o próprio relato de Maltby do impacto do código mostra que este foi além da mera convenção:

> O engenhoso duplo sentido, cujo grande expoente foi Mae West, "a mulher mais fina que já andou pelas ruas",* era um passo em direção a uma solução eco-

---

[153] Maltby e Craven (1995), p.342.
[154] Maltby (1993), p.70.
* *"The finest woman who ever walked the streets."* *"Fine"*, além de "bela", "refinada" e "excelente", significa também "pura", "respeitável", "esperta" e "sutil". (N.T.)

nômica satisfatória para o problema de censura da sexualidade ... Na década de 1930, Hollywood desenvolveu o duplo sentido ao ponto alcançado por Zanuck em seu argumento, de que a responsabilidade pela interpretação inteligente poderia ser deslocada inteiramente para o espectador inteligente ... Os filmes do final dos anos 1930 atingiram uma particular 'inocência' ao apresentar um nível de atuação impassível que atuava como uma lâmina sobre a narrativa secundária 'inteligente' construída dentro da imaginação do espectador ... Quanto mais o mundo do filme divergia do que o público sabia pertencer ao mundo real, mais os filmes adquiriam uma sofisticação cômica própria. Eles ganharam sutileza, um refinamento que o público podia apreciar, pois revelava e recompensava o seu próprio refinamento.[155]

A sofisticação dos filmes de Ernst Lubitsch, por exemplo, pode dever algo a essa restrição. Eis um depoimento a respeito:

> Lubitsch trouxe uma maturidade no tratamento cinematográfico do sexo que não se deixava ensombrecer pelo obscurantismo dos censores que entraram em cena a partir do início dos anos 1930 – de fato, ele pareceu tê-los tratado mais como um desafio divertido –, uma vez que seu método era tão indireto e leve que lhe permitia se safar de quase tudo.[156]

Talvez esta seja uma análise acurada, mas é também imaginável que os dons criativos de Lubitsch tenham sido *acentuados* – em vez de meramente *não obscurecidos* – pela censura.

Um exemplo dos benefícios da censura lembra o exemplo de Sternberg citado por Arnheim. A maioria dos muitos confrontos de Fred Astaire com os censores ao longo dos anos foram triviais, embora às vezes ligeiramente prejudiciais em seus efeitos. Em um caso, o impacto, apesar de mínimo, foi benigno. Em *O picolino*, Astaire e Ginger Rogers, a caminho do parque onde se passa a cena da dança *"Isn't it a lovely day to be caught in the rain"*, são vistos em uma carruagem-táxi. "Como a brincadeira com a palavra *'damn'* na cena (*'Who was the horse's dam?'* *'It didn't give*

---

[155] Maltby e Craven (1995), p.342.
[156] Bogdanovich (1997), p.35 [Bogdanovich (2000), p.54].

a dam.'). foi considerada repreensível pelo departamento de censura de Hollywood, a cena foi filmada de forma que Rogers encobre a palavra *'dam'* da resposta batendo a porta da carruagem – uma melhoria sobre o original."[157] Como no filme de Sternberg, o efeito é obtido ao fazer que o espectador *infira* a conclusão da piada em vez de mostrá-la de modo óbvio e direto; assim o espectador se torna um cúmplice da piada em vez de meramente seu público passivo.

O Código Hays pôde também exercer um impacto benigno fora da comédia. Em *Paixões em fúria*, estrelando Humphrey Bogart, Lauren Bacall e Edward G. Robinson,

> Bacall tinha uma cena difícil com Robinson, em que o gângster provoca a jovem viúva com intenções claramente sexuais. Ela responde cuspindo em seu rosto, deixando Rocco boquiaberto e furioso. Huston sabia que a linguagem na cena causaria problemas com o Departamento Breen. Brooks tinha explicitamente "escrito todas as coisas vis que ele dizia para ela, mas John [Huston] me disse: 'Você sabe que não pode dizer esse lixo. Então pense em outra coisa'". Brooks sugeriu que Robinson dissesse as linhas, mas que elas fossem sussurradas e o público não as ouvisse. A cena se tornou mais eficaz porque dá rédeas às fantasias dos espectadores, mas põe um peso dramático adicional sobre os ombros de Bacall, cuja reação a Robinson é o foco dramático.[158]

A ideia de deixar algo à imaginação do espectador é também central ao argumento de que o Código Hays, que tinha a intenção de banir o erotismo do cinema, na verdade intensificou-o.[159] George Cukor, por

---

* O trocadilho é intraduzível. "Who was the horse's dam?" pode ser traduzido como "Quem era a mãe do cavalo?". "It didn't give a dam" não tem sentido em si, é um trocadilho com "It didn't give a damn", ou seja, "ele estava pouco se lixando". (N.T.)

[157] Mueller (1985), p.80, nota 7.

[158] Sperber e Lax (1997), p.414.

[159] Essa visão difere das ideias superficialmente similares apresentadas por Bataille (1957). Segundo ele, o erotismo pressupõe a *transgressão* de dadas restrições, e dela se origina. O argumento de Bazin, citado aqui, é que o erotismo surge através da necessidade de se *conformar* às restrições. Bataille está mais próximo de Caillois (sendo inspirado por ele) e suas ideias, como discutidas em 2.10. Se aplicarmos a teoria de Caillois do *rompimento restrito de*

exemplo, opunha-se veementemente à nudez nos filmes. "Mas não me entenda mal; não sou moralista, ou qualquer coisa assim. Só acho que é muito fácil fazer desse jeito ... Só se despir, agarrar-se um ao outro e beijar com a boca aberta é simples demais."[160] Na mesma entrevista, ele diz: "É claro que a regra de ouro era: se ocorre um beijo, os protagonistas tinham de manter pelo menos um dos pés no chão. Mas, apesar dessas restrições, tenho a sensação de que era muito mais *erótico*, de que havia uma atmosfera de erotismo muito maior".[161] Mas isso não é bem verdade. Como observa André Bazin em "À margem de 'O erotismo no cinema'", o efeito era mais erótico *por causa das* restrições. Bazin argumenta, por exemplo, que a cena de *O pecado mora ao lado* em que o vento vindo da grade do metrô levanta a saia de Marilyn Monroe

> só poderia ter nascido no contexto de um cinema dono de uma longa, rica e bizantina cultura da censura. Tais achados supõem um extraordinário refinamento da imaginação, adquirido na luta contra a estupidez acabada de um código puritano. O fato é que Hollywood, apesar e por causa das proibições que nela vigoram, continua sendo a capital do erotismo cinematográfico.[162]

Nos casos que citei, o Código Hays acentuou o nível de sofisticação dos diretores, atores e espectadores. Mesmo que alguns espectadores pudessem ter *preferido* uma linguagem mais direta, mais nudez e, de maneira geral, menos vias indiretas, eles provavelmente se beneficia-

---

restrições ao cinema, o erotismo poderia ser gerado pela breve visão de um mamilo em um filme que, a não ser por isso, é restrito pelo banimento da nudez. Na opinião de Bazin, é a necessidade incondicional de obedecer ao banimento que é a condição do erotismo. Não estou dizendo que esse conceito semelhante a Caillois de erotismo no cinema seja muito parecido com a opinião de Bataille, e sim que ambos enfatizam a diferença entre o comportamento que ignora as restrições – "*la liberté première de la vie animale*" ("a liberdade fundamental da vida animal") (Bataille, 1957, p.76) – e o comportamento que deriva sua eficácia das restrições que viola.

[160] Em Bogdanovich (1997), p.466, 467 [Bogdanovich (2000), p.543, 544].

[161] Ibidem, p.464-5 [Bogdanovich (2000), p.541].

[162] Bazin (1972), p.172 [Bazin, André. *O cinema*. São Paulo: Brasiliense, 1991, p.228.]; os itálicos são meus. Ver também seu ensaio sobre "O Proscrito" (ibidem, p.163-8).

ram com as restrições. (De forma similar, Arnheim sugere que, embora os espectadores prefiram o som, a cor, a visão estereoscópica e as telas largas, eles se beneficiariam de sua ausência.) Quando lhes dão a opção entre a satisfação imediata e a gratificação atrasada, muitos escolhem a primeira e se arrependem mais tarde. Ao forçar os diretores a utilizar meios indiretos, o Código Hays inadvertidamente também os induziu a elevar o nível da apreciação do público.

O código também ilustra a ideia mais geral de que, do ponto de vista do censurado, a censura explícita *ex ante* é preferível à censura implícita *ex post*. Em muitos países que já foram comunistas, os dissidentes exigiram regulamentações explícitas do que podiam e não podiam dizer, na suposição de que, uma vez que as regras fossem firmadas, eles seriam capazes de contorná-las.[163] Não afirmo, porém, que suas opiniões teriam sido *mais* eficazes quando expressas indiretamente. Nem, como veremos em 3.10, afirmo que o Código Hays era invariavelmente benigno em seu impacto sobre a qualidade estética dos filmes.

3.7 *Lucien Leuwen* como um conjunto vazio

O romance de Stendhal, *Lucien Leuwen*, publicado cinquenta anos após sua morte, foi deixado inacabado. Na primeira parte, Lucien deixa Paris para juntar-se a um regimento em Nancy, onde se encontra com a sra. de Chasteller, uma jovem viúva, e se apaixona por ela. Na segunda parte, separado dela por acidente, ele se torna funcionário de um ministério em Paris e é enviado às províncias para conduzir várias trapaças eleitorais. Na terceira parte, não escrita, ele deveria reunir-se à sra. Chasteller. Teria sido o único romance de Stendhal a ter um final feliz convencional. Sugiro uma explicação para o fato de o romance ter sido deixado inacabado: as restrições que Stendhal impôs sobre si mesmo não podem ser satisfeitas simultaneamente. Elas definem um conjunto vazio.

---

[163] Zinoviev (1979), p.306-7, citado e discutido em Elster (1993d), p.90-2.

O paradoxo do amor

A fonte do problema está no conceito paradoxal de Stendhal sobre o amor.[164] É uma emoção que, em sua forma mais elevada, está condenada a se manter não expressa. Mesmo se o amor for correspondido, os amantes nunca saberão disso. Apesar de essas afirmações não serem boas descrições do amor de Julien Sorel pela sra. de Rênal ou de Fabrice por Clélia, elas retratam o amor atormentado do próprio Stendhal por Méthilde, que foi a sua inspiração para escrever *Do amor*. Como ele diz naquela obra: "Só conseguimos ter coragem diante de quem amamos amando-o menos".[165] Assim, "a alma vulgar, pelo contrário, só calcula as chances de êxito, não se detém para pressentir a dor da derrota e, orgulhosa do que a torna vulgar, zomba da alma terna, que, com todo o espírito possível, nunca está suficientemente à vontade para dizer as coisas mais simples e de sucesso mais garantido".[166] Como veremos, o amor de Lucien pela sra. de Chasteller é aquele de uma *"âme tendre"*.

Stendhal acabou se encurralando. A mulher que amava era terna, orgulhosa e modesta. Um homem que demonstrasse qualquer tipo de autoconfiança complacente ou de comportamento extravagante para ela seria *ipso facto* indigno de seu amor. Por outro lado, uma mulher que pudesse ser seduzida pela autoconfiança externa é *ipso facto* indigna de ser amada. Essa não é a síndrome de Groucho Marx: uma mulher capaz de amar a *mim* é *ipso facto* indigna de ser amada. Em vez disso, a síndrome tem a seguinte forma: uma mulher que aceitasse meus avanços não é digna de ser amada, já que fazer avanços trai o espírito calculista e o fracasso em reconhecer esse fato trai um espírito inferior. Para sair dessa enrascada, Stendhal voltou-se para a satisfação indireta que encontrava na ficção. Como já escrevi, os romances de Stendhal são muito mais do que devaneios, mas não deixam de ser devaneios também.

---

[164] Ver em Elster (1999a), cap. 2.2, uma discussão mais detalhada do tratamento de Stendhal do amor, *Do amor*, e sua relação com *Lucien Leuwen*.

[165] Stendhal (1980), Fragmento 47. [Stendhal, *Do amor*. São Paulo: Martins Fontes, 1999, p.242].

[166] Ibidem, Cap. 24. Uma análise virtualmente idêntica é oferecida em W. Miller (1993), p.169 [Stendhal (1999), p.50].

O romance como devaneio

Em *Lucien Leuwen*, Stendhal dá livre expressão a seu desejo de satisfação indireta nas cenas de amor entre Lucien e a sra. de Chasteller. Paul Valéry relata que ler essas cenas "provocou em mim o milagre de uma confusão que abomino"[167] – aquela entre as emoções dos protagonistas e as do leitor. Eu acrescentaria que elas também representam uma confusão, ou fusão, das emoções dos protagonistas e as de Stendhal. Para estudar essa fusão, podemos nos valer dos comentários de Stendhal nas margens dos manuscritos sobre a sua progressão, suas dificuldades em fazer que os personagens agissem do modo que queria, e seus planos de desenvolvimento futuro. Tentarei argumentar que no romance, como na vida, Stendhal se colocou em uma situação impossível.

O vermelho e o negro foi inspirado em *fait divers*, o que poupou a Stendhal a necessidade de inventar tudo. Com *Lucien Leuwen*, ele teve de inventar. Seus comentários sobre esses estilos criativos contrastantes – restrito em contraposição a irrestrito – são impressionantemente contraditórios. Bem no início, ele escreve na margem do manuscrito: "Não consigo criar um diálogo bem-humorado enquanto não pensar no enredo, daí a vantagem de trabalhar em um conto já pronto, como Julien Sorel".[168] Uma centena de páginas depois, escreve: "Nunca se vai tão longe quanto quando não se sabe aonde se está indo. Isto não é como *Julien*; ainda bem".[169] Inventar o diálogo e a história ao mesmo tempo parece tê-lo inebriado, mas se houvesse escrito sob a restrição de uma história já pronta, ele poderia não ter-se metido no beco sem saída que o romance acabou se tornando.

Entre as partes do manuscrito onde encontramos esses comentários, há a extraordinária interação entre Lucien e a sra. de Chasteller. Devo destacar duas cenas, que apresentam o seguinte pano de fundo: Lucien e a sra. de Chasteller amam-se profundamente, mas um tem dúvidas sobre os sentimentos do outro. Ela teme que ele possa não ser nada além

---

[167] Valéry (1957), p.555.

[168] Stendhal (1952), p.1492.

[169] Ibidem, p.1539.

de um devasso, e ele que ela não o ame verdadeiramente. Sempre que ele faz uma tentativa desajeitada e hesitante de aproximação, ela vê isso como razão para duvidar de seu caráter; torna-se desdenhosa, e ele fica desesperado. Entretanto, eles se aproximam gradualmente um do outro. Lucien escreve-lhe uma carta; ela, após algum exame de consciência, responde no que acredita ser um tom severo e inflexível. Em uma nota de autor, Stendhal comenta o seguinte:

> De que serve observar que a resposta foi escrita com a preocupação dos mais altivos floreados? Recomendava três ou quatro vezes a Leuwen que perdesse toda esperança, e a própria palavra esperança era evitada com uma habilidade infinita, pela qual a Sra. de Chasteller se felicitava. Mas ai! Ela era, sem o saber, vítima de sua educação jesuítica: enganava-se a si mesma, aplicando-se fora de propósito a si mesma, e apesar de si mesma, a arte de enganar aos outros que lhe haviam ensinado no Sacré-Coeur. *Respondia*: tudo se resumia nesta palavra, que ela não queria ver.[170]

Se a sra. de Chasteller, em sua autoilusão, não admitirá a si mesma o significado de ter respondido, Lucien, em sua inocência, não o compreende:

> "Ah! A Sra. de Chasteller responde!", teria dito o jovem de Paris um pouco mais vulgarmente educado que Leuwen. "Sua grandeza d'alma por fim se decidiu a isso. Eis o primeiro passo. O resto é uma questão de forma; serão um ou dois meses, segundo tenha eu mais ou menos habilidade, e ela ideias mais ou menos exageradas sobre o que deve ser a defesa de uma mulher de máxima virtude."
>
> Leuwen, abandonado no chão lendo aquelas linhas terríveis, não distinguia ainda a ideia principal, que deveria ter sido: "A Sra. de Chasteller

---

[170] Ibidem, p.959 [Stendhal. *Lucien Leuwen*. Rio de Janeiro: Francisco Alves, 1983, p.222]. Como uma análise de autoilusão, essa passagem é impressionantemente similar ao exemplo de Sartre (1943, p.94ss.) da mulher que deixa que o homem segure sua mão, mas se recusa a admitir a si mesma o significado de seu ato. Ela encontra refúgio em conversas arrogantes e elevadas, assim como a sra. de Chasteller ilude a si mesma com a severidade de seu tom.

responde!". Estava assustado com a severidade da linguagem e com o tom de profunda persuasão com o qual ela o exortava a não mais falar de sentimentos dessa natureza.[171]

Essa dança terna e cômica continua por um tempo, os dois amantes quase contando um ao outro sobre seus sentimentos, mas nunca chegando lá. Em certo ponto, a sra. de Chasteller o repreende por suas visitas frequentes, que poderiam prejudicar a reputação dela:

– Bem? – disse Leuwen, respirando com dificuldade.
Até aí, o tom da Sra. de Chasteller fora conveniente, sensato, frio, pelo menos aos olhos de Leuwen. O som da voz com que ele pronunciou essa palavra, *bem*, talvez não o tivesse o mais consumado Don Juan; em Leuwen, não era talento algum, mas o impulso de sua natureza, natural. Essa simples palavra de Leuwen mudou tudo.[172]

A sra. de Chasteller, comovida, quase não consegue continuar, mas Lucien naturalmente não percebe isso. Parece que não avançamos. Lucien a deixa, "evidentemente cambaleante". Nesse ponto, Stendhal parece prestes a desistir. Lucien é realmente desajeitado demais, e Stendhal afinal não consegue empurrá-lo para o braços da sra. de Chasteller. Ele escreve na margem: "A respeito disso diz o cronista: não se pode esperar que uma mulher virtuosa se doe absolutamente; ela tem de ser tomada. O melhor cão de caça não pode fazer mais do que trazer a caça ao alcance da arma. Se o caçador não atirar, o cão não tem o que fazer. O romancista é como cão de seu herói".[173] O comentário ilustra de forma intrigante a necessidade de que o comportamento dos personagens em um romance seja compatível com suas personalidades (3.4). O que fazem precisa ser plausível, dado o seu comportamento até então. O dilema de Lucien é que ele é tanto inferior a um "jovem de Paris um pouco mais vulgarmente educado" *quanto* superior ao "mais consumado Don Juan". A própria

---

[171] Stendhal (1952), p.960 [Stendhal (1983), p. 223].
[172] Ibidem, p.1035 [Stendhal (1983), p.306].
[173] Ibidem, p.1537.

superioridade da mente que o torna capaz de inspirar o amor também o torna incapaz de reconhecê-lo e de expressar o seu próprio.[174]

Para sair desse embaraço, Stendhal engendrou uma situação em que o amor de Lucien e da sra. de Chasteller um pelo outro poderia ser demonstrado e compreendido, e ainda assim não ser declarado:

> A Sra. de Chasteller teve pena dele, e pensou em tomar-lhe a mão, à moda inglesa, em sinal de boa amizade. Leuwen, vendo a mão da Sra. de Chasteller aproximar-se da sua, tomou-a e levou-a levemente aos lábios. Ao fazer este movimento, seu rosto ficou perto do da Sra. de Chasteller; ele abandonou a mão dela e tomou-a nos braços, colando os lábios em sua face. A Sra. de Chasteller não teve forças para afastar-se e permaneceu imóvel e quase abandonada nos braços de Leuwen. Ele a apertava com êxtase e redobrava os beijos. Afinal, a Sra. de Chasteller afastou-o com suavidade, mas seus olhos, banhados de lágrimas, mostravam francamente a mais intensa ternura. Ela conseguiu dizer, no entanto:
> – Adeus, senhor...
> E como ele a encarava, desvairado, ela se refez:
> – Adeus, *meu amigo*, até amanhã... Mas deixe-me.[175]

Os perigos da satisfação prematura

Segue-se um período de extrema felicidade, duas ou três semanas, durante as quais Lucien e a sra. de Chasteller estão constantemente juntos, inocente mas intensamente apaixonados. Entretanto, Stendhal deve ter sentido que esse era um caso de satisfação prematura. O Lucien que alcança a felicidade que ele não conseguiu com Méthilde Dembowski não é ainda ele, Stendhal. Lucien não tem personalidade ainda, não sabe nada sobre o mundo, não se expôs à ação, é pura sensibilidade. Stendhal e Lucien compartilham a ânsia de se exporem ao mundo e adquirirem uma personalidade. Em uma página de seu diário datada de 1805, Stendhal escreve, "No futuro, busque todas as oportunidades de estar em movi-

---

[174] Ver, em Stendhal (1952), p.549, um padrão similar em *O vermelho e o negro*.
[175] Ibidem, p.1037 [Stendhal (1983), p.308].

mento, de agir incessantemente, mesmo que por motivos estúpidos".[176] Em *Do amor*, ele observa que "Podemos adquirir tudo na solidão, menos caráter"; além disso, "ter firmeza de caráter é ter experimentado o efeito dos outros sobre si mesmo; logo, os outros são necessários" (*il faut les autres*).[177] No romance ele faz Lucien dizer a si mesmo, como sua justificativa para deixar Paris, "Tenho necessidade de agir, e muito. Portanto, vamos ao regimento".[178]

Em Nancy, porém, Lucien se apaixona, e não vê nenhuma ação digna de ser mencionada. Stendhal precisa romper a felicidade e atirar Lucien no mundo. Usando um dispositivo ridículo e manifestamente teleológico (3.4), Stendhal separa os dois amantes ao fazer Lucien acreditar que a sra. de Chasteller, a quem tem visto de perto diariamente, subitamente deu à luz uma criança.[179] Ele retorna a Paris para entrar na burocracia da Monarquia de Julho. Em sua viagem pelas províncias, finalmente vê alguma ação – bastante, na verdade –, parte da qual teria sido desonrosa se não fosse por sua integridade fundamental. Então por que, tendo atingido sua meta de expor Lucien à formação de caráter, Stendhal não continuou a escrever a síntese hegeliana?

Em *La Création chez Stendhal* [A criação em Stendhal], Jean Prévost oferece essa explicação do estado inacabado do romance:

> Para evitar a insipidez e a chegada gradual da felicidade, Stendhal precisaria de um obstáculo final real para colocar entre a Sra. de Chasteller e Lucien ... Só faltou encontrar a *resistência* que teria dado substância à luta. Foi porque não conseguiu encontrar um obstáculo real para pôr entre os dois amantes que ele deixou inacabado um livro que estava tão perto de ser finalizado.[180]

---

[176] Stendhal (1981), p.327.

[177] Stendhal (1980), Fragmento 1, 92 [Stendhal (1999), p.231, 254].

[178] Stendhal (1952), p.778 [Stendhal (1983), p.24].

[179] Brombert (1968), p.105, acha a credulidade de Lucien inteiramente compatível com sua personalidade, e uma prova de sua "tocante cegueira". Acho que é mais plausível vê-la como um indício dos problemas que Stendhal teve para construir seu enredo.

[180] Prévost (1971), p.313.

Mas essa alegação – de que o romance foi deixado inacabado porque Stendhal simplesmente não conseguiu pensar em um obstáculo que servisse para separar os amantes – não é muito convincente. O pai irascível da sra. de Chasteller, por exemplo, poderia facilmente ter cumprido essa função, como Darcy cumpre como um obstáculo ao casamento entre Bingley e Jane Bennet. Com um romancista da estatura de Stendhal é intrinsecamente mais plausível buscar a explicação em uma falha estrutural.

Antes que eu tente identificar essa falha, existe um ponto adicional a ser tratado. Stendhal parece quase tão enamorado do pai espirituoso e mundano de Lucien quanto do próprio Lucien. Enquanto Lucien tem toda a graça desajeitada de um jovem ingênuo e idealista, o pai tem o encanto natural do *raconteur** nato que, acima de tudo, quer se divertir. Cada um deles, a seu próprio modo, encarna o ideal do *ser natural*, que era, para Stendhal, "a terra prometida".[181] Leuwen *père* tem a mesma impaciência terna por Lucien que tem o próprio Stendhal. Como Stendhal, ele guia Lucien pelos canais certos, fazendo acordos para que ele tenha um cargo na burocracia, uma amante do seu lado esquerdo e depois uma amante do seu lado direito, e assim por diante. (E, como Stendhal, ele lhe diz: "Sinta-se livre, meu filho".)[182] Stendhal parece se identificar tanto com o pai quanto com o filho. Pode não ser totalmente implausível ver uma conexão entre esse devaneio em duas vias e um exercício extraordinário do cumprimento de desejos em que Stendhal se concede diversos "privilégios", um dos quais é o de que "por quatro vezes ao ano, e cada vez por um período ilimitado de tempo, o privilegiado seja capaz de ocupar dois corpos simultaneamente".[183]

Se Stendhal houvesse mantido Lucien firme em seu lugar, o privilégio poderia ao menos ter-lhe sido concedido de forma indireta. Mas ele não o fez. Ele queria dotar Lucien tanto de inocência quanto de caráter. A inocência é a chave de seu amor pela sra. de Chasteller, e do dela por ele; caráter é o que ele almeja adquirir ao partir para Nancy e, de fato,

---

* Contador de histórias. Em francês no original. (N.T.)
[181] Starobinski (1961), p.228.
[182] Stendhal (1952), p.1069 [Stendhal (1983), p.345].
[183] Stendhal (1982), p.984.

consegue apenas após seu retorno a Paris. No terceiro ato, ele se casaria então com a sra. de Chasteller e possibilitaria a Stendhal, indiretamente, ter o seu pedaço do bolo e comê-lo. Mas não há motivo para acreditar que a sra. de Chasteller reconheceria, no lúcido e cínico mundano que Lucien teria se tornado a essa altura, o jovem desajeitado a quem amara. Na verdade, é difícil escapar à conclusão de que Lucien teria se tornado cada vez mais parecido com seu pai.

Stendhal poderia ter conseguido a proeza de combinar inocência com caráter, ser ingênuo e esperto, distinguindo firmemente entre pai e filho. Isso lhe possibilitaria ser duas pessoas simultaneamente, rir de si mesmo sem que o objeto de diversão fosse infectado e corroído pela ironia. Contudo, como Stendhal não respeitou a necessidade de manter Lucien separado de seu pai, o devaneio de duas vias não pôde ser sustentado. Em uma outra solução, ele poderia ter deixado a sra. de Chasteller passar por uma *Bildung** similar, de forma que, quando ela e Lucien se encontrassem de novo, eles pudessem rir afetuosamente das pessoas que haviam sido, como fazem Elizabeth Bennet e Darcy quando as escamas caem de seus olhos. Em seus romances, porém, Stendhal não dava a suas heroínas esse tipo de desenvolvimento.

Concluo, portanto, que *Lucien Leuwen* permaneceu inacabado porque suas partes separadas convergiram para um ponto inexistente. Não pode haver nenhuma síntese de inocência e esperteza, ingenuidade e cinismo.

3.8 A aleatoriedade nas artes

A ideia de escolha tem dois antônimos: acaso (ou sorte) e necessidade. Assim, para afirmar a existência do livre-arbítrio contra o determinismo universal, não se pode apelar à mecânica quântica: isso seria simplesmente substituir um oponente por outro. Isso implica que a opção de desistir da capacidade de escolher pode ser conseguida ao se delegar o resultado tanto ao acaso quanto à necessidade. Apesar de o foco deste livro até agora ter

---

* Formação. Em alemão no original. (N.T.)

sido a necessidade, quero dizer algumas palavras sobre o *pré-compromisso com o acaso*. Embora eu pretenda discutir sobretudo a utilização desse dispositivo nas artes, permitam-me dizer primeiro umas poucas palavras sobre o uso da aleatoriedade como um meio de autorrestrição nos contextos discutidos em capítulos anteriores.

Aleatoriedade e autorrestrição

Em *The Strategy of Conflict* [A estratégia do conflito], Thomas Schelling sugeriu que "a ameaça que deixa espaço para ao acaso" é mais crível que uma ameaça que deixa a decisão de cumpri-la inteiramente ao agente.[184] Na terminologia de 1.4, isso se traduz em um misto de ameaça e aviso. "Se você não me der um cheque de dez mil dólares eu o mato, e mesmo que eu não consiga fazer isso intencionalmente, ficarei tão irritado com a sua recusa que talvez puxe o gatilho de nervosismo." Um indivíduo pode também criar uma aleatoriedade para se proteger contra preconceitos.

O pesquisador médico que seleciona quais pacientes receberão um novo tratamento para uma doença e quais deverão receber o tratamento padrão ou nenhum tratamento pode inconscientemente selecionar para o novo tratamento pacientes que são mais saudáveis e que têm, portanto, melhores possibilidades de recuperação. A aleatoriedade impede o exercício de tais preconceitos.[185]

Na política, a aleatoriedade tem sido utilizada ou defendida como um meio de se pré-comprometer contra influências indevidas. Ao ter as eleições marcadas aleatoriamente em vez de periodicamente ou de acordo com a vontade do governo, os legisladores podem "se proteger" (ver, porém, 2.2 e 2.12) contra sua tendência a planejar políticas econômicas tendo em vista a reeleição.[186] Ao escolher representantes políticos aleatoriamente

---

[184] Schelling (1960), cap. 8.
[185] Suppes (1984), p.211.
[186] Lindbeck (1976).

CAPÍTULO TRÊS

e fazer que sirvam por um curto espaço de tempo, os cidadãos podem se proteger contra a tendência daqueles de aceitar subornos.[187]

A aleatoriedade como um tópico

A aleatoriedade pode ser utilizada como um *dispositivo* em todas as artes. Na literatura, pode também servir de *tópico*. Embora meu interesse aqui se concentre especialmente no primeiro, começarei com algumas palavras sobre o segundo. O exemplo paradigmático de uma obra de arte cujo enredo gira em torno da aleatoriedade é o romance *cult* de Luke Rhinehart, *O homem dos dados*, que retrata e talvez defende a aleatoriedade como um meio de vida. (A continuação, *À procura do homem dos dados*, é menos interessante.) O personagem principal do romance é um psiquiatra que começa a tomar decisões cotidianas aleatoriamente, uma prática que então se expande a ponto de tomar toda a sua vida, culminando em um texto quase religioso, *O livro do dado*. Entre outros escritores que fizeram da aleatoriedade um elemento-chave em suas histórias estão Jorge Luis Borges e Shirley Jackson, que escreveram contos famosos sobre o tema da loteria – *A loteria da Babilônia* e *The Lottery* [A loteria], respectivamente. O elemento-chave em *O décimo homem* de Graham Greene é a seleção aleatória de reféns a serem executados. O que essas utilizações literárias da aleatoriedade demonstram é que uma história pode ser convincente e plausível mesmo se os eventos não seguem uma ordem inteligível, desde que o *non sequitur* em si seja inteligível.

A aleatoriedade como um dispositivo

Para entender o uso da aleatoriedade como um dispositivo de produção de obras de arte, devemos antes de mais nada clarificar esse conceito. Para obter a *aleatoriedade objetiva*,[188] é preciso um dispositivo físico estável que gere um dos diversos resultados possíveis com probabilidades conheci-

---

[187] Najemy (1982) descreve a importância dessa ideia na política florentina do século XIV.

[188] Algumas complicações envolvidas na ideia de aleatoriedade objetiva em Elster (1989b), p.39-52.

das. Lançar uma moeda, jogar um dado e girar a roleta eram dispositivos tradicionais desse tipo; equivalentes modernos são as tabelas de números aleatórios e programas de computador. Esses dispositivos são, em geral, equiprobabilísticos, isto é, a probabilidade de se obter cada resultado é mesma, mas os dispositivos podem, tanto na teoria quanto na prática, ser planejados de forma a proporcionarem probabilidades desiguais.[189] Para muitos propósitos práticos, a aleatoriedade objetiva pode ser substituída pela *aleatoriedade epistemológica* – o resultado é aleatório até onde sabemos. Um exemplo pode ser retirado da primeira discussão sistemática de aleatoriedade, *On the Nature and Use of Lots* [Da natureza e do uso da sorte] de Thomas Gataker: "Suponha que duas pessoas discutindo sobre que caminho deverão tomar coloquem essa decisão na dependência do voo do próximo pássaro que lhes cruze o caminho, ou do movimento de um estranho que veem cavalgar à frente deles, para a direita ou para a esquerda".[190] Os artistas utilizam dispositivos aleatórios tanto objetivamente quanto epistemologicamente para atingir seus fins.

Em 3.4 argumentei que cada escolha feita na criação de uma obra de arte serve de restrição sobre as escolhas posteriores. Um artista pode decidir, porém, gerar as restrições aleatoriamente em vez de intencionalmente. Assim, Francis Bacon começava seus quadros jogando tinta na tela, de forma que as manchas resultantes servissem de restrições sobre o resto da obra, limitando sua liberdade e supostamente aumentando sua criatividade. As "pinturas respingadas" de Jackson Pollock podem ser vistas como uma variante dessa ideia. Embora Pollock dissesse que "com experiência parece possível controlar o fluxo da tinta em grande parte" e que "Eu nego o acidente",[191] essas alegações não parecem inteiramente plausíveis. Em vez disso, eu suporia que quaisquer acidentes que ocorressem no pingar da tinta sobre a tela fossem incorporados como restrições em estágios posteriores do respingamento. Embora não

---

[189] Elster (1989b), p.47-9. Quando Boulez (1986), p.179, escreve que a "intrusão do 'acaso' na forma de uma obra de arte pode se manifestar em circuitos utilizando pontos nodais múltiplos com diferentes probabilidades de ativação", pode ser isso o que ele tinha em mente.

[190] Gataker (1627), p.16.

[191] Cernuschi (1992), p.128.

sendo o objeto de intenção *ex ante*, eles se tornariam o objeto de atenção intencional *ex post*.

Algo similar pode ocorrer na geração do rock eletrônico, em que o uso de *feedback* quase que inevitavelmente (com a possível exceção de Jimi Hendrix e de alguns outros virtuoses) cria um elemento de imprevisibilidade e aleatoriedade. Até certo ponto, alega-se, isso é o que gera muito da excitação desse tipo de música. O artista precisa reagir constantemente a sons gerados inesperadamente pelo *feedback*, improvisando com base neles. Esse desafio constante concentrará sua atenção e criatividade melhor do que se tivesse de gerar a linha musical por conta própria. O mero tocar rotineiro simplesmente não será possível. Se essas alegações são corretas, o domínio técnico do efeito do *feedback* pode, na verdade, diminuir a criatividade ao remover algumas das ocasiões para o improviso.

Como um exemplo literário, podemos considerar a aleatoriedade na composição de *Almoço nu*.

> O viciado lidava com a confusa justaposição de palavra e imagem e, para conseguir esse efeito em *Almoço nu*, Burroughs quebrou o enredo e a estrutura de pensamento tradicionais do romance, sequenciando aleatoriamente os episódios do livro, o que lhe deu esse aspecto de sonho.[192]

Na concepção tradicional do trabalho do escritor, Burroughs teria escolhido cuidadosamente a sequência de forma a obter esse aspecto de sonho. Uma escolha consciente, porém, pode deixar rastros que revelem um pensamento mais lógico do que o que é encontrado em sonhos. Ao se assistir a filmes ou peças tem-se às vezes a impressão de que as instruções do roteiro pediam "desordem", e que o diretor tentou produzir esse efeito com tentativas mais ou menos engenhosas de dispor cadeiras, jornais e outros objetos em algum arranjo casual. Mas o deliberadamente casual frequentemente não consegue convencer.

Nesse sentido, portanto, a escolha de Burroughs foi a correta. No entanto, a aleatoriedade traz consigo um perigo próprio, ou seja, o risco de que o observador possa ler um padrão involuntário no resultado

---

[192] Schumacher (1992), p.354.

gerado pelo processo aleatório. William Feller, referindo-se ao padrão do bombardeio alemão sobre a Inglaterra na Segunda Guerra Mundial, escreve: "Para o olho não treinado, a aleatoriedade aparece como uma regularidade ou a tendência ao agrupamento".[193] De forma semelhante, Daniel Kahneman e Amos Tversky escrevem: "Entre as vinte sequências possíveis (não levando em conta direção e valor) de seis lances de uma moeda, por exemplo, arriscamos a dizer que apenas cara-coroa-coroa--cara-coroa-cara parece realmente aleatório. Para quatro lances, pode não haver nenhum".[194] Utilizar a aleatoriedade para produzir a aparência de acaso é um negócio arriscado.

John Cage

Um experimento bastante elaborado em escrita aleatória é Harvard Lectures I-VI (este é o título) de John Cage. Para construir seus textos ou "mesósticos" ele utilizava uma combinação de restrições arbitrárias e aleatoriedade, cujo sabor pode ser apreciado pelo seguinte trecho de sua introdução:

> Como acrósticos, os mesósticos são escritos na forma convencional horizontalmente, mas ao mesmo tempo seguem a regra vertical, no meio e não nas extremidades como em um acróstico, uma sequência que forma uma palavra ou um nome, não necessariamente ligada ao que está escrito, embora possa ser ... Se estou atendendo a algum pedido, a celebração de um aniversário, uma solenidade em memória de alguém que morreu recentemente ou a promoção de algum projeto, escrevo mesósticos. Ao escrever as palavras laterais, o texto horizontal, as letras da sequência vertical me salvam do sentimentalismo ... Ao dar o próximo passo em minha obra, a exploração da não intenção, não soluciono o quebra-cabeça que a sequência mesóstica apresenta. Em vez disso, escrevo ou encontro um texto fonte que então utilizo como um oráculo. Pergunto-lhe que palavra deverei usar para

---

[193] Feller (1968), p.161.
[194] Kahneman e Tversky (1982). Ver também Wagenaar (1988), p.109.

esta letra e qual palavra para a próxima, e assim por diante. Isso me liberta da memória, do gosto, de simpatias e antipatias.[195]

Cage é mais conhecido por seu uso de dispositivos aleatórios na música.[196] Sua composição mais famosa, *4'33"*, inteiramente silenciosa, consiste de movimentos (isto é, períodos de silêncio) de duração determinada pela sorte. Utilizou também o rádio e mapas estelares como fontes epistemologicamente aleatórias de som. Ele justificou essas práticas com a ideia inspirada no Zen de que "o mais alto propósito é não ter propósito algum".[197] A ideia de uma escolha estética é banida. No máximo, a escolha surge quando as "operações da sorte produzem exigências impossíveis, caso em que o intérprete deve usar o seu critério, de forma que o acaso gere as condições nas quais a escolha deve ser exercida".[198] Tais efeitos não eram, porém, vistos como necessários em si mesmos. Cage se opunha à música de Christian Wolff, cujo "sucesso depende da reação instantânea a escolhas imprevisíveis de outros instrumentistas, envolvendo uma proximidade perigosa da improvisação e uma espontaneidade interpessoal que Cage nunca estimularia".[199] Nem, aparentemente, ele encorajaria a utilização do *feedback* aleatório ou da espontaneidade interpessoal com propósitos artísticos.

Aprendemos pela biografia de John Cage que ele usava o *I Ching* para decidir questões práticas da vida diária.[200] Na faculdade, Cage se saiu muito mal em matérias nas quais simplesmente lia o material designado. Contudo, em outra matéria, "em vez de seguir o rebanho, Cage buscou as pilhas da biblioteca e leu o primeiro livro escrito por um autor cujo nome começava com Z e, em uma interessante sugestão de um sistema que aplicaria anos mais tarde, leu outros materiais ao acaso, preparando-se dessa forma para seu exame na tal matéria. Ganhou a nota máxima".[201]

---

[195] Cage (1990), p.1-2.

[196] Ver Revill (1992).

[197] Cage (1961), p.155.

[198] Revill (1992), p.135.

[199] Ibidem, p.211.

[200] Revill (1992), p.132.

[201] Revill (1992), p.34.

Se quer-se romper com o círculo encantado da rotina e ir além do que se sabe, seria realmente autodestrutivo tentar fazê-lo usando o conhecimento que já se tem. Em vez disso, deve-se expor ao genuinamente inesperado, por exemplo, adotando um dispositivo aleatório. Contudo, continua sendo verdadeiro que a seleção do conjunto a partir do qual o sorteio aleatório é feito deve ser consciente, e baseada em conhecimento que já se tem; caso contrário, uma regressão infinita ocorreria. Uma biblioteca, afinal, não é uma amostra aleatória do universo.

Na medida em que se apoia na aleatoriedade e na produção de períodos de silêncio, a obra de Cage não tem nenhuma seriedade. A interpretação mais generosa é a de que é uma gigantesca e bem-sucedida fraude.[202] Ele pode ser de algum interesse para psicólogos, como um exemplo do que acontece quando alguém executa os preceitos de *O homem dos dados*, mas sua obra não tem interesse artístico. Entre suas práticas, a única com raciocínio estético é o uso de restrições autoimpostas para evitar o sentimentalismo. Em contraste, o uso da aleatoriedade objetiva ou epistemológica para fazer uma seleção *dentro* das restrições não tem justificativa estética. Alguns sugerem que o valor de sua música silenciosa é o de levar a máxima "Menos é mais" até as últimas consequências,[203] analogamente à ideia Zen do aplauso de uma só mão. No entanto, ao *remover* a escolha em vez de *restringi-la*, destrói-se a criatividade em vez de elevá-la.

Poder-se-ia argumentar, talvez, que a própria decisão de apresentar sons gerados aleatoriamente ou períodos de silêncio de durações geradas aleatoriamente é em si uma escola que pode ser avaliada por um ponto de vista estético.[204] Esse argumento se apoia, porém, sobre a confusão entre experiências estéticas e declarações metaestéticas. O que tem sido chamado de "arte inferencial"[205] representa a falácia modernista definitiva (3.2), a de apresentar uma obra de arte cujo *único* valor é gerar reflexões sobre ela mesma.

---

[202] Ver também Shattuck (1997) para comentários semelhantes sobre o trabalho de Marcel Duchamp.

[203] Kostelanetz (1991b), p.195.

[204] Kostelanetz (1991a), p.108.

[205] Ibidem, p.106.

3.9 A criatividade e as restrições no jazz

Nesta seção discuto a natureza do valor artístico no jazz e a contribuição das restrições para tal valor. De maneira geral, limitar-me-ei ao período entre 1936 e 1942, que, para mim, representa a sua fase áurea. O conjunto das gravações de Billie Holiday, Lester Young e Johnny Hodges com as orquestras de Basie e de Ellington ou pequenos grupos permanece insuperável, com a importante exceção da obra de Louis Armstrong na década de 1920. Embora eu possa perceber, intelectualmente, que Charlie Parker atingiu o mesmo nível artístico, a maior parte de sua obra não me diz nada. Antes de proceder, devo esclarecer que não tenho nenhum treinamento musical: não toco nenhum instrumento; não sei ler música. Só posso esperar que quarenta anos ouvindo jazz diariamente tenham-me dado o que se costuma chamar de "alfabetização musical".[206]

Determinantes do valor no jazz

Em geral, como disse anteriormente, o valor nas artes consiste na experiência de emoções estéticas e não estéticas. No caso do jazz, as emoções não estéticas do ouvinte são produzidas pela música que possui o que chamarei de "profundidade emocional". As emoções estéticas podem surgir em dois níveis. No nível mais simples, são produzidas pela música que possui o que chamarei de "bom gosto". Em um nível mais avançado, as emoções estéticas são produzidas pela "história" contada pela música, muitas vezes (embora não invariavelmente) uma história improvisada. Embora a improvisação – a habilidade de inventar uma história coerente e interessante em torno de um dado tema musical – seja frequentemente considerada o principal ou mesmo único aspecto estético valioso do jazz,[207] creio que essa visão é estreita demais. Os melhores músicos de jazz podem

---

[206] Como definida por Levinson (1990).

[207] Assim para Dodge (1995), p.250, "O valor definitivo do jazz reside em sua linha melódica". Como fica claro em seu ensaio sobre "The psychology of the hot solo" ("A psicologia do solo 'arrasador'") (ibidem, p.167-72), esse comentário se refere apenas à improvisação e não ao que chamamos de "solos esculpidos".

demonstrar gosto soberbo e profundidade emocional simplesmente com uma interpretação básica de uma melodia, como no solo de Lester Young para "Things 'bout Coming My Ways" (1941) ou em muitas das gravações de Armstrong com *big-bands* no início dos anos 1930. Na verdade, para músicos como Armstrong e Hodges, uma única nota é suficiente para transmitir a profundidade e controle que estão por trás dela.

Como em outras formas de arte, precisamos distinguir entre criatividade e originalidade (3.5). Lester Young e Charlie Parker foram paradigmas da originalidade. Como Armstrong e Hodges, foram também paradigmas da criatividade. Quando Young disse "Tem que ser original",[208] foi provavelmente mais um aviso contra a imitação pura que uma prescrição para criar uma linguagem musical inteiramente nova. É um fato impressionante que os mais originais entre esses quatro músicos tivessem os imitadores mais fiéis – Paul Quinichette, no caso de Young, e Sonny Stitt, no caso de Parker –, a ponto de eles serem confundidos com os originais. Em contraste, ninguém nunca poderia se passar por Armstrong ou por Hodges nem mesmo por uma única nota. Sua inflexão e tom são, acredito, literalmente inimitáveis. Seja como for, minha preocupação aqui é com os componentes da criatividade listados no parágrafo anterior. A originalidade, como argumentei anteriormente, não tem nenhum valor estético intrínseco.

Antes que eu prossiga com uma discussão mais detalhada da profundidade emocional, do bom gosto e do contar de uma história, permitam-me refletir brevemente sobre o papel da habilidade técnica no jazz de alta qualidade. Não se pode alcançar altos níveis artísticos sem uma medida de habilidade técnica, mas além de um certo nível a habilidade não importa. (Mezz Mezzrow é o exemplo mais conhecido de um instrumentista que não obteve sucesso porque estava abaixo do nível mínimo.) Não faz nenhuma diferença para suas realizações se Armstrong erra uma nota ocasional, se Hodges se sente desconfortável ao tocar uma música de tempo rápido, ou se as habilidades de Lester Young no clarinete são um tanto quanto rudimentares. Por outro lado, o virtuosismo de Art Tatum pode ter sido mais um obstáculo do que um auxílio. Quando não se consegue

---

[208] Citado em Porter, ed. (1991), p.135.

resistir à tentação de explorar suas habilidades para fazer floreios intermináveis e sem propósito – e Tatum muitas vezes não conseguia – talvez seja melhor ser menos habilidoso para ser forçado a se concentrar no essencial. O piano de Count Basie é um exemplo. A obsessão de alguns trompetistas – Roy Eldridge, Cat Anderson, Maynard Ferguson – em atingir notas altas tem sido igualmente prejudicial à qualidade de suas obras. No caso deles – diferentemente do de Tatum – eu acrescentaria que também carecem de bom gosto, portanto não haveria muito o que salvar, de qualquer forma.

Bom gosto e profundidade emocional

Falarei um pouco mais sobre habilidade mais tarde, mas antes gostaria de tratar da questão do bom gosto e da profundidade emocional. O bom gosto – a sensação de ordem, equilíbrio, proporção, controle do tempo – é um pré-requisito essencial para a produção de emoções especificamente estéticas (3.4). Fred Astaire tinha gosto perfeito; Gene Kelly não tinha. Jane Austen tinha, Dickens não. Entre os inimigos do bom gosto, dois se destacam no presente contexto: a tentação do virtuosismo e as exigências do público. Quando se tem a habilidade de tocar notas muito altas ou com muita rapidez, há uma tentação de demonstrar essas habilidades sem atenção à sua relevância musical. A tentação será frequentemente reforçada por um público que confunde acrobacia com arte. Isso é especialmente notável na obra de bateristas como Gene Krupa ou Buddy Rich. Mas o público pode também encorajar efeitos que não exigem nenhuma habilidade especial. Durante a turnê *Jazz at the Philarmonic*, Lester Young, para sua frustração, teve de ceder às exigências do público para que tocasse as notas mais graves no saxofone tenor.[209]

A profundidade emocional se refere à capacidade de gerar fortes emoções não estéticas no ouvinte. Por um lado, a profundidade emocional é oposta à superficialidade emocional. Benny Goodman, por exemplo, estava claramente fora de seu elemento nas gravações de Holiday-Young--Wilson da década de 1930. No emocionalmente carregado "I Must

---

[209] Buchmann-Möller (1990a), p.146-7.

Have That Man" (1937), sua contribuição chega como um anticlímax. Por outro lado, a profundidade emocional pode ser oposta ao sentimentalismo, definido pelo aspecto de que "a existência ou continuação da emoção é motivada pela satisfação experimentada em sentir a emoção".[210] Com um músico medíocre como Charlie Shavers é suficiente ouvir uma única nota (ao menos quando ele toca sem surdina) para saber que ele é mais sentimental que emocional.[211]

O jazz tem um repertório maior de dispositivos geradores de emoção que a maioria das outras formas de música. No período que estou discutindo, a interpretação do jazz geralmente tomava a forma do improviso em torno de *canções* – melodias com letras que geralmente tinham um conteúdo emocional claro e intenso. Os vocalistas de jazz comunicavam esse conteúdo diretamente, adaptando o timbre e o fraseado às emoções expressas pelas palavras. (Há exceções, como quando Billie Holiday canta "Things Are Looking Up" (1937) de um modo mais melancólico do que esperançoso.) Os instrumentistas podem também se concentrar nas letras quando tocam. Lester Young, em especial, gostava de saber as letras das melodias que tocava.[212] De forma semelhante, "quando as improvisações feitas por um trompetista famoso certa vez se afastaram demais do sentimento apropriado de uma balada, Art Blakey gritou do outro lado do palco, 'Pensa na letra; pensa na letra'".[213]

Um aspecto característico do jazz, porém, é que tende a apagar a distinção entre interpretação vocal e instrumental. Os *scat singers* usam sílabas sem significado em vez de letras, a fim de permitir o tipo de improvisação livre que é geralmente reservada aos instrumentistas. Mais significativamente, alguns vocalistas usam suas vozes como um instrumento em vez de cantar propriamente. Quando Armstrong canta,

---

[210] Budd (1995), p. 96. Sobre sentimentalismo – na música e de forma mais geral – ver também Tanner (1976-1977). Para um contraste divertido, compare a interpretação verdadeiramente sentimental de "For Sentimental Reasons" de Helen Ward com Teddy Wilson (1936) com as interpretações *românticas* de Billie Holiday de "On the Sentimental Side" (1938).

[211] Ver também Sudhalter (1999), p.493.

[212] Em Porter, ed. (1991), p.162.

[213] Berliner (1990), p.255.

CAPÍTULO TRÊS

sua entonação é a de um trompetista. Billie Holiday, também, às vezes tem o ataque de um instrumentista. Esses aspectos são muito claros, por exemplo, em suas interpretações (1929 e 1939 respectivamente) de "I Can't Give You Anything But Love". Por outro lado, alguns instrumentistas tentam imitar a voz humana ou conseguir uma textura de som similar. Um exemplo bem conhecido é o trompete de Bubber Miley tocando nos primeiros anos da banda de Ellington.[214] Ainda mais expressivo era o som daquele que foi trombonista de Ellington por muitos anos, "Tricky Sam" Nanton, que podia fazer seu instrumento chorar como um bebê. Além disso, quando perguntaram a Ellington por que ele não tinha um vocalista, ele respondeu que com Johnny Hodges na banda ele não precisava de um. Charlie Parker, também, se referia a Hodges como a "Lily Pons" do jazz. O tom de Hodges – o melhor som do jazz – transmite emoções de rara intensidade e pureza.

Essa influência mútua do vocalista e do instrumentista oferece a cada um deles um repertório maior de expressão emocional. Um vocalista pode atingir uma nota de uma forma que enfatize a importância da palavra correspondente. Por outro lado, utilizando uma surdina os instrumentistas de metais podem evocar os acentos plangentes, melancólicos ou angustiados da voz humana. Assim, em comparação com cantores e instrumentistas clássicos, os músicos de jazz podem se utilizar de um conjunto muito mais rico de dispositivos de expressão de emoção. Considere também o uso do ritmo. Quando Hodges toca "The Gal from Joe" (1938) ou "Jump for Joy" (1941), seu som glorioso e a melodia não poderiam por si só transmitir o sentimento de felicidade ilimitada: a alegria saltitante também se deve a sutis dispositivos rítmicos cuja dissecação está além de minha capacidade analítica. Em contraste, a monotonia emocional de Kiri Te Kanawa cantando Gershwin se deve à sua absoluta falta de sensibilidade ao ritmo. Além disso, a perfeição uniforme de sua voz priva-a de um meio importante da expressão emocional. Cantores de ópera não podem permitir que suas vozes quebrem ou escorreguem para transmitir emoção, como faz Billie Holiday em "I Must Have that Man" (1937).

---

[214] Ver as excelentes análises da interpretação de Miley em Dodge (1995), p.84-90, 247-59.

(No fim da vida, quando sua voz *sempre* quebrava, esse meio não lhe estava mais disponível.) Finalmente, o uso da *blue note** no jazz transmite as emoções do pesar e da tristeza de forma muito poderosa. "Basin Street Blues" de Armstrong (1929) e "Blue Lester" de Young (1944) são exemplos excelentes.

Na arte, o racionalismo (bom gosto) e o romantismo (profundidade emocional) são aliados naturais, com o sentimentalismo como seu inimigo comum.[215] O bom gosto e a profundidade emocional, portanto, não variam de modo completamente independente um do outro. A total falta de bom gosto é incompatível com a grande força emocional. Excetuando-se esse caso, todas as regiões da Figura 3.2 são ilustradas por músicos específicos. Além dos músicos de "bom gosto e grande emoção", "bom gosto e pouca emoção" e "mau gosto e pouca emoção" mencionados anteriormente, inclui músicos de "grande emoção e mau gosto" como Roy Eldridge ou (em um nível superior) Sidney Bechet.[216]

A localização exata de músicos individuais nesse diagrama é sem dúvida arbitrária (e até certo ponto ditada pelas limitações espaciais do diagrama). É também – um outro ponto – obviamente uma questão de certa controvérsia. Ella Fitzgerald, por exemplo, em minha opinião tem pouca profundidade emocional. Suas interpretações dos padrões são as interpretações padrão, no sentido de que ela explora e aproveita, melhor do que ninguém, todas as possibilidades musicais das canções, com dicção e ritmo impecáveis. (Deve-se escutá-la pronunciando "rhythm" (ritmo) em "Fascinating Rhythm" (1959) para compreender todo o potencial fonético dessa palavra.) Contudo, não acho que ela preste muita atenção

---

* A *blue note* no jazz refere-se a notas cantadas ou tocadas em uma afinação mais baixa (em geral meio-tom ou menos) do que a das escalas maiores, com fins expressivos. (N.T.)

[215] Não me sinto, portanto, convencido pela defesa do sentimentalismo de Solomon (1997), para quem "nosso desdém pelo sentimentalismo é o desconforto racionalista com qualquer tipo de emoção" (p.226).

[216] O seguinte comentário poderia se aplicar bem a Eldridge: "Embora os improvisadores lutem para projetar os sentimentos com grande convicção, como os atores, eles devem também aprender a controlá-los, relacionando-os a outros elementos da interpretação. Um solista descreve o perigo da 'emoção em demasia' prejudicando potencialmente uma interpretação e a necessidade ocasional de conter a expressão em vez de 'exagerar na interpretação de uma peça para tentar expressar um sentimento'" (Berliner, 1994, p.259).

ao *significado* das palavras e às emoções por trás destas. Um obituário após sua morte em 1996 citou uma frase apropriada caracterizando-a como um "gênio ausente". Minha baixa avaliação de Sarah Vaughan será ainda mais controversa. Creio que ela tem essencialmente o mesmo problema de Tatum.[217] Seu talento vocal era tão extraordinário que ela era levada a fazer coisas que apenas ela conseguia fazer em vez de as coisas que sabia fazer melhor. Mildred Bailey, que – como Billie Holiday – tinha uma extensão vocal mais limitada, vai mais fundo em seu material, especialmente nas gravações com Mary-Lou Williams de 1939.

Figura 3.2

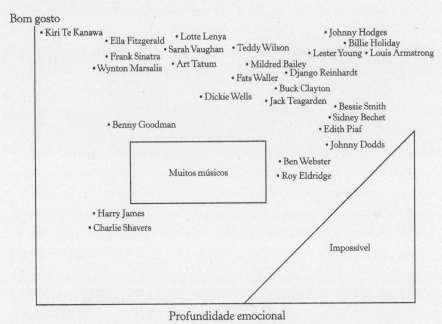

Profundidade emocional

---

[217] Dessa forma, concordo plenamente com a seguinte afirmação em Green (1991), p.141: "É inútil que seus analistas lhe digam que Ella Fitzgerald ou Sarah Vaughan podem seguir a sequência de acordes mais intricada passando pela quinta diminuta definitiva no acorde tônico final, atingindo resolução após resolução com a mesma correção de qualquer professor de música suburbano. Quando o conteúdo emocional é nulo, toda a correção do mundo não salvará a interpretação da condenação artística, uma observação que se aplica mais do que nunca ao jazz moderno, com suas assombrosas complexidades harmônicas e sua patética busca de legítima aceitação". Devo acrescentar, porém, que Green (1991, cap. 7) tem uma opinião mais positiva de Tatum do que a minha.

Contando uma história

O bom gosto e a profundidade emocional são apenas duas das dimensões relevantes à qualidade do jazz. A terceira – e a única em que o jazz difere radicalmente das outras interpretações musicais – é a inventividade no contar de histórias. Não estou sugerindo que apresentações de música clássica não tenham nenhum elemento de inventividade. Assim como um juiz é mais do que o executor passivo da lei, solistas e regentes são mais do que cabos de transmissão do compositor para o público. Como a interpretação em si é sempre determinada pela partitura, os músicos devem fazer escolhas estéticas que, mais que suas habilidades técnicas, formam a base para a avaliação que fazemos deles. No entanto, em um sentido óbvio, os intérpretes ficam em segundo lugar em relação ao compositor, enquanto no jazz a melodia fica em segundo lugar em relação à interpretação. No jazz, não podemos distinguir o dançarino da dança; na interpretação de uma sinfonia, podemos. A distinção é em grande parte uma questão da importância relativa das restrições e da liberdade. Em certo sentido, os músicos de jazz têm mais liberdade, pois atuam sob menos restrições musicais. Por essa mesma razão, porém, buscam ou acolhem bem (ou deveriam buscar ou acolher bem) outras restrições que possam fazer sua tarefa mais gerenciável. Retornarei a esse assunto mais tarde.

A habilidade de "contar uma história" por meio da inovação melódica[218] está relacionada ao bom gosto, mas vai muito além disso. Teddy Wilson tinha gosto incrivelmente bom e – de forma contida – considerável intensidade emocional, mas não uma grande história para contar. Hodges conseguia, como comentei, transmitir tanto o bom gosto quanto a profundidade emocional em uma única nota – mas uma nota não conta uma história. Quando ouço os melhores solos de Young, em "Lady Be Good" (1936), "Tickle Toe" (tanto as versões de 1940 quanto de 1941), ambas as tomadas de "When You're Smiling" (com Billie Holiday em 1938) ou as gravações de 1940 com Benny Goodman e Charlie Christian, é como se eu estivesse seguindo narrativas não verbais. Elas contêm afirmações,

---

[218] Ver Berliner (1994), p.201-5. Devido à minha falta de treinamento musical, não estou equipado para apreciar inovações harmônicas.

muitas vezes com orações subordinadas, digressões, retornos à história principal, amplificações dos temas anteriores, finais falsos, novos começos, e então a conclusão satisfatória quando as linhas da melodia que ficaram para trás do ritmo finalmente o alcançam.[219]

A experiência subjetiva de ouvir um solo estendido de jazz apresenta a mesma estrutura da audição de uma narrativa formal. Uma analogia poderia ser o poema *nonsense* de Lewis Carroll, "The Jabberwocky" ("Jaguadarte"),[*] que começa assim:

> Era briluz. As lesmolivas touvas
> Roldavam e relviam nos gramilvos.
> Estavam mimsicais as pintalouvas,
> E os momirratos davam grilvos.

Embora semanticamente opaco, o poema tem sentido em virtude de sua estrutura sintática – diferentemente de alguns textos surrealistas em que palavras comuns são colocadas juntas por meios extrassintáticos. Similarmente, como sugeriu Kendall Walton, uma peça de música pode transmitir "uma noção muito geral de retorno, não somente ao lar, mas também à saúde, à cena do crime, às antigas crenças e sabe-se lá o que mais".[220] Para cada solo de Lester Young, poder-se-ia escrever uma narrativa verbal com a mesma estrutura. No entanto, embora um solo seja menos do que uma narrativa verbal, no sentido de que não tem um

---

[219] O efeito criado quando o improvisador "alcança" o ritmo, que é responsável por alguns dos momentos mais emocionantes do jazz, é maravilhosamente descrito por Dodge (1995), p.169: "Muitas vezes o improvisador vai querer que sua nova linha melódica, seu solo fabuloso, continue à frente além dos limites de uma seção normal da melodia original. Então ele obedece à exigência da linha melódica, não ao término da seção, estendendo sua linha musical além do limite normal da seção da melodia aceita. Tendo feito isso por algum tempo, ele fica naturalmente muito atrás do curso da melodia, mas se junta a ele a qualquer momento, com a maior facilidade. Como um cão passeando com seu dono, correndo para longe e voltando continuamente – retornando para onde o dono *está*, não para onde deixou o dono!"

[*] "The Jabberwocky". *Twas brillig, and the slithy toves / Did gyre and gimble in the wabe / All mimsy were the borogroves / And the mome raths outgrabe.* [Campos, Augusto de. "Jaguadarte". In Carrol, Lewis. *Aventuras de Alice.* São Paulo: Summus, 1980, p.147].

[220] Walton (1988), p.356.

assunto específico, é também mais do que isso, pois utiliza o ritmo e a textura do som para acentuar as frases e as transições que constroem a história. A mistura resultante do abstrato e do concreto é um dos aspectos mais atraentes do jazz.

Improvisar *versus* esculpir

A criatividade no jazz tem uma relação complexa com a improvisação. Um solo improvisado de alta qualidade é uma proeza extrema da criatividade, mas improvisar não é a única maneira de contar uma história. Um solo pode ser "esculpido" – desenvolvido e aperfeiçoado ao longo de muitas interpretações até que atinja um máximo local. As improvisações bem-sucedidas são adotadas permanentemente e transformadas em restrições para as novas, até que no fim reste muito pouca liberdade. Os lançamentos recentes de tomadas alternativas de sessões de gravação dos anos 1920 e 1930, e das transmissões de rádio que reproduzem melodias também gravadas nos estúdios, tornam bem claro que os solos muitas vezes são preparados de antemão. Nas gravações de Armstrong de 1924-1925 com Fletcher Henderson, por exemplo, ele toca "o mesmo" solo em cada tomada. As várias versões de Lester Young tocando em "One O'Clock Jump" se sobrepõem com facilidade. De forma semelhante, se compararmos a gravação em estúdio de "Blue Reverie" (1937) com a gravação ao vivo no Carnegie Hall (1938), os solos eram virtualmente idênticos. Se um músico está na estrada dois dias a cada três e tem as mesmas aberturas para solo em todas as interpretações, dificilmente pode-se esperar que ele apareça com ideias totalmente novas a cada vez. Isso provavelmente é ainda mais verdadeiro para os cantores. Uma vez que Billie Holiday descobrisse como interpretar uma melodia, muitas vezes se desviando drasticamente da partitura escrita (como em "I'll Get By" de 1937), ela se fixava naquela interpretação. Contudo, mesmo um solo esculpido pode ser da mais alta qualidade. Em tais casos, o ato de criação é disseminado ao longo do tempo em vez de concentrado em alguns minutos.

Isso não significa que um solo esculpido seja imutável. A versão gravada no Carnegie Hall de "Blue Reverie" é superior à versão de estúdio. A inflexão é mais forte, o tom mais cálido e mais intenso. De forma similar,

CAPÍTULO TRÊS

há claras diferenças qualitativas nos sucessivos solos de Armstrong ao lado de Henderson. Poder-se-ia conjeturar, ainda, que um solo esculpido *não pode* se tornar imutável, mas tenderá a se deteriorar. Aqui podemos aplicar a máxima de Leibniz: "Temos de nos mover para frente se não desejamos regredir: ficar parado é impossível". Tocar "com sentimento" pode exigir a exploração de alguns territórios desconhecidos, mesmo que os desvios do solo padrão sejam muito pequenos. Podemos comparar as três gravações sucessivas de Hodges de "Never No Lament" (mais tarde conhecida como "Don't Get Around Much Anymore"): a versão em estúdio de 1940, a versão do Chrystal Ballroom de 1940 e a versão do Carnegie Hall de 1943. Embora similares em termos gerais, os três solos – todos muito comoventes – demonstram variações que sugerem que Hodges estava envolvido em uma prática contínua de exploração e inovação. Em torno da década de 1960, seus solos estavam muito mais ajustados, porém mesmo então encontramos pequenas mas significativas diferenças entre as versões de Berlim e de Estocolmo (ambas de 1961) de "On the Sunny Side of the Street". O ajuste fino sugere que ele continuou em busca do máximo local, ou que estava se movendo de tal máximo para um máximo próximo.

Em um extremo, portanto, encontramos o solo esculpido que faz parte de uma melodia padrão interpretada por uma banda permanente, tal como as orquestras de Basie ou de Ellington. No outro, encontramos o solo improvisado em sessões de gravação que reúnem músicos que normalmente não tocariam juntos. As sessões de Billie Holiday-Teddy Wilson de 1930 caem nessa categoria. Na melhor dessas sessões há uma mistura de músicos de Basie e de Ellington (Young, Hodges, Buck Clayton, Cootie Williams), acrescidos de quem quer que estivesse na cidade. Em uma categoria intermediária, encontramos solos em sessões de pequenos grupos formados pelos melhores músicos de uma *big-band*. Os acompanhantes de Basie e especialmente os de Ellington fizeram um número considerável de gravações desse tipo. Não sei até que ponto envolviam solos esculpidos. Em apresentações públicas das *big-bands*, algumas músicas eram geralmente tocadas por um subconjunto da banda inteira, talvez correspondendo a um desses grupos menores. É possível, portanto, que algumas gravações em grupos pequenos envolvessem solos esculpidos. Em alguns casos, a existência de tomadas alternadas é suficiente para excluir essa possibilidade. Nas maravilhosas gravações dos Kansas City Six (1938), com Lester Young tocando sobretudo clarinete, tudo é feito em tomadas alternadas que não deixam espaço para dúvida sobre sua espontaneidade. Em outros casos, temos evidências independentes de que uma dada música não era parte do repertório padrão.

Há dois critérios principais, então, para decidir se um dado solo é realmente improvisado no momento em vez de esculpido com o tempo. Se o solo é feito dentro de um grupo *ad hoc* que foi reunido apenas para uma gravação, não pode ter sido o produto de longo e cuidadoso polimento. Além disso, se o solo existe em tomadas alternadas, qualquer diferença entre as versões é um ótimo indicador da espontaneidade. Às vezes, ambos os critérios são atendidos. Muitas das sessões de Holiday-Wilson têm tomadas alternadas, resultando, por exemplo, em solos maravilhosos e inteiramente diferentes de Young em "Back in Your Own Backyard" (1938) e "When You're Smiling" (1938). Essas duas estão entre as melhores gravações de jazz já feitas, com os solos de Young demonstrando uma combinação milagrosa de liberdade e controle. Alguns matemáticos alegam que veem provas como um todo, expostas visualmente à sua frente. De forma semelhante, esses solos transmitem a impressão de que o fim é inventado logo no começo.[221]

Não sei de nenhum solo de Armstrong que seja igualmente inebriante. Suas gravações de 1926-1929 demonstram uma estonteante profundidade emocional e total controle musical, mas sua arquitetura dramática transmite, em linhas gerais, a impressão de ter sido mais esculpida do que improvisada. Após 1930, Armstrong praticamente parou de contar quaisquer histórias musicais, pelo menos até onde mostram suas produções gravadas. Ele então se apoiava em seu entendimento musical insuperável, que lhe permitia apresentar qualquer música de forma que sua versão se tornasse instantaneamente *a* versão, com uma força emocional que recobria até uma simples apresentação da melodia com um significado profundo. Em grande parte de sua carreira, essa análise também pode se aplicar a Johnny Hodges. Em uma célebre versão de 1937 de "The Sunny Side

---

[221] Green (1991), p.103.

of the Street" e na ainda mais poderosa versão no Cotton Club de 1938, ele faz pouco mais do que passar pela melodia com uns poucos enfeites em tom menor, mas o impacto emocional é enorme. Assim como "The Gal from Joe" transmite a essência da alegria, essas interpretações são a quintessência do amor.

No entanto, Hodges era também um mestre improvisador. Um exemplo de início de carreira é o sublime solo em "Dear Old Southland" (1933). Não posso acreditar que essa peça exuberante de música possa ter sido ensaiada. Dois exemplos posteriores, e para mim talvez o ápice de suas conquistas, vêm de uma sessão com um pequeno grupo de músicos de Ellington em 1938, incluindo-se "I Let a Song Go Out of My Heart" e "If You Were in My Place". (Não devemos deixar que o pavoroso vocalista nos distraia da interpretação de Hodges.) Aqui, em seus solos, ele conta histórias que são comparáveis ao melhor de Young em sua complexidade e interesse musical – com aquele som maravilhoso, para completar. Como a publicação completa das obras de Ellington com tomadas alternadas está em curso, espero que outras delícias semelhantes nos aguardem.

Concluo com alguns comentários sobre o papel das restrições no jazz. Inspirando-me em *Thinking in Jazz* (Pensando em jazz), de Paul Berliner, um estudo exaustivo de improvisação no jazz, podemos distinguir entre diversos tipos de restrições: financeiras, musicais, físicas e técnicas. Algumas dessas restrições têm um efeito debilitante sobre a criatividade, outras a acentuam, e outras ainda têm um impacto mais ambíguo. Ao discuti-las, vou ater-me à era entre 1936 e 1942, mas também usarei exemplos de períodos mais recentes do jazz.

Restrições financeiras

Todas as gravações de jazz no período em questão eram comerciais: eram feitas para dar lucro para a gravadora. Embora as gravadoras não estivessem em posição de impor a maximização de lucros como meta, podiam impor restrições financeiras e de fato o faziam. As canções mais populares eram às vezes dadas a músicos brancos, com cantores negros tendo de trabalhar com material de segunda classe. Contudo, em primeiro lugar essa prática era provavelmente menos comum do que muitas vezes se supõe,[222] e em segundo lugar uma cantora como Billie Holiday era capaz de dar uma carga emocional às canções mais banais. "As canções lhe vinham como produtos competentes de segunda classe da máquina da música popular da época, passavam pelo tratamento e emergiam como a expressão comovente de pensamentos e emoções que seus compositores jamais sonharam."[223] Entretanto, seria absurdo alegar que ela de fato cantava *melhor* com material de baixa qualidade, seguindo as linhas do argumento de Arnheim de que bons atores trabalham melhor com peças medíocres.

As gravadoras podem também tentar impor um estilo particular aos músicos, ou para lucrar com o sucesso do passado ou para se manter na moda. Por um lado, "a mesma mídia que ajuda a criar a popularidade dos improvisadores pode também restringir suas atividades criativas".[224] Uma vez que um disco tenha sido um sucesso, o músico precisa tocar a mesma música em todas as suas apresentações ao vivo também, uma restrição que pode se estender ao estilo de interpretação. Assim, Lee Konitz disse: "Acontece que tenho uma identificação com o tempo em que tocava com Miles e um monte de pessoas que não quer me ouvir tocando de outro jeito".[225] Nesses casos, os músicos podem enfrentar a escolha entre um compromisso musicalmente inaceitável ou se sustentarem por outros meios. Por outro, "as gravadoras podem dar o impulso para os artistas explorarem um espectro mais completo de expressões. Walter Bishop Jr. refletia: 'Minha música sempre evoluiu. Quando as gravadoras me disseram que não mais gravariam *bebop* e que eu era antiquado, encontrei outras áreas para me expressar'".[226]

As restrições financeiras do estúdio de gravação podem também exercer um efeito "resfriamento" sobre a música:

---

[222] Clarke (1994), p.91, e Nicholson (1995), p.69, argumentam, por exemplo, que o material para as sessões de Holiday-Wilson era na verdade muito bom.

[223] Green (1991), p.130. Tanner (1976-1977), p.141-2, sugere que os compositores de *lieds*, também podem transformar um poema sentimental em uma arte suprema.

[224] Berliner (1994), p.482.

[225] Ibidem.

[226] Ibidem.

Quando, como era comumente o caso, uma gravadora absorvia os custos das operações do estúdio de gravação e pagava aos improvisadores uma taxa por hora pelas sessões, forçava até o limite o tempo de estúdio de cada disco. Se os contratos estipulassem que, além do pagamento da sessão inicial, uma gravadora pagaria aos líderes da banda (e em alguns casos músicos extras) *royalties* com base nas vendas dos discos, normalmente debitavam os custos do estúdio e numerosas outras despesas associadas com a produção do disco das contas dos músicos antes de permitir-lhes partilhar dos lucros de uma gravação. Conscientes de que erros poderiam exigir a gravação de múltiplas tomadas das peças, cada tomada tendo consequências econômicas diretas, e conscientes também de que talvez não tivessem o poder de corrigir os problemas de forma a ficarem satisfeitos com cada parte, os músicos às vezes desenvolvem esboços de improvisos mais formais para sessões de gravação que para apresentações. No extremo, ocasionalmente compõem modelos completos para solos e partes de acompanhamento.[227]

Restrições musicais

Como explicado em 3.4 no caso dos romances, o desenrolar de partes anteriores de uma obra de arte pode restringir seu desenvolvimento posterior. Um princípio similar se aplica à improvisação, mas com uma reviravolta adicional (ver também 3.8). Os músicos de jazz desenvolvem um repertório de "defesas musicais" – dispositivos que os tirarão de encrencas se cometerem um erro. Alguns desses dispositivos são simplesmente formas de "livrar a cara", como no conselho de Dizzy Gillespie: "Quando cometer um erro, faça-o bem alto, porque se você se mostrar tímido a respeito, então realmente soará como um erro".[228] Um outro truque mais construtivo é repetir o erro, fazer com que pareça intencional.

Retrabalhar uma frase problemática em posições harmônicas separadas pode dar ao solo um tema unificador. Outro recurso seria a repetição imediata,

---

[227] Ibidem, p.475.
[228] Ibidem, p.212.

que pode servir à frase dispositivo satisfatório de construção de tensão, com sua competente resolução dando retroativamente à sequência o caráter de uma variação de motivo planejada.[229]

Além disso, os erros podem ser produzidos deliberadamente: alguns

artistas sentem que o cumprimento de suas metas depende de ter a autoconfiança e a flexibilidade para abrir mão de buscas intencionais – abdicar do controle. Um baterista de conga em Chicago certa vez seguiu esse caminho ao deixar periodicamente suas mãos caírem soltas sobre a membrana do tambor de alturas diferentes, permitindo-lhes repercutir livremente, então imediatamente imitando seus complexos padrões ale-ofônicos e tocando a partir deles.[230]

Diferentemente do caso do rock eletrônico, porém, a exploração delibe-rada de erros não parece ser um aspecto central da criatividade no jazz.

Uma restrição mais sutil surge na interação entre a harmonia e a melodia. Costuma-se observar que, embora as habilidades melódicas de Lester Young fossem insuperáveis, seu repertório harmônico era relati-vamente limitado.[231] Segundo Benny Green, esses dois aspectos de sua interpretação estavam de fato conectados um ao outro. Ele sugere que nunca "teria ocorrido aos [críticos de Young] que era no próprio conven-cionalismo harmônico que estava a fascinação de Lester Young. Com os mesmos magros recursos que estavam à disposição da geração anterior a ele, Lester Young desenvolveu um estilo bastante original e altamente idiomático".[232] Como a capacidade da mente humana é limitada e é me-lhor ser um mestre em uma arte do que medíocre em duas,[233] a disposição de trabalhar dentro de dadas convenções harmônicas pode ter sido uma condição para a excelência melódica de Young.

---

[229] Ibidem, p.215.
[230] Ibidem, p.219.
[231] Green (1991), p.106-10; Schuller (1989), p.554.
[232] Green (1991), p.110.
[233] Elster (1986a).

Restrições físicas e técnicas

Essas restrições formam uma miscelânea de obstáculos, indo dos triviais aos importantes. Em três exemplos divertidos, os músicos foram capazes de contornar defeitos técnicos em seus instrumentos simplesmente evitando aquilo que os desencadeava. Em uma ocasião, "uma válvula do trompete de Miles Davis emperrou no meio de uma improvisação. Davis simplesmente aceitou a perda das notas associadas a essa válvula como uma restrição de composição e elaborou o resto do solo sem elas".[234] Em outra, Bud Powell, chegando a uma boate com um piano desafinado, "correu seus dedos de um lado a outro do teclado para identificar as notas problemáticas. Então ele foi em frente e fez uma interpretação virtuosa, em que tratou as 'notas ruins' como dissonâncias ou efeitos sonoros – como *blue notes* – integrando-as perfeitamente ao seu solo".[235] Art Tatum também escolhia tonalidades de modo a evitar notas desafinadas no piano tanto quanto possível.[236] No caso de Powell, há uma sugestão de que a restrição adicional induziu-o a produzir algo de valor que, de outro modo, não teria acontecido – embora não necessariamente de maior valor do que se o piano estivesse apropriadamente afinado. Até onde vai meu conhecimento, nenhum músico de jazz já emulou Perec e privou-se *intencionalmente* de algum meio técnico que normalmente estaria à sua disposição.

Davis, Powell e Tatum eram capazes de superar defeitos em seus instrumentos graças a suas habilidades técnicas. Anteriormente vimos que essas habilidades, quando imperfeitas, podem elas mesmas funcionar como restrições. No caso dos instrumentistas, não acho que se possa estabelecer um argumento geral de que as habilidades limitadas servem para aumentar a qualidade da interpretação, forçando os músicos a se concentrarem no que dizer em vez de como dizê-lo. Embora as habilidades virtuosísticas possam tentar um músico a tocar apenas pelos efeitos, podem também ser utilizadas para transmitir ideias musicais sutis. Uma

---

[234] Berliner (1994), p.210.

[235] Ibidem, p.455.

[236] Stewart (1972), p.187.

possível exceção poderia ser Django Reinhardt, cuja mão esquerda ficou incapacitada após um incêndio. Ele

> enfatizou qualidades em [seu instrumento] nunca vistas antes no jazz, e exerceu considerável influência sobre os subsequentes ... violonistas. A deficiência de Reinhardt levou-o a tocar harmonias originais que poderiam, discutivelmente, não terem sido descobertas se seus dedos estivessem em sua plena capacidade.[237]

No caso dos vocalistas, porém, eu me pergunto se não seria mais do que um acidente o fato de que a extensão vocal e a profundidade emocional parecem estar inversamente relacionadas uma à outra. Anteriormente citei Billie Holiday e Mildred Bailey como exemplos de vocalistas que tinham extensão limitada, mas eram capazes de interpretações emocionais, e Ella Fitzgerald e Sarah Vaughan no extremo oposto de ambas as dimensões. (Como fica claro na Figura 3.2, todas elas tinham gosto soberbo.) Entre as outras grandes cantoras de jazz, Bessie Smith também se encaixava na primeira categoria. Como observou um escritor, ela cantava "com um tom árido e ao mesmo tempo com grande paixão".[238] Entre as vozes masculinas, Armstrong, Jack Teagarden e Jimmy Rushing se encaixariam nessa categoria, com os agora esquecidos Al Hibbler e Herb Jeffries na segunda (diferentemente de Frank Sinatra, eles nem bom gosto tinham). Concluo, hesitantemente, que as habilidades técnicas que são pré--requisitos essenciais para cantores clássicos podem ser uma deficiência para vocalistas de jazz.

Tendo a discordar de Berliner a respeito de duas restrições que estão ligadas à tecnologia das gravações em estúdio. Na seguinte passagem ele parece sugerir que as técnicas de edição aumentam a qualidade de uma interpretação, enquanto as restrições de tempo atuam contra ela:

---

[237] Cooke (1998), p.75. O mesmo pode se aplicar aos compositores. Assim, Irving Berlin "não sabia ler ou escrever música, e tocava apenas as notas pretas do piano, em Fá#. 'Dó é para pessoas que estudam música', ele disse em uma entrevista em 1948. 'O fato de que componho somente em Fá# me deu certas harmonias que outros escritores deixaram passar, porque sabiam mais sobre música'" (Lahr, 1999, p.80).

[238] Friedwald (1996), p.6.

CAPÍTULO TRÊS

Muitos músicos e grupos aproveitam as capacidades de edição do estúdio porque reconhecem que a mídia de gravação coloca-os em uma posição particularmente vulnerável como artistas. Erros que passaram em branco no calor das apresentações ao vivo podem enfraquecer a música quando sujeitos a repetidas audições. Apesar de todo o valor de tais ferramentas tecnológicas, porém, os improvisadores tendem a vê-las como muletas. Lou Donaldson nunca avalia "músicos a partir de suas gravações. Elas são feitas sob um conjunto diferente de circunstâncias em que podem corrigir aquilo de que não gostam. É preciso ouvir os músicos pessoalmente para ser capaz de julgá-los". Como uma compensação pelas vantagens de que dispõem no estúdio, os músicos lutam contra numerosas restrições que distinguem suas interpretações de eventos ao vivo. Até tempos relativamente recentes, as restrições de tempo de uma gravação forçavam os músicos a comprimir a extensão das apresentações substancialmente.[239]

Embora eu concorde que há uma compensação, eu situaria os custos e benefícios de maneira exatamente oposta. Por um lado, a oportunidade de editar e montar é uma ameaça à concentração artística que é essencial à criatividade. Mais uma vez, invoco o exemplo de Astaire. Por outro lado, as "algemas temporais"[240] das gravações em 78 rpm foram, em minha opinião, um fomento à criatividade. A improvisação musical de alto nível exige concentração demais para ser sustentada por mais de um minuto. Essa opinião vai contra grande parte da sabedoria popular. Benny Green, por exemplo, escreve sobre Young que

Todos aqueles que ouviram Lester no auge de sua carreira tomaram cuidado de enfatizar o seu aparente inesgotável fluxo criativo. É talvez mais verdadeiro sobre ele que sobre seus contemporâneos que as limitações dos discos de dez polegadas destruíram seu talento para o ouvinte. Mary Lou Williams chegou mesmo a dizer que "Lester levava quatro ou cinco repetições do refrão para aquecer". Considerar essa declaração diante de alguns dos fragmentos deliciosos de quatro ou oito compassos nas gravações do

---

[239] Berliner (1994), p.474.
[240] Rasula (1995), p.134.

meio da década de 1930 inspira os sonhos mais espantosos do que poderia ter sido e talvez do que realmente foi.[241]

A única gravação de Lester Young em sessão de *jam* no auge de sua carreira é da apresentação no Carnegie Hall em 1938. Embora seu solo aqui tenha recebido notas altas de Frank Buchmann-Möller em sua discografia,[242] ele não se destaca como superior à gravação em estúdio. Para o meu ouvido, soa menos concentrado e coerente que, digamos, suas contribuições a Basie em "Tickletoe" (1940) ou a *master take* (tomada *master*, ou tomada principal) de "Taxi War Dance" (1939), a versão radiofônica com um conjunto pequeno em 1941 da última canção (a melhor em todos os tempos, em minha opinião), as duas tomadas de "Back in Your Own Backyard" (Holiday-Wilson 1938), ou as gravações de 1940 com Goodman e Charlie Christian. Alguns poderiam argumentar, em termos da Figura 3.1, que as gravações em estúdio representam pontos tais como A, enquanto as sessões mais extensas produzem solos localizados em C ou E. Isso pode muito bem ser verdade; nunca saberemos ao certo.

No entanto, posso invocar a autoridade do próprio Lester Young para apoiar minha opinião. Para colocar a declaração dele da perspectiva apropriada, permitam-me primeiro notar que os músicos clássicos também improvisam. Os organistas franceses, por exemplo, são conhecidos por suas habilidades de improvisação. Um "mestre improvisador", Loïc Mallié, confessou que "achava as estruturas rigorosas do jazz, como os doze compassos que um músico de blues tem para improvisar uma variação, limitativas e restritivas".[243] Doze compassos podem realmente ser pouco demais, mas as improvisações do jazz a que me referi vão muito além desse limite. Por outro lado, não deveriam ir muito além disso. Conta-se que Lester Young teria dito: "Se você não consegue dizê-lo em 32 compassos, talvez você não deva dizê-lo".[244] Até certo ponto, mais é mais; além desse ponto, mais é menos.

---

[241] Green (1991), p.106.

[242] Buchmann-Möller (1990b), p.46-9.

[243] *International Herald Tribune*, 1º-2 de junho de 1996.

[244] *New York Times Magazine*, 2 de junho de 1996, p.32.

3.10 Obstáculos e objeções

Como em capítulos anteriores, concluo considerando a possibilidade e a conveniência do pré-compromisso e, de forma mais geral, o valor das restrições.

Obstáculos ao pré-compromisso

Embora a questão da disponibilidade da tecnologia necessária à autorrestrição seja menos central aqui do que em capítulos anteriores, não é inteiramente irrelevante. Os romancistas do século XVIII e do fim do século XX não podiam usar a técnica de publicação em série para reduzir sua liberdade. Embora um autor possa publicar trechos de um romance antes de sua publicação, isso é muito diferente de se sujeitar aos rigores de capítulos semanais ou mensais. Seria difícil hoje obter financiamento para um filme épico em preto e branco, e talvez impossível obtê-lo para um filme épico mudo e em preto e branco. A esperança de Arnheim de que todas as formas de cinema – com ou sem cor, com ou sem som – pudessem coexistir não se concretizou.[245] Nesse caso, a "carência de escassez" é induzida pela falta de demanda. Se o público quisesse filmes mudos em preto e branco, estes provavelmente seriam produzidos. Em um sentido mais livre, a falta de demanda pode impedir os poetas de utilizarem métricas clássicas ou os romancistas de trabalharem dentro da estrutura do romance realista. Contudo, falando mais estritamente, os escritores não são materialmente impedidos de trabalhar enquanto puderem pagar por papel e lápis. Os músicos de jazz talvez possam tocar a música de que gostam em boates, mesmo se o acesso a estúdio de gravações depender da disposição de se submeterem a restrições estilísticas.

O efeito maligno das restrições

A questão de se e quando as restrições são desejáveis é mais intricada. O efeito das restrições sobre as produções artísticas pode ser benigno,

---

[245] Arnheim (1957), p.159-60.

neutro ou maligno. Em seções anteriores, dei exemplos de argumentos que mostram que as restrições podem elevar o valor artístico. Também dei exemplos que sugerem que as restrições podem ser irrelevantes ou neutras, quando o artista pode contorná-las. Ernst Lubitsch pode não ter sido afetado pelo Código Hays; Bud Powell, Art Tatum e Miles Davis podem não ter-se incomodado com instrumentos defeituosos, nem Billie Holiday com canções inferiores. Ao corrigir um erro, os instrumentistas de jazz podem simplesmente "cumprir as mesmas metas de desenvolvimento pelas quais se esforçaram durante o curso normal da interpretação".[246]

Não há dúvida nenhuma de que as restrições podem causar danos estéticos. Em seu livro *In Praise of Commercial Culture* (Em louvor à cultura comercial), Tyler Cowen sugere que o progresso técnico que tem removido restrições materiais que pesavam sobre os artistas aumenta o valor estético e a criatividade. Por exemplo, as novas "tecnologias deram ... apoio aos pintores franceses e aos impressionistas. O tubo de tinta de latão, introduzido na década de 1840, permitiu ao artista levar seu trabalho ao ar livre e deixar para trás a falsidade da luz do estúdio".[247] De forma mais geral, "o relaxamento sucessivo de restrições externas sobre a criatividade interna tende a dar surgimento a uma ampla escala de emoções e estilos".[248] Essas restrições externas incluem tanto limitações financeiras quanto materiais. "Um grande mercado baixa os custos da busca criativa e torna os nichos do mercado mais fáceis de serem encontrados."[249] Os custos de matéria-prima em queda têm um efeito igualmente liberador. "No início da história da arte, a tinta e os materiais eram muito caros; os artistas eram constrangidos pela necessidade de gerar comissões e vendas imediatas. Quando os custos caíram, os artistas puderam almejar mais à inovação e à expressão pessoal, e menos a agradar aos compradores e críticos. A arte moderna se tornou possível".[250]

Esses argumentos correspondem à observação de senso comum que fiz em 1.1, de que no curso normal das coisas é melhor ter mais opções

---

[246] Berliner (1994), p.215.

[247] Cowen (1998), p.117.

[248] Ibidem, p.22.

[249] Ibidem, p.23.

[250] Ibidem, p.20.

do que menos. É uma verdade que deveríamos ter em mente para evitar o elogio absurdamente exagerado das restrições. Cowen parece não entender, porém, a ideia atípica de que a arte pode se beneficiar ao sofrer restrições. Além disso, ele não parece realmente tentar demonstrar que a remoção de restrições aumenta a *qualidade* da arte, em vez de meramente o número de obras de arte que são produzidas. O relaxamento das restrições que permitiu que mais artistas concretizassem suas ideias pode também minar o foco e a concentração que fazem parte da criação de obras de arte superiores. Se o efeito geral é benéfico, isso ainda não foi comprovado. Até aqui, não me deparei com nenhum grande filme feito com uma câmera de vídeo.[251]

O Código Hays demonstra muito bem como as restrições podem ter efeitos tanto malignos quanto valiosos. Anteriormente, citei André Bazin a respeito de como a censura poderia aumentar a qualidade dos filmes. Ele acrescenta, porém, que "o que é ganho por tais transgressões clandestinas pode ser mais do que compensado pelo que é perdido. Os tabus sociais e morais dos censores são arbitrários demais para serem capazes de canalizar a imaginação adequadamente. Embora útil na comédia ou no musical, são apenas um empecilho, estúpido e insuperável, em filmes realistas".[252] As carreiras de Fritz Lang, Howard Hawks e Orson Welles mostram que as restrições podem, de fato, ser correntes em vez de esporas para a criatividade. Tanto Lang como Hawks tiveram de embutir seus filmes em um roteiro artificial imposto pelo código de produção. Como *Um retrato de mulher* de Lang terminava com um suicídio, "uma 'solução' para a história que era desencorajada pelo Código de Produção", um final foi acrescentado em que o protagonista acorda para descobrir que tudo

---

[251] Michael Marriot (*"If Only Cecil B. De Mille Had Owned a Desktop Computer"* – "Se ao menos Cecil B. de Mille tivesse tido um microcomputador", *New York Times*, 7 de janeiro de 1999) cita um filme de cinco minutos vencedor de prêmios, uma paródia da propaganda nos Estados Unidos, feita por 1.700 dólares com tecnologia digital, e prossegue dizendo que a câmera de vídeo digital "torna possível a produtores de filmes trabalharem mais como pintores e outros artistas, primeiro produzindo suas obras e então apresentando-as aos mercados do mundo. Em Hollywood, os produtores de filmes precisam primeiro apresentar suas ideias e então tentar assegurar um financiamento". Resta ver se outros bons filmes resultarão disso. Meu palpite é que isso não vai acontecer.

[252] Bazin (1971), p.172.

havia sido um sonho, e um outro epílogo foi adicionado de forma que o filme pudesse terminar com uma saudável gargalhada.[253] Em *Scarface* de Hawks, os censores queriam que Scarface pagasse por seus crimes.[254]

> E por quatro minutos inteiros após o filme, incomparável pelo seu realismo, ter logicamente terminado, enquanto o público está saindo do cinema, mostra-se o que acontece a um pistoleiro arrogante e mau – o julgamento, a condenação, a fala do juiz ao pronunciar a sentença, e todos os outros detalhes do processo de enforcamento.[255]

Em *Citizen Welles* (Cidadão Welles), de Frank Brady, memoráveis descrições das lutas de Welles com o Departamento Hays sobre *The Heart of Darkness* (Coração das trevas), *Soberba* e *Jornada do Pavor* deixam claro que a interferência dos censores causou uma perda geral do valor estético.[256] No último caso, especialmente, as impostas

> alterações, demonstrando ainda mais a onipotência do Departamento Hays de censura, foram fatais ao roteiro de Welles e a todo o tema do romance de Ambler: *Jornada* jogava Graham, o inocente, em um mundo onde a vida é barata e padrões morais estão notavelmente ausentes. No livro, virtualmente cada gesto, cada hábito pessoal dos personagens estrangeiros sugere obscenidade ... É um mundo depravado, tanto quanto a ameaça de morte, que deixa Graham suando frio perpetuamente.

---

[253] McGilligan (1997), p.310-1. Ela também descreve como Lang fez o melhor que pôde com base nessas restrições, mas não alega que estas aumentaram o valor do filme.

[254] O sucessor de Hays, Joseph Breen, tinha uma "preocupação obsessiva" (Schatz, 1996, p.275) com essa questão. Assim, *O prisioneiro de Zenda* "causou problemas devido a um nascimento ilegítimo que ocorreu várias gerações antes do tempo da história – um ponto do roteiro aparentemente inócuo, mas necessário, já que explicava as semelhanças físicas entre o inglês em férias e o monarca da Ruritânia. Breen estava preocupado, no entanto, porque não havia indicação na história de que os fornicadores, mortos há muito tempo, houvessem sofrido uma 'retribuição moral' pelo seu pecado" (ibidem, p.196-7).

[255] McCarthy (1997), p.148, citando Lincoln Quarberg.

[256] Brady (1989), p.214-5, 322-3, 330-1.

CAPÍTULO TRÊS

Os efeitos devastadores da censura podem ser facilmente subestimados. Somados aos filmes que foram feitos sob o Código Hays e que sofreram com as limitações que este impunha, as vítimas da censura também incluem os muitos filmes que nunca foram produzidos porque seriam obviamente incompatíveis com o código.[257] O cancelamento da planejada versão em filme de *Coração das trevas*, por exemplo, foi em parte devido às exigências ridículas dos censores.[258]

A tese de Arnheim sobre o valor superior dos filmes mudos e em preto e branco é vulnerável a objeções similares. Em um nível geral, sua visão foi decisivamente refutada por Noël Carroll,[259] e não há necessidade de repetir suas objeções aqui. Em vez disso, discutirei um caso especial, comparando filmes mudos com filmes sonoros. Não há dúvida de que os filmes sonoros são superiores em muitos aspectos, nem que, na minha opinião, são inferiores em outros. Para ilustrar a vantagem dos filmes mudos, podemos utilizar a própria análise de Carroll da piada visual.[260] Como ele observa, esse dispositivo está também disponível nos filmes sonoros; Jacques Tati, em especial, faz extenso uso dele. No entanto, uma vez que o som esteja disponível, há uma óbvia tentação sobre o diretor para que usem trocadilhos verbais em vez de piadas visuais. Para evitar essa tentação, ele precisaria decidir, portanto, renunciar completamente ao uso do som. O exemplo de Arnheim sobre Sternberg, citado em 3.6, mostra um outro modo pelo qual um filme mudo pode ser superior. Nesse caso, o diretor de um filme sonoro não poderia alcançar o efeito que Sternberg produziu; uma vez que se dispõe de som em um filme, o barulho de um tiro precisa ser ouvido, a menos que o diretor abafe-o com um outro som (como no exemplo de *O picolino* citado anteriormente).

Como no caso do Código Hays, as restrições dos filmes mudos podem funcionar melhor para alguns gêneros de filmes do que para outros. Para a comédia e dramas épicos, a necessidade de contar uma história meramente por imagens pode realmente ajudar a concentrar os poderes

---

[257] Devo esse ponto a Diego Gambetta.
[258] Brady (1989), p.213-5.
[259] Carroll (1988), cap. 1.
[260] Carroll (1996), cap. 10.

criativos do diretor. Em dramas psicológicos e, de forma mais geral, em qualquer filme que busque uma caracterização profunda dos indivíduos e suas interações, um diretor que atasse uma mão atrás das costas ao renunciar a todo uso de diálogo ficaria mais paralisado que estimulado. As restrições do filme mudo simplesmente seriam estreitas *demais* (ver também 3.4). É difícil, ao menos para mim, imaginar a sutileza e a força psicológicas de, digamos, *Fanny e Alexandre* ou *Olhos negros* no formato mudo.

Os diretores de cinema hoje em dia têm menos opções sobre essas questões. Em outras formas de arte, as restrições rígidas são geralmente escolhidas em vez de impostas por forças exteriores. Se pintores decidem usar uma tela pequena ou dispensar as cores, normalmente o fazem com um propósito artístico específico e não para atender às expectativas de um público. Em contraste, a aparentemente livre escolha de se submeter a uma convenção pode ser experimentada subjetivamente como uma necessidade. Até certo ponto, restrições suaves desse tipo podem ter um efeito liberador. Entretanto, como observado anteriormente, as convenções dentro de um dado gênero muitas vezes acumulam-se com o passar do tempo. O mecanismo principal parece ser que os mestres do gênero são tomados como modelos normativos, de forma que sua obra acrescenta restrições extras às que eles mesmos enfrentaram. Com o tempo, o gênero pode então se transformar em um maneirismo, no sentido genérico de "apego excessivo ou afetado a uma maneira ou método de tratamento distintivo" (*Oxford English Dictionary*).

Transcendendo as restrições

Quando as convenções acumulam-se para reduzir o espectro de opções artísticas, uma revolução pode ser necessária para libertar a criatividade. Entretanto, mesmo antes que se chegue a esse ponto, rebeliões contra a convenção podem servir de veículo para a criatividade. Nesses casos, as restrições não são tanto negadas, mas transcendidas. Embora não seja realmente um paradoxo, a ideia pode ser expressa em termos paradoxais: *sofrer a restrição das convenções é bom, estar livre delas é ainda melhor.* Michael Baxandall nota que "muitos grandes filmes são um pouco

CAPÍTULO TRÊS

ilegítimos".[261] Em *The Failures of Criticism* [As falhas da crítica], Henri Peyre expressa a ideia em uma forma geral:

> Um século de liberdade infundiu-nos a falta de confiança em relação à ilegalidade irrestrita de alguns artistas modernos e a falta de forma de demasiadas peças e romances. Nos artistas, a aceitação voluntária de limites e mesmo de obstáculos para treinarem seus espetaculares saltos, é um sinal de juventude em ebulição, e não de decrepitude submissa. Além disso, será que há uma alegria mais intensa para um escritor rigorosamente treinado na disciplina artística, ou para um protestante limítrofe como Gide ou Eliot, que se tornar reverentemente consciente das regras rígidas que poderá algum dia se deleitar em quebrar? Após um longo século de individualismo, muitos de nossos contemporâneos parecem ter-se excedido em sua liberdade artística absoluta que tornou qualquer revolta insípida.[262]

Em um texto de 1946, dois anos após a publicação da primeira edição de *The Failures of Criticism*, Roger Caillois sugere a mesma coisa. Na passagem que citei em 3.1, ele afirma que os escritores do verso livre são parasitas do verso restrito; querem o prestígio sem a disciplina e o trabalho duro. Mas há uma outra forma de parasitismo que ele aprova, a ocasional quebra de uma regra por alguém que a domina completamente e que geralmente se curva aos seus rigores:

> É assim que surgem a expressão feliz do gênio e os efeitos estonteantes da grande arte. Todas as correntes são subitamente quebradas por um vigor sublime, admirável; aqui, dir-se-ia, é a natureza aparecendo em seu esplendor puro, rejeitando todas as vestimentas e adornos ostentosos, soberba, selvagem, sem colarinho ou maquiagem. Tudo isso é verdade, mas essas revelações não devem, não podem ser mais do que lampejos. Derivam sua força e brilho da raridade. Se lhes for permitido estabelecerem-se de forma que nada mais seja tolerado, se todas as barreiras e restrições forem removidas de forma que possam escapar à vontade e indefinidamente, então não há mais forma

---

[261] Baxandall (1985), p.120.
[262] Peyre (1967), p.226-7.

nem estilo. Esses grandes saltos em si, que fornecem um prazer tão intenso, perdem todo o sentido e importância. Não têm mais rima ou razão (*On ne sait plus à quoi ils riment**). Como não têm mais qualquer resistência para superar ou quaisquer obstáculos para enfrentar, não têm mais o caráter descontraído que os fazia belos. Não são nada além de turbulência e agitação elementares. Retornaram ao caos primordial do qual a arte poderia emergir somente ao inventar algemas e leis para si.[263]

As convenções fornecem uma disciplina salutar em cujo pano de fundo elas podem ser violadas com grande efeito estético, *desde que a violação em si se submeta à disciplina*. Embora atraente, essa reafirmação e revisão da doutrina clássica é algo instável, já que dificilmente pode ser afirmada em público como uma doutrina de prescrição sem autodestruir.[264] Se os artistas se submetem às regras apenas a fim de serem capazes de violá-las, eles podem não se sentir motivados a passar pelo extenuante processo de internalizá-las.[265] O argumento de que, mesmo se quiserem pintar não figurativamente, os pintores deveriam ser treinados em técnicas figurativas levanta um problema similar. Para que os artistas levem isso a sério, ajuda se eles acreditarem que nunca utilizarão qualquer outra técnica. A ideia tentadora de que é possível obter os benefícios das restrições *e* os benefícios de violá-las pode ser quimérica.

---

* "Não sabemos mais com o que rimam." Em francês no original. (N.T.)

[263] Caillois (1978), p.38-9. Ver também Paulhan (1990), p.85.

[264] Ver, em Rawls (1971), p.177-82, uma análise levemente análoga a respeito de restrição de publicidade em teorias éticas.

[265] Ao escrever "que os registros não mostram nenhum caso de inovação significativa em que o artista inovador não possuísse ou compreendesse as convenções que mudou ou abandonou", Greenberg (1999, p.53) está defendendo um ponto levemente diferente, o de que a violação *permanente* (distinta da temporária) de uma convenção pressupõe que, para ser bem-sucedida, a convenção tenha sido inteiramente internalizada.

Coda

Este livro não é um argumento para uma tese, mas uma exploração de alguns temas. O modo particular pelo qual os exemplos e os mecanismos são agrupados para produzir um "tema" é um tanto quanto arbitrário. Nos Capítulos 1 e 2, as análises se apoiaram sobre a perspectiva dual de *raciocínios* e *dispositivos* de pré-compromisso, uma perspectiva que poderia também ser aplicada ao Capítulo 3. Em vez de prosseguir usando essa classificação, porém, utilizarei categorias algo diferentes e geralmente menos técnicas para impor algum tipo de ordem aos casos cobertos nos capítulos anteriores. Enfatizo que não se trata de um resumo, mas de uma reflexão sobre os estudos de casos. Embora ao final eu ainda não tenha nada parecido com uma explicação sistemática, algumas das categorias poderiam encontrar um lugar entre os tijolos da construção de uma teoria das restrições.

Tentações

Muitas vezes nos pré-comprometemos a fim de evitar a tentação ou de nos fazer incapazes de sucumbir a ela quando a encontrarmos. As variedades de tentação que discuti neste livro são numerosas e diversas. Há, por exemplo, a tentação de não fazer nada ou a de adiar tarefas desagradáveis até amanhã. O fumante que não quer abrir mão dos cigarros ou a pessoa que acha que deveria poupar para a velhice, ambos são vulneráveis à procrastinação. "Dê-me castidade e continência, mas não ainda." E então há a tentação inversa, a de fazer imediatamente o que daria mais prazer se fosse estendido por períodos mais longos de tempo. Como George Ainslie sugeriu, muitos prazeres pressupõem a habilidade de *medir os próprios passos*. Os fumantes poderiam obter mais prazer total do fumo se fumassem menos. Aqueles que se apoiam nos prazeres da imaginação podem descobrir que ler um livro é preferível ao devaneio, que é vulnerável demais à satisfação prematura. *Escrever* um livro é ainda melhor. Em *Souvenirs d'Egotisme* [Memórias de egoísmo], Stendhal escreveu, "A quem quer que tenha experimentado a profunda ocupação de escrever, ler é apenas um prazer secundário".

Há também a tentação de tomar o caminho de menor resistência. Na arte, a busca do efeito é uma tentação constante se o artista possui altas habilidades técnicas ou pode escolher um meio esplendorosamente rico. Para os membros de comunidades isoladas da sociedade tecnológica, como os Amish, pode haver a tentação de fazer uso da tecnologia do ambiente mais avançado. Qualquer peça de tecnologia que for incorporada pode ter apenas um impacto negligenciável sobre o estilo de vida tradicional, mas com o passar do tempo o efeito total dessas alterações supostamente neutras pode ser corrosivo. Pode haver um "caminho de rosas" rumo ao vício, que também oferece visíveis benefícios de curto prazo e perigos de longo prazo mais difusos.

Paixões e desejos

Enquanto as tentações são atraentes e sedutoras, as paixões e os desejos são urgentes e imperiosos. As tentações muitas vezes utilizam-se de ilusão e do otimismo injustificado como suas aias, permitindo ao agente ignorar os perigos insidiosos envolvidos. As paixões e os desejos podem ser tão fortes a ponto de sufocar todos os pensamentos sobre as consequências. Em um estado de raiva violenta, de forte excitação sexual ou desejo de cocaína, a ânsia pela satisfação imediata é tão intensa que as considerações sobre os custos e riscos dificilmente vêm à tona. O pré-compromisso, nesses casos, deve ser feito com bastante antecedência, em um momento de frieza – não, por exemplo, quando se está tão apaixonado que se quer tornar muito difícil romper os laços do casamento. É preciso, além disso, tornar certas ações física ou legalmente impossíveis em vez de anexar custos extras a elas, pois, por suposição, no calor do momento esses custos não terão qualquer efeito motivador.

A ideia de uma ligação entre o pré-compromisso e a paixão é antiga, remontando a Sêneca e Plutarco. Em seus escritos, assim como no de virtualmente todos os outros escritores até a década passada, a ideia era a de se pré-comprometer *contra* a paixão. Jack Hirshleifer e Robert Frank argumentaram, porém, que as *paixões podem servir de meios de pré-compromisso contra as tentações*. De uma perspectiva bem diferente, Antonio Damasio também argumenta que, em vez de induzir um preconceito míope, as emoções permitem-nos levar em conta as consequências de longo prazo do comportamento. Dessas várias propostas, creio que aquela exposta por Frank – antecipada por A. O. Lovejoy – é a mais promissora. Em seu argumento, as emoções podem fazer a balança pender para o lado futuro distante ao impor custos psicológicos de vergonha e culpa à escolha da recompensa de curto prazo. Outro argumento, proposto por Hirshleifer e Frank, pode ser resumido pela afirmação de que a *indiferença pelas consequências* induzida emocionalmente *pode ter boas consequências*, pois os outros serão intimidados pelo conhecimento de que se está preparado para agir irracionalmente. Em minha opinião, essa ideia tem pouco apoio empírico. A proposta de Damasio também é essencialmente especulativa.

Pré-compromisso facilitador

Como somos irracionais, as tentações, as paixões e os desejos podem nos desencaminhar. Como *sabemos* que somos irracionais, podemos utilizar estratégias de pré-compromisso para nos proteger. Entretanto, ao contrário do que sugeri em *Ulysses and the Sirens*, o uso do pré-compromisso não está necessariamente ligado à irracionalidade ou à imperfeição. Mesmo a pessoa mais racional pode usar técnicas de autorrestrição para obter mais do que obteria de outra forma. Um exemplo simples de pré-compromisso facilitador é o uso de leis contratuais para fazer promessas críveis. Como demonstrou Stephen Holmes, a ideia tem aplicações importantes em contextos constitucionais. Além disso, há diversas estratégias de pré--compromisso que podem ser usadas para aumentar a credibilidade das ameaças. Longe de serem respostas à irracionalidade, essas estratégias podem incluir o posicionamento racional da irracionalidade, por exemplo, ao selecionar como negociador alguém que não desistirá quando estiver em uma posição frágil, como faria uma pessoa racional. Essa abordagem foi lançada por Thomas Schelling em ensaios maravilhosos.

O pré-compromisso facilitador também pode ocorrer em outros contextos e por outras razões. Quando o governo abdica da responsabilidade pela política monetária em favor de um banco central, não é necessariamente porque não confia em si próprio para fazer a coisa certa. Como Finn Kydland e Edward Prescott foram os primeiros a indicar, mesmo um governo livre de miopia e partidarismo se sairá melhor renunciando ao poder de tomar essas decisões. Ao exigir uma maioria qualificada para alterar os princípios básicos que regulamentam a vida política, as constituições possibilitam aos agentes econômicos e políticos fazerem investimentos e planos de longo prazo. O pré-compromisso também tem um importante papel positivo na arte. Descartar algumas de suas opções torna mais fácil para os artistas se concentrarem melhor na escolha entre as opções restantes.

Restrições e convenções

Em um nível muito geral, os dispositivos que limitam a liberdade de um agente podem ser classificados ao longo de duas dimensões. Primeiro, há uma distinção entre os dispositivos que apenas ativam as expectativas dos outros e aqueles que não o fazem. Segundo, há uma distinção entre os dispositivos que foram criados pelo agente e aqueles que ele simplesmente já encontrou existentes. Embora fosse possível cunhar termos distintos para todos os quatro casos que surgem do cruzamento dessas duas dicotomias entre si, juntei três deles sob o rótulo de *restrições*, utilizando *convenção* para o quarto. Uma convenção é um conjunto de expectativas que o agente simplesmente encontra em existência. Diferem, portanto, das expectativas estabelecidas por um indivíduo que quer fortalecer sua resolução de deixar de fumar anunciando-a a seus amigos. Diferem também das limitações rígidas em sua liberdade de ação que o agente simplesmente encontra em existência, como quando os diretores de cinema de antes de cerca de 1940 eram impedidos de fazer filmes coloridos. E finalmente, é claro, diferem das limitações rígidas livremente escolhidas.

Na política, encontramos tanto restrições constitucionais quanto convenções constitucionais. As primeiras são registradas na constituição escrita e aplicadas por um tribunal constitucional ou algum órgão similar. As últimas são princípios não escritos a que os atores políticos obedecem porque se espera que o façam e porque sofreriam politicamente se não o fizessem. Embora costume haver um mecanismo para desfazer uma lei ou um decreto que viole a constituição escrita, geralmente não há nenhum para desfazer um ato que viole uma constituição não escrita – apenas um mecanismo de punição ao autor, não o reelegendo, por exemplo. (A instituição ateniense da *graphé paranomon* fazia ambos – anulava a lei e punia seu propositor.) Às vezes, uma restrição existe apenas em virtude de uma convenção. Se as constituições não contêm cláusulas que tornem mais difícil alterá-las que alterar outras leis, qualquer poder de restrição que tenha será derivado da convenção de que constituições não devem ser mudadas no meio do jogo político.

A liberdade de ação dos artistas é também limitada tanto por restrições quanto por convenções. A maioria das restrições que enfrentam é imposta pela natureza técnica do meio ou por aqueles que financiam sua obra, mas algumas são autoimpostas. Trabalhar dentro de uma dada convenção é sempre uma decisão do artista. Poder-se-ia perguntar se as artes, como a política, contêm exemplos de convenções que regulam o uso de certas restrições. Para tomar um exemplo hipotético, o cinema poderia estar sujeito à convenção de que cenas de funerais fossem filmadas em preto e branco. Não tenho conhecimento, porém, de quaisquer casos assim.

No caso do autocontrole individual, as pessoas frequentemente procuram ser restringidas. Uma pessoa que esteja tentando interromper ou reduzir o consumo de bebidas pode tentar tornar o álcool indisponível ou tomar uma droga que a deixe doente se beber (ou se beber demais). Entretanto, em um sentido mais metafórico, ela também pode impor uma convenção sobre si mesma, na forma de uma regra privada. A regra pode tomar a forma drástica de nunca beber, ou formas moderadas como nunca beber antes do jantar ou beber apenas em companhia de outras pessoas. A proteção contra a tentação baseia-se na expectativa de que uma única violação induzirá a uma recaída completa, algo como um tácito cartel de preços que esteja unido por uma expectativa compartilhada de que uma única deserção causará uma deserção universal. Embora a ideia de uma convenção autoimposta possa parecer sem significação, dado que defini convenção como um conjunto de expectativas que o agente simplesmente encontra em existência, pode-se entender essa ideia se considerarmos o indivíduo como uma sucessão de seres ou, mais precisamente, como tendo de tomar uma sucessão de decisões. Uma vez que a expectativa de que uma única violação desencadeará uma recaída completa é estabelecida, o agente pode tomá-la como um fato paramétrico em vez de algo que possa ser renegociado. Não quero, porém, enfatizar a similaridade entre essas convenções intrapessoais e o caso interpessoal padrão. A analogia, embora sugestiva e tentadora, é também imperfeita e potencialmente enganadora.

Atrasos

Um caso especial de restrições envolve atrasos, ou seja, inserir ou estender um período de tempo entre duas decisões na sequência que leva a uma ação final. Tradicionalmente, supõe-se que os atrasos contrabalançam as *paixões*, deixando que as emoções ou desejos ligados ao vício amainem e permitindo que o agente decida com base na razão. Mais recentemente, foi demonstrado que os atrasos podem ser um meio eficiente de resistir ao foco excessivo no presente, o que é característico do desconto hiperbólico. Ao utilizar instrumentos de poupança sem liquidez, as pessoas podem se proteger contra sua tendência a avançarem sobre suas poupanças para financiar o consumo imediato.

Os atrasos podem ter pelo menos três outros efeitos. No primeiro, os atrasos podem ser manipulados a fim de reduzir o papel do *interesse* na tomada de decisão. Ao exigir um intervalo de tempo entre a aprovação de uma legislação e sua implementação, os constituintes podem tornar mais provável que os legisladores futuros promovam o bem geral em vez de o interesse privado. No segundo, os atrasos podem ser estratagemas úteis na negociação. Se uma pessoa é capaz de criar um procedimento lento e trabalhoso para responder às propostas da outra, ela terá uma vantagem estratégica. Finalmente, o procedimento ateniense do ostracismo demonstra que um líder político pode utilizar o intervalo entre as decisões em um procedimento em dois estágios para provocar paixões em vez de acalmá-las. Diferentemente dos outros efeitos que mencionei, este não serve de base para a adoção deliberada de um dispositivo de atraso.

A origem e a explicação do pré-compromisso

Enquanto as restrições surgem por necessidade ou escolha, as convenções evoluem (como exceção do caso intrapessoal já mencionado). A natureza do processo evolucionário é mal compreendida, como o é a natureza exata dos mecanismos pelos quais as convenções regulamentam o comportamento. Não há provavelmente nenhuma descrição geral que explique tanto a convenção constitucional francesa que permite que a constituição escrita seja alterada por referendo quanto a convenção de que uma canção popular deva ter o formato AABA.

O caso paradigmático da autorrestrição – Ulisses ordenar que o amarrassem ao mastro – foi claramente uma livre escolha. Quando indivíduos ou coletividades se restringem dessa maneira, devemos supor que o fazem porque acreditam que se beneficiarão com isso. (Se realmente se beneficiam é outra questão.) Em contraste, quando são restritos por outros ou por severas limitações físicas ou financeiras, podem não valorizar a situação de restrição, e podem de fato desejar sua liberdade. Mesmo quando preferem ser restritos, isso não é o mesmo que dizer que escolheram ser restritos. Embora os termos "pré-compromisso" e "autorrestrição" possam ser usados com certa liberdade para cobrir todos os casos de limitações à liberdade de ação de um agente que atuam em reconhecido benefício do próprio agente, isso não será suficiente para fins explanatórios.

Se desconsiderarmos as restrições não estabelecidas pelo homem, podemos distinguir diversas maneiras pelas quais um agente pode se restringir em suas ações. (i) As restrições surgem por causa dos benefícios ao agente como percebidos pelo agente. Esse foi o caso de Ulisses ou de Georges Perec ao escrever seus dois romances, um sem a letra "e" e o outro apenas com a vogal "e". (ii) Elas surgem por causa dos benefícios ao agente como percebidos por outros. Essa é uma restrição paternalista, em suas muitas variedades. A internação involuntária para uma doença mental é um exemplo típico. (iii) Elas surgem por causa dos benefícios a outros, sendo os benefícios ao agente que sofre a restrição um efeito colateral. Um grupo de elite de fundadores pode escrever uma constituição para beneficiar a si próprios, acreditando ao mesmo tempo que a população em geral se beneficiará por ser incapaz de confiscar as propriedades da elite. Em geral, porém, os efeitos colaterais podem ou não ser previstos por aquele que restringe, e podem ou não ser valorizados pelo agente que é restrito. Até onde sei, os funcionários do Departamento Hays não tinham ideia de que poderiam de fato aumentar o valor estético dos filmes ao censurá-los. Hoje, o governo dos Estados Unidos não parece reconhecer que, ao impor sanções econômicas ao Irã, pode na verdade ajudar aquele país a manter seu estado de isolamento e evitar a influência corrosiva dos valores ocidentais.

Restringir a si próprio ou ser restrito

A autorrestrição é uma operação reflexiva. Um agente, A, restringe o mesmo agente, A. No sentido mais literal, porém, é muito difícil amarrar a si mesmo. Pesquisando em livros sobre nós e truques de mágicos, não encontrei quaisquer instruções sobre como uma pessoa poderia amarrar a si própria de forma que fosse impossível se desamarrar. É fácil amarrar os próprios pés, mas é bem difícil atar as próprias mãos de modo tão apertado que não se possa desatar o nó, pois após um certo tempo o movimento das mãos está tão restrito que o agente não consegue aplicar a força necessária para que o nó fique bem apertado. Em geral A precisa da assistência de um outro agente B para amarrá-lo. Ulisses teve de pedir a seus marinheiros que o amarrassem ao mastro.

As outras pessoas podem ajudar no pré-compromisso de diversos modos. Como mencionado, a pessoa que quer deixar de fumar pode indiretamente convocar o apoio de outros ao contar-lhes sua intenção, esperando ser mantido na linha pela antecipação da desaprovação deles no caso de um deslize. Além disso, em vez de jogar fora a chave, um viciado poderia confiá-la a outra pessoa que tenha o direito e preferivelmente o dever de não ceder aos pedidos de devolvê-la. O viciado em cocaína que confia a uma agência de tratamento uma carta autoincriminatória a ser enviada a seu empregador caso seu teste de urina dê positivo, deve ter certeza de que a agência resistirá a seus apelos. A pessoa que toma dissulfiram para resistir ao desejo de beber geralmente precisa de supervisão para resistir à tentação de largar a medicação.

Também encontramos casos de autorrestrição mútua. O grupo dos Alcoólicos Anônimos é baseado na ideia de que os membros ajudam um ao outro a manter a abstinência. Em devaneios conjuntos, os parceiros de devaneio podem se ajudar a resistir à tentação de satisfação prematura. Na improvisação coletiva, cada músico restringe as contribuições dos outros. De forma mais geral, as convenções artísticas podem ser vistas dessa perspectiva. É porque cada artista espera que os outros respeitem as leis convencionais de um gênero que ele é motivado a fazê-lo também.

Outras pessoas, finalmente, podem tentar restringir o agente para tornar mais difícil para ele restringir a si mesmo (ou a outros). Em muitos casos de elaboração de uma constituição, observamos que as autoridades que convocam a assembleia constituinte ou que selecionam os delegados também tentam restringir os constituintes. Embora essas tentativas geralmente fracassem, às vezes têm sucesso. Também no comportamento individual a meta do paternalismo pode ser impedir o autopaternalismo. Assim, os conselheiros matrimoniais podem tentar impedir os jovens de se restringirem por meio de um contrato de casamento do qual seja muito difícil sair.

Restringir a si próprio ou restringir a outros

Quando um agente B impõe uma restrição sobre um agente A, pode ser porque, como já discutimos, A pediu-lhe para fazê-lo. Há uma suave transição desse caso para o caso em que B restringe A porque B acredita que A *teria pedido* para ser restrito se soubesse de todos os fatos sobre o caso e fosse capaz de tomar uma decisão informada. A internação involuntária em uma instituição psiquiátrica é às vezes justificada por esse argumento. De fato, mesmo se A não tivesse pedido para ser internado, ele poderia mais tarde ser capaz de processar B se for liberado prematuramente.

Há outra transição suave para casos em que uma pessoa restringe a si mesma meramente com o propósito de criar uma restrição que também limitará a liberdade de ação de outros. No Prefácio, citei Jens Arup Seip, que sugere que "no mundo da política, as pessoas nunca tentam restringir a si próprias, mas apenas aos outros". Muitos pretensos casos de autorrestrição constitucional acabaram, sob uma inspeção mais atenta, por confirmar essa máxima. Um exemplo notável foi a tentativa bem-sucedida de Valéry Giscard d'Estaing de restringir o futuro parlamento socialista ao restringir ostensivamente a si próprio. Mais sutilmente, a fim de ganhar uma ascendência, uma pessoa pode se restringir e se abster de restringir aos outros. Dessa forma, em algumas cidades-estados gregas, os ricos tornaram o voto obrigatório para si mesmos, mas não para os pobres, na expectativa de que os pobres não utilizassem de fato seu poder político quando não lhes fosse exigido que o fizessem.

Múltiplos "eus" e gerações sucessivas

Como uma alternativa ao conceito de "autorrestrição", pode-se falar de um "eu" (self) restringindo outro "eu", normalmente, um "eu" que existirá em uma data futura. Se usada simplesmente como metáfora, essa linguagem é suficientemente inofensiva. Se tomada literalmente, porém, levanta problemas. Pode-se argumentar, plausivelmente, que um velho é, em um sentido muito real, "uma outra pessoa" em relação à pessoa que era quando menino. No entanto, se desconsiderarmos casos inventados, os jovens não tentam realmente impor restrições sobre o que serão capazes de fazer ao envelhecerem. Muitos jovens dizem – e alguns podem falar sério – que se matarão quando atingirem certa idade, mas nenhum deles paga um assassino de aluguel para ter certeza de que o trabalho será feito. Quando uma pessoa realmente toma medidas para limitar sua futura liberdade de ação, é geralmente porque pensa que ela – a mesma pessoa – poderia de outra forma fazer algo que não gostaria de fazer. Ela restringe a si própria, não a uma outra pessoa. A diferença é importante, pois os problemas morais que surgem quando uma pessoa tenta restringir uma outra não surgem, ou surgem apenas de forma atenuada, quando ela tenta restringir a si mesma.

O caso inverso surge quando o conceito de autorrestrição é aplicado ao que é, na verdade, um caso de restrição a outros. Muitos escritores, até eu mesmo, têm-se referido à elaboração de uma constituição como uma forma de autorrestrição. Mais uma vez, essa linguagem pode ser aceitável como uma metáfora, mas é muitas vezes problemática se tomada literalmente. Quando uma geração fundadora limita a liberdade de ação de gerações futuras, o termo autorrestrição pode ser enganador. A justificativa moral da autorrestrição no sentido literal não se transfere para esse sentido metafórico: os fundadores não podem reivindicar o direito de restringir seus sucessores. Em alguns casos, eles podem ter uma certeza razoável de que seus sucessores quererão ficar restritos a certas regras de procedimento, mas a criação de direitos substantivos e controversos não pode ser justificada dessa maneira.

Exceções

Quando as restrições e convenções visam a excluir certas ações, elas podem excluir demais. Frequentemente há bons argumentos para se permitir exceções. Para impedir que a constituição se torne um pacto suicida, ela deve conter cláusulas que abram espaço para poderes de emergência. Aos bancos centrais deve ser permitido se desviarem da meta da estabilidade monetária se a economia é abalada por um choque súbito. Em vez de se tornar abstêmio, um alcoólatra pode aspirar a se tornar um usuário moderado. Um viciado em drogas que tenha concordado em se submeter a tratamento sem nenhuma possibilidade de deixar a clínica antes do tempo estabelecido poderia dizer à equipe que surgiu uma necessidade profissional que torna imperativo que lhe seja permitido sair por alguns dias. De uma perspectiva bastante diferente, tem-se argumentado que a violação deliberada, mas rara, de uma convenção estética pode ter grande valor estético.

Todos os argumentos em prol de abrir exceções, porém, esbarram em um problema comum: como distinguir exceções genuínas daquelas tentações ou impulsos que são exatamente o alvo da proteção das restrições. As emergências que suspendem os direitos constitucionais podem ser usadas para abolir a constituição. A recessão de um político é a ameaça de depressão de outro. Os viciados sempre serão capazes de encontrar algum aspecto pelo qual a ocasião presente é excepcional. E como um artista sabe que sua violação de uma convenção é um ato de imaginação ousada e não mera autocomplacência? Para lidar com esses problemas de segunda ordem, várias soluções de segunda ordem são possíveis. A pessoa com problemas com a bebida, por exemplo, poderia usar uma convenção para ditar seu ritmo: nunca ter álcool em casa a não ser quando receber convidados.

Custos do pré-compromisso

As restrições e convenções impõem três custos principais: a perda de flexibilidade, a perda de espontaneidade e a perda de poder de decisão. O primeiro problema está ligado à necessidade de exceções e a um modo de distingui-las do comportamento meramente irrestrito. Mas a falta de flexibilidade pode também ser tão rígida a ponto de induzir um movimento para abolir completamente as restrições. Em alguns países, os efeitos desastrosos da rigidez do banco central durante a Grande Depressão desencadeou legislações que essencialmente confiavam a política monetária ao arbítrio do governo. Por causa dos perigos do utilitarismo das regras em um ambiente imprevisível, o utilitarismo dos atos pode parecer uma alternativa superior.

A perda da espontaneidade é especialmente importante nas artes, em que uma imaginação genuinamente poderosa pode achar intolerável ser algemada a regras. O perene debate francês sobre os respectivos méritos de Racine e Shakespeare ilustra esse ponto. Contra a "perfeição" de Racine, há a "grandeza" de Shakespeare. As peças de Racine podem representar os máximos locais do valor estético, mas as obras-primas defeituosas de Shakespeare poderiam mesmo assim ser esteticamente superiores. A pessoa que tenta superar um mau hábito ou um vício colocando-se sob um regime rígido pode descobrir que sua vida tornou-se árida. O ex-fumante que tenta evitar todos os ambientes previamente associados ao fumo pode-se ver confinado ao quarto.

Finalmente, as restrições podem ser tão estreitas a ponto de deixar pouco espaço para a ação e a inovação. A Constituição dos Estados Unidos, por exemplo, é muitas vezes criticada por ter um sistema de freios e contrapesos tão rigoroso que até reformas muito necessárias são bloqueadas. À medida que uma forma de arte se desenvolve e novas convenções são continuamente acrescentadas para regulamentar o trabalho artístico, a criatividade pode sofrer. Além de certo ponto, as restrições e convenções deixam de ser facilitadoras e se tornam sufocantes.

Ser incapaz de se fazer incapaz

Mesmo quando indubitavelmente desejáveis, as tecnologias de autorrestrição podem não ser adotáveis ou não estar disponíveis. Se o pré-compromisso é um dispositivo a ser adotado por Pedro quando sóbrio para restringir Pedro quando bêbado, não é provável que seja utilizado se Pedro está sempre bêbado, ou bêbado no momento relevante. Nos momentos de elaboração de uma constituição, por exemplo, os constituintes podem estar tão entusiasmados que não consigam tomar as devidas precauções contra a falibilidade da natureza humana. Em outros casos, os constituintes podem estar animados por uma paixão duradoura ou um preconceito que os cegue à necessidade de se protegerem contra ela ou ele.

Além disso, a tecnologia pode simplesmente não existir. Um homem pode tentar poupar para a velhice criando um fundo de aposentadoria e acabar descobrindo que pode utilizá-lo como garantia para financiar despesas atuais adicionais. Se uma pessoa tenta reforçar uma ameaça assumindo um contrato com terceiros para pagar uma grande soma de dinheiro caso não a cumpra, poderá descobrir que os tribunais se recusam a fazer cumprir tal contrato. Um diretor de cinema que quer desesperadamente filmar em preto e branco ou sem som pode não encontrar ninguém que esteja disposto a financiá-lo. Quando se está zangado, pode ser difícil lembrar do dispositivo de contar até dez quando zangado. O caso mais pungente é dado pelo paradoxo da onipotência, o ditador que é capaz de fazer tudo exceto fazer-se incapaz de interferir na vida dos cidadãos. Como Ulisses poderia ter-se protegido contra a canção das sereias se fosse tão forte que conseguisse quebrar quaisquer cordas com que o amarrassem ao mastro?

Algumas questões não exploradas e não solucionadas

As duas questões que destaquei para uma discussão mais extensa, a elaboração de uma Constituição e a criação de obras de arte, não são os únicos exemplos de restrições benéficas. Alguns dos tópicos que discuti no primeiro capítulo – comportamento de poupança, organização industrial, relações internacionais, vício e fundamentalismo religioso – poderiam ser considerados igualmente importantes. A tendência à procrastinação e as técnicas para superá-la também seriam assuntos férteis. Como me indicou Diego Gambatella, também poderia ser escrito um capítulo completo sobre a importância das restrições nos *esportes*, em que há um interminável ajuste de regras para que as restrições sobre os atletas e jogadores não sejam nem rígidas nem frouxas demais. Nesse caso, o propósito é tornar as coisas apenas difíceis o suficiente para apresentar aos participantes um desafio que possa ser superado, e aos espectadores um espetáculo que possam apreciar.

A rigidez mais adequada das restrições é uma questão que aguarda um estudo mais aprofundado. No contexto constitucional, pode-se indagar qual a dificuldade mais adequada para emendar uma constituição, a extensão e o nível de estabilidade mais adequados aos mandatos de presidentes do banco central e aos juízes do tribunal constitucional, ou a maioria qualificada mais adequada exigida para derrubar um veto executivo. Embora não haja respostas que sejam as mais corretas em todos os tempos e em todos os lugares, poder-se-iam fazer recomendações definidas no contexto de sistemas políticos específicos. No contexto das artes, a questão é tanto a rigidez das restrições quanto até que ponto o artista deveria se sentir livre para violá-las.

Outra questão que ainda precisa ser explorada se refere à relação entre a autorrestrição consciente e os mecanismos inconscientes de ajuste mental. Quando uma restrição é imposta em vez de livremente escolhida, o agente que é alvo da restrição pode, após certo tempo, vir a apreciá-la, por meio do mecanismo de redução de dissonância. Em 1920, um diretor de cinema que não tivesse outra escolha poderia desenvolver uma filosofia segundo a qual os filmes mudos constituem um meio intrinsecamente superior. Mais tarde, quando o som se torna disponível, ele pode continuar a defender a mesma opinião, dada a necessidade de se manter coerente consigo mesmo. (A percepção das uvas "verdes" pode persistir mesmo quando passam a estar ao alcance da raposa.) Se o som tivesse estado disponível desde o início, porém, a ideia de renunciar a ele poderia nunca ter-lhe ocorrido. Uma descrição mais geral das restrições teria de incorporar a ideia de que elas podem *causar* uma preferência por menos em vez de mais, bem como ser o efeito de tais preferências.

Finalmente, devemos notar que as restrições também podem induzir a preferência pelo que não se pode ter ou fazer. Tocqueville comentou que os franceses tinham de ser restritos de maneira fraca para serem impedidos de se rebelar contra a rigidez de suas correntes. Quando as pessoas são impedidas de fazer coisas que não gostariam de fazer se tivessem liberdade de fazê-las, elas podem desenvolver o desejo por essas coisas. Esse mecanismo também atua no caso das restrições autoimpostas. Em um casamento tomado como um ato de autorrestrição, a grama pode parecer mais verde do outro lado da cerca. Às vezes, não é muito grande a diferença psicológica entre a restrição imposta por outros e a que foi imposta pela própria pessoa no passado. Algumas tentações contra as quais o agente é supostamente protegido pelo dispositivo do pré-compromisso podem dever sua existência a esse próprio dispositivo.

Referências bibliográficas

ABASTADO, C. (1975). *Le surréalisme*. Paris: Hachette,

ACKERMAN, B. (1991). *We the People*, Cambridge, Mass.: Harvard University Press, 1991.

_____. & KATYAL, N. (1995). "Our unconventional founding", *University of Chicago Law Review* 62, 475-573.

AINSLIE, G. (1992). *Psicoeconomics*. Cambridge University Press.

_____. (1994). "Is rationality just a bookkeeping system?". Papel read at the American Philosophical Association, Los Angeles, April.

AKERLOF, G. (1991). "Procrastination and obedience", *American Economic Review* 81, 1-19.

ANDENAES, J. (1980). *Det Vanskelige Oppgjoret*, Oslo: Tanum.

ANDERSON, T. (1993). *Creating the Constitution: The Convention of 1787 and the First Congress*. University Park, Pa.: Pennsylvania State University Press.

ARNHEIM, R. (1957). *Film as Art*, Berkeley: University of California Press.

BARRY, B. (1989). *Democracy, Power and Justice: Essays in Political Theory*. Oxford: Oxford University Press.

BARTH, E. (1988). "The sequence of moves in wage bargaining", Working Papel, Institute for Social Research, Oslo.

BATAILLE, G. (1957). *L'érotisme*. Paris: Editions de Minuit.

BAUMEISTER, R. F.; HEATHERTON, T. F.; TICE, D. M. (1994). *Losing Control: How and Why People Fail at Self-Regulation*. San Diego: Academic Press.

BAXANDALL, M. (1985). *Patterns of Intention*. New Haven: Yale University Press. Bayefsky, A. (Ed.) (1989) *Canada's Constitution Act* 1982 & *Amendments: A Documentary History*, v.1-11, Toronto: McGraw-Hill Ryerson.

BAZIN, A. (1972). *What is Cinema?* v.11, Berkeley and Los Angeles: University of California Press.

BECKER, G. (1992). "Habits, addictions, and traditions", *Kyklos* 45, 327-46.

_____. (1996). *Accounting for Tastes*. Cambridge, Mass.: Harvard University Press.

_____. & MULLIGAN, C. (1997). "The endogenous determination of time preferences", *Quarterly Journal of Economics* 112, 729-58.

_____. & MURPHY, K. (1988). "A theory of rational addiction", *Journal of Political Economy* 96, 675-700.

BELL, D. (1982). "Regret in decision making under uncertainty", *Operations Research* 30, 961-81.

BELLOS, D. (1994). *Georges Perec*. Paris: Seuil.

BELTON, J. (Ed.) (1996). *Movies and Mass Culture*. New Brunswick, N.J.: Rutgers University Press.

BERLINER, P. (1994). *Thinking in Jazz*. Chicago: University of Chicago Press. Bilgrami, A. (1996). "Secular liberalism and the moral psychology of identity", manuscrito não publicado. Department of Philosophy, Columbia University.

BLINDER, A. (1998). *Central Banking in Theory and Practice*, Cambridge, Mass.: MIT Press.

BOGDANOVICH, P. (1997). *Who the Devil Made It?* New York: Knopf.

BONDT, W. F. M. de & THALER, R. (1985). "Does the stock market overreact?" *Journal of Finance* 40, 793-808.

BONIME-BLANC, A. (1987). *Spain's Transition to Democracy: The Politics of Constitution-Making*, Boulder and London: Westview Press.

BOULEZ, P. (1986). *Orientations*. Cambridge, Mass.: Harvard University Press.

BRADY, F. (1989). *Citizen Welles*. New York: Anchor Books.

BRATMAN, M. (1995). "Planning and temptation". In: MAY, L.; FRIEDMAN, M.; CLARK, A. (Eds.) *Mind and Morals*. Cambridge, Mass.: MIT Press, p.293-310.

BREHM, J. (1966). *A Theory of Psychological Reactance*. New York: Academic Press.

BRETON, A. (1972). *Manifestoes of Surrealism*. Ann Arbor: University of Michigan Press.

BREWER, C. (1993). "Recent developments in disulfiram treatment", *Alcohol and Alcoholism* 28, 383-95.

BRILLIANT, R. (1991). *Portraiture,* Cambridge, Mass.: Harvard University Press.

BROMBERT, V. (1968). *Stendhal.* Englewood Cliffs, N.J.: Prentice Hall.

BROWN, D. P. & FROMM, E. (1987). *Hypnosis and Behavioral Medicine.* Hillsdale, N.J.: Lawrence Erlbaum.

BUCHMANN-MÕLLER, F. (1990a). *You Just Fight for Your Life: The Life of Lester Young.* New York: Praeger.

_____. (1990b). *You Got to Be Original, Man! The Music of Lester Young.* New York: Greenwood Press.

BUDD, M. (1985). *Music and the Emotions.* London: Routledge and Kegan Paul.

BUDD, M. (1995). *Values of Art.* London: Allen Lane.

BURDEAU, G.; HAMON, F.; TROPER, M. (1991). *Droit Constitutionnel,* 22e édition, Paris: Librairie Générale de Droit et de Jurisprudence.

CAGE, J. (1961). *Silence,* Middletown, Conn.: Wesleyan University Press.

CAGE, J. (1990). *I-VI.* Cambridge, Mass.: Harvard University Press.

CAILLOIS, R. (1943). "Pythian heritage (on the nature of poetic inspiration)", *Books Abroad* 17, 207-11.

_____. (1974). "Le roman policier". In: *Approches de l'imaginaire.* Paris: Gallimard, p.177-205.

_____. (1978). *Babel.* Paris: Gallimard.

CALLAHAN, E. J. (1980). "Altemative strategies in the treatment of narcotic addiction: A review". In: MILLER, W. R. (Ed.) *The Addictive Behaviors,* Oxford: Pergamon Press, p.143-68.

CAMERER, C.; LOEWENSTEIN, G.; WEBER, M. (1989), "The curse of knowledge in economic settings", *Journal of Political Economy* 97, 1232-54.

CAMPBELL, R. (1995). *Sauce for the Coose.* New York: The Mysterious Press.

CAMPOS, J. E. & ROOT, H. L. (1996). *The Key to the Asian Miracle.* Washington, D.C.: The Brookings Institution.

CAPLIN, A. & NALEBUFF, B. (1988). "On 64% majority rule", *Econometrica* 56, 787-814.

CARILLO, J. & MARIOTTI, T. (1997). "Wishful thinking and strategic ignorance", manuscrito não publicado, ECARE (Université Libre de Bruxelles) and GEMAQ (Université de Toulouse).

CARROLL, N. (1988). *Philosophical Problems of Film Theory.* Princeton: Princeton University Press.

_____. (1996). *Theorizing the Moving Image*. Cambridge University Press.

CARROLL, N. (1997). "Art, narrative, and emotion". In: HJORT, M. & LA-VER, S. (Eds.) *Emotion and the Arts*. Oxford University Press, p.190-211.

CASTALDO, A. (1989). *Les méthodes de travail de la constituante*. Paris: Presses Universitaires de France.

CEMUSCHI, C. (1992). *Jackson Pollock*. New York: HarperCollins.

CLARKE, D. (1994). *Wishing on the Moon: The Life and Times of Billie Holiday*. New York: Penguin.

COHEN, D. (1995). *Law, Violence and Community in Classical Athens*. Cambridge University Press.

COLOMER, J. (1995). *Carne Theory and the Transition to Democracy*. Aldershot: Edward EIgar.

COMITÉ NATIONAL chargé de la Publication des Travaux Préparatoires des Institutions de laye République (1987-1991). *Documents pour servir à l'histoire de l'élaboration de Ia constitution du 4 octobre 1958*, v. I-III, Paris: La Documentation Française.

COOKE, M. (1998). *The Chronicle of Jazz*. New York: Abbeville Press.

COWEN, T. (1991). "Self-constraint versus self-liberation", *Ethics* 101, 360-73.

_____. (1998). *In Praise ofCommercial Culture*. Cambridge, Mass.: Harvard University Press.

CUKIERMAN, A. (1992). *Central Bank Strategy, Credibility, and Independence: Theory and Evidence*. Cambridge, Mass.: MIT Press.

CUMMINGS, C.; JORDAN, J. R.; MARLATT, G. A. (1980). "Relapse: Prevention and prediction". In: MILLER, W. R. (Ed.). The *Addictive Behaviors*. Oxford: Pergamon Press, p.291-321.

CURRIE, O. (1990). *The Constitution* in the *Supreme Court:* 1888-1986, Chicago. University of Chicago Press.

DAMASIO, A. (1994). *Descartes' E"or*. New York: Putman.

DAVIDSON, O. (1970). "How is weakness of the will possible?", reprinted *in Essays on Actions and Events*. Oxford: Oxford University Press, 1980.

DAVIS, O.; CHASKALSON, M.; De WAAL, J. (1995). "Democracy and constitutionalism: The role of constitutional interpretation". In: VAN WYK, O. et al. (Eds.) *Rights and Constitutionalism*. Oxford: Oxford University Press, p.1-130.

DÉHAY, E. (1998). "L'exemple allemand d'indépendance de Ia banque centrale". (manuscrito não publicado).

DERFLER, L. (1983). *Presidents and Parliaments: A Short History of the French Presidency*. Boca Raton: University Presses of Florida.

DICKERSON, M. G. (1984). *Compulsive Gamblers,* London: Longman.

DIXIT, A. & NALEBUFF, B. (1991). "Making strategies credible". In: ZECKHAUSER, R. (Ed.) *Strategy and Choice.* Cambridge, Mass.: MIT Press, p.161-84.

DODDS, E. R. (1951). *The Greeks and the National.* Berkeley and Los Angeles: University of California Press.

DODGE, R. P. (1995). *Hot Jazz and Jazz Dance.* Oxford: Oxford University Press.

DOVER, K. J. (1955), "Anapsephisis in fifth-century Athens", *Journal of Hellenic Studies* 75, 17-20.

DRESSER, R. (1982). "Ullysses and the psychiatrists: a legal and policy analysis of the voluntary commitment contract". *Harvard Civil Rights-Civil Liberties Review* 16, 777-854.

DUTTON, D. (Ed.) (1983). *The Forger's Art.* Berkeley: University of California Press.

EDWARDS, G. et al. (1994). *Alcohol Policy and the Public Good.* Oxford: Oxford University Press.

EGRET, J. (1950). *La révolution des notables.* Paris: Armand Colin.

_____. (1975). *Necker et la Révolution Française.* Paris: Champion.

EKMAN, P. (1992). *Telling Lies.* New York: Norton.

ELIOT, T. S. (1919). "Hamlet". In: *Selected Prose of T.S. Eliot.* New York: Farrar, Straus and Giroux, p.45-9.

ELLIN, S. (1974). *Stronghold.* New York: Norton.

ELLIOTT, R. K. (1972). "The critic and the art lover". In: MAYS, W. & BROWN, S. C. (Eds.) *Linguistic Analysis and Phenomenology.* Lewisburg: Bucknell University Press, p.117-27.

ELSTER, J. (1975). *Leibniz et la formation de l'esprit scientifique.* Paris: Aubier-Montaigne.

_____. (1978). *Logic and Society.* Chichester: Wiley.

_____. (1983a). *Explaining Technical Change.* Cambridge University Press.

_____. (1983b). *Sour Grapes.* Cambridge University Press.

_____. (1984). *Ulysses and the Sirens.* rev. ed. Cambridge University Press.

_____. (1985). *Making Sense of Marx.* Cambridge University Press.

_____. (1986a). "Self-realization in work and politics". *Social Philosophy and Policy* 3, 97-126.

_____. (1986b). "Deception and self-deception in Stendhal". In: _____. (Ed.) *The Multiple Self.* Cambridge University Press, p.93-113.

_____. (1989a). *Nuts and Bolts for the Social Sciences.* Cambridge University Press.

———. (1989b). *Solomonic Judgments*. Cambridge University Press.

———. (1989c). *The Cement of Society*. Cambridge University Press.

———. (1993a). "Rebuilding the boat in the open sea: Constitution-making in Eastern Europe", *Public Administration* 71, 169-217.

———. (1993b). "Constitutional bootstrapping in Paris and Philadelphia", *Cardozo Law Review* 14, 549-76.

———. (1993c). "Majority rule and individual rights". In: HURLEYAND, S. & SHUTE, S. (Eds.) *On Human Rights*. New York: Basic Books, p.175-216, 249-56.

———. (1993d). *Political Psychology*. Cambridge University Press.

———. (1994). "Argumenter et négocier dans deux assemblées constitu antes", *Revue Française de Science Politique* 44, 187-256.

———. (1995a). "Forces and mechanisms in the constitution-making process", *Duke Law Review* 45, 364-96.

———. (1995b). "Limiting majority rule: Alternatives to judicial review in the revolutionary epoch". In: SMITH, E. (Ed.) *Constitutional Justice under Old Constitutions*. The Hague: Kluwer, p.3-21.

———. (1995c). "Strategic uses of argument". In: ARROW, K. et al. (Eds.). *Barriers to the Negotiated Resolution of Conflict*. New York: Norton, p.236-57.

———. (1995d). "The impact of constitutions on economic performance". In: *Proceedings from the Annual Bank Conference on Economic Development*. Washington, D.C.: The World Bank, p.209-26.

———. (1995e). "Transition, constitution-making and separation in Czechoslovakia". *Archives Européennes de Sociologie* 36, 105-34.

———. (1995f). "Equal or proportional? Arguing and bargaining over the Senate at the Federal Convention". In: KNIGHT, J. & SENED, I. (Eds.) *Explaining Social Institutions*. Ann Arbor: University of Michigan Press, p.145-60.

———. (1996). "Montaigne's psychology". In: *The Great Ideas Today*. Chicago: Encyclopedia Britannica, p.108-55.

———. (1997): Review of Becker (1996). *University of Chicago Law Review* 64, 749-64.

———. (1998). "Coming to terms with the past', *Archives Européennes de Sociologie* 39, 7-48.

———. (1999a). *Alchemies of the Mind: Rationality and the Emotions*. Cambridge University Press.

———. (1999b). *Strong Feelings: Emotion, Addiction, and Human Behavior*. Cambridge, Mass.: MIT Press.

REFERÊNCIAS BIBLIOGRÁFICAS

————. (1999c). "Gambling and addiction". In: ELSTER, J. & SKOG, O.-J. (Eds.) *Getting Hooked: Rationality and the Addictions.* Cambridge University Press, p.208-34.

————. (1999d). "Davidson on weakness of will and self-deception". In: HAHN, L. (Ed.) *The Philosophy of Donald Davidson,* La Salle, III: Open House Publishing, p.425-42.

————. (no prelo). "Rationality, economy, and society". In: TURNER, S. (Ed.) *The Cambridge Companion to Weber.* Cambridge University Press.

————. & LOEWENSTEIN, G. (1992). "Utility from memory and anticipation". In: LOEWENSTEIN, G. & ELSTER, J. (Eds.) *Choice over Time.* New York: Russell Sage Foundation, p.213-34.

ENGEL, M. (1967). *The Maturity of Dickens.* Cambridge, Mass.: Harvard University Press.

EULE, J. N. (1987). "Temporal limits on lhe legislative mandate", *American Bar Foundation Research Journal,* 379-459.

EYCK, F. (1968). *The Frankfurt Parliament* 1848-49. London: MacMillan.

FEARON, J. (1994). "Domestic political audiences and the escalation of international disputes", *American Political Science Review* 88, 577-92.

————. (1997). "Signaling foreign policy interests", *Journal of Conflict Resolution* 41, 68-90.

FELLER, W. (1968). *An Introduction to Probability Theory and its Applications.* 3th ed., v.1. New York: Wiley.

FINN, J. E. (1991). *Constitutions in Crisis.* New York: Oxford University Press.

FORD, R. (1998). "Why not a novella?". Editorial introduction to *The Granta Book of Long Stories.* London: Granta.

FRANK, R. (1988). *Passions within Reason.* New York: Norton.

————. (1996). *Microeconomics.* New York: McGraw-Hill.

FRANKFURT, H. (1971). "Freedom and will and the concept of a person", *Journal of Philosophy* 68, 56-20.

FREUD, S. (1908). "Creative writers and daydreaming". In: *The Complete Psychological Works of Sigmund Freud.* London: The Hogarth Press, 1959, v.IX, p.41-53.

FRIEDWALD, W. (1996). *Jazz Singing.* New York: Da Capo Press.

FRIJDA, N. (1986). *The Emotions.* Cambridge University Press.

FROMM, E. (1960). *Fear of Freedom.* London: Routledge.

FRY, R. (1921). *Vision and Design.* New York: Brentano.

FUDENBERG, D. & TIROLE, J. (1992). *Game Theory.* Cambridge/Mass.: MIT Press.

GARDNER, E. & DAVID, J. (1999). "The neurobiology of chemical addiction". In: J. ELSTER & O.-J. SKOG (Eds.) *Getting Hooked: Rationality and the Addictions.* Cambridge University Press, p.93-136.

GATAKER, T. (1627). *On the Nature and Use of Lots.* 2nd ed. London:

GEER, H. de (1986). *SAF i förhandlingar.* Stockholm: SAFs Förlag.

GENETTE, G. (1969). "Vraisemblance et motivation". In: *Figures* II. Paris: Seuil, p.71-100.

GIBBARD, A. (1986). "Interpersonal comparisons: Preference, good, and the intrinsic reward of a life". In: ELSTER, J. & HYLLAND, A. (Eds.) *Foundations of Social Choice Theory.* Cambridge University Press, p.165-93.

GLANTZ, S. et al. (1996). *The Cigarette Papers.* Berkeley and Los Angeles: University of California Press.

GLENN, B. (1999). "Collective precommitment from temptation: The case of the Amish". Manuscrito não publicado, St. Antony's College.

GOLAY, J. F. (1958). *The Founding of the Federal Republic of Germany.* Chicago: University of Chicago Press.

GOLDENBERG, J.; MAZURSKY, D.; SOLOMON, S. (1999). "Creative sparks", *Science* 285, 1495-96.

GOLDSTEIN, A. (1994). *Addiction.* New York: Freeman.

GOODMAN, E. (1997). "Worried About All Those Divorces? Tighten the Knot and Feel Better", *International Herald Tribune,* August 12.

GREEN, B. (1991). *The Reluctant Art.* New York: Da Capo Press.

GREENBERG, C. (1999). *Homemade Esthetics.* Oxford University Press.

GUTH, W.; SCHINITTBERGER, R.; SCHWARTZ, B. (1982). "An experimental analysis of ultimatum bargaining", *Journal of Economic Behavior and Organization* 3, 367-88.

HADAMARD, J. (1954). *The Psychology of Invention in the Mathematical Field.* New York: Dover Books.

HAMPSON, N. (1988). *Prelude to Terror.* Oxford: Blackwell.

HANSEN, M. H. (1991). *The Athenian Democracy in the Age of Demosthenes.* Oxford: Blackwell.

HARRISON, S. (1995). "Anthropological perspectives on the management of knowledge", *Anthropology Today* 11, 10-14.

HAUGOM OLSEN, S. (1998). "Literary aesthetics". In: KELLY, M. (Ed.) *The Encyclopedia of Aesthetics.* v.3, New York: Oxford University Press, p.147-55.

REFERÊNCIAS BIBLIOGRÁFICAS 363

HAYEK, F. (1960). *The Constitution of Liberty*. Chicago: University of Chicago Press.

HEARD, A. (1991). *Canadian Constitutional Conventions*. Toronto: Oxford University Press.

HENRY, C. (1974). "Investment decisions under uncertainty: The 'irreversibility effect'", *American Economic Review* 64, 1006-12.

HILL, J. S. (1998). *Ghirlandaio's Daughter*. New York: St. Martin's Press.

HIRSHLEIFER, J. (1987). "The emotions as guarantors of threats and promises". In: DUPRÉ, J. (Ed.) *The Latest on the Best*. Cambridge, Mass.: MIT Press, p.307-26.

HJORT, M. (1993). *The Strategy of Letters*. Cambridge, Mass.: Harvard University Press.

HOLMES, S. (1984). *Benjamin Constant and the Making of Modern Liberalism*. New Haven: Yale University Press.

_____. (1988). "Precommitment and the paradox of democracy. In: ELSTER, J. & SLAGSTAD, R. (Eds.). *Constitutionalism and Democracy*. Cambridge University Press, p.195-240.

_____. (1992). "Destroyed by success" (manuscrito não publicado).

_____. (1993). *The Anatomy of Antiliberalism*. Cambridge, Mass.: Harvard University Press.

_____. & SUNSTEIN, C. (1995). "The politics of constitutional revision in Eastern Europe". In: LEVINSON, S. (Ed.) *Responding to Imperfection: The Theory and Practice of Constitutional Amendment*. Princeton: Princeton University Press, p.275-306.

HUBER, E. R. (1960). *Deutsche Verfassungsgeschichte seit 1789*. v.2, Stuttgart: Kohlhammer.

HUME, D. (1960). *A Treatise on Human Nature*. (Ed.) Selby-Bigge. Oxford: Oxford University Press.

HURLEY, S. (1989). *Natural Reasons*. Oxford: Oxford University Press.

HUYSE, L. & DHONDT, S. (1993). *La répression des collaborations*. Bruxelles: CRISP.

ISER, W. (1974). *The Implied Reader*. Baltimore: Johns Hopkins University Press.

JAMES, C. (1997). "Hit men" (review of Bogdanovich 1997). *The New Yorker*, July 7, 70-73.

JOHNSEN, J. & MERLAND, J. (1992). "Depot preparations of disulfiram: Experimental and clinical results". *Acta Psychiatrica Scandinavica* 86, 27-30.

JONES, A. H. M. (1957). *Athenian Democracy*. Baltimore: Johns Hopkins University Press.

KAGAN, D. (1974). *The Archidamian War*. Ithaca, N. Y.: Cornell University Press.

KAHN, A. & TICE, T. E. (1973). "Retuming a favor and retaliating harm: The effects of stated intentions and actual behavior", *Journal of Experimental Social Psychology* 9, 43-56.

KAHNEMAN, D. & MILLER, D. T. (1986). "Norm theory: Comparing reality to its alternatives", *Psychological Review* 93, 126-53.

———. & TVERSKY, A. (1982). "The simulation heuristics". In: KAHNE-MAN, O.; SLOVIC, P.; TVERSKY, A. (Eds.) *Judgment under Uncertainly*. Cambridge University Press, p.201-9.

KANT, I. (1785). *The Metaphysics of Morals*. In: *The Cambridge Edition of the Works of lmmanuel Kant: Practical Philosophy*. Cambridge University Press, 1996.

KEECH, W. R. (1995). *Economic Politics*. Cambridge University Press.

KERMODE, F. (1967). *The Sense of an Ending*. Oxford: Oxford University Press.

KLUGER, R. (1996). *Ashes to Ashes*. New York: Knopf.

KOLM, S.-C. (1986). "The Buddhist theory of 'no-self'". In: ELSTER, J. (Ed.) *The Multiple Self*. Cambridge University Press, p.233-65.

KOSEKI, S. (1997). *The Birth of Japan's Postwar Constitution*. Boulder: The Westview Press.

KOSTELANETZ, R. (1991a). "Inferential art". In: ———. (Ed.) *John Cage*. New York: Da Capo, p.105-9.

———. (1991b). "John Cage: Some random remarks". In: ———. (Ed.) *John Cage*. New York: Da Capo, p.193-207.

KRAYBILL, D. (1989). *The Riddle of Amish Culture*. Baltimore: Johns Hopkins University Press.

KREPS, D. et al. (1982). "Rational cooperation in the finitely iterated Prisoner's Dilemma", *Journal of Economic Theory* 27, 245-52, 486-502.

KROGH, D. (1991). *Smoking*. New York: Freeman.

KURTZ, E. (1979). *Not-God: A History of Alcoholics Anonymous*. Center City, Minn.: Hazelden Educational Services.

KYDLAND, F. & PRESCOTT, E. (1977). "Rules rather than discretion: The inconsistency of optimal plans", *Journal of Political Economy* 85, 473-91.

KYMLICKA, W. (1989). *Liberalism, Community and Culture*. Oxford: Oxford University Press.

LACOUTURE, J. (1990). *De Gaulle*. v. I-III, Paris: Seuil.

LAFAYETTE, Mme. de (1994). *The Princess of Cleves*. New York: Norton.

REFERÊNCIAS BIBLIOGRÁFICAS

LAFFONT, J.-J. & TIROLE, J. (1994). *A Theory of Incentives in Procurement and Regulation*. Cambridge, Mass.: The MIT Press.

LAHR, J. (1999). "Revolutionary Rag", *The New Yorker*, March 8, p.77-83.

LAIBSON, D. (1994). "Self-control and saving" (Ph.D. Dissertation, Department of Economics, MIT).

_____. (1996a). "Hyperbolic discount functions, undersaving, and savings policy". NBER working papel #5635.

_____. (1996b). "A cue-theory of consumption", manuscrito, Departament of Economics, Harvard University.

_____. (1997). "Golden eggs and hyperbolic discounting", *Quarterly Journal of Economics* 112,443-78.

LECHERBONNIER, B. et al. (Eds.) (1989). *Littérature XXᵉ Siecle*. Paris: Nathan.

LEDOUX, J. (1996). *The Emotional Brain*. New York: Simon and Schuster.

LEIBNIZ, G. W. (1705). "Considerations on vital principles and plastic Natures". In: L. E. LOEMKER (Ed.). *Leibniz: Philosophical Papers and Letters*. Dordrecht: Reidel, 1969, p.586-90.

LEM, S. (1994). *Peace on Earth*. New York: Harcourt Brace.

LESSING, A. (1983). "What is wrong with a forgery?". In: DUTTON, D. (Ed.) *The Forger's Art*. Berkeley: University of California Press, p.58-76.

LEVENSON, J. (1968). *Confucian China and Its Modern Fate*. V.1, Berkeley: University of California Press.

_____. (1990). "Musical literacy". *Journal of Aesthetic Education* 24, 17-30.

LEVY, R. (1973). *The Tahitians*. Chicago: University of Chicago Press.

LEWIS, D. (1969). *Convention: A Philosophical Study*. Cambridge, Mass.: Harvard University Press.

LEWIS, M. (1992). *Shame*. New York: The Free Press.

LICHTENSTEIN, E. & BROWN, R. A. (1980). "Smoking cessation methods: Review and recommendations". In: MILLER, W. R. (Ed.) *The Addictive Behaviors*. Oxford: Pergamon Press, p.169-206.

LINDBECK, A. (1976). "Stabilization policy in open economies with endogenaus politicians", *American Economic Review: Papers and Proceedings* 66, 1-19.

LIVINGSTON, P. (1991). *Literature and Rationality*. Cambridge University Press. LOEWENSTEIN, G. (1996). "Out of contrai: Visceral influences on behavior", *Organizational Behavior and Human Decision Processes* 65, 272-92.

_____. (1999). "A visceral theory of addiction". In: ELSTER, J . & SKOG, O.-J. (Eds.) *Getting Hooked: Rationality and the Addictions*. Cambridge University Press, p.235-64.

_____. & ELSTER, J. (Eds.) (1992). *Choice over Time*. New York: The Russell Sage Foundation.

_____ & PRELEC, D. (1992). "Anomalies in intertemporal choice". In: LOEWENSTEIN, G. & ELSTER, J. (Eds.) *Choice over Time*. New York: Russell Sage, p.119-46.

LOOMES, G. & SUGDEN, R. (1987). "Some implications of a more general forro of regret theory", *Journal of Economic Theory* 41, 270-87.

LOVEJOY, A. O. (1961). *Reflections on Human Nature*. Baltimore: Johns Hopkins Press.

LOVEMAN, B. (1993). *The Constitution of Tyranny*. Pittsburgh: University of Pittsburgh Press.

LUTHY, D. (1994). "The origin and growth of Amish tourism", In: KRAYBILL, D. B. & OLSHAN, M. A. (Eds.) *The Amish Struggle with Modernity*. Hanover: University Press of New England, p.113-29.

MACDOWELL, D. M. (1978). *The Law in Classical Athens*. Ithaca, N.Y.: Comell University Press.

MACKIE, G. (1996). "Ending footbinding and infibulation: A convention account", *American Sociological Review* 61, 999-1017.

MALTBY, R. (1993). "The Production code and the Hays office". In: BALIO, T. (Ed.) *Grand Design*. Berkeley and Los Angeles: University of California Press, p.73-108.

_____. & CRAVEN, I. (1995). *Hollywood Cinema*, Oxford: Blackwell.

MANIN, B. (1995). *Príncipes du gouvernement représentatif.* Paris: Calmann-Lévy.

MARKMAN, K. D. et al. (1993). "The mental simulation of better and worse possible worlds", *Journal of Experimental Social Psychology* 29, 87-109.

MARSH, D. (1992). *The Bundesbank*. London: Mandarin.

MARSHALL, G. (1984). *Constitutional Conventions*, Oxford: Oxford University Press.

MARX, K. (1973). *Grundrisse*. Harroondsworth: Pelican Books.

MASON, H. L. (1952). *The Purge of Dutch Quislings*. The Hague: Martinus Nijhoff.

MATHIEZ, A. (1898). "Etude critique Sul les journées des 5 & 6 octobre 1789", *Revue Historique* 67, 241-81.

MAYNARD-SMITH, J. (1982). *Evolution and the Theory of Carnes*. Cambridge University Press.

MCCARTHY, T. (1997). *Howard Hawks*. New York: Grove.

MCGILLIGAN, P. (1997). *Fritz Lang*. New York: St. Martin's Press.

MCKENNA, F. A. (1990). "Heuristics or cognitive deficits: How should we characterize smokers' decision making?". In: WARBURTON, D. M. (Ed.) *Addiction controversies*. Chur, Switzerland: Harvood, p.261-70.

MERTON, R. K. (1946). *Mass Persuasion*. Westport, Conn.: Greenwood.

————. (1987). "Three fragments from a sociologist's notebook", *Annual Review of Sociology* 13, 1-28.

MILLER, G. (1993). "Constitutional moments, precommitment, and fundamental reform: The case of Argentina", *Washington University Law Quarterly* 71, 1061-86.

MILLER, P. M. (1980). "Theoretical and practical issues in substance abuse assessment and treatment". In: MILLER, W. R. (Ed.) *The Addictive Behaviors*. Oxford: Pergamon Press, p.265-90.

MILLER, W. (1993). *Humiliation*. Ithaca, N.Y.: Comell University Press.

MILLER, W. R. & HESTER, R. K. (1980). "Treating the problem drinker: Modem approaches".

MILLER, W. R. (Ed.). *The Addictive Behaviors*. Oxford: Pergamon Press, p.11-142.

MISCHEL, W. (1968). *Personality and Assessment*. New York: Wiley.

————. SHODA, Y.; RODRIGUEZ, M. (1989). "Delay of gratification in children', *Science* 244, 933-8.

MOENE, K. O. (1999). "Addiction and social interaction". In: ELSTER, J. & SKOG, O.-J. (Eds.) *Cetting Hooked: Rationality and the Addictions*. Cambridge University Press, p.30-46.

MONTAIGNE, M. de. (1991). *The Complete Essays*. Tr. M. A. Screech, Harmondsworth: Penguin.

MOUNIER, J. -J. (1989). "Exposé de ma conduite dans l'Assemblée Nationale". In: FURET, F. & HALÉVI, R. (Eds.) *Orateurs de la Révolution Française*, I: Les *Constituants*. Paris: Gallimard, p.908-97.

MUELLER, D. C. (1996). *Constitutional Democracy*. Oxford: Oxford University Press.

MUELLER, J. (1985). *Astaire Dancing*. New York: Knopf.

MULLIGAN, K. (1997). *Parental Priorities and Economic Equality*. Chicago: University of Chicago Press.

NAHIN, P. (1998). *An Imaginary Tale*. Princeton: Princeton University Press.

NAJEMY, J. (1982). *Corporatism and Consensus in Florentine Electoral Politics.*1280-1400. Chapel Hill: University of North Carolina Press.

NICHOLSON, S. (1995). *Billie Holiday*. Boston: Northeastem University Press.

NORTH, D. & WEINGAST, B. (1989). "Constitutions and commitment: The evolution of institutions governing public choice in seventeenth-century England", *Journal of Economic History* 49, 803-32.

O'BRIEN, G. (1997). "Sein of the times", *New York Review of Books* August 14, 12-4.

O'DONOGHUE, T. & RABIN, M. (1999a). "Doing it now or later", *American Economic Review* 89, 103-24.

_____. (1999b). "Addiction and self-control". In: ELSTER, J. (Ed.) *Addiction: Exits and Entries.* New York: Russell Sage, p.169-206.

OFFE, C. (1992). "Strong causes, weak cures", *East European Constitutional Review* 2,1,21-3.

O'FLAHERTY, B. (1996). *Making Room: The Economics of Hopelessness.* Cambridge, Mass.: Harvard University Press.

ORFORD, J. (1985). *Excessive Appetites: A Psychological View of the Addictions.* Chichester: Wiley.

ORPHANIDES, A. & ZERVOS, D. (1995). "Rational addiction with learning and regret", *Journal of Political Economy* 103, 739-58.

_____. (1998). "Myopia and addictive behavior", *Economic Journall* 8, 75-91.

OSBORNE, M. & RUBINSTEIN, A. (1990). *Bargaining Theory.* San Diego: Academic Press.

OSIATYNSKI, W. (1997). *Alcoholism: Sin or Disease?* Warsaw: Stefan Batory Foundation.

OSTWALD, M. (1986). *From Popular Sovereignty to the Rule of Law.* Berkeley: University of California Press.

OULIPO (1988). *Atlas de Littérature potentielle.* Paris: Gallimard.

PARDUCCI, A. (1995). *Happiness, Pleasure and Judgment.* Mahwah, N.J.: Lawrence Erlbaum.

PARFIT, D. (1973). "Later selves and moral principles". In: MONTEFIORE, A. (Ed.) *Philosophy and Personal Relations.* London: Routledge and Kegan Paul, p.137-69.

_____. (1984). *Reasons and Persons.* Oxford: Oxford University Press.

PARJS, P. van. (1984). "Marxism's central puzzle". In: BALLAND, T. & FARR, J. (Eds.) *After Marx.* Cambridge University Press, p.88-104.

PASQUINO, P. (1999). "L'originie du controle de constitutionnalité en Italie" (manuscrito não publicado).

PAULHAN, J. (1990). *Les fleurs de Tarbes.* Paris: Gallimard.

PAVEL, T. (1986). *Fictional Worlds.* Cambridge, Mass.: Harvard University Press.

REFERÊNCIAS BIBLIOGRÁFICAS

_____. (1998). "Classicism". In: KELLY, M. (Ed.) *The Encyclopedia of Aesthetics.* v.1, New York: Oxford University Press, p.373-7.

PEARS, D. (1985). *Motivated Irrationality.* Oxford: Oxford University Press.

PEREC, G. (1990). *Things.* Boston: Godine.

PERELMAN, C. & OLBRECHTS- TYTECA, L. (1969). *The New Rhetoric.* Notre Dame: University of Notre Dame Press.

PERSSON, T. & SVENSSON, L. E. O. (1989). "Why a stubbom conservative would run a deficit: Policy with time-inconsistent preferences", *Quarterly Journal of Economics* 104, 325-45.

PEYRE, H. (1944). "Fortune du Classicisme". *Lettres Françaises,* v.11,47-54; v.12, 42-51.

_____. (1967). *The Failures of Criticism.* Ithaca, N.Y.: Cornell University Press.

PHELPS, E. S. & POLLAK, R. A. (1968). "On second-best national saving and game-theoretic equilibrium growth", *Review of Economic Studies* 35, 185-99.

PHILLIPS, R. (1988). *Putting Asunder: A History of Divorce in Westem Societies.* Cambridge University Press.

PILEGGI, N. (1987). *Wiseguy.* New York: Pocket Books.

PISTONE, J. (1989). *Donnie Brascoe.* New York: Signet Books.

POINCARÉ, H. (1920). "L'invention mathématique". In: POINCARÉ, H. *Science et méthode.* Paris: Flammarion, p.43-63.

PORTER, L. (Ed.). (1991). *A Lester Young Reader.* Washington: Smithsonian Institution Press.

POSNER, R. (1987). "The constitution as an economic document", *George Washington Law Review* 56, 4-49.

PRÉVOST, J. (1971). *La création chez Stendhal,* Paris: Mercure de France.

PRINCE, G. (1973), "Introduction à l'étude du narrataire", *Poétique* 14, 178-96.

PRZEWORSKI, A. & LIMONGI, F. (1993). "Political regimes and economic Growth", *Journal of Economic Perspectives* 7, 51-69.

QUINCEY, T. De (1986). *Confessions of an English Opium Eater.* London: Penguin Books.

QUATTRONE, G. & TVERSKY, A. (1986). "Self-deception and the voter's illusion". In: ELSTER, J. (Ed.). *The Multiple Self.* Cambridge University Press, p.35-58.

RABIN, M. (1993). "Incorporating faimess into game theory and economics", *American Economic Review* 83,1281-1302.

_____. (1995). "Moral preferences, moral constraints, and self-serving biases", manuscrto, Department of Economics, University of California at Berkeley.

RASULA, J. (1995). "The media of memory: The seductive menace of records in jazz history". In: GABBARD, K. (Ed.) *Jazz among the Discourses*. Durham: Duke University Press.

RAWLS, J. (1971). *A Theory of Justice*. Cambridge, Mass.: Harvard University Press.

REVILL, D. (1992). *John Cage*. London: Bloomsbury.

RIMMON-KENAN, S. (1983). *Narrative Fiction*. London: Methuen.

ROBBINS, A. (1997). "E-Mail: Lean, mean and making its mark", *New York Times*, May II, p.13.

ROBERTS, J. T. (1982). *Accountability in Athenian Govemment*. Madison: University of Wisconsin Press.

ROTH, A. (1995). "Bargaining experiments". In: KAGEL, J. H. & ROTH, (Eds.) *Handbook of Experimental Economics*. Princeton: Princeton University Press, p.253-348.

ROYCE, J. E. (1981). *Alcohol Problems and Alcoholism*. New York: The Free Press.

RUDOLPH, L. I. & RUDOLPH, S. H. (1987). *In Pursuit of Lakshmi: The Political Economy of the Indian State*. Chicago: University of Chicago Press.

RUSSELL, P. H. (1993). *Constitutional Odyssey*. Toronto: University of Toronto Press.

RUZÉ, F. (1997). *Délibération et pouvoir dans la cité grecque de Nestor à Socrate*. Paris: Publications de la Sorbonne.

RYAN, M. L. (1991). *Possible Worlds, Artificial Intelligence, and Narrative Theory*. Bloomington: Indiana University Press.

SAGOFF, M. (1983). "The aesthetic status of forgeries". In: DUTTON, D. (Ed.) *The Forger's Art*. Berkeley: University of California Press, p.131-52.

SARTRE, J.-P. (1943). *L'être et le néant*. Paris: Gallimard.

SATYANATH, S. (1999). "Accommodating imprudence: the political economy of information in the Asian banking crisis" (manuscrito não publicado), Department of Political Science, Columbia University.

SCHATZ, T. (1996). *The Genius of the System: Hollywood Filmmaking in the Studio Era*. New York: Henry Holt.

SCHELLING, T. C. (1960). *The Strategy of Conflict*. Cambridge, Mass.: Harvard University Press.

_____. (1986). "The mind as a consuming organ". In: ELSTER, J. (Ed.) *The Multiple Self*. Cambridge University Press, p.177-95.

_____. (1992). "Self-control". In: LOEWENSTEIN, G. & ELSTER, J. (Eds.) *Choice over Time*. New York: Russell Sage, p.167-76.

_____. (1999). "Rationally coping with lapses from rationality". In: ELSTER, J. & O.-J. SKOG (Eds.) *Getting Hooked: Rationality and the Addictions.* Cambridge University Press, p.265-84.

SCHIEMANN, J. (1998). "The constitutional court: Myopic bargains and democratic institutions" (manucrito não publicado), Department of Political Science, Columbia University.

SCHULLER, G. (1989). *The Swing Era.* Oxford: Oxford University Press.

SCHUMACHER, M. (1992). *Dharma Lion: A Biography of Allen Ginsberg.* New York: St. Martin's Press.

SCHWARTZ, H. (no prelo). *Constitutional Justice in Central and Eastern Europe.* Chicago: University of Chicago Press.

SEJERSTED, F. (1988). "Democracy and the rule of law". In: ELSTER, J. & SLAGSTAD, R. (Eds.) *Constitutionalism and Democracy.* Cambridge University Press, p.131-52.

_____. (1994). "On the so-called 'autonomy' or 'independence' of central *banks".II.* Working Paper #75, TMV Centre for Technology and Culture, University of Oslo.

SEN, A. (1987). *On Ethics and Economics.* Oxford: Blackwell.

_____. (1993). Capability and well-being, II. In: NUSSBAUM, M. & SEM, A. (Eds.) *The Quality of Life.* Oxford: Oxford University Press, p.30-53.

SHAPIRO, I. (1996). *Democracy's Place.* Ithaca, N.Y.: Cornell University Press.

SHATTUCK, R. (1996). *Forbidden Knowledge.* New York: St. Martin's Press.

_____. (1997). Review of Calvin Tomkin, *Duchamp: A Biography and Jerrold Seigel, The Private Worlds of Marcel Duchamp: Desire, Liberation, and the Self in Modern Culture, New York Review of Books,* March 27.

SINCLAIR, R. K. (1988). *Democracy and Participation in Athens.* Cambridge University Press.

SKOG, O.-J. (1997). *The strength of weak will, Rationality and Society* 9, 245-71.

_____. (1999). The Hyperbolic discounting, willpower, and addiction". In: ELSTER, J. (Ed.) *Addiction: Exits and Entries.* New York: Russell Sage, p.151-68.

SMITH, C. (1994). "Norges Banks rettslige selvstendighet". In: *Stabilitet og Langsiktighet: Festskrift til Hermod Skdnland,* Oslo: Aschehoug, p.87-104.

SOLOMON, R. C. (1997). *The defense of sentimentality.* In: HJORT, M. & LAVER, S. (Eds.) *Emotion and lhe Arts.* Oxford: Oxford University Press, p.225-45.

SPACKS, P. M. (1995). *Boredom*. Chicago: University of Chicago Press.

SPARSHOTT, F. (1983). "The disappointed art lover". In: DUTTON, D. (Ed.) *The Forger's Art*. Berkeley: University of California Press, p.246-63.

SPERBER, A. M. & LAX, E. (1997). *Bogart*. New York: William Morrow.

SPINELLI, F. & MASCIANDARO, D. (1993). "Towards monetary constitutionalism in Italy", *Constitutional Political Economy* 4, 211-22.

SPRINGER, S. & DEUTSCH, G. (1989). *Left Brain, Right Brain*. 3th ed. San Francisco: Freeman.

STALL, R. & BIERNACKI, P. (1986). "Spontaneous remission from the problematic use of substances", *International Journal of Addictions* 21, 1-23.

STAROBINSKI, J. (1961). "Stendhal *pseudonyme*". In: *L'Oeil Vivant*, Paris: Gallimard, p.189-240.

STENDHAL (1952). *Romans et Nouvelles*. v.1, Paris: Gallimard (Ed. de la Pléiade).

————. (1980). *De l'amour*. Ed. V. DEI LITTO. Paris: Gallimard.

————. (1981). *Oeuvres Intimes*. v.1, Paris: Gallimard (Ed. de la Pléiade).

STENDHAL (1982). *Oeuvres Intimes*. v.2, Paris: Gallimard (Ed. de la Pléiade).

STEWART, R. (1972). *Jazz Masters of the 30's*. New York: Da Capo Books.

STOKES, S. (1997). "Democratic accountability and policy change: Economic policy in Fujimori's *Peru*", *Comparative Politics* 29, 206-226.

————. (1999). "What do policy switches tell us about democracy?". In: B. MANIN; A. PRZEWORSKI; STOKES, S. C. (Eds.) *Democracy, Accountability and Representation*. Cambridge University Press, p.98-130.

STONE, A. (1992). *The Birth of Judicial Politics in France*. Oxford: Oxford University Press.

STONE, L. (1990). *The Road To Divorce: England 1530-1987*. Oxford: Oxford University Press.

STROTZ, R. H. (1955-56). 'Myopia and inconsistency in dynamic utility maximization", *Review of Economic Studies* 23, 165-80.

SUBER, P. (1990). *The Paradox of Self-Amendment*. New York: Peter Lang.

SUDHALTER, R. M. (1999). *Lost Choras*. New York: Oxford University Press.

SUNDT, E. (1976). "Nordlandsbâden". In: SUNDT, E. *Verker i Utvalg*. v.VII, Oslo: Gyldendal.

SUNSTEIN, C. (1991a). "Constitutionalism, prosperity, democracy". *Constitutional Political Economy* 2, 371-94.

————. (1991b). "Constitutionalism and secession", *University of Chicago Law Review* 58, 633-70.

REFERÊNCIAS BIBLIOGRÁFICAS

SUPPES, P. (1984). *Probabilistic Metaphysics.* Oxford: Blackwell.

SLZJRENSEN, A. B. (1998). "Theoretical mechanisms and the empirical study of social processes". In: HEDSTRÕM, P. &. SWEDBERG (Eds.) *Social Mechanisms,* Cambridge University Press, p.238-66.

TABELLINI, G. & ALESINA, A. (1994). "Voting on the budget deficit". In: PERSSON, T. & TABELLINI, G. (Eds.) *Monetary and Fiscal Policy.* Cambridge, Mass.: MIT Press, v.2, p.157-78.

TAMM, D. (1984). *Retsopgeret efter Besrettelsen.* Copenhagen: Juristog Okonomforbundets Forlag.

TANNER, M. (1976-77). "Sentimentality", *Proceedings of the Aristotelian Society,* n.s. 77, 127-47.

TEMIN, P. (1991). *Lessons from the Great Depression.* Cambridge, Mass.: MIT Press.

THALER, R. (1980). "Towards a positive theory of consumer choice", *Journal of Economic Behavior and Organization* 1, 39-60.

————. (1992). *The Winner's Curse.* New York: The Free Press.

THOMAS, K. (1973). *Religion and the Decline of Magic.* Harmondsworth: Penguin Books.

THURBER, J. (1996). 'The Secret Life of Walter Mitty". In: *Thurber: Writings and Drawings.* New York: Library of America, p.545-50.

TLTOLE, J. (1988). *The Theory of Industrial Organization.* Cambridge, Mass.: The MIT Press.

TOCQUEVILLE, A. de (1969). *Democracy in America.* New York: Anchor Books.

————. (1986). *Souvenirs.* In: ————. Collection Bouquins, Paris: Robert Laffont.

————. (1990). *Recollections: The French Revolution of 1848.* New Brunswick: Transaction Books.

————. (1998). *The Old Regime and the Revolution.* Chicago: University of Chicago Press.

TODD, S. C. (1993). *The Shape of Athenian Law.* Oxford: Oxford University Press.

TROTSKY, L. (1977). *History of the Russian Revolution.* London: Pluto Press.

TRUFFAUT, F. (1985). *Hitchcock.* New York: Simon and Schuster.

TULARD, J. (1996). *Le temps des passions.* Paris: Bartillat.

TVERSKY, A. & GRIFFIN, D. (1991). "Endowment and contrast in judgments of well-being". In: ZECKHAUSER, R. (Ed.) *Strategy and Choice.* Cambridge, Mass.: MIT Press, p.297-318.

UMBLE, D. (1994). "The Amish on the line: The telephone debates". In: RAYBILL, D. B. & OLSHAN, M. A. (Eds.) *The Amish Struggle with Modernity*. Hanover: University Press of New England, p.97-112.

VAILLANT, G. (1995). *The Natural History of Alcoholism Revisited*. Cambridge, Mass.: Harvard University Press.

VALÉRY, P. (1957). "Stendhal". In: *Oeuvres*. Ed.de la Pléiade, v.1, Paris: Gallimard, p.553-82.

VEBLEN, T. (1915). *Imperial Germany and the Industrial Revolution*. London: MaCmillan.

VERMAZEN, B. (1991). "The aesthetic value of originality". *Midwest Studies in Philosophy*. XVI, 266-79.

VEYNE, P. (1976). *Le pain et le cirque*. Paris: Editions du Seuil.

VLLE, M. J. C. (1967). *Constitutionalism and the Separation of Powers*. Oxford University Press.

VREELAND, J. R. (1999). "The IMF: Lender of last resort or scapegoat?". Paper presented at the International Studies Association, Washington, D.C.

WAGENAAR, W. A. (1988). *Paradoxes of Gambling Behaviour*. Hove and London: Lawrence Erlbaum.

WAGNER, W. J. (1997). "Some comments on old 'privileges' and the 'liberum veto'". In: FISZMAN, S. (Ed.) *Constitution and Reform in Eighteenth-Century Poland*. Bloomington and Indianapolis: Indiana University Press, p.51-64.

WALCOT, P. (1978). *Envy and the Greeks*. Warminster: Aris and Phillips.

WALDRON, J. (1999). *Law and Disagreement*. Oxford: Oxford University Press.

WALTON, K. (1988). "What is abstract about the art of music', *Journal of Aesthetics and Art Criticism* 46, 351-64.

_____. (1990). *Mimesis as Make-Believe*. Cambridge, Mass.: Harvard University Press.

WATSON, G. (1999). 'Disordered appetites". In: ELSTER, J. (Ed.) *Addiction: Exits and Entries*. New York: Russell Sage, p.3-28.

WEISS, R. D.; MIRIN, M. D.; BARTEL, R. L. (1994). *Cocaine*. Washington, D.C.: American Psychiatric Press.

WERNESS, H. B. (1983). "Han van Meegeren *fecit*". In: DUTTON, D. (Ed.) *The Forger's Art*. Berkeley: University of California Press, p.1-57.

WERTH, N. (1997). "Un État contre son peuple: Violences, répressions, terreurs en Union soviétique". In: COURTOIS, S. et al. *Le livre noir du Communisme*. Paris: Robert Laffont, p.42-295.

WHITE, M. (1987). *Philosophy, The Federalist, and the Constitution*. New York: Oxford University Press.

REFERÊNCIAS BIBLIOGRÁFICAS

WILLOCH, K. (1994). "Hvor uavhengig bor sentralbanken vrere?". In: *Stabilitet og Langsiktighet: Festskrift til Hermod Skdnland,* Oslo: Aschehoug, p.105-27.

WILSON, G. T. (1980). 'Behavior therapy and the treatment of obesity". In: MILLER, W. R. (Ed.) *The Addictive Behaviors.* Oxford: Pergamon Press, p.207-37.

WINSTON, G. (1980). "Addiction and backsliding: A theory of compulsive consumption", *Journal of Economic Behavior and Organization* 1, 295-324.

WOOD, G. (1969). *The Creation of the American Republic.* New York: Norton.

YANAL, R. J. (1994). "The paradox of emotion and fiction", *Pacific Philosophical Quarterly* 75, 54-75.

ZINBERG, N. (1984). *Drug, Set, and Setting: The Basis for Controlled Intoxicant Use.* New Haven: Yale University Press.

_____.; HARDING, W.; WINKELLER, M. (1977). "A study of social reguiatory mechanisms in controlled illicit drug users", *Journal of Drug Issues* 7, 117-33.

ZINOVIEV, A. (1979). *The Yawning Heights.* New York: Random House.

ZWERIN, M. (1985). *La Tristesse de Saint Louis.* New York: William Morrow.

Índice remissivo

À *beira do abismo*, 279

agrupamento ou *bunching*, *ver* pré--compromisso: alternativas ao, regras pessoais

Ainslie, George, 8-9, 17, 36, 41-2, 47, 113-5, 233, 340

Alcibíades, 163

Alcoólicos Anônimos, 101-2, 105, 347

aleatoriedade, 19, 230, 286, 303-10

alegria, 29, 261, 274, 315, 323, 337

Alesina, Alberto, 184, 208

Allen, Woody, 249

Almoço nu, 307

altruísmo, 45, 52, 72

ameaças, 28, 52-5, 59, 62-7, 74-8, 108, 144, 342

"amessas" (ameaças + promessas), 59

Amish, os, 83-5, 340

amor, 13, 19, 24-5, 31, 36, 79, 109, 234, 278, 296-7, 300-1, 323

anapsephisis, 159-60, 167

Anderson, Cat, 313

Anderson, Thornton, 125

Andrômaca, 35

Antifonte, 156

Antraigues, conde d', 180

Arginusas (ilhas), 157, 160, 163

Aristóteles, 19-21, 125-6, 256, 275, 277, 279

Armstrong, Louis, 311-16, 320-2, 328

Arnheim, Rudolf, 228, 246, 256, 280, 287-8, 292, 295, 324, 331, 335

Arquino, 166

arrependimento, 31

arte conceitual, 228, 283

Assemblée Constituante (1789-91), 119, 121, 135, 142-3, 174, 177-81, 203

Astaire, Fred, 246-8, 262, 268, 292, 313, 329

Atenas, 155-61, 164-6, 286

Ato Gramm-Rudman, 131-2

atrasos, *ver* pré-compromisso:

dispositivos para

Austen, Jane, 243-4, 259-60, 273-4, 277, 313

autenticidade (de obras de arte), 279-81

autoilusão, 23-5, 98-9, 298

autorrestrição, *ver* pré-compromisso

avisos, 52, 57-8

Bacon, Francis, 271, 306

Bailey, Mildred, 317, 328

Balzac, Honoré de, 278

Banco Mundial, 127

Bancos Centrais, 152, 209-12, 220-1, 342, 349-52; *ver também* Comissão de Reservas Federais
  da Alemanha 209
  da Argentina 196
  da Noruega 132, 195-6, 209-10

Barnave, Antoine-Pierre-Joseph--Marie, 178

Basie, Count, 267, 311, 313, 321, 330

Bataille, Georges, 293-4

Baxandall, Michael, 270, 336

Bazin, André, 293-4, 333

Bechet, Sidney, 316

Becker, Gary, 23, 42-4, 74

Berlin, Irving, 328

Berliner, Paul, 314, 316, 318, 323-4, 327-9, 332

bicameralismo, 122, 151, 169-70, 172, 174-5, 199, 204-5

Bilgrami, Akeel, 80-2, 86-7

Blakey, Art, 314

Blinder, Alan, 193, 196-7, 206, 211

Borges, Jorge Luis, 305

Bosch, Hieronymus, 271

Bouche, Charles-François, 204

Bourdieu, Pierre, 251, 271

Brady, Frank, 334

Brewer, Colin, 94-5

Brooks, Mel, 249, 293

Buchmann-Möller, Frank, 313, 330

Budd, Malcolm, 228-30, 240, 259, 261, 263-5, 275, 313

Burroughs, William, 100, 307

Byron, Lord, 270

Cage, John, 229, 308-10

Caillois, Roger, 226, 269, 277, 282, 293-4, 337

Calixenos, 157-8, 165

Campos, José, 192

Canadá, 129, 136-7, 233

Carillo, Juan, 51, 53, 98, 113

Carroll, Lewis, 319

Carroll, Noël, 250, 260, 276, 335

Casa de bonecas, A, 252, 277

Casa soturna, A, 260

casamento, 12, 26-7, 34-5, 98, 109, 233, 341, 347, 353
  "casamento de aliança" (*covenant marriage*), 34-5

censura, 149, 102, 205-6, 230, 289-95, 333-5, 346

Cézanne, Paul, 285

Chandler, Raymond, 279

Chaplin, Charles, 288

Cícero, 13-4, 53

cinema, 224-5, 244-7, 260, 267, 272, 287-9, 292-4, 331, 334, 336, 343, 351-2
  filmes sonoros *versus* filmes mudos, 249, 268, 288, 331, 335-6, 351-2

ÍNDICE REMISSIVO

preto e branco *versus* colorido, 12, 15, 249-50, 331, 335, 343, 351
classicismo, 37, 45, 225-6, 228, 242, 331, 338
Clêon, 160, 190
Clinton, William, 131
Código Hays, 230, 245, 287-95, 332-6, 346
Coleman, James, 15
Coleman, Ornette, 229
Coleridge, Samuel Taylor, 91, 267
Comissão de Reservas Federais, 211
compromisso, *ver* compromisso fundamental; pré-compromisso
compromisso fundamental, 80-1, 85-6
confiança injustificada, 21-2, 47, 99
Congresso Continental, 140-2
Conselho dos Quinhentos, 156-62
Constant, Benjamin, 171
constitucionalismo, 8, 133-4, 198
Constituições, 7-8, 50, 119-221, 289, 342-52
  caracterização, 133-4
  Carta de Direitos, 134, 169, 183
  da África do Sul, 134-5
  da Alemanha (1848), 140, 203-4, 215
  da Alemanha (1919), 203
  da Alemanha (1949), 140, 203, 206
  da Áustria, 133
  da Bulgária, 136-7, 201, 215, 218
  do Canadá, 129, 136-7
  da Checoslováquia, 136, 203, 205
  da China, 142, 191
  da Eslováquia, 136, 195
  da Espanha (1931), 201
  da Espanha (1978), 138
  da Estônia, 162, 195
  da Finlândia, 137
  da França (1791), 124, 203
  da França (1848), 127-8, 140, 188-90, 203
  da França (1946), 140, 203
  da França (1958), 130, 138-41, 203
  da Grã-Bretanha, 129
  da Hungria, 133, 140, 217
  da Índia, 140
  da Itália, 203, 207, 218
  do Japão, 140-1, 203, 206
  da Noruega, 128, 137
  da Nova Zelândia, 134
  da Polônia (1791), 135-6
  da Polônia (1921), 135
  da Polônia (1989), 140, 152
  da Polônia (1992), 152-3
  da República Checa, 121, 161, 193, 195, 205
  da Romênia, 136, 205, 218
  da Suécia, 136
  da Suíça, 137
  dos Estados Unidos, 131, 135-6, 139-41, 203, 211
  emendas a, 121, 127-39, 143, 152-4, 169, 182-5, 197-8, 212, 216
  escritas *versus* não escritas, 123, 129, 133, 155, 193, 343
  máquina do governo, 134, 154, 170
  metáfora do suicídio, 120, 207-8, 220-1
  suspensão das, 134, 138-9, 221
controle de armas, 27, 98
controle de constitucionalidade, 129, 133-4, 169
Convenção Federal, 8, 121, 125, 129,

142-5, 148-50, 169, 180-1, 186, 207, 216, 219

convenções, 242-4, 249-54, 273, 280-86, 291, 326, 336-8, 342-51

como equilíbrios de coordenação, 251-3

como normas sociais, 251-3

mudança das, 252-4, 280-87

convenções constitucionais, 123, 129, 133-5, 343

metaconstitucionais, 134, 152

Cot, Pierre, 141

Cowen, Tyler, 9, 29, 38-9, 259, 332-3

credenciais, verificação de, 142, 145-7

credibilidade, 21, 57-8, 62, 64-71, 76-7, 108-10, 118, 144-5, 188, 191-94, 217, 342

de ameaças, 55, 62, 64-9, 108-10, 144-5, 342

de promessas, 62, 64, 68-9, 110, 194

crença, armadilha de, 94, 98-9

crença, mudança de, 99

criatividade, 15, 223-87, 291, 306-7, 310, 320-30, 332-7, 351

e improvisação, 320-4, 329-31, 347

e maximização restrita, 226, 256-80, 285, 291, 306-7, 324, 337-9

na matemática, 261, 266, 270-1, 281, 322

versus originalidade, 229, 280-87, 312

crime, 38-9, 319, 334

Ctesifonte, 166

Cubismo, 285

Cukor, George, 293

culpa, 37, 47-8, 67, 70, 74, 77, 195, 341

custos de audiência, 62

Damasio, Antonio, 73, 341

David, James, 92-3

Davidson, Donald, 22-3, 36, 45

Davis, Miles, 327, 332

De Gaulle, Charles, 130, 140-1, 203

Déhay, Eric, 209

democracia, paradoxo da, 151

Demóstenes, 155, 166

Descartes, René, 32, 73

desejo de drogas, 19

desejos de segunda ordem, 36-40

devaneios, 230-9, 252, 296-7, 302-3, 340

conjuntos, 237-9, 347

contrafactuais, 235

restrições sobre os, 235-7, 252

subjuntivos, 235

Diaguilev, Sergei, 285

Dickens, Charles, 245, 260, 278, 313

Dickinson, John, 174

dikastai, 161

Dilema do Prisioneiro, 53, 60, 67-70-3, 115, 195

Diódotos, 160

Disparition, La, 223

dissulfiram, 93-4, 98, 347

distúrbios alimentares, 91, 95, 97-8, 101, 103

divórcio, 26, 27, 34, 63

Dixit, Avinash, 61, 116

Dodds, Eric R., 269

Dodge, Roger, 311, 315, 319

Dostoievski, Fiodor, 245, 259, 263, 276

Duchamp, Marcel, 283, 310

Duport, Adrien-Jean-François, 177-80

educação, 43-6, 83-4, 182-3

efeito de consumo, 231

efeito de contraste, 231-2

efeitos de sinalização, 109-10

eisangelia, 166

Eldridge, Roy, 313, 316

Eliot, George, 245

Eliot, T. S., 259, 276, 337

Ellin, Stanley, 54

Ellington, Duke, 311, 315, 321-3

Ellsworth, Oliver, 150

emenda de orçamento equilibrado, 131, 183-4, 208

Emma, 274, 277

emoção, 19-28, 31-2; *ver também* alegria; amor; culpa; gratidão; inveja; medo; raiva; vergonha

nas artes, 260-65, 272, 276, 297, 311-17, 324

estética, 261, 263, 272, 275, 311-13

não estética, 261, 263-4, 275, 311-14

encorajamentos, 52, 57

equilíbrios de coordenação, 251-3

Espinosa, Baruch, 119-20, 189

esportes, 83, 352

Ésquines, 166

estímulos, dependência de, 47, 101

estímulos, evitar exposição a, 89, 101-3

estímulos, extinção dos, 99-101

Eule, Julian, 131-4, 153

Euriptolemos, 157-8, 165

exceções, 102, 109, 350

explicação funcional, 16, 121, 271

falsificações, 228, 280-2

Fearon, James, 9, 61-3, 202

Feller, William, 308

Ferguson, Maynard, 313

Finnegans Wake, 267

Fitzgerald, Ella, 316-7, 328

Flaubert, Gustave, 268

Ford, Richard, 259

Frank, Robert, 8-9, 65-75, 78-9, 109, 116, 341

trilha da "maneira sincera", 67, 69-70

trilha reputacional, 67-70

fraqueza da vontade, 20-3, 37, 87-8, 99, 120

Freud, Sigmund, 232-7

Fridja, Nico, 25

Fromm, Erich, 12, 100

Fry, Roger, 261-4, 272

Fundo Monetário Internacional, 87, 127

Gambetta, Diego, 9, 335

Gardner, Elliot, 92-3

Gataker, Thomas, 306

Genette, Gérard, 278-9

Gerry, Elbridge, 175, 186

Gibbard, Allan, 29

Gide, André, 259, 337

Gillespie, Dizzy, 325

Giscard d'Estaing, Valéry, 217-8, 348

Goldstein, Avram, 9, 100

Goodman, Benny, 313, 318, 330

Goodman, Ellen, 34

Gould, Glenn, 261

Grã-Bretanha, 34, 87, 129, 179

graphé paranomon, 157-8, 163-7, 343

gratidão, 75-7

gravações, 224, 243, 246, 268, 311-3, 317-23, 328-31

Green, Benny, 317, 322, 324, 326, 329-30

Greene, Graham, 305
Grégoire, Abbé, 169, 177
Griffiths, Paul, 267

Hadamard, Jacques, 266-7, 281
Hamilton, Alexander, 168, 172
Hansen, Mogens Herman, 9, 155-6, 160-65
Hawks, Howard, 279, 333-4
Hayek, Friedrich, 120
Hellenotamiai, 156-7
Heller, Joseph, 271
Hemingway, Ernest, 223
Henderson, Fletcher, 320-1
Hendrix, Jimi, 307
Hipérbole, 163
hipnose, 98-9
Hirshleifer, Jack, 65-6, 70, 75-8, 116, 341
Hjort, Mette, 285-6
Hobbes, Thomas, 189-90
Hodges, Johnny, 311-2, 315, 318, 321-3
Holiday, Billie, 311, 313-24, 328-32
Holmes, Stephen, 8-9, 124, 135, 151, 171, 188-9, 198, 203, 218, 275, 289, 342
Homem dos dados, O, 277, 305, 310
Hume, David, 25
Hungria, 140, 184, 216-7
hypomosia, 158, 165

Ibsen, Henrik, 250-2
inconsistência temporal, 11, 40-67, 72, 112-3, 116-21, 123, 152-4, 182-4, 196-7, 216
 devido a comportamento estratégico, 17-8, 52-65, 73, 76, 122, 193, 197
 devido ao desconto hiperbólico, 17, 22, 41-53, 74, 121, 197
 no vício, 89-92, 97-104
inspiração, 266, 269, 296
interesse, 187
inveja, 37, 67, 70-2, 75, 78
Irã, 82, 346
Iser, Wolfgang, 240-1, 277
Islã, 86
Israel, 129

Jackson, Robert, 207
Jackson, Shirley, 305
jazz, 224, 230, 246, 258, 266-8, 272, 281, 311-32
 bom gosto no, 272, 311-18
 contar de histórias no, 312, 318-9
 habilidade no, 266, 312-13, 318-9, 327-11
 improvisação no, 246, 258, 309, 312-5, 320-30
 profundidade emocional no, 311-19, 322, 328
 restrições no, 224, 246, 266, 310, 323-6, 331-2
 ritmo no, 266, 315-20
Jefferson, Thomas, 135, 172, 174
Jogo do Ultimato, 71-2
Joyce, James, 242, 252, 267
julgamentos de guerra, 38-9

Kahneman, Daniel, 236, 308
Kanawa, Kiri Te, 315, 317
Kant, Immanuel, 37
kantianismo, 115
Kefalos, 166
Kelly, Gene, 313
Kermode, Frank, 244, 259

King, Rufus, 151
Konitz, Lee, 324
Krupa, Gene, 313
Kydland, Finn, 55-6, 193, 196, 342
Kymlicka, Will, 86

La Salle, Nicolas-Théodore-
  -Antoine-Adolphe de, 177
Laffont, Jean-Jacques, 154
Laibson, David, 9, 41, 50-1, 102,
  105, 107
Laitin, David, 9, 27, 86
Laitin, Delia, 244
Lally-Tolendal, conde de, 121, 168,
  174, 178
Lameth, Alexandre, 177
Lang, Fritz, 289-90, 333-4
Lansing, John, 144
Leibniz, Gottfried Wilhelm, 198,
  278-9, 321
Lenoir, Noëlle, 217
Levenson, Joseph, 83, 283
Limongi, Fernando, 206, 220
línguas, 86-7, 201, 223, 268
Loewenstein, George, 8, 19, 41, 89,
  106, 231
Lovejoy, Arthur O., 70, 219, 341
Lubitsch, Ernst, 292, 332
Lucien Leuwen, 24, 225, 230, 245,
  263, 273, 279, 295-303
Luís XVI, 124, 142

MacDowell, Douglas, 157-8, 166
Mackie, Gerry, 94
MacMahon, Patrice, 130
Macmillan, Harold, 253
Madame Bovary, 235
Madison, James, 121, 135, 168,

171-6, 180, 213, 219-20
Mallié, Loïc, 330
Malouet, Pierre-Victor, 174, 178
Maltby, Richard, 289-92
mandatos restritos, 143-5, 151
Manhattan, 249
Manin, Bernard, 9, 125, 138, 208-10,
  275
Marceau, Marcel, 249
Mariotti, Thomas, 51, 53, 98
Marx, Groucho, 216, 296
Marx, Karl, 226-7, 284-5
Mason, Alpheus, 211
Mason, George, 39, 145, 174, 177,
  186, 207
máximo local, 254-9, 320-1
McTeer, Janet, 277
medo, 12, 19-20, 31-3, 49, 52, 84,
  94, 99, 106, 158, 167, 202-4, 220,
  250, 278
Merton, Robert, 23, 38-9
Mesas-redondas, 140, 153, 218
Mezzrow, Mezz, 312
Middlemarch, um estudo da vida
  provinciana, 92, 277-8
Miley, Bubber, 315
Mirabeau, conde de, 169, 178, 180
modernismo, 229, 241-2
Montaigne, Michel de, 14, 23-34, 53,
  65, 70, 106, 262
Morris, Gouverneur, 168, 175-6,
  179-80, 186
Mounier, Jean-Joseph, 150, 172,
  180, 204
Mueller, John, 172, 246-7, 262, 293
Mulligan, Casey, 42-5

Nalebuff, Barry, 61, 116, 200

Nanton, "Tricky Sam", 315
Napoleão I, 188
Necker, Jacques, 147
negociação, 59, 63, 116, 145, 149, 154, 216, 345
Nícias, 163
nomothetai, 160-1
normas sociais, 251-54
North, Douglass, 191
Noruega, 87, 94, 97, 136-7, 167, 195-6, 209-10, 216

obra-prima defeituosa, 254, 258-60
obra-prima menor, 254, 258-9
O'Donoghue, Ted, 23, 41, 111-2
Offe, Claus, 8-9, 202
onipotência, 187-96, 334, 351
Orgulho e preconceito, 258
originalidade (nas artes), 229-30, 279-86, 312
ostracismo, 85, 162-3, 251, 345
Oulipo, 223-5

paixões, 19-40, 340-1
    como dispositivos de pré-compromisso, 65-79
    definição de, 19-20
    distorcem o raciocínio, 20-24
    duradouras, 168, 200-7, 219-20, 351
    fazem que o comportamento se desvie dos planos, 19
    impulsivas, 200-7, 216, 219
    na elaboração de uma Constituição, 185, 203-6
    na política ateniense, 156-9
    turvam o raciocínio, 20-4
papel-moeda, 168, 175, 177, 207

Parducci, Allen, 230-32
Parfit, Derek, 17, 80
Parker, Charlie, 285, 311-15
Parker, Dorothy, 237-9
Parque de Mansfield, O, 274
Pasquino, Pasquale, 9, 210, 218, 265
Paterson, William, 148-9
Pavel, Thomas, 9, 225, 235, 240-1, 245, 252, 274-5, 276, 286
Pears, David, 21
Peer Gynt, 250, 273
Perec, Georges, 223-5, 232, 234, 248-9, 268, 327, 345-6
Pétion de Villeneuve, Jérôme, 177
Peyre, Henri, 226, 282, 337
Pinckney, Charles, 150
plausibilidade (no romance), 236, 273-6, 278
Plutarco, 8, 156, 341
Poincaré, Henri, 270-1
Pollock, Jackson, 306
Polônia, 121, 136, 139-40, 184, 203, 205
ponto sem retorno, 25-6, 82
Posner, Richard, 199, 215
Powell, Bud, 327, 332
pré-compromisso
    alternativas ao, 17, 110-7
    regras pessoais, 113-7
    sofisticação, 111-3
    autorrestrição *versus* impor restrições aos outros, 98, 119-28, 132, 134, 139, 224, 247, 345-9
    custos do, 350-1
    dispositivos para, 7-8, 17-9
      aleatoriedade, 305-8
      Banco Central independente, 193-6

ÍNDICE REMISSIVO 385

criação de recompensas, 96-7
eliminação de opções, 87-90,
106-10
evitar o conhecimento, 11-3, 30,
53
imposição de atrasos, 18, 26-7,
48-51, 63-5, 89-90, 97-8, 122,
135-7, 151-2, 162, 170, 173,
177, 182-7, 197, 216, 344-5
imposição de custos, 51, 93-6,
122
investimento no poder de
negociação, 63-4, 149
maiorias qualificadas, 121,
133-7, 151-4, 197-9
mudanças de preferências, 99-
101
separação de poderes, 160-2
e a lei, 62-3
e democracia, 191-3, 207-10
facilitador *versus* dificultador, 289,
341-2
fracassos do, 91, 95
individuais *versus* coletivos, 19,
119-20, 122, 128
objeções ao, 108-10, 207-10, 331-6
respostas ao, 115-7
obstáculos ao, 106-8, 200, 331
interesse, 200, 202, 204-8
paixões duradouras, 200-3, 205
paixões impulsivas, 200, 202,
205
passional, 34-6
razões para, 7-8
desconto hiperbólico, 46-52,
182-7
eficiência, 197-200
interação estratégica, 64-5, 193

interesse, 193, 196-200, 204-8
mudança de preferência, 80-84
paixão, 19-40, 200-9
preferências, *ver também* desejo
de drogas; desejos; preferências
temporais
mudança de, 18, 36, 80-5, 90, 99-
101, 110, 210-12, 217, 229, 353
preferências temporais, 40-6, 210-2
endógenas, 42-6
exponenciais, 69
na negociação, 41-2, 46-8, 52,
63-4
hiperbólicas, 41-2, 69
na negociação, 63-5
no vício, 23, 112-4
Prescott, Edward, 55-6, 193, 196,
342
Prévost, Jean, 301-2
Princesa de Clèves, A, 24, 274, 278
probolé, 163-4
procrastinação, 47-8, 111, 184, 340,
352
promessas, 14, 52, 59, 62-7, 74, 76,
108, 190, 341
Proust, Marcel, 245, 251, 274
Przeworski, Adam, 9, 206, 220
publicação em série, 245, 331
público (nas artes), 239-40, 243-5,
250-2, 261, 272, 276, 287, 290-95,
313, 318, 331, 334, 336

Quinichette, Paul, 312

Rabin, Matthew, 21, 23, 41, 66, 111-2
Racine, Jean, 35, 259, 265, 350
racionalidade, 16, 20, 40, 42, 66,
115, 227

raiva, 7-8, 19, 21, 24-32, 67, 70-2, 75-9, 156-7, 340

Randolph, Edmund, 145, 168, 180

razão, 19, 20, 23, 26, 32, 33, 40, 119, 151, 157, 165, 171, 204, 272, 344

rebelião (nas artes), 282-3

recompensa, sensível à, 23

Rei Lear, 252

Reinhardt, Django, 317, 328

religião, 43-6, 80-7, 198, 203

República Democrática Alemã, 127

reputação, 66, 69-74, 116, 299

responsabilização, 163, 167

restrições, 11-9

  autoimpostas, 248-9

  de coreografia, 246-7

  e valor artístico, 265-9

  efeito de aumento do foco das, 266

  emocionais, 65-79

  escolha das, 12, 225-7, 255-6

  escolha dentro das, 225-7, 255-6

  essenciais *versus* incidentais, 15-6, 105, 116-7, 199-200, 248

  financeiras, 323-5

  formais, 242, 272-4

  impostas, 224, 242, 244-8

  intrínsecas, 242-4

  musicais, 246, 318, 325-6

  rigidez mais adequada das, 352-3

  sobre a elaboração da Constituição, 139-51

    por subautoridades, 141, 149-51

    por supra-autoridades, 139-43, 151

  técnicas, 224, 327-30

  versus convenções, 242-54

Revenentes, Les, 223, 268

revolução (nas artes), 282, 336

Revolução Inglesa de 1648, 167, 191

Rich, Buddy, 313

Robbe-Grillet, Alain, 229

Roberts, Jennifer Tolbert, 156

Robespierre, Maximilien de, 169, 181

Rochefoucault, duque de La (1613-80), 276

Rochefoucault, duque de La (1743-92), 173

Roosevelt, Franklin, 131, 211

Root, Hilton, 192

Rushing, Jimmy, 328

Ryan, Marie-Laure, 275

Rygg, Nicolas, 209

Sagan, Carl, 270-1

Sartre, Jean-Paul, 298

Satyanath, Shanker, 55-6

Scarface, 259, 334

Schelling, Thomas, 8-9, 26, 40, 54, 56, 65, 95, 196, 233, 252, 304, 342

Schiemann, John, 217-8

Seinfeld, 267

Seip, Jens Arup, 7, 125, 127, 217, 348

seleção natural, 16, 67, 256

Sêneca, 24, 28, 30-1, 65, 189, 341

sentimental, 256, 310, 314-6, 324

  versus romântico, 256

separação dos poderes, 122, 132, 134, 139, 152, 159, 161, 196, 210

Shakespeare, William, 252, 259, 350

Shattuck, Roger, 14, 24, 228, 278, 310

Shavers, Charlie, 314, 317

Sherman, Roger, 169, 180, 186

Sieyes, Abbé de, 125, 169

Sinatra, Frank, 317, 328

Skog, Ole-Jørgen, 8-9, 36, 38, 41, 48, 67, 114

Smith, Bessie, 317, 328
Sørensen, Aage, 15
Stendhal, 25, 225, 229-30, 237, 245, 257, 263, 273, 295-303, 340
Sterne, Laurence, 240
Stitt, Sonny, 312
Stockton, John Potter, 120
Stout, Rex, 274
Stravinsky, Igor, 248
Stronghold, 54
Strotz, Robert H., 41, 65, 182
Sugden, Robert, 31
Sundt, Eilert, 257
Sunstein, Cass, 8-9, 120, 201, 203, 218, 220
Suprema Corte (Canadá), 129
Suprema Corte (Estados Unidos), 83, 131, 132, 164, 211

Tabellini, Guido, 184, 208
Talleyrand, Príncipe de, 143
Target, Guy-Jean-Baptiste, 150
Tati, Jacques, 250, 335
Tatum, Art, 312-3, 317, 327, 332
Teagarden, Jack, 281, 317, 328
teleologia (no romance), 278-9, 301
terapia de aversão, 99-101
Thurber, James, 231-2
tiranos, 29, 127, 165, 179, 187, 226
Tirole, Jean, 62, 73, 154
Tocqueville, Alexis de, 12-3, 29, 44, 127-8, 188, 190, 201-2, 262, 353
Trasíbulo, 165
Tribunais Constitucionais, 210-212; *ver também* Suprema Corte (Canadá); Suprema Corte (Estados Unidos)
da Alemanha, 135, 195, 212, 215
da Eslováquia, 195
da Estônia, 195
da França, 139
da Hungria, 121, 206, 217
da Índia, 133, 212
da Polônia, 121, 152-3
da República Checa, 193
da Romênia, 205
Trotski, Leon, 285
Tucídides, 156, 159
Tversky, Amos, 115, 231, 236, 308

Ulisses, 242, 252
Última loucura de Mel Brooks, A, 249

vaidade, 171, 181, 203-4
Vaillant, George, 100-2, 110
Valéry, Paul, 297
valor artístico, 227-30
e cognição, 260-1
e emoção, 260-5
e restrições, 287-8
maximização do, 227
no jazz, 311-30
Van Meegeren, Han, 228, 280-1
Vaughan, Sarah, 317-8, 328
vergonha, 19, 50, 69-70, 95, 251, 341
Vermazen, Bruce, 279, 283
Vermeer, Johannes, 228, 250, 280-1
Vermelho e o negro, O, 25, 245, 297, 300
veto, *ver* veto executivo
veto executivo, 124, 143-4, 149-53, 169-71, 173, 176-81, 183, 204, 352
absoluto, 176, 179
suspensivo, 143, 173, 177

vício, 87-117; *ver também* distúrbios
alimentares
e escolha sofisticada, 113
e regras pessoais, 109, 113-5
em álcool, 19, 26, 38, 43, 47,
88-94, 97-102, 105, 109-10, 249,
343, 349-50
em cocaína, 19, 43, 92-3, 95, 340,
347
em jogo, 47, 92, 102, 104, 110
em nicotina, 19, 43, 47, 92-105,
112, 339-43, 346, 350
em opiáceos, 19, 43, 92-3
voto, 121, 125-6, 136, 143-9, 152-4,
158, 163-7, 179, 199, 205-6, 215-
8, 348
barganha de votos, 215-6
ciclos, 199-200
votação por chamada, 204

Waldron, Jeremy, 123

Walton, Kenneth, 229, 236-8, 319
Washington, George, 82, 172
Wax, Amy, 34
Weingast, Barry, 191
Welles, Orson, 333
Williams, Mary-Lou, 317, 329
Wilson, James, 95-6, 145, 148, 175, 179
Wilson, Teddy, 313-4, 317-8, 321-2,
324, 330
Winston, Gordon, 98-9, 113

Xenofonte, 157-8

Yanal, Robert, 263-4
Yates, Robert, 144
Young, Lester, 229, 285, 311-23,
326, 329-30

Zanuck, Darryl, 290-2
Zinberg, Norman, 104, 114-5
Zinoviev, Alexander, 271, 295

SOBRE O LIVRO

Formato: 16 x 23 cm
Mancha: 27,6 x 47,6 paicas
Tipologia: Horley Old Style 11/15
Papel: Pólen Soft 80 g/m^2 (miolo)
Cartão Supremo 250 g/m^2 (capa)

1ª *edição*: 2009
1ª *reimpressão*: 2012

EQUIPE DE REALIZAÇÃO

Edição de textos
Maria Silvia Mourão Netto e Antonio Alves (Preparação do original)
Maurício Baptista (Revisão)
Lílian Garrafa (Atualização ortográfica)

Editoração eletrônica
Casa de Ideias (Diagramação)